清华映像 精选

2018 2019

主编｜覃川 卢小兵

执行主编｜许亮 程曦 周襄楠

副主编｜张歌明 张莉

清华大学出版社

北京

内 容 简 介

　　清华大学主页头条"清华映像"栏目诞生于 2011 年清华大学百年校庆之际，以精美的设计图和精练的原创文章，全面报道清华大学发展建设及改革创新的重点任务、重大事件和重要成果，介绍清华在教学、科研、社会服务等方面的成就，捕捉师生生活亮点，纵览清华历史风物。本书精选 2018—2019 年度"清华映像"栏目大图及深度报道，按清华印记、清华人物、清华日新、清华人文等类别，呈现新时代清华大学改革发展的全新风貌。本书的读者对象包括高等学校和科研机构的师生、研究人员，以及关注清华大学和中国高等教育发展的社会大众。

图书在版编目（CIP）数据

清华映像精选：2018—2019 / 覃川，卢小兵主编. — 北京：清华大学出版社，2021.3
ISBN 978-7-302-57888-8

Ⅰ.①清… Ⅱ.①覃… ②卢… Ⅲ.①清华大学—概况—图集 Ⅳ.①G649.281-64

中国版本图书馆CIP数据核字（2021）第060897号

责任编辑：梁　斐
装帧设计：李　娜　张　佳
责任校对：赵丽敏
责任印制：杨　艳

出版发行：清华大学出版社
　　　　　网　　　址：http://www.tup.com.cn, http://www.wqbook.com
　　　　　地　　　址：北京清华大学学研大厦A座　　　　邮　　编：100084
　　　　　社 总 机：010-62770175　　　　　　　　　　邮　　购：010-62786544
　　　　　投稿与读者服务：010-62776969, c-service@tup.tsinghua.edu.cn
　　　　　质量反馈：010-62772015, zhiliang@tup.tsinghua.edu.cn
印 装 者：小森印刷（北京）有限公司
经　　销：全国新华书店
开　　本：185mm×260mm　　　　　印　　张：16.25　　　字　　数：714千字
　　　　　（附手账本1本）
版　　次：2021年4月第1版　　　　　　　　　　　　　印　　次：2021年4月第1次印刷
定　　价：258.00元

产品编号：087503-01

前　言

打开清华大学主页（www.tsinghua.edu.cn），首先就是一张张精美大气、鲜活灵动的图片跃入眼帘，或是立德树人的优秀教师人物风采，或是校园里莘莘学子的青春风貌，或是科学前沿的璀璨动图，或是清华风物的多彩手绘……这就是清华大学主页头条"清华映像"栏目，是大众了解清华的一个重要窗口。

时光荏苒，岁月如梭。"清华映像"诞生于清华大学建校100周年前夕，如今，清华大学即将迎来建校110周年，"清华映像"也走过了10年的岁月。在这样一个值得纪念的时间节点上，《清华映像精选（2018—2019）》和广大读者见面了。

一个栏目能够创办10年依然活跃，可见其旺盛的生命力。2018年，借助清华大学主页升级改版的契机，清华映像改版为1920×900像素的宽幅大图，包含的元素更为丰富，呈现的内容更加多元，在延续栏目特点的基础上，以更细腻、更温情的态度讲好清华故事。

这两年，我们定格了清华的一个个标志性时刻——勾勒亚洲大学联盟共论推动亚洲高等教育崛起的壮丽图景，聚焦录取通知书走进国博庆祝改革开放40周年展览的盛况，报道清华园向"千禧一代"张开温暖有力的怀抱，展现天文系成立的前世今生，在庆祝中华人民共和国成立70周年之际奏响与时代共振、与祖国同行的强音……

这两年，我们倾心关注着清华人的成长与付出。推出"我和我的祖国"系列报道，讲述一代代清华人与共和国同成长的故事；展示姚期智、常沙娜、朱邦芬、王小云等知名学者的治学魅力和多彩人生；聆听万俊人、汪晖、李学勤、崔建远等首批文科资深教授的思想文脉；展现特等奖学金获得者、学生年度人物、优秀学生社团等莘莘学子的青春风采；还跟随青年学生海外实践的脚步，分享"站在世界看中国"的感想与收获……

这两年，我们与众多科学家深度合作，推出一批科学味儿十足、精彩纷呈的视觉大图和专题特稿。循环流化床、石墨烯、植物抗病"诱饵模型"、量子反常霍尔效应、脑起搏器、天机芯……专业术语在这里变得不再"高冷"，而是寄寓着清华学者探索前沿、挑战"不可能"的科学精神与信念。

这两年，我们还努力采集清华文化中的一个个闪光瞬间为当下提供滋养。回望清华学堂第一次开学，怀想从那时延续至今的严谨学风和报国理想；走进音乐图书馆，让乐声萦绕伴书香；观看"西方绘画500年"特展，享受一席别样的艺术盛宴……我们尽情体会清华的风华与担当。

这两年，在摄影作品的光与影中，我们还身临其境般地感受了开学、毕业这样的高光时刻；透过"清华园守望者"们的眼睛，捕捉着园子里的新变化。

为了让大家更好地浏览本书，我们在策划选题时打破了原有的时间序列，按照清华印记、清华人物、清华日新、清华人文的类别来进行归纳。同时，还为本书配备了一册手账本，供读者朋友们在品味过往流彩时光之余，随时记下身边的日常。

在清华大学建校110周年之际，《清华映像精选（2018—2019）》的出版，既是对改版两年来栏目内容的总结，也是给110周年校庆的一份献礼。未来，还需要我们与读者朋友们一起去创造、去开拓。

覃川

2021年3月

目 录

清华印记

清华人物

清华日新

清华人文

后　记

清华印记

3000 余名清华师生共迎新年，
校长邱勇、校党委书记陈旭共同送上新年祝福

文字 | 安韵伊
图片 | 杨思维

　　携带着 2017 年的累累硕果，憧憬着 2018 年的美好希望，清华师生在跨年联欢晚会中迎来了新的一年。2017 年 12 月 31 日晚，校领导邱勇、陈旭、姜胜耀、薛其坤、吉俊民、杨斌、李一兵、王希勤、过勇在综合体育馆与现场 3000 余名师生、校友一起，共同迎接 2018 年的到来。

　　在新年钟声敲响之际，校长邱勇、校党委书记陈旭分别发表了新年贺词。

　　邱勇说："同学们、老师们、校友们，此时此刻如此奇妙，3000 多名清华同学、老师和校友们相约一起跨年，我们一起迎接 2018 年的到来，一起感恩精彩的 2017 年。"他回顾了清华大学在 2017 年取得的成绩和进步：设立"开放交流时间"制度，首次设立新百年教学成就奖和年度教学优秀奖，努力营造有温度的教育，8 位教师当选两院院士，获得国际高性能计算应用领域最高奖——戈登·贝尔奖，成立两个独立的交叉研究实验室——未来实验室和脑与智能实验室，发起成立亚洲大学联盟，在欧洲设立首个教学科研实体——中意设计创新基地。继清华男篮去年首次夺得中国大学生篮球联赛冠军后，清华女篮今年也首次夺得冠军。他说："新年的第一个祝愿：祝愿清华男篮、清华女篮下一次同时获得冠军！我们相信，2018 年我们还会见证更多的惊喜。"

　　邱勇说，2017 年 11 月，清华大学迎来又一轮本科教学工作审核评估，评估专家组留下了这样的评价："一所大学和她所培养的人才，在一个大国自强和崛起的过程中发挥了如此重要的作用，放眼全球，也是少有的精彩！"邱勇说："这份精彩，清华当之无愧；这份精彩，属于全体清华人。同学们、老师们、校友们，让我们一起再次感恩 2017，让我们一起大声说：2018，清华更精彩！"

　　钟声敲响后，陈旭在晚会现场给大家送上了新年祝福。她说："在这样一个美好的时刻，我和全体校领导一起走上台来，把最美好的祝福送给我们全校的师生、全体的校友，送给海内外所有关心、支持清华大学发展的清华之友们，祝大家新年好！新年一切顺利！"她引用习近平总书记新年贺词中"幸福都是奋斗出来的"这句话说，2017 年学校发展取得的成绩，是大家奋斗的结果；对 2018 年工作的展望，更需要我们全体一起来奋斗，在以往的基础上，大家加油干。"希望每个人都成为 2018 年的清华年度人物！"

春天的盛会　时代的强音

聚焦2018全国两会

清华新一届全国两会代表委员履职

文字 | 程曦
图片 | 杨思维

　　春天的盛会，时代的强音。作为党的十九大后首次召开的全国两会，十三届全国人大一次会议、全国政协十三届一次会议分别于3月5日、3月3日在北京隆重召开。

　　2018年是全面贯彻党的十九大精神的开局之年，是决胜全面建成小康社会、实施"十三五"规划承上启下的关键之年，也是改革开放40周年。在这样的重要历史节点上，全国两会作为全国人民政治生活中的一件大事，意义非凡、备受瞩目。

　　2018年，清华共有8位全国人大代表、15位全国政协委员走进人民大会堂，履行庄严使命，共商发展大计。他们是全国人大代表邱勇、袁驷、周建军、周光权、蔡继明、程京、王小云、何福胜，全国政协委员吴国祯、王光谦、欧阳明高、王梅祥、李稻葵、孟安明、曾成钢、朴英、罗永章、钱颖一、饶子和、白重恩、李景虹、施一公、陈来。他们来自不同团组、界别和学科领域，有的是第一次走进两会会场，有的则已连续多届履职。

　　让我们共同期待清华代表委员们发挥专业优势，认真履行职责，围绕教育、科技、经济、民生等热点问题积极建言献策，为夺取新时代中国特色社会主义伟大胜利、实现中华民族伟大复兴的中国梦贡献智慧和力量。

亚洲大学联盟：相聚博鳌，共论"亚洲大学的崛起"

文字 | 程曦
图片 | 宋晨

　　春风送暖，万物复苏，海南的东屿岛再次聚焦全球目光。4 月 10 日下午，博鳌亚洲论坛 2018 年年会迎来聚焦高等教育的第 11 场圆桌论坛，清华大学校长、亚洲大学联盟（AUA）创始主席邱勇将与其他 11 位来自亚洲大学联盟创始成员大学的代表一道，共论"亚洲大学的崛起"，发出亚洲高等教育的声音。

　　在日新月异的当今世界中，亚洲大学可以扮演怎样的角色？在工业 4.0 时代，亚洲大学如何为人工智能、机器人和生物技术等领域的技术突破作出贡献？亚洲大学如何将亚洲文化的重要特质融入高等教育的体系中，世界其他地区可以从亚洲高等教育的发展中借鉴哪些经验？大学科技园等创新孵化机制如何应对本地和全球面临的挑战，如何更好地融入社区？亚洲大学如何贡献更多富有社会价值而非商业价值的创新思想？围绕这些议题，他们将进行富有建设性的探讨，并与现场观众互动。

　　4 月 9 日，成立一周年的亚洲大学联盟在三亚召开第二次理事会，邱勇在会上回顾了亚洲大学联盟成立一年以来举办的重大活动及学生项目，并对主办联盟成员单位表示感谢。理事会上，斯里兰卡科伦坡大学校长拉克什曼·迪萨纳亚克当选 2019—2020 年度亚洲大学联盟执行主席，他在演讲中表示，十分感谢理事会的信任，科伦坡大学将不遗余力地推动亚洲大学联盟发展壮大。理事会对 2017—2018 年度亚洲大学联盟执行主席、朱拉隆功大学校长班迪·厄阿鹏表示感谢，并正式宣布印度尼西亚大学校长穆罕默德·阿尼斯为 2018—2019 年度亚洲大学联盟执行主席。最后，联盟创始主席邱勇发表闭幕演讲。

　　2017 年 4 月 29 日，由清华大学倡议发起的亚洲大学联盟成立大会暨首届峰会举行，国务院副总理刘延东出席并发表主旨演讲。联盟 15 所创始成员大学一致选举清华大学为联盟创始主席单位，清华大学校长邱勇担任联盟创始主席。他们还共同发布了《亚洲大学联盟创始大学联合声明》，表示要团结一致，通过加强成员单位之间的合作，共同应对亚洲与世界面临的问题，尤其是在高等教育和经济、科学与技术发展等方面的挑战。

清华大学 107 周年校庆致辞

图片 | 刘雨田

在这芳华吐露、春意盈盈的四月，我们迎来了清华大学的 107 岁生日。我谨代表学校向海内外广大校友和全体师生员工致以亲切的问候和良好的祝愿，向多年来关心支持我校发展的各界人士和朋友表示衷心的感谢！

过去一年，学校深入学习贯彻落实习近平新时代中国特色社会主义思想和党的十九大精神，认真接受中央专项巡视和北京高校《党建和思想政治工作基本标准》入校检查，成功召开清华大学第十四次党代会和全校思想政治工作会议，顺利通过本科教学工作审核评估，按时保质地完成了各项重点任务。过去一年，学校坚持正确方向、坚持立德树人、坚持服务国家、坚持改革创新，扎实推进综合改革，加快全球战略实施，持续提升一流大学建设水平，各项事业都呈现出新的面貌。

教育教学改革取得重大突破。高校的立身之本在于立德树人。只有培养出一流人才的高校，才能够成为世界一流大学。学校把教育教学改革作为攻坚任务，全面实施本科大类招生和大类培养，成立大类培养领导小组，聘请 16 位大类首席教授，为学生的成长成才创造更为宽广的空间。在全校范围内对本科培养方案进行重构，降低总学分，设置自主发展课程，支持学生根据自身特点和发展志趣自主选择学习成长路径。全面实行博士生招生"申请－审核"制，全面考察学生的综合素质，促使有学术潜力的创新人才脱颖而出。首次设立清华大学新百年教学成就奖和清华大学年度教学优秀奖，成立教师发展中心，鼓励教师倾心教育教学。

科研体制机制改革全面推进。大学是创新思想最为活跃的地方。大学要坚持面向国际学术前沿、面向国家重大战略需求，不断提升创新能力，努力创造高水平的研究成果。学校以学科交叉、军民融合、前沿部署和科技成果转化为重点，加快推进科研体制机制改革。2017 年，学校先后成立智能无人系统研究中心、智能网联汽车与交通研究中心、柔性电子技术研究中心 3 个跨学科交叉研究中心和脑与智能实验室、未来实验室 2 个交叉实验室，并通过教师跨院系兼职、交叉学位授予制度和设立促进交叉学科研究专项基金等举措，着力打破学科壁垒，切实推动全校跨学科交叉研究。科研体制机制改革将有力提升学校学术创新水平和创新人才培养水平。2017 年，学校作为第一单位获得国家科技三大奖 11 项，其中国家科技进步奖一等奖 1 项；2017 年，学校获国家社科类重大项目共 16 项。

全球战略深入实施。开放是 21 世纪高等教育的最重要特征。中国正日益走近世界舞台的中央，以更开放的姿态积极参与全球高等教育的竞争与合作、培养具有全球视野的人才是一流大学义不容辞的责任。2017 年 2 月，在中国国家主席习近平和意大利总统马塔雷拉的共同见证下，清华与米兰理工大学签署合作建设中意设计创新基地协议。2018 年 4 月 17 日，中意设计创新基地正式启用，清华大学米兰艺术设计学院同时挂牌，中意两所高校将共同打造具有全球影响力的设计创新中心。2017 年 4 月，清华发起成立第一个由中国高校牵头的高级别国际大学联盟——亚洲大学联盟。2018 年 4 月，亚洲大学联盟创始成员应邀出席在博鳌亚洲论坛举行的"亚洲大学崛起"教育圆桌会议。第一份亚洲大学联盟高等教育年度报告将于今年 7 月发布。2015 年建立的全球创新学院是中国高校在美国建立的首个教育科研平台，2017 年 9 月，全球创新学院教研大楼正式落成启用。

"双一流"建设迈上新台阶。加快推进"双一流"建设是提升中国高等教育水平的重大举措。2017 年，清华大学正式发布了"双一流"建设方案，构建了学科领域、学科群、学科三个层次的学科建设体系，明确 4 大学科领域以及 28 个学科群和学科的重点建设名单。学校成立临床医学院和科学史系，进一步完善整体学科布局。实施文科建设"双高"计划，建立文科资深教授制度，评选首批 18 位文科资深教授。在全国第四轮学科评估中，有 21 个学科获评"A+"。2017 年，有 8 位在职教师当选两院院士。

过去一年，学校的各项工作全面、有序、协调推进，各项事业都取得了新的成绩。迎来 107 周年校庆的清华大学充满了生机、活力。百年积淀厚，清华正芳华！

2018 年是贯彻党的十九大精神的开局之年，也是清华大学全面推进综合改革、加快"双一流"建设的关键之年。清华大学将以更加强烈的责任感和使命感扎实推进综合改革，以"钉钉子精神"把各项改革任务做细做深做实，努力实现高质量、内涵式发展。我相信，在党和政府的大力支持下，在社会各界的热心帮助下，在所有清华人的共同努力下，清华大学一定能够在新时代的新起点上展现新气象、开启新征程、取得新成绩！

清华大学校长
清华校友总会会长

二〇一八年四月十六日

清华大学米兰艺术设计学院
中意设计创新基地

DeSIGN
中意设计创新展

清华映像
Tsinghua Spotlights

清华"拥抱"米兰，打造最靓丽的设计创新聚集地

文字 | 曲田
图片 | 宋晨

　　芳菲四月，一辆色彩靓丽的电车驶过米兰街头，车身上"Smart Life Evolution"的标志格外醒目——这是由清华大学、米兰理工大学指导的中意设计创新展的主题。4月17日，中意设计创新展将首次亮相米兰设计周，并作为米兰设计周官方整体议程的主要活动之一，展示中国设计与创新的力量。

　　本次中意设计创新展由清华大学美术学院、米兰理工大学设计学院、中意设计创新基地主办，启迪控股旗下启迪意大利公司和意大利 Wise Society 联合策划组织，旨在探讨新时代背景下，科技力量、时尚信仰与创新追求如何塑造并引导生活。

　　"科技""创新""设计"，这是本次中意设计创新展的关键词。活动遴选了 20 多家来自医疗健康、智能生活、前沿科技、艺术时尚等领域的创新型中国企业，它们或追求卓越骑行体验，或专注于室内外综合绿化技术创新，或以国际一流技术高效服务全球肝病患者，或围绕人工智能及机器视觉技术，致力于开发和提供软硬件一体应用解决方案及芯片解决方案……以科技为核、以时尚为形、以创新为髓，交融、缠绕、突破，为米兰设计周带去更多科技元素，展现中国现代工业文明，彰显东方神韵。

　　与此同时，在米兰设计周期间，由清华大学发起的一系列科学与艺术的交汇盛宴亦备受瞩目——清华大学米兰艺术设计学院挂牌，"传承与创新——清华大学美术学院在米兰"展览开幕，意大利清华校友活动中心揭牌仪式、中意工业设计创新合作园区揭牌仪式相继举行……作为中意两国间教育文化合作的一张张靓丽名片，一系列合作成果的落地生根，标志着清华大学向建设更创新、更国际、更人文的世界一流大学又迈出了坚实而重要的一步。

　　2017 年 2 月 22 日，在国家主席习近平和意大利总统马塔雷拉的见证下，清华大学校长邱勇与米兰理工大学校长费卢奇奥·内斯塔在人民大会堂签署协议，在米兰合作建设中意设计创新基地。这是清华在欧洲设立的首个教育科研基地。2017 年 11 月 13 日，基地启动仪式在清华举行。

　　作为清华大学全球战略的重要组成部分，清华大学米兰艺术设计学院将整合全球的优质教育资源，为在此学习的全球学生提供跨地域、跨学科、跨文化的研究和实践机会，通过全学程贯通、国际化培养的新模式，培养具有全球胜任力、能面对全球化挑战的创新型人才。学院将展开多个方面的教学研究，包括时尚设计与生活方式、工业设计与智能制造、环境设计与可持续发展、交通工具与智能一体化、文化遗产保护与修复等。中意设计创新基地将依托清华大学美术学院、清华大学米兰艺术设计学院，以及米兰理工大学设计学科，通过打造包括创新研究、展览展示、孵化投资、研发总部、资源对接等功能在内的国际化设计创新合作综合性平台，同时在国内设立若干"镜像基地"，致力于营造良好的设计创新生态，培养设计创新的领军企业，为中意两国教育、科研和文化交流作出积极贡献，切实服务"一带一路"倡议，助力中国制造业转型升级，实现从"中国制造"到"中国设计"的提升。

　　致力创新，向美而行。在米兰这个世界时尚设计之都，清华正以开放的心胸、共赢的姿态，书写全球战略新的一页……

清华
映像

与你相逢的24小时：我从清华来

文字 ｜ 蒋佩妍
图片 ｜ 刘泽玉

清和四月，清华四月。千里万里之外的游子，日夜兼程跋山涉水，终于在校庆之日归来。

上午八点。我抵达的时候，阳光柔软如四月柳絮，柔软如游子回归母校的心情。我沿着西大操场缓缓踱步，试图使自己的脚步跨过时间之槛，与曾经的那个奔跑的少年留下的印迹相重合。风拂过耳畔牵动发丝，将它多年前收藏的、被我遗落的那些泪水与汗水、笑语与欢歌又尽数捧至眼前，仿佛打开一瓮老酒，氤氲在空气里，厚重而醇香。

中午十二点。我在丁香食堂吃着老碗鱼，喝着瓦罐汤，美味一如往昔。饭后来一袋清华特产老酸奶——曾经凉爽了我整个夏天的记忆。

下午四点。我从老馆的书架上取下一本自己曾经借过的书，坐在自己曾经坐过的座位上，打开它，仿佛打开一段折叠于封皮和封底之间的岁月。我翻到某一页，发现曾经的自己在空白之处用铅笔留下的批注尚在，又有不知名的读者在我的批注旁边留下了新的痕迹。两个彼此陌生的灵魂穿越时空的一场对话，被书页永远地保留下来。

晚上八点。"向美而行"舞蹈专场正在新清华学堂上演。我坐在观众席中，看着聚光灯下载歌载舞的校友和学子，青春的笑容如浓墨重彩雕刻在他们的脸上。我的脑海之中浮现的却是自己躺在紫荆操场上欣赏满天星斗的场景——那些星辰还和过去一样亮，一样美，一样诱人沉醉。

零点。我背着行囊，坐上渡船，在梦里飘过星辰大海。梦里有人笑问客从何处来，我朗声回答：我从清华来！

清华正芳华，开放的清华欢迎你！

供稿、供图 | 本科招生办公室

5月19日，清华大学举办一年一度的校园开放日暨招生信息交流会。在最美的季节走进最美的清华，考生和家长不仅有机会全面了解清华人才培养情况和招生政策，进行面对面咨询，还可以走进开放的图书馆、校史馆，感悟清华百年积淀，同时还能观看学生艺术团的表演，体会人文清华的崭新风貌。

在招生信息交流会上，副校长、教务长杨斌教授亲自介绍清华大学人才培养情况。副教务长、国际教育办公室主任高虹，教务处副处长苏芃，学生职业发展指导中心主任张超，北京招生组组长朱玉杰分别介绍清华国际教育、大类培养、就业工作等方面情况和在京招生政策。

为了落实以通识教育为基础、通识教育与专业教育相融合的本科教育体系，2017年，清华大学全面推行大类招生培养和管理计划，将纳入本科招生的所有专业整合为16大类。在大一年级，所有学生将接受大类统一的通识教育课程、专业导引课程、专业基础课程等，在大一结束前完成专业确认，并在大二进入相关院系开始专业学习。2018年，清华大类改革仍将平稳推进，并进一步优化。校园开放日为此专门设置了6个分会场，建筑，土木，能源，化生，环境、化工与新材料，计算机，电子信息，自动化与工业工程，数理，机械、航空与动力，经济、金融与管理，法学，人文与社会，临床医学类，文理通识等大类悉数登场，用半小时分别宣讲各自学科实力及专业情况，让考生和家长做到"心中有数"。

2018年，清华大学招生政策整体稳定，但规模略增。值得一提的是，今年清华增设了"丘成桐数学英才班"，拟招收不超过15名数学英才。数学英才班由丘成桐先生担任首席教授，依托清华大学数学系和数学科学中心的一流数学师资和全校的优质教学资源，为学生制定个性化培养方案，同时，也将遵循青少年心智成长规律制定综合素质培养方案，实施学业导师和生活发展导师的双导师制，确保学生健康成长。

2018年，在学校医科发展的总体框架下，清华大学医学实验班的招生名额将有一定幅度的增加。学校希望通过各项举措，不断完善清华大学八年制国际化医学生培养方案，为国家培养更多面向未来医疗体系和健康事业的领军人才。

与此同时，清华将继续积极响应国家政策，坚持"招生助力人才培养，服务国家战略，力促教育公平"的理念，通过"自强计划"和贫困地区定向招生专项计划等举措，保障寒门学子能够通过各种渠道圆梦清华。

清华映像
Tsinghua Spotlights

毕业季 @ 你：前方已到站，请勇敢出发！

文字 | 张译丹

图片 | 刘雨田

分别总在夏意最浓时。

答辩后老师们在综合论文训练表上提笔评价的沙沙声，穿上学位服时摄影师按下快门的咔嚓声，最后一次刷开宿舍门禁时的哔哔声……它们无不在提醒毕业班的同学们，清华这一程，就要到站了。

当告别的铃声响起，你是否还记得拎着行囊第一次走进清华园时的青涩，第一次在课堂上聆听"学术大牛"授课时的雀跃，第一次走进图书馆抚摸那一张张写满历史的桌椅、一本本充满智慧的书籍时的满足，第一次独立走出国门时的紧张与骄傲，第一次在艺术、体育、科技竞赛等各类舞台上发现无限可能的惊喜——你，是否 pick 到了属于自己的闪光？

我们采访了三位本科毕业生，听听他们的故事，或许他们的青春里也有你的身影。

——即将直博的电机系毕业生兰健："很幸运可以留在园子里继续学习成长，真的很开心！在这里，我遇到了理想中的导师和研究方向，也留下了一些未完成的遗憾——参加一次校园马拉松，用搁置许久的相机记录清华的春夏秋冬、朝朝暮暮，在知名学术期刊上发表一篇文章……最重要的是，我希望通过更深入的学习，找到未来自己可以为之'健康工作五十年'的细分方向。所有这些，我想在未来五年——'打卡'补上！"

——经济管理学院毕业生任伯言："四年前的夏天，我怀着对企业家精神的敬意和对商业世界运行规律的好奇选择修读商科。清华本科四年的学习让我夯实了专业基础，建构了思维模式。学院通识课组里的'批判性思维与道德推理'对我影响最大，我开始学会调用不同的思考维度和伦理价值观，去观察这个千变万化的世界和一直在成长的自己。面对未来，我愿意拥抱一切可能。幸运的是我即将上班的地方离清华并不远，可以经常回来看看！"

——即将赴美国攻读戏剧表演的新闻与传播学院毕业生高书："我很早就对影视文学创作产生了浓厚的兴趣，清华让我找到了一群志同道合的伙伴和更大的舞台、更丰沃的土壤。清华四年，我认真、投入地学习，更享受自由创作带来的乐趣。6 月 2 日学生节那天，我们四字班的同学们手拉着手唱起《干杯》的一幕，将永远留在我的记忆里。也许若干年后，我们真的会重现毕业大戏中的镜头——一路披荆斩棘，圆梦重聚首，再干杯，品一品历久弥香却依然熟悉的那杯酒……"

叮铃铃，到站了——兰健再一次踏上紫荆操场，和一大波夜跑的同学一起奋力向前；任伯言在加班间隙瞥一眼窗外的霓虹灯，恍惚觉得自己还坐在宿舍书桌前复习"经济学原理"；10 多个小时的越洋飞行中，毕业合照从正在打盹的高书手边滑落，她恍然惊醒……

即将离开园子的你们，又有怎样的故事呢？人生的道路很长，感谢你们与清华结缘。请一定记住，那些笑着哭着说好的不忘记。勇敢出发吧，期待我们未来的重逢！

2015　　　2016　　　2017　　　2018

清华
映像
Tsinghua
Spotlights

校长邱勇向 2018 级新生赠书《从一到无穷大》

文字 | 曲田
图片 | 思维

　　《从一到无穷大》，这是清华大学校长邱勇赠送给 2018 级本科新生的第一份礼物。7 月 3 日起，这本科普经典名著会随录取通知书一起，陆续寄到新生手中。

　　在随书附上的《致新生一封信》中，邱勇深情地写道，读书可以让一个人的思考更有深度，从而形成对世界更为全面的理解和认识。作者乔治·伽莫夫在书中用生动的语言将数学、物理和生物学等内容巧妙融合，并以一种通俗易懂、充满趣味的方式呈现给读者，让读者徜徉在科学的殿堂之中，感受科学的魅力，启迪科学梦想。

　　"伟大的物理学家爱因斯坦说：'科学的不朽的荣誉，在于它通过对人类心灵的作用，克服了人们在自己面前和在自然界面前的不安全感。'"邱勇向清华新生提出要求，希望同学们通过阅读这本书学习科学的思维方法，培养科学的精神，并在实践中不断提升科学素养，更好地认识世界、把握未来。

　　这是邱勇第四次为新生赠书。2015 年，邱勇首次向新生赠书《平凡的世界》，鼓励新生努力追求理想，思考新时代青年人对国家和民族发展的责任和使命。2016 年，邱勇选择《瓦尔登湖》送给新生，希望新生能够在阅读中感受宁静的巨大力量，寻找自己心中的瓦尔登湖。2017 年，邱勇希望新生通过阅读《艺术的故事》，懂得欣赏艺术之美，并在生活中感受美、发现美、创造美。

　　"清华园是一个读书的好地方，一代代清华人在浓厚的读书氛围中健康成长。"书香为伴，这是清华送给新生的第一份礼物，也是给同学们上的第一课。

清华 2018 届毕业生开启人生新航程

文字 l 高原
摄影、图片 l 李派

　　7月7日、8日，清华大学综合体育馆，对于 2259 名获得博士学位、5401 名获得硕士学位，以及 3555 名获得学士学位的毕业生来说，这个曾经举行过开学典礼的地方，是他们"清华梦"开始的地方。如今，他们郑重地穿上学位服，又一次会聚在这里，等待人生重要的时刻，开启人生新的航程。

　　一风一物，一处一情，如今山高水长，各自珍重。

　　当精心制作的毕业短片在大屏幕上播放，一幕幕熟悉的场景如同一张张绚烂的剪贴画，将时光串联成回忆的琥珀。叙过往情意绵长，念未来梦想澎湃，这一天，他们不仅为清华学习的几年时光画上圆满的句号，更迎来人生中一次重要的加冕——学位授予。

　　两场毕业典礼上，校友代表、毕业生代表相继发言，他们深情地回忆在清华的点点滴滴，鼓励大家携起手来，将清华的精神永系心间，将个人成长与清华的发展、祖国的命运紧密相连。邱勇校长更是面向本科生发表了题为《用一生去追寻意义》的演讲，叮嘱年轻的学子要从对自我的深入了解中去追寻意义，坚守内心的价值标准，投身热爱的事业，葆有"大我"的情怀，在追寻中让生命不断焕发出新的光彩。面向研究生，他以《以开放精神点亮人生》为题，鼓励同学们与开放的时代同行，永葆进取的精神和创新的激情，在包容和尊重中不断获取人生的力量。

　　循循教导化作暖暖细流，学于斯、长于斯，经此一别，唯念于斯。典礼结束后，所有美好的记忆将留在每一张笑脸盈盈的相纸上，所有欢笑与不舍的泪水将凝聚为面向未来的勇气，从离别这一刻起，让我们不忘初心、勇敢出发！

　　同时期待亲爱的你，记得邱勇校长在毕业典礼上的嘱咐——"希望你们记住，清华永远是你们温暖的家，欢迎你们随时回家！"祝福所有 2018 届清华毕业生！

第七届世界和平论坛：构建安全共同体

文字 | 冯婉婷
图片 | 宋晨

    7月14—15日，以"构建安全共同体：平等 公平 正义"为主题的第七届世界和平论坛将于清华大学举行。中共中央政治局委员、中央外事工作委员会办公室主任杨洁篪将出席论坛开幕式并致辞。包括阿富汗前总统卡尔扎伊、巴基斯坦前总理阿齐兹、欧洲理事会前主席范龙佩、欧盟委员会前主席巴罗佐等来自多个国家的前政要及智库领袖，将针对当今世界面临的安全方面的挑战进行讨论，提出建设性应对方案，推动国际安全合作。

    世界和平论坛创建于 2012 年，是由清华大学主办、中国人民外交学会协办、清华大学国际关系研究院承办的中国第一个高级别、非官方国家安全论坛，至今已经成功举办六届。今年的论坛是一场名副其实的"盛会"——参加论坛发言的外国国际安全专家 73 人（去年为 45 人），分别来自 23 个国家的 44 位驻华大使出席本届论坛（去年为 39 位），共计 65 家驻华使馆派员参会（去年为 61 家）。此外，还有约 270 名中外国际关系学者和专家受邀出席。

    世界和平论坛的核心价值在于提供前瞻性的国际安全判断及可能的合作建议，多种形式的讨论为与会者提供了达成共识的平台。

    本届论坛将设两场大会，分别以"国际安全秩序及其发展趋势"及"国际规范秩序及其发展趋势"为主题；设两场大会讨论，分别以"地区安全合作"及"亚太安全秩序与合作"为主题；此外，论坛还精心准备了两场午餐演讲及 26 场小组讨论（去年为 21 组），涵盖全球性、地区性和专题性三类安全问题。

    "今年论坛的主要话题将会是重新再认识大国之间的关系，重新再认识多边主义和单边主义的关系，以及重新再认识地区组织在国际安全中的作用是什么。"世界和平论坛秘书长、清华大学国际关系学院院长阎学通在第七届世界和平论坛的新闻发布会上表示。

    阎学通认为，原有的西方理论已经不再适用于对现今国际关系和大国政治局势的理解，参与本届论坛的嘉宾和专家将以此为契机，提出一些认识世界的新概念。

    传统安全问题中，国际秩序面临的持续性挑战、反建制主义思潮、大国关系、核不扩散、反恐问题等依然是论坛讨论的焦点议题。非传统安全问题中，贸易冲突与经济安全成为新热点，论坛专门围绕中美战略设置了圆桌讨论；2018 年上半年备受关注的朝鲜半岛和平问题、"印太"地区与"一带一路"的关系、非洲地区安全合作等均成为小组讨论的重要议题；论坛还针对人工智能与国际安全问题展开讨论，与当今时事热点紧密关联。此外，清华大学国际关系研究院将组织三场联合小组讨论，体现与国际组织和世界各国智库合作的精神。

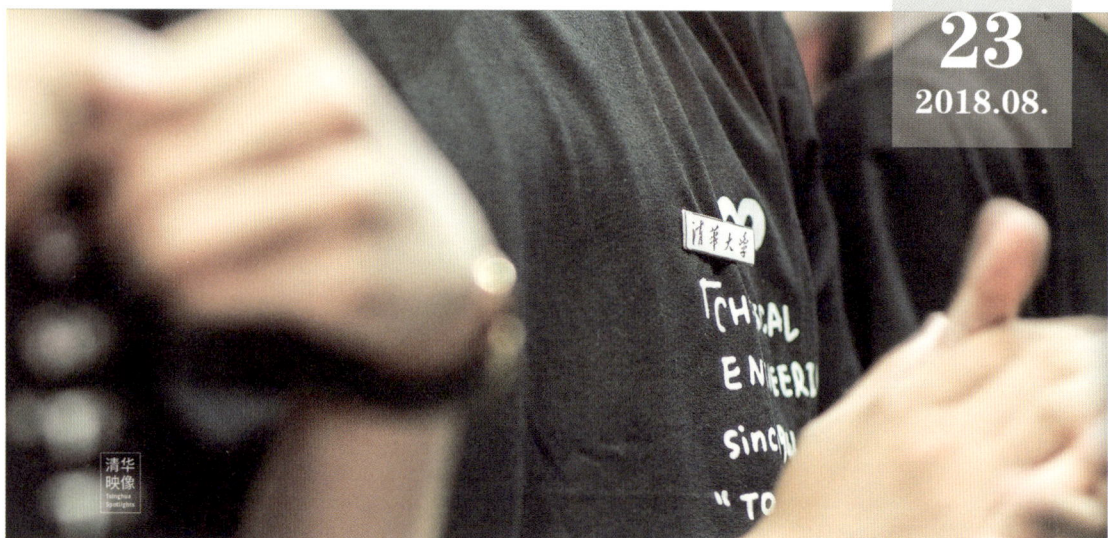

清华映像
Tsinghua Spotlights

"千禧一代"走进清华园

文字 | 高原
摄影、图片 | 李派

　　初秋的清华园，明澈如镜，焕然一新。8月22日，3800余名2018级本科新生从"天南海北"来到梦想中的清华园。他们中有超过四分之三的同学出生于2000年以后，是名副其实的"千禧一代"。这一天，"00后"的新生们在综合体育馆、在院系迎新站点、在紫荆宿舍区充满自信地独立完成了各项报到手续，在体验着成长的喜悦与成就感的同时，迎接美好的大学生活。

　　清华园向"千禧一代"张开了温暖有力的怀抱，为同学们顺利过渡到大学生活做好全面周到的服务与保障。"绿色通道"的大门继续面向家庭经济困难的学生敞开，让同学们从接到录取通知书的那天起便感受到学校强有力的保障，无后顾之忧地开始大学生活。全面的学生资助体系、"鸿雁计划"、"阳光工程"等更让每位学生都享有平等发展的机会，努力成长为具有健全人格、创新思维、全球视野和社会责任感的人才。

　　值得一提的是，对于2018级本科新生而言，从准备成为一名清华人开始便伴随着一连串的"惊喜"——一份别具匠心的3D立体"二校门"录取通知书，一本由邱勇校长选定并送出的科普经典名著《从一到无穷大》，以及一位极有可能是"学术大牛"的长聘班主任老师为他们"保驾护航"。此外，今年的国际本科新生与国内新生同步报到，享受中英文双语、便捷高效的校园服务。

　　8月23日，2018级本科新生走进综合体育馆，参加他们在清华园的第一次典礼。今年的开学典礼首次安排全体新同学佩戴清华校徽，校党委书记陈旭在典礼上亲手为新生代表佩戴上校徽。校徽不仅代表着"清华人"的身份，更承载着清华"自强不息、厚德载物"的精神，承载着清华人的使命与荣光。从此，清华精神融入他们的血脉，生生不息。

　　校长邱勇在开学典礼上发表了题为《用一生去追寻科学精神》的讲话。邱勇表示，21世纪是一个创新的时代，科学必将以前所未有的方式，更深远地影响人类文明的进程。追寻科学精神，要有求真求实的作风，他希望同学们能够始终说真话、做真人，在追求真理的过程中成就有意义的人生；追寻科学精神，要有质疑批判的态度，他希望同学们敢于质疑，勇于批判，在不断提升独立思考能力的过程中成为思想深刻的人；追寻科学精神，要有高尚的人文情怀，他希望同学们在追寻科学精神的过程中，涵养关爱他人、关爱社会的人文情怀。邱勇校长勉励同学们勇敢地捍卫真理，始终保持理性的批判态度，以谋求人类福祉为最崇高的目标，用一生去追寻科学精神！

　　恰同学少年，风华正茂。亲爱的八字班同学，从你们第一次走进清华校门、佩戴上清华校徽那一刻起，清华便始终与你们同在。祝福你们在这里定义属于自己的独一无二，成就"不同凡响"的人生。清华为你们加油！

清华大学计算机系
建系60周年
TSINGHUA COMPUTER SCIENCE
CELEBRATES 60TH ANNIVERSARY

不忘初心，潜心计算一甲子
牢记使命，启智人类新百年

庆祝清华大学计算机系建系 60 周年

供稿、供图 | 计算机系

9 月的清华园金秋送爽。清华大学计算机科学与技术系迎来了建系 60 周年的系列纪念活动。计算机系编纂了《智圆行方》系史、《历久弥珍》系友文集，并先后举办了系列高端学术报告、全球计算机学科发展论坛、计算机学科顾问委员会第二次会议、建系 60 周年纪念大会、系庆展览、系庆晚会等活动，海内外数千名系友重聚清华，与在校师生共同纪念这一重要的时刻。

自 1958 年清华大学成立自动控制系以来，清华大学计算机学科经历了砥砺前行的历史沿革：1970 年自动控制系更名为电子工程系，1979 年更名为计算机工程与科学系，1984 年再更名为计算机科学与技术系。目前，清华大学计算机系、软件学院、交叉信息研究院和网络研究院四个院系共同承担了清华大学计算机科学与技术、软件工程和网络空间安全三个国家一级学科的建设任务，构成了清华大学计算机学科群，近年来在国内外计算机学科评估和排名中表现突出。在 2017 年全国计算机科学与技术一级学科评估中获得"A+"，并顺利入选"双一流"建设学科。2018 年，在 U.S. News 全球最佳大学计算机学科排名中超过麻省理工学院、斯坦福大学等世界名校位列第 1 位；在 2018 年 QS 全球大学计算机科学与信息系统学科排名和泰晤士报世界大学计算机学科排名中也均进入全球前 20 位。

2017 年，清华大学成立计算机学科顾问委员会，委员包括 5 位图灵奖获得者、23 位院士以及多位著名信息技术企业的负责人和知名系友。顾问委员会指出："清华大学计算机学科取得了长足的进步，已成长为中国大学计算机学科建设的引领者和一所位居世界前列的计算机研究与教学机构。"

60 年来，清华计算机系始终以发展计算机科学事业、培养计算机高水平人才为己任。在科学研究方面，先后完成了以 911 机和 112 机等早期计算机、DJS-100 系列集成电路小型计算机、人工智能问题求解等理论、中国教育和科研计算机网 CERNET、下一代互联网示范工程 CNGI-CERNET2、可视媒体智能处理、网络计算模式创新应用为代表的重要研究成果。在人才培养方面，累计输送 1.7 万余名毕业生，涌现出一大批活跃在各行各业的学术大师和兴业之士。

不忘初心，潜心计算一甲子；牢记使命，启智人类新百年。对于清华大学计算机学科而言，60 年经历了从学习、跟随到奋进、追赶的过程，未来引领全球计算机学科奋进之路才刚刚开始。周虽旧邦，其命维新。清华大学计算机学科发展的接力棒已经交到新一代计算机人的手里。清华大学计算机人将不忘初心，牢记使命，载圆履方，百折不挠，为早日建成世界一流的计算机学科而不懈奋斗！

包容与多样：清华举办无障碍发展国际学术大会

供稿 | 无障碍发展研究院
图片 | 李娜

我们每个人在某一特定的时期都是无障碍环境的受益者。在即将步入高龄化社会，以及拥有 8700 万各类残障人口的中国，社会服务的均等化、无障碍环境的系统性，更是实现包容性社会发展目标的关键所在。

中国正在经历世界历史上规模最大、速度最快的城市化进程，生产能力、基础设施等方面都得到空前的发展。但我们也不应该忽视，中国目前出现了老龄化、"未富先老"的问题，又叠加了少子化的人口结构问题，未来不仅可能出现因劳动力短缺而导致的经济增长瓶颈，而且可能因为社会保障制度的相对滞后，出现疾病、衰老所带来的失能、半失能问题，给未来中国的公共健康、环境配套等问题带来挑战，青壮年群体的经济与精力负担也将由此加重。与此同时，中国还是一个全球残疾人口最多的国家，并且因残致贫问题普遍。

面对这一系列挑战，厘清问题，综合施策，以减少和消除各种不平等，提高所有人的生活质量，推动建设更加平等、更加安全的包容性社会，将成为未来社会发展的重要目标。

2018 年 10 月 15 日，清华大学将在主楼举办"第三届 (2018) 清华大学无障碍发展研究院年会——清华大学'包容与多样'无障碍发展国际学术大会"。

会议主要议题包括：城市治理、公共服务与包容性社会发展；中国无障碍环境建设的反思与实证研究；面向平等、多样与包容的科技与设计发展最新趋势；信息化与大数据在无障碍发展领域的应用；无障碍、通用设计与包容性设计的关键技术与实践；健康中国视角下无障碍发展的机遇；中国乡村振兴视角下包容性人居环境建设研究；欧美国家无障碍旅游发展得失与中国借鉴等。

来自世界各国高校、企业和公益组织的专家学者将汇聚一堂，跨学科、跨领域地交流探讨国际无障碍发展经验和最新趋势。会议开幕式上，清华还将发布多项无障碍科技创新研究成果。

2016 年 4 月，清华大学在中国残联及多个部委的支持下，发起成立了无障碍发展研究院，旨在以推动高质量包容性社会发展为根本理念，致力于面向一切在行动、感知等方面存在不便的人群，包括残疾人、老年人、儿童以及身体受伤者等各类群体，通过政策、设计、技术、产品、教育等方面的研究和成果转化，提升社会生活环境与民众生存质量，为广大百姓营建一个充满爱与关怀、安全与便利的生活环境。

清华大学无障碍发展研究院希望能通过本次会议，为中国城市管理者、社会组织和民众提供包容性及前瞻性理论指导，通过经验交流与价值共享，积极推动社会各界共同行动，共同促进中国的无障碍环境发展，建设一个更多样、更包容、更平等的社会。

与时代共振

与祖国同行

清华
映像

清华录取通知书走进国博庆祝改革开放 40 周年大型展览

文字｜高原

摄影、图片｜李派

　　中国国家博物馆门前，"伟大的变革"五个大字巍然矗立。初冬的寒意并没有影响全国各地观众们的热情。他们兴致勃勃地来到这里排起长队，参观于一周前开幕的"伟大的变革——庆祝改革开放 40 周年大型展览"。

　　一张张历史图片、一件件文献实物、一个个沙盘模型……"伟大的变革""壮美篇章""关键抉择""历史巨变""大国气象""面向未来"六个内容展区的丰富展品，将 40 载波澜壮阔的伟大征程，画卷般呈现在眼前，激发起观众们的逐梦豪情。开展刚刚一周，参观人数已经接近 30 万。

　　走进展览现场，仿佛置身于一台时光穿梭机。40 年光阴荏苒，人们在这里读到国家发展的壮丽史诗；40 年岁月如歌，人们在这里感慨生活水平的日新月异；40 年砥砺奋进，人们在这里许下为民族复兴继续奋斗的心愿。

　　众多展品中，两份同样由清华大学发出的录取通知书格外引人注目——一份发自 1978 年 9 月，学生姓名、院系名称和报到时间都由手写填入，薄薄一张纸，向时代春风中满怀期待的学子捎来北京的喜讯；一张诞生于 2018 年 7 月，极具科技感的 3D 打印立体二校门由在校学生手工制作，寄托着对"00 后"新生的祝福与期盼。两张连接着 40 年时光的清华录取通知书如同一个时代的缩影，见证了清华与祖国共同迈向新时代的铿锵脚步。

　　此外，在展览中还能看到许多清华人熟悉的展品，例如几代清华校友为之付出极大心血的 500 米口径球面射电望远镜（FAST），凝聚清华力量的嫦娥三号、C919 大型客机项目等。

　　在清华，使命与责任代代相传，创新与生机喷薄而出。随着更多的清华师生走进国博展厅，让我们相约共做有心人，一起沿着祖国 40 年来改革发展的脉搏，共同寻找清华人在其间留下的光荣足迹，并在心底写下自己坚定的誓言——与时代共振，与祖国同行，我们是清华人！

庆祝清华大学地学学科建立 90 周年暨复建 9 周年

供稿丨地学系
图片丨支剑元　胡仙霏

　　清华大学拥有悠久辉煌的地学历史，是我国最早开展地学学科教育和科学研究的高校之一。1928 年，清华大学校长罗家伦基于中国国土范围之广而地理知识之贫乏，决定在清华兴办地理学，提出"我们不要从文史上谈论地理，我们要在科学上把握地理"。1928 年 11 月，清华大学成立了地理学系。1932 年更名为地学系，下设地理、地质、气象三组。其后，清华大学地学系经历数次重组调整，抗战时期曾一度中断。1952 年，清华大学地学系和气象系被调整到北京大学；地质学系被调出，参与组建北京地质学院。

　　在 20 余年的发展历程中，曾经的清华地学系共培养毕业生 200 多人，为中国培养了一批著名学者、专业精英，如杨遵仪、谢义炳、刘东生、叶笃正等。他们耕耘在地理、地质、气象等领域，为国家关防、边地开发和气象事业作出了重要贡献。据不完全统计，共有 41 位毕业生当选为中国科学院地学学部院士。

　　时隔 57 年，在广大师生、校友的推动下，2009 年，学校决定围绕全球变化开展地球系统科学研究，以此恢复建设清华地学学科。地球系统科学突破了以往地学单圈层、孤立、多以定性研究的传统，以大气圈、水圈、岩石圈、生物圈和冰冻圈的相互作用为研究内容，紧跟时代发展步伐，走出了一条符合国家迫切需求，国内外独具特色，具有旺盛生命力的高度学科交叉的办学之路。2016 年清华进一步成立了地球系统科学系，这也是国内第一个地球系统科学系。

　　过去 9 年来，清华大学地学系独辟蹊径，发展具有大跨度学科交叉、系统性强、定量化水平高、能够解决全球变化问题的地球系统科学，并在徐冠华院士领导的科学指导委员会的指导下，制定了学科发展路线。清华复建地学坚持科学与政策并重，理论与实践结合，实现数据积累、模式发展、科学发现、科学和社会应用的平衡发展，逐步呈现出注重数据收集、走定量化研究的道路、重视解决全球性问题、注重新型智库中心建设四个方面的特点。地学系师资力量高度国际化，积极参加国际气候变化谈判和气候模式比较，为发出中国声音作出了贡献。2009—2018 年地学系共发表 SCI 论文 930 余篇，高质量论文逐年上升。其中高被引论文 48 篇，热点论文 7 篇。

　　栉风沐雨九十载，歌行砥砺；春华秋实满庭芳，华章再续。在新的历史时期和机遇下，地学系将进一步加强学科建设，围绕全球气候变化重大挑战和地球系统科学前沿问题，汇聚培育高端人才，并推动取得重要成果；牢牢抓住全面提高人才培养能力这一核心点，坚持立德树人，为国家培养更多地学领域拔尖创新人才；在学校"双一流"建设中发挥更大作用，特别是面向学校加强地学教育，普及并推进全球问题研究，为学校和国家的人才培养提供更丰富、更高水平的支持。

与集体共成长

团支部工作等级评估制度设立30周年

"甲团"评估30年：与集体共成长

供稿、供图 | 校团委

　　从1988年到2018年，清华大学团支部工作等级评估制度已走过了30年。30个春秋，园子里的人来了又走，实验楼原有的设备被更先进的设施取代；30年前号召集体活动的广播铃声不再响起，新建的阳光长跑跑道闪耀着光芒；文体活动更富创意；支部建设的形式更加开放多元，参加"甲团"评比的团支部队伍也在不断壮大…… 一切都在变得更好，不变的，则是30年来一脉相承的集体精神。

　　一直以来，清华大学都旗帜鲜明地强调要对学生进行集体主义、爱国主义、社会主义的教育，并在全校范围内深入开展以集体主义精神为基石的各种优秀集体的创建活动和评选活动，鼓励更多的集体努力建设，努力探索，创造出适应于时代发展和学校特色的工作方法和经验，促进更多的集体快速成长为能够团结和带领同学向着共同的理想前进的重要力量。

　　早在1954年，学校就开展了先进集体评选活动，明确提出优秀班集体的标准，认为优秀集体必须能够使集体中的绝大多数同学在政治思想上积极要求进步，贯彻党的政策方针，带领同学刻苦学习唯物论和辩证法，在学习、生产、科研、政治、文体等多方面表现出色；1963年学校提出要进一步加强学生班集体的建设，重点是加强班级团支部的领导核心作用，努力建设"四好"，即"思想好、学习好、劳动好、身体好"的集体；1985年开始在全校广泛开展优秀团支部评选工作，要求先进支部必须有一个坚强有力的领导核心，工作开展必须有良好的风尚，必须组织开展生动活泼的组织生活；1988年学校团委作出了《关于对基层团支部的工作进行等级评估的决定》，通过设立团支部工作等级评估制度，引入竞争机制，加强过程引导，把坚定正确的政治方向、深入细致的思想工作、健全有效的组织制度、坚强团结的班级核心和健康向上的班级学风作为对团支部工作的基本要求；1990年底学校又建立了优良学风班评选制度，把明确的学习目的、端正的学习态度、严明的学习纪律、显著的学习效果作为基本标准，重在建设，以评促建。

　　在30年的发展历程中，一大批优秀集体不断涌现，全校共有2459个团支部获得"清华大学甲级团支部"称号。清华大学团委以此为契机，系统回顾梳理这项制度诞生、发展的历史脉络，总结我校共青团班团集体建设的优良传统，回顾30年来团支部等级评估工作的变革和成效，总结制度实施过程中的有益经验以及目前实施过程中的难点，分析探索优秀集体成长发展的普遍规律以及未来优秀集体建设的发展方向，通过举办纪念大会、支部成果展、主题交流沙龙等活动，利用线上、线下等多种宣传渠道，全方位展示等级评估制度取得的各项成果，加强团支部工作等级评估制度在同学中的影响力，推动团委的基层组织建设和基层工作向更好的方向迈进。

2018，我们共芳华

文字 | 梁乐萌
图片 | 李娜

前行的脚步总是匆匆。转眼间，2018 年携着收获的甜蜜即将离开，2019 年带着希望的朝气向我们走来。

2018 年，107 岁的清华正值芳华，作为见证者、记录者和描绘者的"清华映像"栏目亦如是。一年之中，我们共推出 122 张主页大图和对应文章，全年总阅读量超过 425 万次。4 月主页改版后，我们在延续栏目特点的基础上，放慢脚步，挖掘深度，以更细致和温情的姿态讲述清华故事。

2018 年，我们定格了清华的一个个标志性时刻：清华"拥抱"米兰，打造最靓丽的设计创新聚集地；邱勇校长与其他 11 位来自亚洲大学联盟（AUA）创始成员大学的代表出席博鳌亚洲论坛教育圆桌会议，共论"亚洲大学的崛起"；清华录取通知书和重要成果走进国博庆祝改革开放 40 周年大型展览，奏响与时代共振、与祖国同行的强音……

2018 年，我们郑重关怀着老师们的付出，向他们致敬。"良师益友"评选走过 20 年，郝吉明、肖贵清、金峰、程晓青等获奖教师的故事生动诠释了"如果有来生，还是选择当一名老师"的无私无悔；万俊人、汪晖、李学勤、崔建远等首批文科资深教授为清华新时代"人文日新"的土壤倾心耕耘；李威、李蕉、彭建敏三位全国青教赛一等奖获得者展现了青年教师传承清华教学传统、探索教学艺术的投入与风采……

2018 年，我们致力于介绍学校科研新进展，与科学家深度合作，推出一批讲科学、有故事的视觉大图和专题特稿。循环流化床、石墨烯、植物抗病"诱饵模型"……专业术语在这里变得不再"高冷"，而是寄寓着清华学者探索前沿、挑战"不可能"的科学精神与信念。

2018 年，我们热切关注着同学们的成长，为他们喝彩。我们通过 2017 年学生年度人物群像，展示在清华实现理想的多种可能；我们讲述特等奖学金获奖者的成长历程，为"小伙伴们"树立优秀的标杆；我们跟随清华学子海外实践的脚步，分享"站在世界看中国"的感想与收获；我们还记录了 5 支学生未来兴趣团队的"奇思妙想"与大胆探索，有兴趣的航标指引，未来并不遥远。

2018 年，我们欣喜捕捉着园子里的新变化，记录着清华给我们带来的一次次惊喜。我们探索教学楼的改变，展现"硬"的设施更新背后"软"的教育教学改革理念；我们骄傲地展示高科技助力下二校门的新貌，传统与创新在这里融为一体；我们走进"iTsinghua 学堂"，探讨讲座背后教育公平的社会意义。

2018 年，我们时时回望清华历史上的风华与担当，以过往的闪光瞬间为当下提供滋养。我们重回清华学堂第一次开学的那天，怀想从那时延续至今的严谨学风和报国理想；我们回顾第一批入校的女生，讲述清华的"另一半"传奇；我们回到张维与陆士嘉夫妇的故居，感受小小空间中的爱国情怀……

我们能够做到的只是在无数清华故事中撷英，希望一个个故事如同一面面镜子，映照出清华的万千光华。

雨露年年润，芳华岁岁新。2019 年，愿我们理想愈丰满，脚步愈坚定，耕耘收获，不负芳华！

2019，期待清华更美，祖国更美！

文字｜高原
摄影、图片｜李派

　　岁月流转，华章日新。2018 年 12 月 31 日晚，校长邱勇、校党委书记陈旭等校领导与 3500 余名师生校友在综合体育馆欢聚一堂，在新年钟声敲响之际分别发表新年致辞，送上新年的祝福。

　　"2018 年给我们留下了许多美好的回忆。"邱勇在致辞中回顾了清华大学在 2018 年取得的成绩和进步，"2018，我们一起奋斗过。"面向未来，他坚定地说："清华人要永远保持奋进的姿态，让我们一起奋进并共同见证：2019，清华更美；2019，中国更美；2019，世界更美。"

　　"展望新的一年，我们心中都有无限的期望和畅想。"陈旭说，2019 年对国家来说是非常重要的一年，对清华来说是继续奋进的一年，对于每一个人来说，相信是收获更多的一年。希望清华人按照习近平总书记在 2019 年新年贺词里的嘱托，以坚如磐石的信心、只争朝夕的劲头、坚韧不拔的毅力，去开启 2019 年的每一天，为更好的未来作出大家的努力和贡献。

　　2019 年清华大学新年联欢晚会延续"我想和你一起跨年"的主题，配合"Tonight To Nine（今夜共迎 2019）"的宣传标语，通过清华大学电视台全球直播，与世界分享清华园里的喜悦。晚会以"包容""交融""峥嵘"三幕为主题线索，展现了传统与国际交织、科学与艺术并重、奋斗与梦想交辉的深刻内涵。大气磅礴的校园航拍视频《飞越清华》拉开晚会帷幕，在改革开放 40 年之际，晚会聚焦于清华在时代潮流中的引领作用，体现清华人将自身奋斗与民族未来相融合的精神。从清华附小的学生到离退休处的教职工，从校歌赛的十佳选手到清华园里的普通师生，晚会参演人员跨越各个年龄阶段、来自校内不同院系单位，共同为晚会奉献出精彩节目，诉说清华人共同的梦想。

　　晚会还举行了第七届"清韵烛光"我最喜爱的教师评选活动颁奖仪式，余锡平、田凌、李政、杨殿阁、丁青青、姚家燕、晋军、梁君健、李蕉、吕冀蜀 10 位获奖教师走上舞台，接受学生们的鲜花与祝福。晚会同时盘点了"2018 年清华大学学生年度人物"，他们用努力和拼搏书写了精彩的 2018，以实际行动鼓舞同学们不懈奋斗、不负时代。

　　回望这一年，那么多精彩而宝贵的瞬间值得珍藏，那么多青春而执着的追求值得回味。2018 年岁尾，清华师生还以一场快闪的方式表白祖国，一同唱响《我和我的祖国》，让很多人热泪盈眶。

　　"岁月不居，时节如流。"当 2019 年的阳光照进清华园，承载着梦想与希望的新的一年徐徐展开。涓涓细流，梦想是一盏永不熄灭的灯。在通往星辰大海的征程上，清华人将永远保持奋进的姿态。2019，让我们携手前行，重新出发，努力开启更美好的未来！

"巴黎协定之友"相聚清华展开高层对话

供稿 | 气候变化与可持续发展研究院
图片 | 任帅
摄影 | 常志东

3月26日，来自联合国以及法国、美国、新加坡、南非、巴西、秘鲁等国家的高级代表们手握印章，在韩美林先生书写的"巴黎协定之友"横幅上郑重地印上了自己的名字，表达对推动达成《巴黎协定》目标的庄严承诺。

2015年联合国气候大会上通过的《巴黎协定》，是全球气候治理的里程碑，为全人类共同应对气候变化的挑战提供了精神指引和行动路径。虽然此后《巴黎协定》遇到一些单边主义挑战，但在各方的不懈坚持和努力下，2018年年底在波兰召开的联合国卡托维兹气候大会上通过了《巴黎协定》实施细则，为《巴黎协定》的实施奠定了制度基础，维护了多边主义和多边进程的有效性，提升了国际合作应对气候变化挑战的信心，全球气候治理进入坚定落实《巴黎协定》的新阶段。2019年3月26日，中国国家主席习近平在中法全球治理论坛闭幕式上讲话，强调要加强气候变化合作，全面落实《巴黎协定》，推动今年联合国气候峰会取得积极成果，为两国人民和各国人民谋福祉。

应对气候变化任重而道远，需要各国同舟共济、各尽所能，切实兑现承诺，加大行动力度。为此，在中国气候变化事务特别代表、清华大学气候变化与可持续发展研究院院长解振华的倡议下，清华大学气候变化与可持续发展研究院于3月25—26日举办"巴黎协定之友"高层对话会，邀请为《巴黎协定》及其实施细则的达成作出了重要贡献的高级代表重聚，为今年9月联合国气候行动峰会及2020年后落实《巴黎协定》实施提供建议。

在一天半的对话中，与会代表围绕达成《巴黎协定》的经验、实施阶段面临的挑战、强化行动的方向、今年联合国气候峰会和联合国气候大会等关乎全球气候治理未来走向的重大问题，展开多轮坦诚而富有建设性的对话。

会议决定，"巴黎协定之友"高层对话将落实为一种民间交流机制，邀请更多代表出席，讨论更多问题。本次会议的总结将通过特使转交给联合国秘书长古特雷斯。经磋商，计划明年同期在法国巴黎举行第二轮高层对话，继续为《巴黎协定》的实施贡献智慧。

2019气候行动峰会联合国秘书长特使路易斯·阿方索·德阿尔巴·戈恩戈拉（Luis Alfonso de Alba）、副特使安妮·索菲·切里索拉（Anne-Sophie Cerisola）、新加坡环境和水资源部部长马善高（Masagos Zulkifli）、美国前气候变化特使托德·斯特恩（Todd Stern）、巴西环境部前部长伊扎贝拉·特谢拉（Izabella Teixeira）、秘鲁环境部前部长埃努尔·普尔加·比达尔（Manuel Pulgar Vidal）、法国前气候变化谈判大使劳伦斯·图比亚娜（Laurence Tubiana）、南非气候变化首席谈判代表萨卡妮·恩高曼妮（Tsakani Ngomane），中国生态环境部副部长赵英民、外交部气候变化谈判特别代表孙劲、生态环境部气候司副司长孙桢、气候司副司长蒋兆理、国家发改委办公厅副主任高健、清华大学气候变化与可持续发展研究院学术委员会主任何建坤、外交部条法司气候办主任周倩、能源基金会北京办事处总裁邹骥等高级代表参加了对话。对话由清华大学气候变化与可持续发展研究院常务副院长李政主持，执行副院长张健主持互动交流环节。

清华大学 108 周年校庆致辞

图片 | 杨思维

四月的校园，清华两辉映。美丽的校河蜿蜒流淌，千丝杨柳轻抚碧波；似锦的繁花竞相开放，姹紫嫣红浓淡相宜。迎来 108 岁生日的清华呈现出一派生机勃勃的景象。我谨代表学校向海内外广大校友和全体师生员工致以亲切的问候和良好的祝愿，向多年来关心支持我校发展的各界人士和朋友表示衷心的感谢！

奋进的清华不断呈现新气象。清华人永远保持奋进的姿态。2018 年，在学校党委的坚强领导下，学校各项工作都取得了新的进展。清华作为第一单位获得国家科技三大奖 15 项，其中国家自然科学奖一等奖 1 项、国家科技进步奖一等奖 2 项、国家科技进步奖（创新团队）1 项；获国家社科基金重大项目 12 项；入选万人计划、长江学者、杰青、优青共计 142 人；三位教师获得全国高校青年教师教学竞赛一等奖；学生超算团队继 2015 年之后再次包揽三大国际超算赛事冠军；获首都高等学校学生田径运动会甲组男子、甲组女子和团体总分冠军，实现团体总分"九连冠"；清华女篮成功卫冕中国大学生篮球联赛女篮全国总冠军，并获得世界大学生三对三篮球联赛总决赛冠军。

变革的清华持续展现新作为。变革是大学发展的不竭动力。清华在继承中弘扬文化传统，在变革中坚守核心价值，永远致力于有长远意义的事情。学校成功召开第 25 次教育工作讨论会，将价值塑造、能力培养、知识传授的"三位一体"人才培养模式上升为教育理念，形成 40 项教育改革行动方案。建设"写作与沟通"必修课，着力提升学生写作表达能力、沟通交流能力以及逻辑思维和批判性思维能力。组建语言教学中心，提高学生外语学习成效。在顺利实施教师人事制度改革的基础上，启动职工队伍人事制度改革，建立专业化、职业化的职工队伍。持续推进学科交叉，新建人工智能研究院和大数据研究中心。服务国家战略，成立实体性航空发动机研究院，建设新时代的"200 号"。推进新一轮校园规划，创建人文、绿色、开放、智慧校园。

开放的清华积极走向世界。一所大学的办学视野决定了她所培养的人才的视野。清华正以更加开放的姿态走向世界，积极发出中国高等教育的声音。学校深入实施全球战略，着力提升学生的全球胜任力，开展服务中国和世界的高水平研究，深入推动国际交流合作，国际影响力持续提升。2018 年 10 月，清华大学东南亚中心在印度尼西亚巴厘岛奠基；11 月，清华发起的亚洲大学联盟发布首部研究报告《亚洲高等教育展望 2018》；12 月，清华大学拉美中心在智利圣地亚哥成立。2018 年，校园"国际化能力提升计划 2020"顺利实施。2019 年 1 月，清华在达沃斯倡议并与其他七所著名高校发起世界大学气候变化联盟；3 月，清华大学深圳国际研究生院揭牌。迄今，学校与 50 个国家的 285 所大学和研究机构签署了校际合作协议。2018 年，全校师生有 16000 多人次出国（境）交流访问，有来自 128 个国家的 3700 多名国际学生在校学习。

百余年厚重的积淀和改革创新的新发展给予清华人自信和力量。自信的清华更加开放。清华将以更加宽广的国际视野、更加高远的历史站位、更加有力的实际行动推进中国特色世界一流大学建设。

2019 年是中华人民共和国成立 70 周年，是决胜全面建成小康社会、实现第一个百年奋斗目标的关键之年。清华大学将坚定不移地走内涵式发展道路，着力提升办学质量和办学品位，扎根中国、融通中外，以海纳百川的胸怀，博采中西文化之精华，在持续奋斗中不断进取，在比较借鉴中实现超越。

校庆是所有师生员工和校友的节日。祝愿全体师生员工和广大校友身体健康！清华 108，欢迎回家。

清华大学校长
清华校友总会会长

二〇一九年四月三日

清华大学天文系成立，完成完整理科布局

供稿 | 天文系
摄影 | 李派
图片 | 李娜

4月21日上午，清华大学天文系成立大会在主楼接待厅举行。天文系的成立是清华大学在"双一流"建设中迈出的坚实一步，标志着清华完成"数理化天地生"完整的理科布局。

清华大学天文系的前身——天体物理中心成立于2001年，挂靠物理系，十多年来在物理系、工物系、高研院等院系和学校的支持下取得了稳步的发展。2014年，清华大学通过了新的天文学科发展规划，明确提出要大力发展天文学科。2017年天文学科作为清华大学"十三五"重点发展方向，获得学校大力支持。通过多年发展，天体物理中心已经形成了一支学科布局合理、中青年结合的学术梯队。

2018年是中国改革开放40周年。中国基础科学包括天文学在过去的40年里取得了迅速的发展，在世界舞台上发挥着越来越重要的角色。这一年，清华大学天体物理中心在学科建设方面又获得了令人激动的成果——新人才的加入、令人兴奋的科学成果和成功的科研资助。2018年底，9位天文学界专家评委对天体物理中心的学科发展进行了评估，肯定了学科建设的阶段性成果，建议成立天文系。2019年初，校学术委员会、党委常委会和校务会相继审议通过了成立天文系的申请。清华大学天文系英文名称为Department of Astronomy, Tsinghua University，英文缩写DOA，纳入理学院。同时保留清华大学天体物理中心（虚体），挂靠天文系。

目前，清华大学天文学科的研究方向包括星系宇宙学、高能天体物理、行星物理、超新星及时域天文学等，并拥有高性能计算机群和低温探测器实验室。未来，清华大学天文系及天体物理中心将继续发展这些前沿研究领域，同时积极培养天文学专业人才和开设全校课程，为清华和我国的天文研究和教育作出应有的贡献。此外，天文系还将借助清华大学的工程技术力量，继续致力于为地面和空间天文观测开发最新型、最先进的天文探测仪器，并努力与其他领域合作开展跨学科研究。

清华，一生有你！

清华，一生有你！

文字 | 冯婉婷

图片 | 宋晨　杨思维

特别致谢 | 卢庚戌

　　清华园里又一载，校河沿岸的华丁香盛开的季节，又迎来了园子里最热闹的四月，迎来了清华又一岁生日。红砖青瓦旁多了许多熟悉的面庞，青藤绿树间多了许多美丽的故事，这座108岁的园子像一位睿智和蔼的老者，倾听着每一段动人的故事和细节。

　　回到清华园，再次走在学堂路的树荫下，你会发现，那些在园子里度过的珍贵时光依旧历历在目，无论离开园子多长时间，清华一直与你为伴，从未远离。走过二校门，想起儿时在明信片上看到的她，那时的清华是折纸飞机时许下的心愿；走过网球场，想起新生入学时的忐忑与憧憬，那时的清华是师长笑容里的温暖与期待；走过学堂路，想起每一个课前课后路上的自行车铃声，那时的清华是日复一日的充实；走过综合体育馆，想起毕业时师长的声声寄语，那时的清华是走向社会的勇气与自信。园子里的每一个建筑，见证了每一个清华人的成长。

　　老馆的课桌记录了一个个刻苦的清晨与打盹的午后，紫操的轻风吹来了一次次挥洒的汗水与夜聊的密语，大礼堂的舞台重现出台前的光鲜与幕后的友谊，食堂的香锅飘散着课后的期待与惦念的味道。园子里的每一个场景，承载着每一个清华人的年少青春。当你重新回到这些地方，当你见到昔日并肩奋斗的朋友，当你再次听到导师的教诲与关爱，所有过往的岁月又变得生动起来。你知道，不管你什么时候回来，清华的时光一直与你为伴，你知道，不管你现在身处何处，你的人生都有着清华留下的深深印记。

　　奋进的清华给予我们前进的动力。过去一年，清华在科技创新、教学进步、学术突破、体育竞技方面不断奋进，每当看见母校的名字一次次出现在新闻头条，感受到的是骄傲和自豪。清华的荣光激励着我们勇敢肩负时代赋予的使命，在人生的不同阶段找寻热爱、提升自我、追求卓越。

　　变革的清华给予我们尝试的勇气。过去一年，清华全面深化综合改革，进一步强调质量提升、内涵式发展，凝心聚力，保持定力，持续提升人才培养质量。每一天，清华都在自我更新中阔步前进。行胜于言，是清华时光教给我们的重要一课。

　　开放的清华给予我们广阔的视野。过去一年，清华深入实施全球战略，不断提高学生的全球视野，从东南亚中心到拉美中心，从亚洲大学联盟到世界大学气候变化联盟，清华努力让世界听见中国的声音。

　　清华的每一寸风景记录着一代代清华人的青春回忆，清华的每一方建筑诉说着一代代清华人的动人故事，清华的每一个变化丰富着一代代清华人的精神风骨。清华，108周岁生日快乐！一生有你，我们何其有幸！

毕业倒计时：用 100 张照片和 100 个故事说再见

文字 | 王鲁彬
图片 | 梁晨

"真的很想找到办法，把那些温暖时刻储存起来，把那些生命之光储存起来……"

"这时候照片会比较有用。"

这是两位 90 后清华人在微博上的对话，一位女作家，一位摄影师。

2019 年 7 月 5 日，距离清华"五字班"（2015 级本科生）毕业还有最后两天，清华大学学生艺术团摄影队的小伙伴们已经准备好 98 张毕业生的摄影卡片。从春到夏，他们计划用 100 张照片记录 100 个故事，储存毕业生们在清华园珍藏的温暖时刻和生命之光。

100 张照片中，有个人，有好友，有情侣，有集体；有实验室的苦中作乐，有图书馆的静心夜读，有学生社团的青春集结，有体育与艺术的理想激情，有献血、支教的无私奉献。在这些照片中，清华的毕业生们记录和标注着自己的四年时光，用图像与四年青春告别。

这样的告别方式在清华并非首见——"零字班""一字班"毕业时，就有摄影队毕业队员用 100 天拍摄了 100 位朋友作为毕业纪念，不过当时拍摄的规模比较小，拍摄对象也主要是身边友人，但就此开启了摄影队的一个传统。"三字班""四字班"的倒计时小分队里，都有摄影队的成员积极参与策划。2019 年，摄影队集体和"五字班"的成员们早早就开始筹划拍摄方案，开启毕业故事的全新记录。

在摄影师张枢看来，对比之前的倒计时摄影作品，今年的照片有着自己独特的色彩："我们听取学长学姐们的经验，减少较为私人化的情侣拍摄，但是大大增加了有特色的集体，比如'星火计划'十一期成员、车辆与运载学院首届毕业生、21 届支教团、人数较少的漆艺班级等。"这些照片以拍摄主题命名，并附有简短描述。"水下情""文艺梦""天文台""国旗之下"……大家的本科生活足迹遍布清华的各个角落；"用一年不长的时间，做一件终生难忘的事""真实的生活就像真实的实验室，从来不会井井有条""大礼堂的那束光，照亮了我渺小而伟大的文艺梦想"……学术、体育、文艺、社工的不同侧面交汇于精彩的校园舞台。

倒计时 100 天，意味着 100 天的忙碌。从最初的线上报名到后台筛选主题故事，从联系沟通拍摄时间地点、风格道具、化妆服装到现场拍摄，再到后期修图确认、制作卡片推送，都需要付出大量的时间精力。尽管如此，策划小分队还是想感谢这段难忘的回忆，还有因此结识的可爱小伙伴们。炎热天气里贴心地送上一瓶水，或是饥肠辘辘时出现的小蛋糕，"都很意外，又非常感动"。支教团的拍摄经历了一次调整："第一次，大家相约 7 点钟到紫操拍晨跑，可惜那组照片效果不太好；第二个星期我们又很早去三教拍了另外一组，但同学们都毫无怨言。"同时，小分队里的每位成员都很认真负责："4 个人（邓溪萌、张枢、贺施政、洪杨）各有分工，其他小伙伴临时有事时大家都积极救场，是非常愉快的一次团队合作。"另外，还有约 10% 的照片是摄影队其他毕业队员们提供的——从入学时加入摄影队到毕业，摄影队的成员们用镜头记录下清华的四季变迁和校园生活的五彩斑斓，而这段大学最后时光的拍摄，他们更是倾注了全部的回忆与深情。

20 余张单人照，30 余张双人照，近 50 张多人照，记录了每位参与者的个人故事与集体记忆，也为四年的大学生活留下了精彩注脚。有意思的是，不少拍摄对象都陪其他小伙伴出镜了不止一次，对此，为所有人拍照的摄影师自然最有话说——"大学生活永远不可能是独自一人走过的"。四年来，他们在清华园中一起奋斗、一起成长，最后在彼此的陪伴中回望过去，定格那份珍重的快乐。

"用 100 天，和过去的四年慢慢挥手告别。"四年来，他们每个人在清华园中凿刻出了截然不同的时间和空间轨迹，"五字班"则是他们共同的标签。对他们来说，拍下毕业倒计时的照片与故事，是对过去时光的诚挚交代，是带着微笑与感动的留念，也是最后一次郑重的告别。

近年拍摄回顾：

2017 年 3 月 24 日—7 月 2 日，清华大学 2013 级本科毕业生的倒计时 100 天摄影作品被逐一拍摄完成。"当一个摄影师决定用他擅长的方式去告别清华四年本科生活时，他当然会选择用图片讲述故事。"这次主题摄影的发起人曾泽宇、王德龙如是说。这些照片每一张都以拍摄地点命名，并以倒计时天数标示顺序。古月堂、图书馆老馆、西主楼、荷塘、30 号楼……这些熟悉的名字背后是每个人不同的回忆。"在每一张照片里，在每一个故事里，都写满了清华的底色。"

2018 年 3 月 30 日—7 月 8 日，由朱仕达、陈婧佳、苗雨菲、柏智雄组成的倒计时小分队也拿起了相机，每天拍摄并发布一张清华毕业生的照片，"100 天的倒数，100 天的记录，你在清华的 100 种样子我都记得"。这 100 张照片各自以主题相关的关键词标示，食堂美食、学院门前、三教、跑道、实验室、球场、路边的玉兰花、凌晨 4 点半的北京、文图的每一个书架、电影、琴弦、纸飞机……都随着照片上光影色彩的沉淀，定格在了毕业前最后的留念时刻。

第八届世界和平论坛聚焦
"稳定国际秩序：共担、共治、共享"

文字 | 拜喆喆
图片 | 任左莉

7月8—9日，第八届世界和平论坛在清华大学举行。本届论坛的主题为"稳定国际秩序：共担、共治、共享"。来自多个国家的前政要、智库负责人及战略家们针对当今世界面临的新安全挑战进行讨论，提出建设性应对方案，推动国际社会的安全合作。

本届论坛设2场大会、2场大会讨论、1场午餐演讲及22场小组讨论，涵盖全球性、地区性和专题性三类安全问题。

传统安全问题中，国际秩序面临的持续性挑战、反建制主义思潮、大国关系、核不扩散、反恐问题等议题依然是各方关注的焦点。非传统安全问题中，贸易冲突与经济安全成为新热点，人工智能及其国际政治影响也纳入讨论。此外，清华大学国际关系研究院会组织3场联合小组讨论，坚持论坛的开放性及与世界各国智库的合作原则。

世界和平论坛秘书长、清华大学国际关系研究院院长阎学通预计，今年论坛的焦点问题更加集中在大国关系方面。2019年上半年，单边主义、保护主义、排外主义、恐怖主义、极端主义思潮导致国际安全秩序、核秩序、贸易秩序、投资秩序、科技交流秩序都受到严重冲击；大国关系失调、复杂矛盾持续发酵，战略竞争全面升级。本届论坛以"稳定国际秩序"为主题，讨论世界关切的重大议题，就如何避免新冷战的出现，如何促进国际秩序的良性变化，以及如何塑造开放和进步的国际体系展开沟通和对话。

阎学通介绍，本届论坛进一步增加了人工智能相关内容。他认为，数字经济的兴起正在改变传统地缘政治博弈的领域、形式和内容。"数据成了像石油、渔业资源、其他矿产资源等一样的经济资源，而这个资源正在成为人类财富最主要的来源。"阎学通说，"现在的大国竞争与冷战时期的区别在于，现在是在无线领域而不是在自然地理上进行竞争。"

阎学通强调，今年在论坛上参加小组讨论的大使是历年最多的，许多大使主动希望能够参加论坛发言，"这表明，世界和平论坛声音的多样化得到了国际社会的认可，得到了各国的信任"。

世界和平论坛创办于2012年，是由清华大学主办、中国人民外交学会协办、清华大学国际关系研究院承办的中国第一个高级别非官方年度国际安全论坛，至今已成功举办七届。世界和平论坛的核心价值在于提供前瞻性的国际安全预判及可能的安全合作建议，多种形式的讨论为与会者提供了表达不同观点和建议的平台。

同心筑梦 共创未来

庆祝清华大学生命科学学院建院 10 周年
暨复系 35 周年

供稿、供图 I 生命学院

初冬的清华园，五彩斑斓，叠翠流金。清华大学生命科学学院迎来了建院 10 周年暨复系 35 周年。

清华大学生命学科的发展有悠久的历史。创建于 1926 年的生物系，是我国近代最早开展生物学教育和科学研究的基地之一，曾为我国培养了一大批知名的生物学家。在中国科学院生命科学和医学部及中国工程院医药卫生学部的院士中，有 40 余位曾在清华大学学习或工作过。1952 年全国高校院系大调整后，清华大学生物系被并入其他院校，生命科学在清华园曾一度处于空白状态。

历经 32 年的沉寂，清华大学于 1984 年恢复生物系，并更名为生物科学与技术系。著名神经生物学家蒲慕明教授受聘担任第一任系主任，赵南明教授任常务副系主任。2009 年，为了适应生命科学快速发展的需要，清华大学成立生命科学学院（简称生命学院），施一公教授任首任院长。

目前，生命学院已经发展成为我国生命科学领域最具特色和最有影响力的科学研究与高级人才培养基地之一。生命学院是"国家理科基础科学研究和教学人才培养基地"和"国家生命科学与技术人才培养基地"，"现代生命科学实验教学中心"是首批"国家级生物学实验教学示范中心"。学院拥有"生物学"一级学科博士学位授予权，生物物理学、生物化学与分子生物学、发育生物学是具有较大优势的国家重点学科。在教育部"学位与研究生教育发展中心"组织开展的第四轮（2017 年）学科评估中，清华大学的"生物学"一级学科被评为"A+"学科。

过去 10 年，清华生命学院不断深化人事制度改革，已建成一支以教研系列教师为主体的高水平师资队伍。优秀的师资队伍带动了科研水平的快速提升，产生出一批在世界范围内颇具影响力的研究成果。2009 至 2018 年，生命学院以第一作者单位或通讯作者在国际顶尖杂志（CNS）上发表论文 73 篇。多项科研成果入选年度"中国科学十大科技进展"或"中国高校十大科技进展"。

学院始终将人才培养作为首要任务，积极进行教育、教学改革，不断改进和完善本科生及研究生的招生和选拔方式，如学堂班项目、PTN 项目和 CLS 博士生项目等，创建优良的育人环境，人才培养的质量显著提高，越来越多的在读优秀学生和杰出校友脱颖而出。本科生每年自由组队参加国际基因工程大赛（iGEM），屡创佳绩。

在新一轮科技革命和产业革命孕育兴起的大环境下，清华大学生命学科面临前所未有的新机遇和新挑战。我们将始终以人才培养和科学研究为己任，积极开展与国内外同行之间的交流与合作，促进多学科交叉和协同创新，力争取得一些在科学史上有重大突破的学术成果。我们要努力使学院不仅成为中国青年科学家的培养基地、本科生和研究生的教学改革中心，而且成为国际一流的生命科学的交流与合作中心，为中国生物学家融入国际大舞台搭建一个良好的平台。

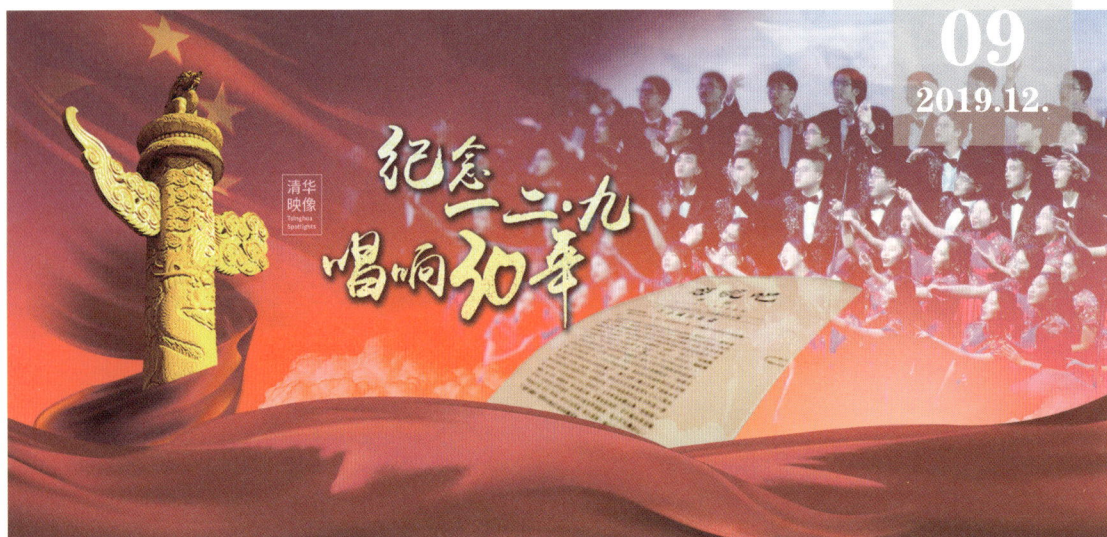

清华
映像
Tsinghua
Spotlights

纪念"一二·九"唱响 30 年

素材提供 | 校团委文体部
图片 | 赵存存

　　"九一八"事变之后，日本帝国主义加紧侵略中国，在东北地区推行殖民地化统治的同时，利用南京国民政府的不抵抗主义，把侵略魔爪一步步伸向华北，民族危机日益严重。

　　1935 年 12 月 8 日，清华大学地下党支部书记蒋南翔草拟了清华大学救国委员会《告全国民众书》，喊出了"华北之大，已经安放不得一张平静的书桌了！"的时代强音。

　　12 月 9 日，北平（北京）数千名大中学生举行了抗日救国示威游行，反对华北自治，反抗日本帝国主义，要求保全中国领土的完整，掀起全国抗日救国新高潮。

　　1988 年，清华学子开始以歌咏比赛的形式纪念"一二·九"运动。到现在，园子里的清华人走过了一代又一代，但是"一二·九"精神一直在清华代代相传。清华人不会忘记他们的初心和使命。新时代清华人会继承发扬清华的优秀传统，为中华民族的伟大复兴不断奋斗。

　　今年是新中国成立 70 周年，"一二·九"学生爱国运动 84 周年。为勉励广大青年学子铭记历史、缅怀先烈，继承清华优秀的革命传统，践行社会主义核心价值观，树立成才报国的远大理想，肩负起时代赋予的青年责任，学校继续举办纪念"一二·九"合唱活动。

　　本年度共有 33 支队伍报名，覆盖全校所有院系，各参赛队开展 2 个月合唱排练，同学们用饱含深情的歌声和昂扬的精神表达对"一二·九"运动的纪念，以及对"一二·九"精神的颂扬。12 月 7 日、8 日分别于综合体育馆举办了本科生、研究生的合唱比赛，现场的同学们热情高涨，为各支参赛队伍欢呼助威。

　　除合唱外，各参赛队伍还开展了丰富多样的主题教育活动，包括朗读坊、定向越野、快闪、知识竞赛、宣讲、实践、主题党团日等不同形式的活动，以此来纪念"一二·九"运动 84 周年，传承并发扬爱国奉献精神。

清华人物

朱自清
诞辰120周年

永远的背影：纪念朱自清先生诞辰 120 周年

文字丨刘书田
图片丨李娜

　　2018 年 11 月 22 日，是我国现代著名作家、学者、教育家，伟大的爱国知识分子和民主战士朱自清先生诞辰 120 周年。为了继承和发扬朱自清先生热爱祖国、钻研学术、认真为人、无私奉献的精神，11 月 24 日，清华大学举办了"朱自清先生诞辰 120 周年纪念大会暨主题展览"。

　　朱自清先生五十载短暂人生中，近一半的时光是在清华度过的。他曾经居住过的清华园西院 45 号、北院 9 号和 16 号，与校园中的自清亭、朱自清塑像，记载了他作为学者、教育家的一生，也是其爱国主义精神和民族气节的写照。

　　1925 年 8 月起，朱自清受聘于清华，先后担任国文教授、中文系教授。自 1932 年 9 月起，朱自清担任中文系主任，为中文系的发展付出了巨大心血。在朱自清的主持下，清华中文系继续沿着"创造我们的新文学"目标发展，拥有了陈寅恪、杨树达、黄节、刘文典、俞平伯、闻一多、王力等诸多名师，重视学生外国语言以及欧美文学的学习，形成了严谨、开阔的学风，培养了一大批优秀人才。在这个过程中，朱自清"周旋老辈，奖掖新进，使新旧学术平衡发展"。

　　脚踏实地走好自己的每一步，一步一个脚印，是朱自清先生的实干精神。他认为，清华的精神就是实干。这种脚踏实地、务实求真的实干作风与"行胜于言"的清华校风完全一致。无论是学术还是行政工作，朱自清都兢兢业业、全力以赴，为学校及中文系的发展和人才培养作出了杰出贡献。

　　1927 年仲夏，荷花池的夜色触发文学家敏锐的思绪，有感于军阀征战的国内时局，朱自清写下不朽名篇《荷塘月色》。"三·一八"惨案后，他以极其悲愤的心情写成《执政府大屠杀记》和《哀韦杰三君》。抗日救亡运动中，他积极投身爱国运动，多次在家中掩护被国民党追捕的地下党员和爱国学生。1936 年 11 月，他还代表清华师生赴绥远前线慰问抗日将士，其妻陈竹隐也加入为前线战士制作御寒用品的行动中。西南联大复员后，朱自清把编辑和出版《闻一多全集》视作纪念亡友与抗击法西斯专政的必要举措，在逝世前一个月将《闻一多全集》正式出版。1948 年，贫病交加仍疾速工作的朱自清拒绝购买美援平价面粉，在他所渴望的新中国诞生前夕辞世。他留下的清芬正气和英雄气概，是中华民族最宝贵的精神财富。

　　朱自清先生离我们远去已经 70 年了，但他深深地留在了后人的记忆里。无数学子、游人立于清华园的自清亭前，怀念着朱自清先生与清华的际会因缘，更怀念着先生"外润而内贞"的美好品质。朱自清先生的高尚精神将激励着清华大学秉承"人文日新"的理念，传承和弘扬"中西融汇、古今贯通、文理渗透"的办学风格，培养出更多年轻优秀人才，让人文之光穿透校园、影响社会。

　　除了纪念大会和主题展览，这次朱自清先生诞辰 120 周年系列活动还包括学术讲座、清华大学青年作家工作坊、"清华大学朱自清文学奖"的评奖和颁奖，以及"纪念朱自清诞辰 120 周年学术研讨会"等。其中，"清华大学朱自清文学奖"由清华大学文学创作与研究中心与中文系联合举办，经过一年的征稿与评审，从在校学生的 191 篇参赛作品中评选出一等奖一名、二等奖两名、三等奖三名和文学评论奖两名，颁奖礼于 11 月 22 日朱自清先生诞辰当天举行。朱自清先生为人为文认真求实的精神，也以这种方式永远留在了清华学子心中。

陈鹤琴
中国幼教之父

陈鹤琴先生是我国现代幼儿教育的创始人之一，早年毕业于清华学校，后留学美国，获教育硕士学位。1918年回国后立志改变国内幼教事业几乎一片空白的现实，终生从事幼儿教育与幼儿师范教育事业，是中国幼教之父。

"中国幼教之父"陈鹤琴：幼儿教育是一切教育的基础

文字｜冯婉婷
图片｜任左莉

"我爱儿童，儿童也爱我。"中国现代幼儿教育事业的奠基人、清华老校友陈鹤琴先生在1982年临终前曾写下这九个字。时隔30多年，每当谈起中国的儿童教育，我们依旧不能忘却这位清华老学长作出的重要贡献。

"我觉得着了不少有用的知识，认识了许多知己的朋友，还获得了一点服务社会的经验，立下了爱国爱人的坚强基础。"陈鹤琴1892年出生于浙江，虽然自幼家境贫苦，但他从小热爱读书，于1911年考入清华学堂高等科。当时清华尚未改办大学，陈鹤琴在清华就读三年后毕业。陈鹤琴后来回忆起三年的清华时光，除了知识与知己外，他还提到那时在心里埋下的"服务社会、爱国爱人"的种子。

1914年，陈鹤琴考取奖学金赴美留学，原本想要学医的他经过反复思考后决定改学教育。在他看来，要挽救贫穷的祖国，必须从教育人做起，而儿童是祖国的未来，儿童教育是国民教育的基础。"为人类服务，为国家尽瘁，将自己一生都献身中国的教育事业。"——他在清华时埋下的想法，逐渐成长为一个宏大的志愿。

五年后，获得哥伦比亚大学硕士学位和教师资格证书的陈鹤琴毅然放弃了国外的优越生活，回到南京高等师范学校任教，继续自己教育救国的理想。但他的理想并不止于教授理论知识，十分重视实验精神的他认为，要实地去了解儿童、研究儿童，才能使儿童教育科学化。儿子陈一鸣的出生使他的教育实践有了新的突破。他以自己的儿子为实验与研究儿童心理的对象，对其从出生起的身心发展进行了长达808天的连续跟踪观察。

陈鹤琴将观察、实验结果分类记载，文字和照片积累了十余本，从中总结出儿童心理的特点与规律，撰写了《儿童研究纲要》一书，在课堂上讲授儿童心理学课程。随后又写出《儿童心理之研究》与《家庭教育》两本书，前者是我国儿童心理学的第一本开拓性著作，为儿童教育的科学化奠定了基础，后者提出了儿童家庭教育的101条原则。

1923年秋，陈鹤琴在自家的客厅里办起了中国第一所实验幼稚园——南京鼓楼幼稚园，这也是我国的第一个中国化、科学化的幼儿教育实践中心。深知教师职业重要性的他，在抗日战争纷飞的战火里，又排除万难在江西泰和创办了我国第一所公立幼稚师范学校。正如当年的心愿，陈鹤琴将一生奉献给了中国的儿童教育，因为他深知，幼儿教育是一切教育的基础，它的功用，实在关系于儿童终生的事业与幸福，推而广之，关系于国家社会。

清华映像
Tsinghua Spotlights

杨绛逝世两周年：她的精神，正跳动在年轻一代的胸膛

文字 ｜ 赵姝婧
图片 ｜ 杨思维

两年前的今日，一个高贵、深湛而生动的灵魂，如她所愿，终于"回家了"。

世纪老人，著名作家、翻译家、外国文学研究家杨绛先生 2016 年 5 月 25 日在北京与世长辞，享年 105 岁。

她与清华同龄，与清华结有不解之缘，一家三口都"最爱清华"。

她情牵清华，关爱学生，无偿捐赠母校并设立"好读书"奖学金。

她才情横溢，是许多人眼中百年罕见的"奇女子"，被誉为从容优雅的"精神贵族"，却又豁达简朴、淡泊澄明，唯留一颗赤子之心。

她身上烙印着历史的年轮，搏动着清华精神的血脉，一生与清华相系，将平实的爱、温暖的情融化在美丽校园中。

杨绛一生爱"书"，笔耕不辍。即使身在"文革"的艰难时期，仍坚持翻译《唐·吉诃德》，被公认为最优秀的翻译佳作，2014 年已累计发行 70 多万册。她早年创作的剧本《称心如意》，被搬上舞台长达 60 多年，2014 年还在公演。93 岁出版散文随笔《我们仨》，风靡海内外，再版达 100 多万册。96 岁出版哲理散文集《走到人生边上》，102 岁时出版 250 万字的《杨绛文集》八卷……

杨绛逝世当天，数百名清华学子自发来到先生最为挚爱的图书馆老馆前广场，用烛光围成两颗环抱在一起的心，用鲜花为先生送行。

一周后，"杨绛先生纪念展览"在校史馆展出。通过一张张历史图片、一节节翔实叙述、一件件珍贵实物、一段段精彩视频，清华师生再次领略了杨绛先生作为中国当代著名作家、翻译家和学者的风采神韵，特别是三次与清华结缘的往事及其一生对清华的眷恋。

两年过去了，老馆前开满黄色的小花。夏风徐来，淡淡花香伴着书香萦绕在清华园中——先生仿佛并不曾离开，她的精神和温暖，正跳动在年轻一代的胸膛。

两年来，清华师生曾齐聚人文社科图书馆，与来自商务印书馆的嘉宾共话钱锺书、杨绛两位学长的读书生涯。师生代表饱含深情地诵读《我们仨》中的片段，部分学生还获得了杨绛先生捐赠清华的样书；2018 中国全民阅读年会上，清华大学学生好读书协会获评"全民阅读优秀推广机构"；4 月 22 日，一年一度的清华大学"世界读书日·师生共话读书"活动如期举行，"好读书奖学金"颁奖，"好读书"精神不断传承接力……

浮尘中，有些东西太易碎，有些东西却能传世，比如钱锺书和杨绛的著作，比如"好读书奖学金"。其中一以贯之的，是这位世纪老人的精神、学养与善良。

杨绛先生为世人留下了一个淡泊从容的背影，然而她的从容中却饱含热忱。这份热忱，正是对亲人、母校、对青年学生最诚挚的深情。清华师生们不会忘记，那个在老馆畅游文学海洋的少女；不会忘记，那个在新林院奋笔译著的学者；更不会忘记，那个以己之清寒、报母校以琼瑶的老学长……

常沙娜讲述"永远的敦煌"

素材提供 | "人文清华"讲坛
文字改写 | 马倩倩
图片 | 田蕾

她的名字是里昂的一条河流。

她的根在敦煌。

出生在法国里昂索纳河畔的常沙娜，受有"敦煌守护神"之称的父亲常书鸿先生影响，从早年起，就与茫茫沙漠里的千年敦煌结下不解之缘。

4月21日下午，著名设计家、教育家、艺术家，清华大学美术学院教授，原中央工艺美术学院院长常沙娜先生做客"人文清华"讲坛，发表题为《永远的敦煌》的主题演讲。她以自己与敦煌之间的渊源为线，用娓娓道来的语言带领大家畅游大美敦煌，用生动的实例讲述了如何在艺术设计中融合传统与自然。

少女时的常沙娜，是这样跟随父母举家前往敦煌的——一个多月的卡车颠簸，半路冻得受不了换上皮袄毡靴，最后坐着木轮牛车抵达。寒冷与荒凉，是敦煌留给常沙娜的第一印象，但同样印象深刻的，是父亲常书鸿决意保护敦煌的积极和乐观。

当时的敦煌不仅交通不便，生活条件也异常艰苦。89岁的常沙娜依然记得在敦煌吃的第一顿晚餐——每人一小碗面条，佐料是一碗醋、一碗盐。就是在这样的条件下，她开始走进敦煌的艺术宝库，跟随研究人员学习、临摹壁画，日积月累地体悟莫高窟中神秘的艺术宝藏，练就了扎实的"童子功"。

从十六国到元朝，莫高窟的开凿沿续了十个朝代。壁画对时代的表现极其丰富，每个时期的壁画都有不同的特色。通过长期大量的临摹，常沙娜不仅精通了莫高窟壁画的造型，也领会了敦煌艺术的研究方法。

演讲中，常沙娜分享了自己的研究体悟："我们研究敦煌壁画，一是要看它的内容，另外壁画反映了当时的人物，表现了当时的习俗和环境，也反映了当时的艺术表现方法。所有这些，都值得我们后人一代一代地去学习。"

1951年，常书鸿将敦煌研究所常年临摹的作品带到北京，在午门城楼举办展览，向国人展示了值得自豪的民族文化。常沙娜受父亲所托，陪同梁思成林徽因夫妇参观了展览，并由此结识了她在艺术设计道路上的引路人——林徽因先生。在清华大学营建系，常沙娜作为林徽因的助教，与同事一起对传统的工艺品景泰蓝进行设计上的改进，融入敦煌的图案，也使之更满足现代生活需求。忆及这段往事，常沙娜说："是林徽因决定了我将自己的终生献身给艺术设计和教学。"

从人民大会堂宴会厅的天顶装饰到宣武教堂彩色玻璃窗的大胆创新，从再现敦煌盛唐彩塑的香港志莲净苑佛像到呈现自然生命之美的花卉写生，常沙娜在数十年的艺术设计和创作中洒下一路芬芳。其间的点滴感悟，她也与听众们一一作了分享。

在用敦煌图案设计人民大会堂宴会厅的天顶装饰时，工程师张镈提醒常沙娜注意设计与通风口、照明等功能的结合，否则图案再漂亮也不能用。受到启发的常沙娜连夜修改，最终实现了传统与现代、设计与功能的完美结合。"设计不是一个人完成的，一定要合作共赢。""搞设计要跟时代、传统、大自然、生活所需相结合，要跟材料相结合。"常沙娜说，这次设计给了她一辈子最重要的启示。

进入21世纪，常沙娜从2007年开始进行一项特殊的设计——为香港志莲净苑设计佛像。她用心将莫高窟45窟、

328窟的盛唐佛像组合在一起，以石青、石绿、土红、土黄为主色调，恢复了盛唐时期非常讲究的用色方法。木雕的服装、色调、图案都按深中浅的形式表现，细致的背光雕刻，比例、尺度的停匀相称……最终，美轮美奂的敦煌佛像艺术得以在九龙的山海之间再现。

大自然是常沙娜创作的重要源泉。"佛教的图案也是来源于大自然，佛祖的莲座、藻井里都有莲花。莲花从污泥上长出来，开的花、叶子却都很干净，所以用莲花象征出淤泥而不染。"受原中央工艺美院的老前辈雷圭元先生影响，常沙娜深切感受到花卉写生对图案设计的重要性。她的笔下，也一直绽放着大自然中各种花卉的生动之美。

面对时代和科技的飞速进步，常沙娜告诫后辈还是要坚守真善美的原则，坚持"古为今用，洋为中用"，坚持做"民族的、科学的、大众的"设计。她提出，设计绝对不能放松，大小、比例、色调、尺度、功能、材料都很重要，要好好研究、好好发展我们的设计。

回顾自己遍尝酸甜苦辣的一生，常沙娜说自己依然乐观。"能做什么就继续做什么，高高兴兴的，这样心情就很痛快。"

演讲最后，常沙娜动情地对大家说："要有思想准备，要奋斗，要面对现实。要爱国，为自己的国家作贡献。绝对不要忘了我们中华民族的特色，我们的文脉、我们的血脉是中华民族的。"这是她对年轻一代的殷切寄语，也是她自己毕生践行的信念。

姚期智：至纯无畏

文字｜高原
图片｜宋晨

在人们的印象中，他总是在人生的关键时刻义无反顾地作出令人惊讶的选择。

年轻时从大热的物理学一路学到博士学位，转而投身当时冷门的计算机科学研究；放弃国外优渥的科研生活环境，毫不留恋地回到祖国，一点点建成世界一流本科教育的旗舰。

有记者问他，你曾后悔过吗？

他毫不犹豫地说，我是一个对自己很诚实的人，没有选择那条路，我才会后悔。

回国的 15 年间，他从一名醉心学术的世界顶尖科学家，又多了师者、建设者、管理者的身份。

2019 年的这个夏天，他重新出发，继"姚班"之后，再次与他的名字结缘的"智班"在清华成立。

"他为什么这么勇敢？"

一路跟随他的学生吴辰晔脱口而出：因为纯粹，所以无畏。

我们对他的采访，似乎每 5 年便有一次不刻意的缘分。10 年前，在我们的笔下，他为中国计算机学科的腾飞日夜兼程；5 年前，他为自己清华 10 年打分"A+"；现如今，他眼看着比 15 年前更忙了。

他，就是姚期智。

日前，他被授予清华大学 2019 年"清华大学突出贡献奖"。

难以抵挡的 Sense of beauty

1946 年，他出生于上海，祖籍湖北孝感，不久后便跟随父母去了台湾。20 岁，他获得台湾大学物理学士学位，服完兵役后赴美，4 年后获得哈佛大学物理博士学位。不难想象，假以时日，这颗物理学界冉冉升起的新星将为世人瞩目。

然而在哈佛的一段插曲改变了他的人生轨迹。在那里，他邂逅了同在波士顿、正在麻省理工学院学习计算机的今生挚爱储枫。储枫的出现，宛若清风抚过心湖，更为姚期智打开了计算机世界的大门。

他在那里发现了自己学术上真正的志趣，更果断地改变了自己的专业！转而到美国伊利诺伊大学香槟分校，开始学习方兴未艾的计算机专业。

从此，一发不可收。

短短两年后，他便获得美国伊利诺依大学计算机科学博士学位，此后相继在麻省理工学院、斯坦福大学、加州大学伯克利分校、普林斯顿大学等世界顶尖学府任教，成为计算机领域国际顶尖的学者。

他的研究方向包括计算理论及其在密码学和量子计算中的应用，并创建了理论计算机科学的重要次领域，奠定了现代密码学基础，解决了线路复杂性、计算几何、数据结构及量子计算等领域的开放性问题并建立全新典范。

2000 年，基于对计算理论包括伪随机数生成、密码学与通信复杂度的突出贡献，姚期智荣膺图灵奖。图灵奖被称为"计算机界的诺贝尔奖"，他也成为图灵奖创立以来首位获奖的亚裔学者，也是迄今为止获此殊荣的唯一一位华裔计算机科学家。

时至今日，哪怕身兼数职，事务工作繁忙，他仍然保持着旺盛的好奇心，每当发现一个感兴趣的新鲜的研究领域，他便开心得像一个"顽童"。前两年他对微观经济学的一个分支机制设计产生了浓厚兴趣，便立即沉浸下去，经过几年的时间便对这一领域有了新的洞察，近期他还发表了比特币费用激励机制设计的新文章。

在这样的工作强度下，他仍然保持着一年发表一两篇学术文章的速度，这在很多人看来都是不可思议的。他不以为苦，反以为乐。他说，做学问是一件非常有幸福感的事情，因为既有"sense of beauty"，又能收获"happiest moment"。

为年轻的心理下一颗种子

2004 年，姚期智辞去普林斯顿终身教职，回到祖国。58 岁的他，放弃了在美国的一切。此时，他不仅是图灵奖获得者，还身兼美国科学院外籍院士、美国计算机协会会士、美国科学与艺术学院外籍院士、国际密码协会会士。可以预见，未来如果继续留在美国，他将作为这一领域世界最顶尖的科学家理所当然地享受成功所带来的声望与财富。

但他很果断。临行前，姚期智简短地告诉自己普林斯顿的学生张胜誉："我要回去了，permanently（永远地）。"

一个人，一张机票，孤身踏上回国之路，怀揣着一个目标：在清华尽快构建一个培养博士生的良好机制，打造一支世界一流的研究团队。

但很快，这一目标变得更加彻底：在清华培养计算机领域世界一流的本科生！

2005 年，在他回国的第二年，由他筹建的"清华学堂计算机科学实验班"成立了，后来人们更习惯用他的名字称呼这个有点特殊的班级——"姚班"。

他绝不止是说说而已，而是为此付出了实际行动。

从教学计划制定到课程设计，他全程亲自设计，并亲自执教其中的 6 门课。亲自带学生，亲手做研究，亲自写任务书，甚至亲自做演讲的 PPT……

在他的邀请下，图灵奖、奈望林纳奖、哥德尔奖获得者等顶尖学者、大师相继走进"姚班"课堂。请进来的同时，也要走出去。"姚班"学生在读书期间参与联合培养、出席国际会议和出访交流的几乎达到 200%，很多学生不只一次走出国门开拓眼界。

"姚班"的本科生可以从一门课、一个已知的项目、一个他感兴趣的契机，与科研首次"触电"。

姚期智把"姚班"比喻为"超级百货商场"，老师们的研究工作是"商品"，学生们可以根据兴趣"选购"。

在这里，"兴趣"高过一切，甚至比成绩更被看重。相比于满纸漂亮的成绩单，老师们更喜欢看到一张"有故事的成绩单"，可以"讲述"同学们的成长与探索，这远比当下拿了多少分数更重要。

"开放又充满挑战，一方面高手云集倍感压力，一方面又充满自由与宽容。"2013 年，当"姚班"学生施天麟大三首次来到美国麻省理工学院交流学习时，他惊讶地发现原来自己平时上课学习的方式可以和世界顶尖大学"无缝衔接"。

直到现在，姚期智仍然坚持为本科生上课。每届"姚班"入学之初，他都会为他们上一门"计算机应用数学"课，用深入浅出的方式将这些年轻的学子领进数学世界美妙的天地。

姚期智上课喜欢用粉笔在黑板上写推理，很多年后，每当同学们回忆起姚先生留给自己最初的印象，都会想到那个背影——他穿着格子衬衫，站在黑板前，阳光洒落下来，粉笔细微的粉尘在空气中跳舞。

"那是一颗种子，当时我们以为自己听懂了，后来我们才知道并没有，但当有一天我们真正听懂的时候，才知道那颗种子有多么的可贵。"吴辰晔感慨地说。

今年年初，在他亲自指导下，"姚班"又开设了"自动驾驶"和"算法经济学"两门新课。

"我们必须要培养出世界上最好的本科生，这样才能有足够好的一流研究生资源。要把该做的事情做到最好，要想尽办法去培养一流学生、设计一流课程。"在姚期智看来，这是师者的本分。

十年树人，这是收获的季节！

2018 年，"姚班"首届学生迎来毕业 10 周年。十年来，从"姚班"走出的他们，已经远远不再只是"别人家的孩子"，他们的成长为世人瞩目。正如"姚班"前项目主任黄隆波所说："这是收获的季节。"

"姚班"首届学生楼天城，被誉为中国大学生计算机编程第一人，被程序员圈子封为"教主"。现如今，创立自动驾驶创业公司小马智行。

"姚班三杰"印奇、唐文斌、杨沐在大学期间便是疯狂的计算机极客，3 人 8 年创业打造的 AI 独角兽旷视科技，现如今已经走上 IPO 之路，成为 AI 第一股，向着人工智能的奇妙世界继续进发。

"零字班"吴佳俊本科期间便有多篇论文发表于世界顶级会议与期刊，是世界顶级计算机视觉会议 CVPR2014 的审稿人，明年他将作为助理教授正式入职斯坦福大学。

王君行 2014 年荣获 ACM 计算经济学国际学术大会最佳学生论文奖，他是全球第一个在本科阶段取得该荣誉的学生，也是历史上首位获得此项荣誉的中国学生。

截至 2019 年，"姚班"送走毕业生 360 余人，几乎 90% 的学生选择继续深造，本科期间发表论文 233 篇，为论文通讯作者或主要完成人的有 170 篇，并有 75 人次在 FOCS、STOC、SODA、NIPS、COLT、CVPR、AAAI 等国际顶级会议上作大会报告。

从清华走出的他们，用后生可畏的气势为姚期智当年立下的志愿，交上了最满意的答卷。

图灵奖得主、美国康奈尔大学教授约翰·霍普克罗夫特（John Hopcroft）曾这样评价清华的计算机科学实验班："这里拥有最优秀的本科生和最优秀的本科教育。"2014 年，清华的计算机科学实验班荣获国家级教学成果一等奖。

纯 粹

姚期智对清华、对中国计算机学科的意义不止于"姚班"。姚期智的回归，填补了国内计算机学科的一项空白，因为在当时他所从事的算法和复杂性领域，几乎还看不到中国国内学者的身影。

随着大师归来的"放大效应"，清华计算机学科迅速走上国际舞台。2011 年，交叉信息研究院与量子信息中心同期揭牌，他又多了一个新的身份——清华大学交叉信息研究院的管理者。为了鼓励产学研一体化、促进人工智能技术落地，在他的推动下，交叉信息研究院在北京、南京、西安等地纷纷设立研发机构和非营利组织。

因为"姚期智"三个字，段路明、徐葳、黄隆波等优秀的青年学者纷纷追随而来。

2018 年年底，黄隆波跟随姚期智去斯坦福大学、麻省理工学院、普林斯顿大学等学校招聘，短短十几天的时间里他们面试了 20 多位应聘者，姚期智与他们每一位逐一见面，详细询问他们的志趣，相比于发放海报、集体面试的常规做法，姚期智的用心让黄隆波深受触动。这次招聘，他们顺利延揽了数位人工智能领域非常出色的优秀学者，也为后来"智班"的成立奠定了基础。

"中国在几十年前曾经丧失了一些和国际上同时起步的时机，我想我们现在有一个非常好的机会，在以后十年二十年人工智能会改变这个世界的时候，我们应该在这个时候跟别人同时起步甚至比别人更先走一步，好好培养我们的人才，从事我们的研究。"2019 年 5 月，清华大学宣布人工智能班成立，姚期智出任首席教授。

2019 年再次出发，他仍然没有丝毫懈怠，亲自梳理了每一门课的培养方案，并计划在明年的春季学期为首届"智班"学生开设"人工智能应用数学"课程。

"他可能拥有后天无法磨炼出的眼光，"一位斯坦福大学的助教在和姚期智交流后感慨，"感觉见到了上帝，他可以洞察了解我所做的一切。"很多初识姚期智的人都会震惊于他旺盛的好奇心和广博的知识面。

在他们看来，所有对姚期智重大而看似毫不费力的选择，都可以归结为"至真至纯"。

"姚先生给你带来最大的影响是什么？"

"我想，他用他的童心保护我们的童心，让我们真正可以毫无顾虑地投入去做自己想做的事。这是我们最感谢他的地方。"他的学生们如是说。

【人物档案】

姚期智　1946 年生，中国科学院院士及美国国家科学院外籍院士，算法、密码学及量子计算的国际先驱及权威。先后获得哈佛大学物理学博士、伊利诺伊大学计算机科学博士，曾任教于麻省理工学院、斯坦福大学、加州大学伯克利分校及普林斯顿大学。在计算机科学发展上，作出许多创始性的巨大贡献，包括：①开创了以计算复杂性为基础的现代密码科学，奠定现代密码学基础；②创建通讯复杂性理论和伪随机数生成算法理论；③为量子计算建立全新典范，创建量子通讯复杂性和量子安全通讯模式。

曾荣获美国工业与应用数学学会波利亚（Polya）奖、美国计算机学会及电机电子工程学会颁授克努思 (Knuth) 奖、财团法人潘文渊文教基金会颁授研究杰出奖、伊利诺伊大学工程学院特殊贡献校友奖，2000 年荣膺图灵奖（计算机科学的国际最高奖），是迄今唯一获此殊荣的华裔科学家。

2004 年全职回国加入清华大学，并为本科生创办"姚班"。2011 年创建"清华量子信息中心"与"交叉信息研究院"，以推动多元化的信息科学研究、教学，及发展量子计算学科。近年来积极推进人工智能的创新理论及交叉学科应用，2019 年再度为本科生创办"清华学堂人工智能班"。

清华映像
Tsinghua Spotlights

【纪念改革开放 40 周年】柳百成：留学岁月永生难忘

文字 | 曲田
摄影 | 张帆
图片 | 宋晨

1978 年 6 月 23 日，历史将永远铭记这个非比寻常的日子。这一天，刚刚复出不久，并主动要求主抓教育和科技的邓小平作出关于扩大派遣留学生的重要指示，中国改革开放新的历史时期的留学工作热潮由此掀起。

此时，"文化大革命"刚结束不久，整个国家百废待兴。当时的清华大学领导班子遵照邓小平关于拨乱反正的指示，对学校各项工作进行了清理，提出整顿计划，写出书面报告。

邓小平对这个报告非常重视。1978 年 6 月 23 日下午，邓小平在听取时任清华大学校长兼党委书记刘达的工作汇报，同方毅、蒋南翔、刘西尧等人谈话时，对留学工作作出重要指示："我赞成留学生的数量增大，主要搞自然科学。要成千成万地派，不是只派十个八个……这是五年内快见成效、提高我国科教水平的重要方法之一。现在我们迈的步子太小，要千方百计加快步伐，路子要越走越宽，我们一方面要努力提高自己的大学水平，一方面派人出去学习，这样可以有一个比较，看看我们自己的大学究竟办得如何。"

在邓小平的大力倡导下，中国出国留学的大门在封闭多年后终于打开。通过派遣留学生，中国教育对外合作与交流开启了新的征程，扩大派遣留学生成为中国对外开放的前奏。

1978 年 12 月 26 日，中国向美国派出的首批 52 名留学人员启程发出。同机飞往美国的 52 人中，除了后来成为中科院院士的姜伯驹、张恭庆是以访问教授身份去的，其余 50 人都是正式称之为"访问学者"的留学生，其中清华教师 9 名。现任清华大学材料学院及机械工程学院教授的柳百成院士便是其中一位。

40 年光阴荏苒，如今已 85 岁的柳百成回顾那段往事，当时到达纽约机场的情景仍历历在目——灯火通明的机场大厅，耀眼的镁光灯，52 名同样着装的中国留学人员昂首挺胸。

"中国人民是伟大的人民，美国人民也是伟大的人民，我们不仅是为学习美国的科学技术而来，也是为促进中美两国人民的友谊而来。"

面对现场数十名西方记者，他们的话掷地有声。

而在他们身后，中国宏伟的改革开放蓝图已徐徐展开。作为"首航"的留学生之一，彼时的柳百成难以想象，40 年间，中国出国留学的浪潮一浪接一浪涛声不竭，当年的涓涓细流如今已汇聚成为壮阔的时代大潮……

【亲历者说】

为中美两国友谊而来

1978 年，我 45 岁，是清华大学机械工程系的一名教师。8 月份左右，学校传来一个消息：中国要派留学生赴美学习。当时机械工程系分得了一个名额参加清华大学的选拔，系主任亲自面试，我得了第一名。接着学校、教育部也组织了统一考试，我连闯三关后最终入选。

1978 年 12 月 26 日，我们一行 52 人启程飞赴美国，我被任命为总领队。飞机万里西行，满座的中国学者难抑心中兴奋，当时大家对美国就像对月球一样陌生。

美国时间 1978 年 12 月 27 日下午，我们终于抵达纽约国际机场。一出关便看到成群的美国记者，报纸、电视台的记者都来了，镁光灯、照明灯照得机场大厅通明。来自北京协和医院的吴葆桢大夫代表大家用英语宣读了我们在飞机上早已起草好的声明，声明最后几句是我执笔的："中国人民是伟大的人民，美国人民也是伟大的人民。我们不仅是为学习美国先进的科学技术而来，也是为促进中美两国人民的友谊而来。"实践证明，我们的声明掷地有声，经受起了历史的考验。

其间，有个感人场面我至今难忘。同伴中有位北京大学的老师，他的哥哥在美国多年，"文革"期间，兄弟二人一直处于失联状态。哥哥多方打听得知弟弟将到美国留学，便立即赶往机场，两人相见后紧紧相拥、热泪盈眶。那一刻，我真切地感受到，中断多年的中美间联系又恢复了。

努力学习，报效祖国

首批赴美访问学者团队原定 1979 年初出发，后来选择 1978 年 12 月 26 日，是因为我们要赶在中美正式建交（1979 年元旦）及邓小平访问美国前到达美国，为中美建交及邓小平访美烘托气氛。到达美国后，我们有幸参加了中国驻美国大使馆开馆和五星红旗升旗仪式，还参与了欢迎邓小平访问美国等许多活动，留下了极为珍贵的记忆。

在卡特夫人为卓琳女士举行的招待会上，我们全体留学生受到了卓琳的接见，她语重心长地讲了话，勉励我们"努力学习，学成回国，报效祖国"。我想这是转达了小平同志的嘱咐，我们在座每个人都铭记于心。

为了更多地了解中美间的文化差异，留美期间，我决定要多走、多看。我所在的威斯康星大学当时只有我一人是从中国大陆来的，而大学里很多人都想了解中国，尤其是华裔教授和来自中国香港、台湾地区的留学生。每逢周末，总有人打电话约我聊天，我就定了一个原则——"来者不拒"，因为我也可利用这样的机会，告诉世界一个真实的中国。

其中有件事情特别触动我。那时刚到麦迪逊，我住在一个普通美国人家里，看到房东太太七八岁的儿子正在玩苹果电脑，我感到十分惊讶，因为出国前自己从未见过电脑，但在美国，连儿童都能自如操作。我敏锐地感觉到，或许有一天计算机会改变人类的生活。如果能把信息化技术和传统工业进行融合，是否会有新的发现和突破，进一步推进中国制造业的科技进步？

于是，我开始跟着学校的本科生一起学习计算机高级语言。每到晚上，我就走进计算机中心，学习编程、解难题。我下定决心，要把学到的所有先进科学技术都带回祖国去。这也是我想对如今出国学习的清华学子们说的——走出国门，要勇于开拓新视野，接受新事物，提出新思维，要为推进祖国的科技事业而拼搏。

没有任何地方能比家更让我眷恋

留学期间，有件事我印象特别深。那是一次在麦迪逊的一个中学作访问演讲，率真的美国中学生问我："你觉得美国怎么样？想不想留下来？"

我毫不犹豫地唱起了儿时谙熟于心的世界名曲 Home, Sweet Home 的最后两句："Home, home, sweet, sweet home. There is no place like home."（家，可爱的家，世间没有任何地方能比家更让我眷恋！）

话音刚落，顿时全场掌声如雷，美国学生也佩服中国人热爱祖国的高尚情操，那个场景我永远不会忘记。

1981 年初，我如期回国。回国时，根本没想过哪一年能再出国。但最近在整理学术人生资料时发现，目前为止，我已出国 100 多次，到美国也有 30 多次了。当年清华赴美的 9 人中，如今已有 3 人当选为中国科学院院士或工程院院士。我也在促进信息化技术与先进制造业深度融合方面作出了自己的贡献，使爱国奉献、报效祖国的夙愿得以实现。改革开放确实为知识分子带来了春天，使知识分子有了充分发挥聪明才智的平台。

朱邦芬：人生悟理　物理人生

文字｜程曦
摄影、图片｜李派

　　行走在清华园，你多半不会注意到这位衣着朴素、笑容温和的先生。但是在中国科学界和教育界，你绝对无法忽视他为推动物理学科发展、为营造良好育人环境、为端正学术风气所作出的突出贡献。

　　他是清华大学物理系重新走向辉煌的关键性人物，是"清华学堂人才培养计划"的早期推动人、清华学堂物理班的创办人和成长发展的掌舵人，十多年来一直致力于探索物理学科一流拔尖创新人才的培养模式和成长路径，桃李满天下。

　　他不以善小而不为，除了为全国高等学校物理学科的发展做很多指导性工作，还特别关注中国科技期刊的发展战略，积极捍卫学术诚信，为我国基础教育和高考改革提供真知灼见。

　　从本科、研究生到成为一名教授，他一生"三进清华"。在科学馆、在理科楼，他带领同事和学生们格物致知、诚心正意，更热切地激励他们肩负使命、兼济天下。

　　他，就是清华大学物理系及高等研究院教授、清华大学 2019 年突出贡献奖获得者朱邦芬院士。

"如果学校真的让我做，我将在物理系做一些改革"

　　2000 年回清华工作时，朱邦芬是高等研究中心除名誉主任杨振宁、主任聂华桐外的第一个教授。后来在 2003 年当上物理系主任，朱邦芬认为是因为一个"偶然事件"——他曾在物理系落实国际评估专家意见的小组中提出过一些得到认可的意见和建议，并由此被提名担任系主任。从研究到管理，朱邦芬也曾有过犹豫、做过思想斗争，但面对复建后亟待改革发展的物理系和老师们的信任，朱邦芬转换了思考问题的角度："如果学校真的让我做，我将在物理系做一些改革；如果学校不支持，那么我做这个系主任毫无意义。"

　　在学校领导班子的支持下，朱邦芬上任了。他对物理系的体制改革主要涉及两方面：一是实行准聘长聘制度，真正与世界一流大学接轨，保证师资队伍的活力和水准；二是注重各专门委员会的建设，通过一系列制度保障，让教授、教师更多地参与到物理系发展重大问题的决策中来。准聘长聘制度的实施，开启了清华人事制度改革的先河；系里很多决议现场投票、开票，则充分调动了教师们的积极性，提升了他们对系里重要事务的参与感和向心力。

　　而在日常的系务工作中，朱邦芬最看重两点：一是重视人才培育，二是聚焦人才引进"重点战略"。

　　朱邦芬在全系确立了人才培养是首要任务的认识。在教学方面，物理系原先对工作量的规定是每人每年教 64 学时的课。朱邦芬提出，为了加强人才培养需要"加一点码"，教研系列教师每人每年的教学工作量应该不少于 96 学时。这项提议在全系教师大会上以 2/3 以上票数通过，体现了老师们对教学重要性的一致认同，也是很让朱邦芬高兴的一件事。当时，物理系一批有科研实力的年轻教师补充到教学第一线，完善了基础课教师队伍的配置，优化了教学团队的结构。朱邦芬更是以身作则，为本科生和研究生各开设一门基础课程"固体物理（1）"和"高等半导体物理学"，不打折扣地完成全部教学工作量，十多年不曾间断。

　　当年那批物理系基础科学班（简称"基科班"）的毕业生们，既惊讶于作为系主任的朱邦芬能够叫出全系 100 多名本科生的名字，又感念系里为他们开出的丰盛课程"大餐"——2005年学校同意将基科班推广为大类模式后，朱邦芬亲任物理课程教学改革小组组长，对于物理学科最基本、最重要的普通物理课程，他提出"因材施教，分层次建设"的要求，即开设四个系列的普通物理课程供学生自由选择，其中"基础物理原理与实验"和"费曼物理学"在国内是一项创举。从实施效果来看，这些课程对提高学生对物理学的兴趣，对培养一流拔尖创新学生都起到了显著作用。2018年，物理基础课分层次建设与教学的理念进一步推广到全校面向理工科的公共课"大学物理"的教学实践中，也取得了很好的初步效果。

关于人才引进，物理系流传着一段佳话：近10年间物理学领域三项获得国家自然科学一等奖的成果团队中，其核心成员都曾在职业生涯早期就被朱邦芬"相中"，并积极争取引进到清华。清华物理系近三届系主任薛其坤、陈曦、王亚愚，也都是经朱邦芬引荐来到清华，生根结果的。

朱邦芬不仅看人极准，对于学科建设也有着非常明确的规划：他引进的人才分别"落子"于凝聚态物理、原子分子物理与光物理、高能物理与核物理以及天体物理四大领域，成为各专业"挑大梁"的核心人物。

朱邦芬为引进人才考虑得极为周到：王亚愚至今记得当年自己尚在美国时，朱邦芬就已经为他招好了最优秀的学生，并且安排老师先帮助指导。从购置仪器设备到生活上的关照，朱邦芬无微不至，让当时刚过而立之年的王亚愚深深感受到他对人才的重视和爱护。

引进人才也要关注教学，朱邦芬特别要求申请人在答辩时作30分钟对本领域的普及性综述，以确保他们对学科整体的透彻理解和教学能力。更为难能可贵的是，在朱邦芬着力引进的这一批优秀人才中，没有一位与他本人有过任何学术上的指导和合作关系。他用自己的远见公心，为物理系各学科注入了丰沛的新鲜血液，也种下了未来蓬勃发展的一片种子。

"关键在于营造有利于杰出人才脱颖而出的良好环境"

从基科班到学堂班，朱邦芬一直致力于答好"钱学森之问"，倾心培育中国自己的基础学科拔尖创新人才。

一方面，他亲力亲为，坚持每年上一门64学时的本科生课，担任学堂班学生的导师，关心每位学生的成长，经常一对一谈心，帮助他们解决各种问题。另一方面，他与同事们在实践中不断总结凝练育人的理念和经验，如世界一流基础研究人才主要不是在课堂上教出来的，关键是要营造一个有利于杰出人才脱颖而出的良好环境；如因材施教不是常见的"教早一点，教深一点，教难一点"，而是越优秀的学生要给越大的自主空间，不要"圈养"，要"放养"；如增强学生自主学习和自主研究的主动性，一要靠学生的兴趣，二要培养学生的使命感等。在总结基科班10年实践经验基础上，朱邦芬主持制定了清华学堂物理班实施方案，其中许多思路、提法、措施和做法后来被国家"基础学科拔尖学生培养试验计划"采纳。

清华学堂物理班实行"学业导师（组）+Seminar导师"的全面导师制。10年来，包括6位院士及一批长江学者、杰出青年等在内的60多位教授，都曾一对一地在学生成长的每一阶段给予关心、帮助、指导，引领他们"登堂入室"，启航科研。

学堂班邀请多名国际著名学者讲授高水平的物理课程，大力支持学生参加国内外各种高水平交流和学术研修。此外，朱邦芬还与项目主任李师群和学生导师筹划组织了一系列有益于学生成长的活动，如建立"清华学堂物理班科研实践基地"，开设"叶企孙学术沙龙"，发起"寻梦西南联大物理营"，组织与物理学大师面对面交流活动、参观国内大科学工程、出国研修学生汇报交流活动，为每届毕业生编撰纪念册，等等。其中每一项，他都亲力亲为、尽量参加。学堂班的"预备生"制度，就诞生于朱邦芬与师生外出参观的火车上。

基科班20年，学堂班10年，对于检验育人成果而言或许为时尚早，不过我们可以看到一些迹象：从2001年到2019年，清华物理系共有17位毕业生（其中15位本科毕业生）获得素有"诺奖风向标"之称的斯隆研究奖，有2位本科毕业生获得"科学突破奖-物理学新视野奖"，在国内高校中名列前茅。在朱邦芬和物理系教师的精心培育下，清华学堂物理班的毕业生绝大多数坚持在物理领域研究，廉骉、顾颖飞、李俊儒等一批毕业生在凝聚态物理、冷原子物理等领域做出了世界一流的研究成果，得到国内外同行的普遍称赞。

"相信我们中早晚会有人拿到诺贝尔奖，虽然我可能看不到"

朱邦芬曾用"人生悟理，物理人生"八个字概括自己读书与研究生活的点滴。一生中无论在农场、在矿山、在大师左右，还是在学生身边，他总是在思考如何能学到更多，如何能做得更好。一旦认定，终身无悔。

在他身上，可以看到强烈的使命感和文化传承的基因。担任物理系系主任期间，他曾以物理系建系80周年为契机梳理系史，系统总结并创造性地发展了叶企孙等前辈的教育思想。他邀请彭桓武、黄祖洽等一批清华毕业的大师与学生面对面，在科学馆加固修缮时重新挖掘整理曾在那里闪光的人和事。在朱邦芬看来，清华理科恢复后能够迅速得到很好的发展，与老清华的"香火"传承是分不开的。

作为中国科协科技期刊编辑学会理事长，朱邦芬对中国科技期刊的发展作了一系列战略性思考和实践，他追求"扎扎实实的期刊影响力"，认为期刊不仅是科研成果的体现，在科学传播和争取学术话语权方面，也对科研发展有着积极的推动作用。

朱邦芬曾参与多次学术不端重大案例的调查，用两个"史无前例"概括我国科研诚信的现状（学术诚信问题涉及面之广、严重程度史无前例，社会各界对于科研诚信问题的关注史无前例）。围绕学术诚信问题，他每年要到全国各地作10场左右的报告。清华学堂计划6个班级的"学术之道"讲座，他每年都先讲"学术之道始于走正道"，"要让学生从一开始就知道，做科研要有底线，有些事就是不能做"。

朱邦芬特别关注中国的基础教育和高考改革。当年高中物理的新课程标准、高考改革浙江上海模式相继出台后，他数次亲自到浙江、上海进行调查研究，与中学师生面对面座谈，得到大量一手材料。朱邦芬指出，高中物理课程中的选修模块受高考"指挥棒"影响以及高考选考物理比例大幅下降，必将导致大多数合格的高中毕业生物理知识严重碎片化，很难形成初步的科学思维能力和科学精神，同时也会影响国民整体的科学素质。为此，朱邦芬组织专家讨论并积极建言献策，其中一些建议已得到教育部的认同并开始实施。

谈到朱邦芬在系里系外、校内校外坚持推进的一系列工作，王亚愚深有感触地说："这些事并不是一开始就能顺利进行的，或多或少都遇到了阻力甚至压力。但是随着工作的展开，朱老师的意见、做法总是越来越多地得到重视和认可。"

有这样的信念和坚持，是因为朱邦芬担当起了对科学、对国家、对社会的使命。"对很多人来说，'使命'二字可能有些太过沉重，不敢也不愿承担。但在朱老师身上，的的确确就是闪耀着这样的使命感。"王亚愚钦佩地说。

学堂班成立10周年时，20多位毕业生写下自己的"成长心路"，其中不止一个人提到朱邦芬传递给他们的使命感。

学堂班首批成员廉骉说："朱邦芬院士在学堂班成立典礼上致辞讲到'相信我们中早晚会有人拿到诺贝尔奖，虽然我可能看不到'，这让我感到自己肩负的沉甸甸的希望和使命。或许某一天我们彷徨于自己的选择时，这就是我们坚持下去的力量。"

读到朱邦芬"王师北定中原日，家祭无忘告乃翁"的毕业寄语，清华大学特等奖学金获得者胡耀文说："这就是清华物理系本来的样子——清华人自有清华人的眼界和胸怀，未来的中国可以由我们去改变。"

朱邦芬期待学堂班成为"理想主义者的大本营"。如今，理想正在变成现实。

【人物档案】

朱邦芬　1948年生，清华大学物理系教授、高等研究院教授，中国科学院院士。1970年毕业于清华大学工程物理系，1981年获清华大学固体物理学硕士学位。1981—2000年先后任中国科学院半导体研究所助理研究员、副研究员、研究员，2000年回到清华工作，2003—2010年任清华大学物理系系主任，2009年至今任清华学堂物理班首席教授。担任中国物理学会副理事长，中国科协科技期刊编辑学会理事长，《中国物理快报》主编，教育部"基础学科拔尖学生培养试验计划"专家组物理学科召集人。

作为一位享誉世界的凝聚态物理学家，朱邦芬曾与国家最高科技奖获得者黄昆先生一起确立了半导体超晶格光学声子模式的理论——引起国际上普遍重视并被写入教科书的"黄朱模型"。他注重人才培养，规划并引领清华物理系再造辉煌。他关心中小学科学教育，为捍卫学术诚信、推动中国科技期刊发展做了大量工作。

清华
映像
Tsinghua
Spotlights

隋森芳院士：微观生物　止于至善

文字采写 | 段鸿杰

摄影 | 杨敏

图片 | 梁晨

　　静谧古朴的生命科学馆，一代又一代科学家在这里传承科学精神，探索生命奥秘。作为这里的一名教师，他引领年轻学者在科研上开拓创新，全力以赴践行使命与担当。

　　他人淡如菊、静水流深，心怀爱国情怀，凭借深厚的学术造诣、宽广的科学视角，追求卓越，是我国生命科学快速发展的贡献者。

　　他坚毅执着，钻坚仰高，瞄准世界科技前沿，一如既往深耕在生物学领域，是纵横驰骋在生物物理学领域里的探索者。

　　他春风化雨，润物无声，在教育这片净土上辛勤耕耘，是传播真理、传播真知、提携后学、甘当人梯的引领者。

　　他就是中国科学院院士、生命科学学院教授隋森芳。

爱上美妙的微观世界

　　1964 年，风华正茂的隋森芳怀着人生梦想，走进了让无数学子心驰神往的清华园，开启人生追梦之旅——从清华精密仪器系到固体物理研究生班，再到德国慕尼黑工业大学攻读博士，其间经历十年"文革"，求学经历跌宕起伏。

　　当时由于"文革"影响，隋森芳在精密仪器系只学习两年，就被分配到校办工厂，当了三年工人。1973 年，在国家提出加强基础研究的背景下，学校成立固体物理、物质结构、激光和催化四个研究生班，培养了清华第一批理学硕士，为日后清华理科复兴储备了宝贵人才。固体物理班有十二三位同学都是来自学校各系的"新工人"，隋森芳便是其中一员，并担任班长。从机械厂到固体物理研究生班，这是他在学术生涯上的一个重要转折。

　　"我本科学的是精密仪器，比较宏观，而固体物理班的主要课程描述的是微观世界，所以刚开始时感到很不适应，但很快就爱上了这个美妙的微观世界，这主要得益于固体物理班的老师们。比如张礼老师，他用英语给我们讲量子力学，把微观世界描述得惟妙惟肖，他在讲台上的一举一动，直到现在还历历在目。"隋森芳说。

　　1983 年，美国耶鲁大学教授蒲慕明来清华讲学，对隋森芳影响非常大，使他对生物物理产生了浓厚兴趣，并进一步感受到生物学研究在未来发展中有着更多创新前景与发展空间。1984 年清华大学恢复生物系，隋森芳作出了人生中的重要选择——转入生物物理研究室。"生物在当时是前沿学科，而且我也感兴趣，所以转变了方向，开始了在生物学领域研究的生涯。"

　　20 世纪 80 年代中期，隋森芳被公派到德国留学，师从当时欧洲生物物理学会主席萨克曼（Erich Sackmann）教授。在德国三年半的求学时光，隋森芳几乎都是在实验室中度过的。"萨克曼教授的言传身教，让我感受到了'学无止境'的真谛，激发起为梦想奋斗的澎湃力量。我开始不断思考如何学习借鉴国外的经验，结合我们国家的国情，取其精华来创新生物科学的研究思路。同时我也深深体会到，要成为具有国际竞争力的未来学者，就一定要重视和培养学术志趣、学术视野、学术品味。特别是学术志趣，它是一种内生的动力，是一种对创造新知识的原生渴望，能够使我们在专业研究领域看得更广、看得更远。"隋森芳的努力得到了回报，通常需要四年才能拿到的博士学位，他只用了三年半就毕业了。

德国之行拓宽了学术视野，夯实了学术功底和技术积累，为后来隋森芳的独立研究打下坚实基础，并使他对生物学交叉边缘学科的发展方向以及研究的前沿问题有了全新认识。生物是一门包容性很强的学科，我就是被'包容'进来的。随着时代的发展，学科之间的界限越来越不明显，很多时候是相互关联与促进的，一个人要在生物研究领域取得成功，学科素质面一定要宽。隋森芳说。

把握蛋白质研究的趋势

1988 年年底隋森芳回国，来到清华生物系任教。一间空屋子、一台萨克曼教授赠送的价值十万美元的仪器、一笔七万元教育部优秀青年教师基金，这就是他的全部启动"家当"。"我很坚信自己的直觉，也相信随着学科的发展，我所坚持的领域一定会受到重视。"

正是心中有一份为了理想不懈追求的信念，正是对科学探索保持"雄关漫道真如铁，而今迈步从头越"的豪迈情怀和不断进取的科学态度，让隋森芳克服重重困难，带领学生在有限的条件下，建立了国内首个蛋白质电镜三维重构实验室。

隋森芳低调谦和、不事张扬，不过一说起研究，就变得神采奕奕。"生命活动中，任何单个分子都不会独立行动，而是与其他分子协同开展某项活动，这是群体性行为。我喜欢观察它们是如何分工协作的，即一组蛋白质在实现一个功能的时候如何相互配合而组装在一起。"从简单到复杂是蛋白质科学研究的趋势。对于复杂的蛋白质系统，传统研究方式遇到很大困难，而电镜则越来越显示出其独特的优势。隋森芳团队主要通过急速降温把蛋白质复合体、细胞器，甚至整个细胞快速冷冻起来，然后利用电镜的高清晰的成像技术，从各个角度对样品进行拍照，复原成三维空间的图像。"这样就能对这组蛋白质在实现功能过程中的组装、结构和变化一目了然。"隋森芳说。

如今，三维电镜研究蛋白质这种研究方法已经得到学术界的广泛重视，利用该方法，隋森芳和学生们解决了一个又一个生物学难题。"寡聚结构转变与 DegP/HtrA 的蛋白酶和分子伴侣活性的调节机制""突触囊泡结合蛋白 SytI 在钙和膜脂作用下的寡聚结构转变"等与细胞膜相关的问题都在他们的探索下迎刃而解，隋森芳也因此当选为中国科学院院士。

实现梦想最好的地方

为了方便学生讨论，隋森芳在办公室墙上安装了一块白板。"每次学生来我这里讨论，就将问题写在这块白板上，如果没有解决，就一直留在上面，直到找出解决方法再擦掉。这也是提醒他们不断思考的一种方式。"隋森芳特别注重引导和启发学生独立思考，培养学生的创新能力，让他们在知识的海洋里畅游。

多年来，隋森芳培养出一批优秀的科研人才，在我国冷冻电镜研究的早期发展阶段发挥了关键作用，如今他们已经成为国内外结构生物学研究领域的中坚骨干。隋森芳参与建立的清华大学冷冻电镜平台已经成为世界上水平最高的冷冻电镜平台之一，取得了一系列世界领先成果。

凭借严谨的求学精神、开拓性的创新能力和突出的科研成果，隋森芳为清华大学在国际学术界赢得了声誉。

春夏秋冬，光阴如梭。回首成长路，隋森芳满怀感激："我是在清华这片沃土中成长起来的，没有清华行胜于言和锲而不舍精神的激励，我很难取得现在的成绩，清华仍然是我实现梦想最好的地方。"

"严谨、勤奋、求是、热情"，这是学生眼中的隋森芳，一位令人尊敬的学者和师长。

李骏院士：驰骋在智能汽车科技创新的广阔征途中

文字 | 吕婷
摄影、图片 | 李派

当清晨的第一缕阳光洒遍城市的每个角落，无人驾驶汽车正安全便捷地穿梭其中，云端信号即刻通达，通勤之路不再拥堵，道路交通秩序井然，交通事故大大减少……这是若干年后的场景，也是李骏智能汽车强国梦的一个缩影。

这位认为科学研究是靠兴趣驱动的汽车专家，从大学起便点燃了研究汽车的浓厚志趣，一钻就是一辈子；

这位汽车动力总成领域的领军人物，转而抓住了智能汽车科技研发的创新趋势，立志打造中国标准的智能网联汽车；

这位长期主持大型车企技术研发的技术领导人，选择来到清华，只为探索业界与学界的黄金连接点，汇聚起更大的前行动能。

正如他的名字所蕴含的奔腾般的气势，61岁的李骏在智能汽车科技创新的广阔征途中仍在疾速驰骋，未曾停歇……

来清华只为求解新型科技创新模式的答案

记者：您长期主持我国大型车企的产品研发与科技创新，为什么选择来到清华工作，有着怎样的心路历程？

李骏：我在中国一汽做了近30年技术研发，2018年3月正式来到清华工作。在长期的研发工作中我一直在思考一个问题，那就是自主品牌汽车企业如何加强前瞻性研究，因为只有具备前瞻技术才能实现国际领先。汽车是工程科技，这里包含"科"和"技"两部分，"科"就是我们所说的research，"技"就是engineering，将两者连接起来的东西是什么呢？我想应该是advance，也就是前瞻性创新。我来到清华，就是为了探索如何建立两者间的连接点——advance。

国际上很多大型车企的架构都是按照R-A-E（Research-Advance-Engineering）的链条去设计的。我在一汽工作期间也努力将自主研发架构往R-A-E的方向打造，但是在这一过程中我注意到很多问题。这种链条的实现可以有两种模式，一种模式是靠大型企业自己培育前瞻性技术创新业务，例如福特公司就有自己的科学研究院（Science Lab），但是我们国内车企很少会做基础科学和前瞻技术研究。另一种模式是由教育界打造前瞻技术研究中心，例如德国亚琛工业大学汽车研究所完全采用汽车产品工程化的架构，聘有总工程师、副总工程师、技术总监等200多人，与产业结合非常密切，技术研究非常前瞻。国内教育界理论性研究普遍很强，但是理论如何转化为成果缺乏有效的解决方案，与企业的结合也没有找到固定的业务模式。

我来清华的初心就是想探索建立高校和自主车企之间的连接点，寻找并构建起汽车产业前瞻性科技创新发展的关键环节。当然我知道这种探索并非任何个人所能及，需要高校和社会的共同努力。

记者：针对汽车产业，您认为应该怎样发掘高校与自主车企的连接点？

李骏：这个连接点要从汽车产业的三个重大特征去思考和构建。第一，汽车业是关联度高、产业链条长、分工明确的制造业，必须从需求出发，强调问题导向。第二，汽车业是高科技的应用场所，它应用了大量前沿的高科技，同时会反作用于科技，推动科技创新。第三，汽车有自己的产品生命周期，一般几年就会更新换代，这就要求企业必须拼命往前走，导致企业忙着眼前的产品研发与生产，没有太多精力同时投入下一代产品的前瞻性技术研究；另一方面，高校做了很多研究，却等待着被转化，或者"隔着墙"去做工程，没有形成自身优势，所以中间的连接点advance就没有人去做了。

这个 advance 应该是高度工业化组织的，与产业高度结合，同时要瞄准下一代前瞻性技术的发展需求，并且要进行提前创新，甚至是颠覆性创新，否则就会滞后于产业发展的步伐，或者所做的东西是企业自己就能够解决的甚至并不是企业真正需求的。我认为这个连接点应该具备三个"新"，即新概念、新技术、新车型。

记者：围绕来清华时的初心，您在清华已经作出了怎样的探索？

李骏：我们的第一步已经迈出去了，那就是成立清华大学智能汽车设计与安全性技术研究中心。所有的创新不能仅仅停留在论文上，必须要落地，首先要落到工程化的设计上。智能汽车的设计和传统汽车截然不同，传统汽车是基于路谱、载荷谱、驾驶舒适性、安全性以及汽车品质与寿命等要素来设计的，智能汽车更多的是基于交通场景、交通参与物、大数据容量、信息物理融合程度等要素来设计。同时，智能汽车设计还要面向新型整车架构，所以我们又成立了清华大学新技术概念汽车研究院，基于智能汽车设计与安全性研究中心的最新技术，与其他院系交叉合作，打造前瞻性智能汽车产品原型，也就是让具备"新概念、新技术、新车型"的整车真正"落地"。

志在打造中国标准的智能网联汽车

记者：您最早聚焦的是汽车动力总成领域，并深耕这一领域多年，那么您是如何抓住智能汽车设计与研发这一机遇的？

李骏：关注智能汽车设计与研发并不是一时兴起，我较早地接触到了自动驾驶这一领域。早年我研究汽车发动机，其中一个重要方面就是追求节油。节油不仅与发动机本身的燃烧效率有关，还与传动系统的设计有很大关系，特别是与汽车行驶因素密切相关，也就是说节能要靠汽车智能化、信息化的使能、赋能技术实现。与此同时，我一直在组织汽车驾驶安全性研究，驾驶必须要做到有预见性的防御驾驶，"眼观六路耳听八方"，光靠驾驶者一个人是不行的，我们想借助于特殊的传感器，这也就是智能汽车的雏形特征。另外，我主持过高机动战术越野车相关研发项目，高机动战术越野车要靠强大的信息化和电控技术才能实现，需要运用信息物理融合技术，其实这与现在的网联车技术没有本质差别。这些前期研究都给我"充了电"，而不是因为智能网联车很"时髦"，突然想跟一下潮流。

2018 年来到清华后，我给自己制定了一个十年规划，我给这个规划起名叫"蓝水工程"。"蓝"的寓意为最和谐的环境，"水"的寓意为"上善若水"的智慧，也就是要做蓝色动力的智能汽车前瞻性和颠覆性技术创新系统工程研究。

记者：您已经开始实施您的十年规划——"蓝水工程"了吗？有没有分阶段的计划？

李骏：我目前聚焦的方向之一是研究"基于智慧城市智能交通智能汽车（SCSTSV）融合一体化技术的城市高级智能共享汽车"。我们现在有个新的创意，就是"车找人""人驾车""车找位"的全过程智能共享出行模式。

到目前为止，人类使用汽车的所有行为都是"人找车"，比如最早我们要到大街上去拦出租车，后来有了手机叫车，现在可以去停车场找共享汽车等都属于"人找车"行为。"基于智慧城市智能交通智能汽车融合一体化技术的城市高级智能共享汽车"的应用场景可以让车自己开到你需求的位置，我们将其称为无人驾驶的"车找人"；然后你可以开这个车，也即"人驾车"，人类驾驶汽车是有乐趣的，特别是在复杂路况的城市，相当长的时期内有人驾驶汽车还是比无人驾驶汽车行驶效率更高；当你到达目的地后可以随时随地弃车，车可以无人自动驾驶去找停车位或找下一个用户，也即"车找位"。我们将这种城市高级智能共享汽车起名叫"Car 2 Share"。我们计划用三年时间做出具备这样功能的高级自动驾驶原型车。

另外，在研发过程中，我们还探索实现了"超视距的自动测距驾驶技术"，该技术也是我们的一个阶段性成果，这一技术可以使汽车在行驶过程中对车身与障碍物之间进行全方位的测算，并自动设定方向转角和车速等驾驶控制要素。

更长远的计划就是研究基于 SCSTSV 理念的中国标准智能网联汽车自主创新系统工程技术。

记者：您的个人规划与国家的发展规划也是紧密结合的？

李骏：是的，会更多地考虑到国家和社会发展的需求。为什么人们想让汽车实现无人自动驾驶？一是希望机器自动驾驶比人类开车更安全；二是希望在枯燥的驾驶过程中能够做一些除驾驶之外的其他事情；第三点也是最重要的一点，随着社会老龄化的加剧和社会劳动力成本的提高，机器驾驶更能满足老龄社会的需求。科学研究只有和社会经济发展需求相结合，才可能给社会带来真正意义上的贡献。

记者：您来清华后提出要研发基于 SCSTSV 理念的中国标准智能网联汽车这一概念，什么是 SCSTSV 理念？

李骏：这是一个完全不同于传统的技术路线。SC、ST、SV 分别指 Smart City（智慧城市）、Smart Traffic（智能交通）、Smart Vehicle（智能车辆）。SCSTSV 理念是一个融合一体化系统工程的理念，而不仅仅依靠单车智能，搞"聪明的车，傻瓜的路"是行不通的。汽车的三个能力一定要好：底盘、发动机、车身等装置是汽车的"内能"技术；现在的新能源技术、传感器、人工智能、电子控制等是汽车的"使能"技术；还有一个非常重要的就是汽车的"赋能"技术，即由 5G、路边云、中心云、V2X 等构成信息系统，为汽车提供自动驾驶所必须的场景信息，特别是复杂、动态、随机的交通参与物信息。我们不可能在每个汽车上都装上复杂的雷达和超级计算机，所以要抓住汽车的"赋能"技术，走 SCSTSV 融合一体化的技术路线。因此，智能汽车下一步的创新就在于对其内能、使能和赋能进行最佳的识别、交叉以及融合，从而研发出真正经济实用的智能汽车商品。

记者：您出于怎样的考虑提出 SCSTSV 理念？

李骏：无论做什么样的技术研发，我都会问自己三个问题：什么是正确的技术路线？这一技术以及基于这一技术的产品有没有竞争力和创新力？该技术能不能创造出超高价值的商品力？深入考虑这三个要素可以说是烙印在很多企业技术领导人身上的"基因"。来到清华成为教授，我认为这样的指导思想不应该变，只有这样才能更好地把"科"和"技"相结合。

从科技的发展趋势来看，这种融合一体化的理念非常重要。智能汽车是 SCSTSV 系统工程落地的一个载体，把 SCSTSV 系统工程构思好之后，就应该在各个层面同步去实施。现在我参与到雄安、嘉善等地智慧城市的交通规划设计中，希望从实践中不断总结经验。

记者：怎样理解智能网联汽车的"中国标准"？我国汽车产业应该如何发力？

李骏："中国标准"也是中国智能汽车技术的机遇。每个国家在城市和道路结构、地理环境、通信技术标准、交通规则、国家法律等方面都是不一样的，这就注定了基于场景的自动驾驶汽车技术在不同国家是不一样的，而这些最后都会通过全球标准和各个国家的标准来规范化，所以中国标准智能汽车是客观存在的，就看怎么用最创新的技术把这些特殊性通过使能、赋能施加到智能汽车上，使中国标准智能汽车更有竞争力。

目前来看，我国在大数据、人工智能、5G 等智能汽车所需的赋能技术方面有自己的优势，在汽车使能技术方面正在展开前瞻研究。只要技术路线正确，并且这种技术路线能够反映自主创新的魅力与价值，而不是跟在外国企业后面亦步亦趋，中国标准智能汽车就有巨大的竞争力。

记者：您主持成立了清华大学智能汽车设计与安全性技术研究中心，我们也注意到您特别强调其中的安全性，您为什么如此关注智能汽车的自动驾驶安全性？其中又会遇到哪些挑战？

李骏：研发智能汽车的初衷就是为了降低汽车引发的交通事故发生率，智能汽车的自动驾驶安全性就像电动汽车不能着火一样重要。智能汽车的自动驾驶安全性主要难在对场景识别的精准性、充分性、稳定性和完整性上。而智能汽车遇到的场景又具有随机性、组合性和不确定性，这就需要智能汽车有一个"安全驾驶脑"发挥安全驾驶的指挥作用。现在我们只重视机器的"驾驶脑"，实现感知、规划、驾驶操控，但只有这个是不完善的，必须要有一个"汽车自动驾驶安全脑"。

这里面的挑战，大到法律、道德领域的风险，具体到是否有充分识别随机场景的传感技术、数字化计算分析技术、超级芯片等，特别是如何把复杂随机场景的感知系统分解到位，其实又回到了 SCSTSV 融合一体化技术的系统工程架构上。我计划建立相关实验室专门做这方面研究，团队也在逐步搭建中。

"创新是面向未来的事业，而年轻人正是事业的未来"

记者：我之前采访了您今年新入学的博士生，他们说还没入学您就开始布置书单了，而且都是前瞻性的、综合性的书籍，还包括欧盟最新的汽车研究项目技术报告。您在人才培养方面有什么样的规划？

李骏：我常跟我的博士生们说，希望我每一届培养的博士里有人能够成为总工程师。培养汽车工程领域的全才非常重要，博士生不宜只钻研一个比较狭窄的方向，而要对汽车产业的总体发展有全局性的把握，更不宜扎堆于新鲜时髦、容易产出论文的领域。我要求团队每个月都进行一次规模较大的对话研讨，每个人都参与讨论，集思广益，在交流中碰撞思维火花。

培养人才的创造性也非常重要。之前我专门为进入一汽集团工作的博士毕业生制定了具体的培养目标，那就是研究一个新领域，给他一个新平台，用三年时间出一个新成绩，我看中的正是他们的创造性。

在前瞻性研究中探索得越深入，就越体会到创新要从年轻人开始培养，因为创新是面向未来的事业，而年轻人正是事业的未来。

记者：由您团队的学生组成的清华大学猛狮无人驾驶团队，在 2019 i-VISTA 自动驾驶汽车挑战赛中斩获多项大奖，这也是他们学术道路上的重要成果。您会如何向想要进入汽车学科学习研究的学生或年轻学者描述当下的汽车学科？

李骏：汽车最早是人类幸福和社会发展的动力；中间有一段时间汽车成了污染、噪声、事故和能源消耗的载体，与社会发展出现了背道而驰的局面；我相信，新一轮汽车科技革命会使汽车成为社会发展新的和谐动力。因此，对于进入车辆与运载这一领域的学生或年轻学者来说，要思考在掌握什么样技术的情况下，能够使汽车成为社会经济发展的和谐动力。只有看到做这件事情对人类社会发展的价值，才会激发真正的兴趣，而科学研究正是由科研人员永恒的兴趣与不竭的探索驱动的。

记者：作为清华教师的一员，您对清华的同学们有哪些嘱托或者希望？

李骏：我认为清华学生不管未来从事什么职业，首先必须具备洞察力。要想具备洞察力，需要有宽广的视野和把握科技前沿的能力，始终要把目光聚焦在最前沿的科技领域去洞察世界。同时，要有发现问题的能力，还要有严密的逻辑思维和高效的工作方法。

【人物档案】

李骏 1958 年生，吉林长春人，中国工程院院士，清华大学车辆与运载学院教授，中国汽车工程学会理事长。历任中国一汽技术中心总工程师、技术中心主任、集团公司副总工程师、中国一汽股份有限公司总工程师。长期主持我国大型汽车企业的产品研发与科技创新工作，建成国内领先的自主研发体系，完成多项集团重大产品换代研发以及国家"863"、"973"和重大装备型号研制项目。曾获得国家科技进步一等奖 1 项、二等奖 1 项，国家技术发明奖二等奖 1 项，中国汽车工业科技进步特等奖 3 项、一等奖 2 项，国家机械工业科技进步一等奖 2 项、二等奖 1 项，省部级一等奖 1 项，2012 年荣获何梁何利基金科学与技术创新奖，获得授权专利 11 项，发表论文 101 篇和专著 1 部。

王小云院士的人生密码："密码学是我喜欢的工作"

原作者 | 曲田
改写 | 冯婉婷
摄影 | 李派
图片 | 任左莉

在 2004 年的国际密码学会议上，大会主席、国际顶级密码学家休斯给了王小云 15 分钟的发言时间，让她宣读她和团队的研究成果——对 MD5、HAVAL-128、MD4 和 RIPEMD 四个著名 Hash 算法的破解结果。当她讲到第三个破解成果时，会场已是掌声雷动，许多学者甚至激动地站起来鼓掌致敬。"我当时的感觉，真像是获得了奥运金牌，由衷感到作为一名中国人的自豪。"半年之后，这位来自中国山东的女密码学家又成功破译了 SHA-1。MD5 和 SHA-1 这两个被国际公认为最先进的核心算法相继告破，引起了国际密码学界的"地震"，王小云也因此一举成名。

2005 年，王小云受聘为清华大学高等研究院杨振宁讲座教授。2017 年 11 月，王小云当选为中国科学院院士。"密码学是我喜欢的工作。"王小云说。

王小云出生在山东诸城农村，从山东大学数学系博士毕业后，她婉拒了导师介绍的高薪企业，在一张小书桌前开始了自己的密码学研究。在一般人的印象中，密码学大概神秘而又枯燥，但在她看来，密码学就像是"设谜"与"猜谜"的过程。对密码学家而言，时间单位是数十年切割成的一月、一周、一天中的分分秒秒，可具体到演算纸上的每一个步骤、每一次灵感、每一个失败。这可能意味着很长时间的默默无为，但王小云并不在乎。尽管在密码学领域里已经"摸爬滚打"20余年，但说起钟爱的密码学，她依旧怀揣初心。

破解两大核心算法后，国际著名安全公司的负责人曾对王小云说："就凭这一成果，你可以在美国任何一所大学获得职位。"但她放弃了参与设计新国际标准密码算法的机会，转而设计国内的密码算法标准。2005 年，王小云和国内其他专家设计了我国首个哈希函数算法标准 SM3。如今，SM3 已为我国多个行业保驾护航，审批的密码产品达千余款，多款产品在全国范围内大范围使用，受 SM3 保护的智能电网用户 6 亿多，含 SM3 的 USBKey 出货量过 10 亿张，银行卡过亿。最令王小云高兴的，是国家网络安全体系在行业标准化道路上不断前进。SM3 发布之后，30 多项密码相关领域的行业标准出炉，国家对网络安全性问题的认识越来越清晰深刻。

"国家对密码学越来越重视，清华良好的交叉学科合作平台、宽松的学术氛围，都为我们解决更加复杂、未知的问题提供了有力保障"。科研之外，王小云付出最多心血的，是致力于为清华培养出更多"可以和世界上最顶尖的密码学家对话的学生"。她常常鼓励学生，走错路不必气馁，暂时找不到方向就做点别的事。这也是她个人多年来学术生涯的宝贵心得。不追求短期目标，不以论文和成果作为唯一考核标准，她更希望自己的学生有意愿和动力探索密码学的奥秘，并在这个过程中得到乐趣。

【新当选院士】庄惟敏：
设计融入生活　建筑承载使命

文字 | 韩瑞瑞　彭松超　李晨晖
图片 | 宋晨

　　初雪刚落。建筑馆与建筑设计研究中心伍舜德楼，在层层叠叠的雪枝掩映中比肩而立，中国工程院新当选院士、建筑学院院长、清华建筑设计研究院院长庄惟敏大步流星来往于两栋古朴典雅的建筑之间，自 1980 年考入清华大学建筑系，如今已经是第 40 个年头。

　　40 年间，改革开放推动中国当代建筑进入创作繁荣期，一片片城镇林立，一座座大楼拔地而起，超大型工程、标志性建筑，始于乡土，走向世界，一代代建筑师和建筑教育工作者付出了他们的智慧与心血。

　　40 年间，庄惟敏从一个热爱画画的建筑系学生成长为知名设计大师，在国家建设发展的大潮中打磨成长，接过了中国建筑走向世界的历史火炬，将自己的建筑热情与国家发展紧密相连。

　　穿梭在设计的"王国"里，他用手中的笔和图纸，勾勒出学生未来的蓝图，也为中国建筑发展留下举足轻重的一笔。

这就是空间的力量

　　今年九月，庄惟敏获得中国建筑界最高荣誉——梁思成建筑奖。在颁奖典礼上，他深情感谢母校清华大学和吴良镛先生、关肇邺先生、李道增先生等前辈们的谆谆教诲。前辈的言传身教将梁思成先生的思想一点一滴地传承下来，引领他深入学习并热爱建筑事业。

　　从小生活在设计大院里，面对一张张建筑设计图纸，庄惟敏常常惊异于绘画的奇妙，并被空间的力量所震撼："一个简简单单的空间，怎么能够看起来那么有美感，除了满足功能之外，为何还让人感到如此激动？"

　　从最开始知道如何满足功能，到发现蕴含其中的美学，并将建筑融入环境，肩负起历史文化的传承……庄惟敏对于建筑的认知，通过一砖一瓦渐渐搭建起来。从学生到建筑师，从从业者到设计大师，他将功能和精神两个层面结合在一起，赋予空间更多的意义。

　　对于庄惟敏来说，建筑始终是生活的一部分。在繁忙工作之余，他的兴趣爱好也是画画。随手拿起一只笔，勾草图、做速写，把眼中的人间场景置于纸上，"上班是设计，下班还是设计，连出去旅游都是在看房子的设计。"他笑着说。

教书这件事情多么有趣但绝不简单

　　1992 年取得博士学位后，庄惟敏选择留校工作，加入光荣的教育工作者行列。在他看来，教书是一件"很有趣又不简单"的工作：有趣在于把一个单纯无知、懵懵懂懂的年轻人领进门，培养成为有专业志向、激情投入的职业建筑师；困难在于怎样让年轻人真正爱上这个专业，理解这个专业，可以一辈子从事这个专业。

　　作为教师，庄惟敏始终站在教学第一线，坚持每学年为本科生和研究生主讲 2 门专业理论课和 4 门专业设计课，至今已累计培养博士 23 人、硕士 48 人。其中，多名学生获北京市和清华大学优秀毕业生、清华大学毕业生启航奖金奖、校级优秀学位论文奖等，已毕业学生中有 5 人获得中国建筑学会青年建筑师奖。

庄惟敏喜欢抽出时间参与新生专业引导、主题党团日、开放交流时间、毕业生座谈等活动，倾听学生们的心声，分享自己的经验与感悟，鼓励学生们大胆探索创新、培养学术志趣。采访当天，穿过专业教室走廊，庄惟敏主动与每一位在工位上做设计的学生打招呼，对他们的作品进行简评，话语中透露着赞扬与自豪。他认为老师在评图时，最重要的是激发同学们设计的热情与创意，"老师对每一位同学的授课都是一个教案"。

除了培养学生独立思考的能力，庄惟敏还特别重视在价值观上潜移默化地影响学生。"我一直认为建筑师的培养不仅是技法的培养，只教会学生们盖一个房子，满足某些功能是不够的，一定要让他们有人文情怀。因为我们所从事的工作是在创造人居环境，这种人居环境不仅仅满足人们的使用，更重要的是给人带来有文脉特征的人文关怀。"

作为院长，庄惟敏思想简单而纯粹，他曾经提到，建筑学院的老师能教授给学生的，是作为建筑师的职业精神和职业技能，"我们教不出大师，大师不是教出来的。但要教出一个合格的职业建筑师，这是我们的职责"。

院长办公室的桌子上，厚厚的资料几乎挡住了坐在其中办公者的身影。如此繁忙的工作之下，庄惟敏仍坚持抽出周末时间和学生共同度过。桃李不言，下自成蹊，他以身作则、言传身教，让建筑理念在学生的心中生根发芽。

不是所有的项目都可以成为自己的纪念碑

在庄惟敏主持的设计中，令他印象深刻的是 2009 年建设的一座变电站。

为减少燃煤排放，北京市政府拟在西城区菜市口大街建设一座 220kV 变电站，作为北京"煤改电"的重点工程。这一项目的启动并非一帆风顺。社区空间新增变电站在一定程度上可能面临缺乏混合利用、邻避效应明显、自我封闭与城市环境不协调的问题。

庄惟敏带领设计团队以策划介入，通过多方多次协调拟定设计任务书，最终完成了世界上第一个地下运行可参观的 220kV 智能输变电站高层综合体，在菜市口闹市之下静默地为城市输送电力，而地上部分的公共空间也为城市注入了新的活力。此外，使用后的评估检测发现其电磁辐射强度远远低于国家标准值。这是庄惟敏在新型城镇化背景下将电力设施、教育功能、公众服务等融为市政综合体的一次探索，也是建筑策划与后评估理论的一次重要实践。

从业至今，庄惟敏将一张张图纸变成一栋栋高楼：中国国际展览中心、北京奥运会射击馆、中国美术馆改造、北京科技大学体育馆、北川抗震纪念园幸福园展览馆……正如人们常说的那样，建筑是遗憾的艺术，这些在人们眼中已经很精巧的设计，在他看来只是努力接近完美。

"有自觉性的建筑师心里清楚，不是所有的项目都可以成为自己的纪念碑。"庄惟敏在一次接受媒体采访时提道。对于他来说，最完美的作品或许永远是下一件。

为人类生活更美好进行创造

87 年前，梁思成曾深刻发问："建筑师的业是什么？"在梁思成看来，直接地说，其是建筑物之创造，为社会解决衣食住行四者中住的问题；间接地说，是文化的记录者，是历史之反照镜。

对于庄惟敏来说，"设计是一个再创造的过程"，他希望通过自己的创作回馈他人、回馈社会。"当为了人类生活更美好来进行创造时，这件事就变得有意义了。"

这种社会责任感，源于对国家、对民族的认同感，更源于一种传承。一直以来，清华建筑学院秉承梁思成、吴良镛等前辈的思想，结合国际建筑协会和堪培拉协议相关规定，对建筑师的培养提出更高更严格的标准。庄惟敏认为，成为一个合格的建筑师需要方方面面的努力，除了理性思维、逻辑思维的培养，以及结构知识等相关技能的学习，最关键的是对人们的行为、对环境有深刻的理解，这种理解要根植于人文、艺术与文化中，这样才能真正发生活融入建筑中。

自担任国际建筑师协会理事、国际建筑师协会职业实践委员会联席主席以来，庄惟敏开始更多地去思考中国建筑教育与世界前沿水平的差距。他认为，今天中国建筑师在技术和创意层面都不输国外建筑师，最大的差别在于我们的设计面对的是一个更庞大的群体，多样化的民族文化背景和区域发展不均衡导致需求层次的差异化。一个优秀建筑师既要能设计豪华的殿堂、酒店、剧院，同时又可以为平民设计经济实用的住宅；此外，中国建筑面临着较大的环境挑战，在追求可持续发展的层面上，如何更多地建造人工环境，减少对自然环境的干预，这一代人任重道远。

行走在建筑学院和建筑设计研究院间，一草一木，每一处设计，庄惟敏都如数家珍。他感恩自己有幸见证清华建筑教育和中国建筑事业的蓬勃发展，并将继续为热爱的建筑事业奋斗下去……

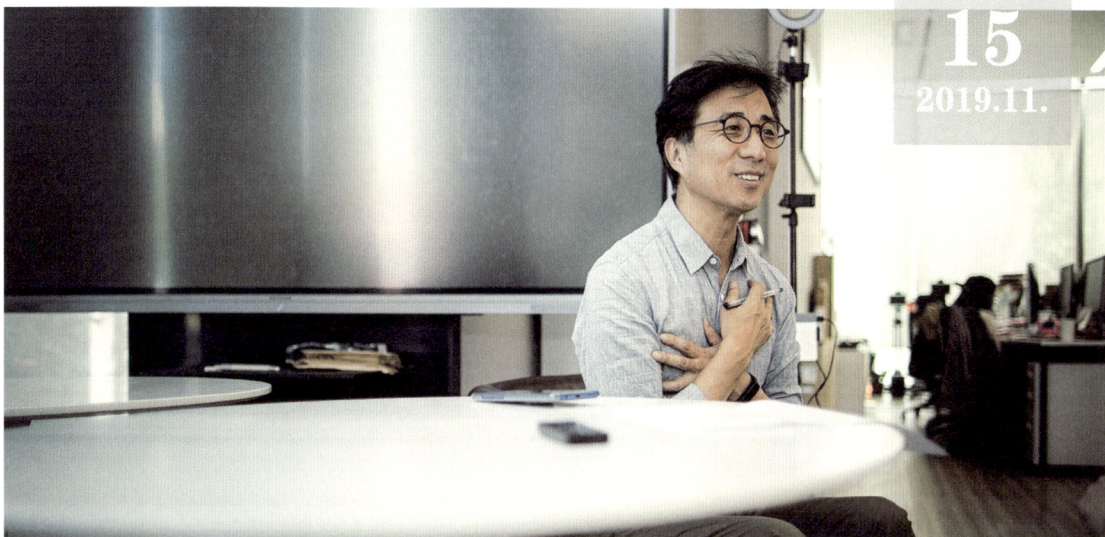

未来实验室首席研究员郑址洪：
让未来更好，就是让一切更好

文字 | 曲田
摄影、图片 | 李派

推了推伍迪·艾伦式的圆框眼镜，郑址洪欣然谈起最珍爱的研究。

采访近一个小时，他一直保持身体前倾、后背挺直的姿态。聊到兴奋点，肢体语言也丰富起来。正如学生点评，郑老师永远"在春天里"。

1985 年大学毕业的他，是韩国最早一批专门研究人机交互的设计师，曾任韩国人机交互协会主席、三星电子集团无线业务部副总裁。30 余年的业界经历，郑址洪所从事的研究是这个时代最前沿和时尚的谈资之一。

如果要从技术层面来解释人机交互设计，其实并不难，但问题的关键在于如何让设备更好地知道人的需求。正如电影《大佛普拉斯》里的旁白："现在已经是太空时代了，人类可以登上月球，却永远无法探索彼此内心的宇宙。"

郑址洪说，他致力于解决的，正是如何让设计更好地造福于人类。

2019 年年初，郑址洪全职加入清华大学未来实验室，担任 Aging+eXperience 实验室主任，致力于开发及优化适老设备以提升老年人的生活质量。"每个人都值得拥有更好的生活，残疾人如是，老年人如是。用余生去帮助更多需要帮助的人，这是我最大的心愿。"

从韩国到中国，郑址洪的设计初心从未改变。他所从事的事业，炫酷，亦是温暖的。

【对话郑址洪】

记者：什么机缘让您选择到中国，到清华任教？

郑址洪：1985 年我在美国读硕士，读书期间花了大量时间去旅行和探索，感受不一样的东西文化。后来做人机交互，在工作中逐渐发现，其实同属东方、亚洲各国的文化差异也很大，而我却知之甚少。

以筷子为例，日本的筷子一般为木质的，长度较短，筷尖尖锐；韩国筷子的材质主要是金属；而中国的筷子长度最长，尖端比较钝，材料也不局限于木质。三个国家筷子的差异源于饮食文化的不同，那么在这背后，人们的生活又有怎样的不同？好奇与探索，我想这是一位设计师的必修课。

所以当未来实验室主任徐迎庆教授提出邀请时，我很快便答应了。清华是亚洲最好的大学之一，30 年前我就来过这里，对校园的摩登建筑印象深刻。清华的学生都很聪明，富有创造力，让我感到自己也充满能量。此外，我很赞赏未来实验室产学研结合的理念，想把更多交互设计的经验分享给下一代，在自在的环境中专注地从事热爱的事业，这是我所看重的，于是就来了！

记者：对于当前研究方向的选择，您有怎样的心得？

郑址洪：过去几十年，我都在从事人机交互领域的用户体验设计，通过科技手段帮助人们把生活变得更好。当今，随着人类寿命延长，人口出生率降低，老龄化已成为世界性难题，也很可能会成为未来世界恒久的常态。关注这个日渐庞大的群体，用科技手段和设计方法帮助他们更好地跟上时代的脚步，拥有一个高质量的晚年生活，这是我正在做的。

在清华大学未来实验室中，研究团队来自交叉学科的多个领域，设计学、计算机科学、材料学、心理学，甚至有科普作家身份的青年科学家，研究会更加人性化与特别，对此我充满期待。

记者：您会如何向年轻人描述您眼中的"设计"？

郑址洪：我在工作中曾接触过一位7岁的小男孩，他先天残疾，没有四肢，但渴望像同龄人一样使用电子产品。于是，我和团队为他设计了一个特制的触摸屏，可以让男孩通过嘴含触控笔的方式来使用。但是他无法站立和坐立，我们又为他设计了一个四周将其正好围绕的椅子，防止摔倒。在男孩开始使用设备的那一刻，他脸上的惊奇和欣喜令我至今难忘。

设计要专注于为人类服务，我们要关注人性化设计，这是我一直强调的。小男孩会长大，椅子容纳不下他了怎么办？这个世界上很多像他一样的残障人士如何更好地生活？利用设计亟待解决的问题有很多很多，我们需要发现问题然后利用设计手段解决问题。

有一点我始终坚信——设计绝不是为了取悦于人，而是造福于人类。

记者：如何看待人工智能（AI）？

郑址洪：AI技术的出现给交互设计带来了改变，但AI不是一种新型技术，它更像是一个新的载体，就如同眼镜的作用是使人看得更清楚一般，借助AI这个新的载体，我们对身体的认知可以更加深入，随之从多个层面为生活带来便利。

本质上AI就是一个工具，关键在于我们怎么用它。我们需要让AI学习人的差异性以更好地服务于人，而不是用隐私数据去给人类带来伤害。希望整个亚洲从事AI方面研究的科学家可以合作起来，如果有一天大家可以像筷子一样合拢起来，相信亚洲的AI研究发展会比现在更快。

记者：在培养学生上，您最看重什么能力？

郑址洪：可持续发展性。世间万物每时每刻都处在变化之中，没有任何事情逃得过时间。在设计领域，大环境时刻变幻，用户和相应的技术也处在不断变化之中，因此设计师需要不断更新、挑战、重新设计。

希望我的学生可以不断学习、不断尝试，并学会接受失败。我发现，中国学生大多不太喜欢失败，他们喜欢正确的结果，持续正确的确会让人快速进步，但从跌倒了、碰到困难中学习也是难得的成长，从这个里面可以学到更多的东西。

记者：未来实验室致力于探索人类的未来，在您的构想中，未来社会是怎样的？

郑址洪：科技加速了社会进步，但不可忽视的是，也会让社会产生分野。到北京工作后，我时常会看到这样的情景：寒风瑟瑟中，一位老太太站在马路边不停挥手，但是打不到车，出租车都被年轻人轻轻松松打走了，因为他们手机中有打车软件。我站在一旁很着急，很想帮助她，但是我不会讲中文。

未来社会毫无疑问，科技会很发达，为人们的生活创造无限可能。但是，对于懂科技的人来说，那可能是"天堂"，但对于那些不懂的人来说，或许就是"地狱"。我们需要为未来去做准备，为每一个人，打破年龄、阶层的界限，一方面让更多人学会用新技术，另一方面要让技术更容易为人所接受。我想，让未来更好，就是让一切更好吧。

【学生印象】

清华大学未来实验室博士生江加贝：

之前了解到郑老师的背景是三星电子集团无线业务部副总裁，所以觉得他可能会是一位非常严肃的老师。但在初次见面后，发现他非常和蔼，完全没有"总裁"气势。他非常主动地融入我们的生活和文化中来，如小孩子般每天对身边的事物充满了好奇，同时又如父亲般对我们的生活嘘寒问暖。我们在一起不仅仅探讨学术问题，也会探讨很多人生问题。与老师在一起学习不仅对我的学术研究会有很大提升，也会对我未来的人生道路带来许多思考和帮助。

清华大学未来实验室博士生张为威：

第一次见到郑老师是在北京机场，我怀着激动忐忑的心情去接他，并在内心演练了无数次怎么跟老师打招呼，心想老师会不会像韩剧中社长一样严肃。但是见到他本人最直观的感受是也太随和了！转眼与郑老师相处也有半年多时间了，不禁感慨老师专业的广度深度和人文情怀。他的人生经历丰富，从自己创立公司到做教授、从三星到为韩国政府工作，任何一项拿出来讲都算得上"人生赢家"了。我曾经问老师为什么不继续留在韩国，而是选择到一个陌生的城市重新开始，他说他喜欢挑战，想与年轻的我们一道为人类发展作力所能及的贡献。

【人物档案】

郑址洪（Jihong Jeung）1962年生于韩国，2019年1月来清华大学工作，任清华大学未来实验室首席研究员。从事人机交互和数字媒体设计相关领域研究30余年，是韩国最早一批研究人机交互的专家。曾任三星电子集团无线业务部副总裁，负责三星相关应用程序以及可穿戴设备的用户体验设计。曾任韩国人机交互协会主席和韩国社会科学设计董事会成员、三星艺术和设计学院教授。2015—2018年，作为韩国国家文化体育观光部项目总监，负责政府文化科技研发项目的规划、管理和商务拓展。

思想无边界
追问不停止

清华首批文科资深教授汪晖：思想无边界　追问不停止

原作者｜周襄楠
改写｜冯婉婷
摄影｜孟珍
图片｜李娜

1977 年高考复试结果公布后重新填报志愿时，18 岁的汪晖趁父母不在家，将表格上的理科改为文科。

"这是'世界历史'瓦解的时刻，也是重新思考世界历史的时刻。"36 年后的 2013 年 10 月 20 日，意大利威尼斯，汪晖在卢卡·帕西奥利奖颁奖仪式上作题为《公理、时势与越界的知识》的演讲，以这句话为结语。

2018 年 2 月，德国洪堡基金会发布消息，宣布把安内莉泽·迈尔奖授予清华大学首批文科资深教授、中文系与历史系双聘教授汪晖。汪晖成为获得这两项国际奖项的首位中国学者。

汪晖的学术道路始于对鲁迅的研究，从 20 世纪 80 年代末起，逐渐转向思想史研究。2004 年，汇聚他 15 年研究心血的《现代中国思想的兴起》出版，在学术界引起极大关注。汪晖的学术志趣既包括历史研究，又有历史社会学分析和哲学方面的建构，还涉及民族、区域和宗教领域，无法用既有学科清晰界定，但一以贯之的脉络就是怎么理解中国，怎么理解现代，并由此出发理解世界。

2002 年，汪晖正式入职清华，并领衔筹建人文与社科高等研究所。先是在学院内建立高等研究中心，最终于 2009 年成立校级高等研究所，邀请一大批国内外顶尖学者加入，成功创造了一个跨学科、跨文化、跨区域的研究平台。

"一所大学有些部分可以是有形的，但是大学的灵魂是无形的，因为真正的创新是来源于'你不知道这个创新点在哪里'的创新，最伟大的研究都是从你不知道它在哪里的那个地方开始的。我就是想找一个地方，形成一个氛围，创造一种条件，通过一批很有水平的学者的碰撞和交流，能够让这种未知的创新慢慢浮现出来。"汪晖这样表述初衷。

各种访学经历给汪晖创造了一种别样的语境。他思考和研究的核心一直是"中国"，在拉丁美洲、非洲、欧洲、北美，汪晖在不同环境中查阅不同文献，与不同背景的人交流，以别样的语境和角度去看待同样的问题，得到了意想不到的效果。

一位学者为何要如此频繁地深入中国和世界的最真实部分？汪晖说："保持与社会实践的关联，是保持学者思想活跃的方式。否则思想就会慢慢僵化，而本人还不自知。"

汪晖的学生有一个共同的微信群，群名是汪晖起的，叫"五湖四海"。他的学生也确实来自五湖四海，如此多元化的构成，就是想给学生创造一个"知道永远存在自己不知道的知识"的环境。汪晖鼓励学生阐述自己的看法并进行争论，并尊重每位学生的独立思考。

虽然弟子遍及"五湖四海"，但汪晖除了在国外做研究期间需要查找某些文献之外，通常不找学生做他的研究助手。他一直说，人文学术研究其实是一种"手工"作业，每一步都需要自己从最基础的工作做起，他笑言自己的这种研究方式是"手艺活"。

研究工作什么时候可以做完？"我没有觉得自己能够做完，从来没有。"汪晖说，"我的研究工作永远处于一个未完成的状态，就像在长长的隧道里寻求光。学者做学术工作总希望尽善尽美，但跨越边界意味着即便付出极大的努力，也难以把研究做到极致。好处是很多新问题由此展开，而一旦提出了这样的问题，要解决它们，就不是我一个人能够做到的了。"

清华首批文科资深教授李学勤："一些的一切，一切的一些"

文字 | 杨晨晞
图片 | 李娜

2017 年 4 月 23 日，清华大学举行了"清华简"第七辑整理报告的成果发布会，清华简《算表》被吉尼斯世界纪录确认为"世界上最早的十进制乘法表"的认证仪式也同时举行，作为古代文史研究热点的清华简再一次吸引了大众的目光。

清华简是一批抄写于战国时期的竹简，总数约有 2500 枚，自从 2008 年入藏清华大学起，清华简就一直是古代文史学者的研究焦点。这批竹简由于很早就被随葬于地下，没有经历秦始皇焚书的劫难，因此最大限度地保存了先秦典籍的原貌。

提起清华简，就不能不说起李学勤先生。清华简之所以能够有今天，与李学勤的辛勤付出是分不开的。清华简的抢救、保护、整理和研究工作，一直在他的主持下进行。从 2010 年开始，李学勤和他的团队大致以每年出版一辑整理报告的速度，整理公布清华简的有关内容，创造了战国竹简整理公布的新速度。清华简整理报告在编排体例的科学、图版拍摄的清晰以及整理水平的高超等方面，都在同类的著作中首屈一指，获得了学术同行们的高度评价。

在清华大学出土文献研究与保护中心的团队里，李学勤是当之无愧的核心人物。从上古时代的刻画符号到 20 世纪的中国学术史，从考古学、古文字学、上古史到古文献学、美术史、国际汉学，从甲骨、青铜器、简帛到玉器、玺印、钱币，他都做了一系列的研究，取得了大量的学术前沿成果，被人们誉为"百科全书式的学者"。

孜孜矻矻，勤学不辍。李学勤四岁前就已可识字读书，上学后由于兴趣爱好广泛，读书范围也非常广泛，但是由于家庭条件有限，他经常省下吃饭的钱去买旧书，读完后卖掉换其他书来读。李学勤在清华就读时，同学去他家玩，看到四壁摆着一排排书架，惊讶地认为这更像是大学里一个年轻老师的书房。

中西融汇，古今贯通。在 60 多年的学术生涯中，李学勤取得了累累硕果，共出版著作 40 多部，发表论文 1000 多篇，其成果之丰富、所涉领域之广博，令人赞叹。他不仅博古而且通今，既熟悉中国文明又熟悉世界文明，并在自己的研究中将之有机地交融在一起。尽管李学勤的研究领域很广博，但始终有一条主线贯穿其中，那就是以探索中国古代文明的奥秘作为自己的研究重心。

高屋建瓴，识见不凡。李学勤常说，一个人不见得要做理论的工作，但必须有理论的高度，在研究过程中可能考证的只是一个字，但心里得想着一个大的事儿。凭借足够高的眼界和理论素养做支撑，李学勤推动了中国古代文明研究和观念上的变革。

李学勤很喜欢用一句英文俗语"一些的一切，一切的一些"来说明自己的治学体会。"一些的一切"，即学什么东西就要对这个领域已有的一切都懂；"一切的一些"，即对其他各领域的知识也应都懂一些。

这就是李学勤先生，他始终以科学之方法、进取之精神、乐观之态度积极投入科研工作，并给中国文化的传承与创新工作赋予了崭新的内涵。

清华首批文科资深教授王明旨：清华美院二十载

文字 | 方之澜
图片 | 宋晨

坐在清华美院明亮宽敞的工作室里，王明旨教授回忆起 20 年前中央工艺美术学院筹划合并进入清华前后的日子："能在清华大学发展艺术学科，对学校和学院发展都具有重要意义，当年我们曾为此用投票的方式征求全院教师和职工的意见，投票结果是绝大多数教职员工都欣然同意。"

从当年的中央工艺美术院院长到合并后的清华大学副校长兼美术学院院长，再到校务委员会副主任，如今仍担任清华大学艺术博物馆学术委员会主任，王明旨已为清华的美术教育耕耘了近 20 年。2018 年年初，王明旨被评为清华大学首批文科资深教授。

"合并特别顺畅"

"记得当年我曾去找全国雕塑方面很具权威的学术机构——城市雕塑委员会，负责人王克庆先生原来是留学苏联学雕塑的。他给我写信推荐了好几位老师，我们都请进来了。为了丰满壮大清华的美术学科，我们当时引进的教授级别的老师有将近 30 人，可见力度之大。"

1999 年中央工艺美术学院并入清华大学，成为清华大学美术学院的时候，王明旨担任清华大学副校长兼清华美院首任院长。改组学科，吸引师资，成为当务之急。

王明旨回忆，原先的中央工艺美院是一个高水准但比较"微型"的学校，整个学校学生不到一千人，教师也不过二三百人。学科方面，原先以艺术设计为主，另有一小部分是区别于纯绘画与纯雕塑的特种工艺，包括装饰绘画、装饰雕塑、壁画等。工艺美院并入清华后，王明旨与其他老师商议，决定将学科范围由原来的以艺术设计为主扩展到大美术的范畴。在这种思路的指引下，清华美院在保持艺术设计学科优势的基础之上大力加强美术类学科建设，广揽贤才，迅速发展，成为令全国瞩目的"后起之秀"。以雕塑系为例，近年来，雕塑系先后完成几十项国家级和省部级科研项目，对我国城市雕塑建设产生了积极影响。版画、油画等专业也都发展迅速，令人刮目相看。

除了构造设计与美术并重的整体教学框架外，王明旨还力推艺术与科学交融的大方向。2001 年 5 月，清华 90 周年校庆刚刚结束，清华美院在中国美术馆隆重举办首届"艺术与科学国际作品展暨学术研讨会"，科学、艺术两大领域的两位大师——诺贝尔物理学奖获得者李政道先生和著名画家吴冠中先生联手倡导了这次活动，展览参观人次刷新了美术馆的历史纪录。

艺术与科学交融自此成为清华美院发展的一面大旗。展览期间，学校支持美院成立了"清华大学艺术与科学研究中心"，中心在此后的 20 年间一直通过学术研讨会和学术展览等形式，延续并拓展艺术与科学交融发展的空间。

回顾清华美院近 20 年的建设历程，王明旨说，不管是最开始的并入，还是之后的发展，学校对美院的发展和运行都一直"开着绿灯"。"我感觉合并得特别顺畅，学校对美院各方面的创新性工作也都非常支持，投入了很大力量。"谈起这些，王明旨至今还充满兴奋之情。

"你应该学最新的商业美术"

回顾自己在艺术学习、艺术教育的道路上走过的大半生，王明旨说，这段生涯早在自己上初中时就奠定了基础。

"我初中有幸在北京一中读书，当时一中有一位叫金玉峰的美术老师，是一位非常有水平、非常热情的老师，一直活到 88 岁，他教出了很多美术学科的优秀学生。"金老师在北京一中组织了一个非常出名的美术组，毕业多年后，王明旨回校参加校庆，一同返校的从事美术工作的同学仍有 300 多人，他们都是金老师当年培养出的人才。

"我是当时美术组的成员之一，毕业后考进了北京工艺美术学校，金老师说你应该学最新的商业美术。"就是这句话，奠定了王明旨未来几十年职业发展的基调。

1962 年从北京工艺美术学校毕业后，王明旨考入中央工艺美术学院的图案班。在中央工艺美院，王明旨遇到了两位大师级的老师——雷圭元先生与郑可先生。"雷圭元先生组织了图案班，图案的概念并非局限于花纹图案的范围——'图案'一词最早来自日本，就是对英文 design（设计）的翻译。"图案班学习的内容是雷圭元亲自编写的教材《图案基础》，在这里，王明旨打下了牢固的设计基础。后来，这个图案班交给了郑可先生。曾在法国留学的郑可第一次将包豪斯体系和设计应当为大众服务的概念引入中国。在郑可先生的指导下，王明旨开始学习工业产品设计及汽车设计。

1978 年，王明旨考回中央工艺美院做研究生，研究生毕业后留校任教。他先后前往日本筑波大学和日本多摩美术大学访问，在日本访学期间，多次去丰田、本田等汽车公司参观，由此对日本的设计有了更全面的认识。也是在读研期间，王明旨与车辆设计结缘——他从 1978 年开始参与长春客车厂的客车造型设计课题，至今仍主持着清华美院与这个项目的合作。

"我与长春客车厂的合作已有 40 年啦！从当年的绿皮车到现在中车集团的高铁，他们厂的几任老总我都打过交道。他们现在的副总工当时还是'小青工'，想当年他结婚、生孩子、买第一辆汽车……人生的每一步我们都知道。"王明旨笑着说，"我们当年一起熬夜，讨论车厢怎么设计、地毯怎么选择，一块儿'折腾'的情景好像就在昨天。"

"从开始我们就有一个整体规划"

如今，与清华美院相对而望的清华大学艺术博物馆已成为校内一个热门地标。从达·芬奇到莫奈，从布德尔的雕塑艺术到国际纤维艺术双年展……艺术博物馆已成为一所艺术交流与呈现的重要殿堂。而这正符合当年筹划成立艺术博物馆时王明旨所构想的模样。

"从开始我们就有一个整体规划，要在美院对面建一个艺术博物馆。"王明旨说。为了打造一个在发展理念上与美院相配合，既能进行海内外艺术交流又能展览学生作品、扩大对外宣传的空间，王明旨在中央工艺美院并入清华大学初期，就开始策划筹建这样一个博物馆。2016 年，艺术博物馆正式落成，王明旨至今仍担任艺术博物馆学术委员会主任，主持博物馆的相关学术研究及展览规划等工作。

首期特展"对话达·芬奇"是让王明旨印象最深刻的展览。展览上，达·芬奇《大西洋古抄本》60 幅手稿真迹首次登陆中国，这是这些手稿在意大利境外的最大规模展出。同时到来的还有维斯皮诺临摹的《最后的晚餐》——被认为与壁画原作最为相似的一件摹本。这些都是王明旨早在艺博落成前很久就形成好的构思："因为我们了解意大利的博物馆藏有这方面的展品，就想艺博成立的时候第一个特展应请到达·芬奇的主题展览。一是因为达·芬奇是举世闻名的艺术与科学交融的典型，二是他的作品真迹还没有在中国展过，应该有很好的效果。"

此后艺博的一系列展览同样精彩，2018 年的西方绘画 500 年特展更是吸引了超过 10 万人次观众。"咱们的博物馆就是要尽量与全世界的一流机构进行交流，建立良好的学术网络，吸引更好的展览。这是为了清华的学生，同时也为北京各大高校服务。"王明旨说。

回顾 20 年来的发展，王明旨认为美院进入清华后有了一个更广阔的天地——不仅对优秀师资的吸引力更强，学生质量更高，学校的综合性学科优势也是对艺术类专业发展的激励和促进。"过去我们的发展范围有限，现在变得宽阔无限了。"王明旨满怀期待地说。

清华首批文科资深教授万俊人：守望传统　追问正义

文字｜左炬晅

摄影｜李炬盼

图片｜刘雨田

万俊人教授先后在北大、清华两校任教，被评价为"由西返中，史论结合"的伦理学名师。他曾担任复建后的清华哲学系主任长达 12 年，2012 年清华大学人文学院成立后，他又担任院长至今，是清华"人文日新"的重要建设者和守护人。

"我最崇拜令狐冲，能东学西效，成就自己的一派武功"

自小在私塾接受《百家姓》《千字文》《论语》的启蒙，让万俊人对国学和伦理有了天然的亲近感："年幼时，先生跟我们讲道德伦理，那是直觉，让我形成了对伦理的最初感知。"

1979 年万俊人参加高考，本想学习中文或历史的他被阴差阳错地分到了哲学系，从此与哲学结下了一生的缘分。"我对西方哲学比较感兴趣，当时那也是'学术时尚'。为了学好西方哲学，得先学英语，我就背词典，每天晚上在路灯下拿着小卡片背单词，一本词典从 A 背到 Z，英语也就打下了基础。本科期间我大概读了 300 本经典著作，摘卡片写了3000 多张。"

本科毕业后，万俊人师从著名伦理学家、哲学家周辅成先生学习伦理学，他回忆道："当时的导师还是很像过去传统的先生，我们都是在老师家里上课，可以喝咖啡、抽烟。老师还带我们拜访梁漱溟、冯友兰、朱光潜、张岱年先生等大家，他们在家里开的课老师也会叫我们去旁听，学做学问，学做人。"

早年的学术积累让万俊人奠定了对人文社科领域的普遍兴趣："我对学科和知识一直是比较开放的，我最崇拜的人是令狐冲，能东学西效，成就自己的一派武功。"

除了在学科上的精深造诣外，万俊人对社会事件和民族发展也一直非常关注。对社会现实的长期观察和思考影响了他的学术志趣，使他把目光投向了与现实问题联系更紧密的政治哲学。

"一个良序的社会应该是有良好制度安排的，如果缺少制度正义，那么就会有很多矛盾。实际上，正义这个问题在 20 世纪 80 年代末期就已突显，而我的专业兴趣又是伦理学，是和社会有紧密关联的，所以我格外关注这个命题。"万俊人说。

20 世纪 90 年代初期，万俊人被选派到哈佛大学访学一年，最初他申请的是关于道德语言的研究。到美国后，万俊人发现，美国绝大多数一流大学的哲学系都有一半以上的老师在做政治哲学，于是他提交申请改变了研究计划，跟随哈佛大学教授、《正义论》作者约翰·罗尔斯学习政治哲学。

"《正义论》开篇的一句话就是'正义是社会制度的第一美德'。罗尔斯看到西方在功利主义支配下发生了两次世界大战，西方社会失去秩序与平衡，因此《正义论》一发表，反响就非常大。我当时也看出来政治哲学研究是中国正缺少的一部分，在未来可能有持续的学术增长点。"万俊人如是说。

从北大到清华，不到五年复建哲学系

"1998 年年底，经过张岱年先生的推荐，清华开始来找我，但最初我并没有太认真，因为我在北大工作得很顺利，

不到 34 岁就当了教授，讲课也很受同学们喜欢，没有理由离开。"回忆起离开北大到清华复建哲学系的选择时，万俊人说：

"当时王大中校长有一句话令人印象深刻，他说他考察了很多国际高校的学科体系，有两个学科他觉得最经典，对理工科来说是数学，对文科来说，就是哲学。这个对经典学科的理解，一下子就击中了我。"

正是这句话，让万俊人作出了离开北大来到清华的决定。

1999 年春节过后，万俊人正式开始筹备清华哲学系的复建，第一年时间他跑遍了全国，从各地寻找最优秀的老师。2000 年，清华大学哲学系正式复建。仅用了四年多的时间，清华哲学系就建立起了从本科人才培养到学科硕士点、博士点的完整体系。

来到清华建设哲学系，也源于万俊人对清华老哲学系的深厚感情——万俊人在北大求学时的导师周辅成先生便是清华哲学系毕业的，冯友兰、张岱年等先生也都曾先后在清华任教。

"清华的老哲学系非常厉害，不仅大师云集，而且实践证明，培养出来的人也特别优秀。文科，是一定要有学术学统和谱系的。"万俊人解释说，"因此，来清华后我就想重新延续清华哲学系优秀深厚的学科传统。比如逻辑学是清华哲学系的特色学科，当年的金岳霖先生是开山泰斗，所以我们也着重发展逻辑学，聘请顶级的逻辑学教授组成'金岳霖逻辑学讲席教授团组'，这是清华基础文科设立的第一个讲席教授团组。"

随着时代的发展，哲学也不断衍生出新的学科领域，比如语言逻辑、混合逻辑等。在互联网时代，哲学还与数学、计算机等学科交融，生发出了很多新的结合点，这些也都成为清华哲学系的创新所在。

"在清华，有很多数学系、计算机系的同学来我们哲学系选课。后来，我们通过科学史这个学科建立了交叉学科人才培养基地——清华大学—阿姆斯特丹大学逻辑学联合研究中心，找到文理工交融的一个结合点。"万俊人介绍说。

青年学生要努力把现在的"小确幸"转化为人生的幸运

"相较 40 年前我们求学的时候，现在的学生更多地受到社会上功利主义和实力主义风气的影响，比较容易浮躁。"

万俊人回忆说，自己 1979 年参加高考时，由于"文革"刚结束，参加高考的人非常多，可谓"千军万马过独木桥"，所以当时能考上大学的人都对读书的机会特别珍惜，如饥似渴地阅读求知。而现在的年轻人由于就业压力大、社会风气相对浮躁，在学习基本功上少了些较真和努力。"南方做甜酒，是要在米里加上酒曲，再捂一捂才能有酒香。现在有些学生学习就像'勾兑'，到处学一点，就这样有人还觉得麻烦。"万俊人说。

"我想对同学们说，一定要注意外界发展得越快，越要冷静和理性。你的境界如何是与你生活的世界直接相关的，要利用自己的优势建立更广阔的学术视野、思想视野。"

对年轻人来说，万俊人认为最重要的是"三名"，要多追学术"名人"，跟随他们的脚步；多选"名课"，聆听大师的教诲；多看"名著"，经典永远百读不厌。

"人生有不同的选择，年轻人要志存高远，努力把现在的幸运转化为人生的幸运。"万俊人语重心长地说。

【人物档案】

万俊人　1958 年生，1983 年获中山大学哲学学士学位，1986 年获北京大学哲学（伦理学）硕士学位，随后留校任教。1987 年破格晋升讲师，1990 年破格晋升副教授，1992 年破格晋升教授，同年获国务院政府特殊津贴。1999 年入选"清华大学百人工程"，受聘于清华大学。曾任清华大学哲学系主任（2000—2012 年），自 2012 年 10 月始任清华大学人文学院院长，自 2013 年始任清华大学道德与宗教研究院院长；校学术委员会委员。著有《现代西方伦理学史》（上、下卷）、《寻求普世伦理》等 20 余部著作，译有《道德语言》《政治自由主义》等 20 部著作，主持编译《20 世纪西方伦理学经典》（四卷），迄今用中、英文在国内外学术刊物发表论文近 300 篇。美国哈佛大学"富布赖特访问教授"和"哈佛—燕京高级访问学者"，英国剑桥大学、日本东北大学、荷兰阿姆斯特丹大学访问教授，先后赴欧洲、美国、澳洲、韩国、日本等多国和我国港、澳、台等地区几十所大学或研究机构访学讲学。2018 年入选清华大学首批文科资深教授。

清华映像
Tsinghua Spotlights

清华首批文科资深教授崔建远：
清华同行二十载　法学相伴四十年

文字丨王鲁彬
摄影丨孟珍
图片丨宋晨

2018 年，是崔建远与法学为伴的第 40 年，也是与清华同行的第 22 年。

清晨，清华大学法学院所在的明理楼显得安静而庄重，楼前八根石柱还带着前一夜的凉意。走入楼内，绕过侧门，辗转数十级台阶，进入略显昏暗的楼道，靠左侧的一间房间，门上有崔建远教授的名牌。在这间房间里，崔建远度过了在清华法学院的大部分时光。也是在这里，这位全国著名的法学家与法学为伴，与清华同行，著作等身，桃李竞芳菲。

说起崔建远与法学之间的渊源，还得回到 20 世纪的中国。彼时他还是河北黄土地上的一名民办教师。"家有一斗粮，不当孩子王"，两年小学全科老师，两年高中语文老师，崔建远每日日种地教书，与法律并无多少交集。

"一开始，我并不了解法。"崔建远回忆，当地农村给罪犯判刑时，是要交给百姓讨论的，而在公示的布告中，"依法判处"四个字第一次让他对"法"有了印象。崔建远上中学时，在政治课上听到老师介绍，国家正在修改 1954 年宪法——对于"法"，他本来就不懂其义，"法"的前面多个"宪"字，就更疑惑不已。就是这布告中的一个"法"字和政治课上一知半解的法律知识，成了少时崔建远与法律为数不多的几次接触。

走过"文革"，走过人生最初的二十载，一直想要走出农村的崔建远，等来了 1977 年恢复高考。对于那段日子崔建远记得尤为深刻，如今提起，也是精确到年月。"我们是 1977 年参加高考，1978 年 3 月开学，我们那一届很特殊，恐怕也只有我们是 3 月份开学的。"

不过，"学法"对崔建远来说，却是一个实打实的意外。

"我第一次报志愿的时候填的是吉林大学经济系，连志愿表都交了。"只是后来又有民办教师报考师范类院校优先录取的政策，崔建远便要回了志愿表，在第二张志愿表上写上了一连串的师范院校。"可最后收到录取通知书一看，是吉林大学法律系。"难怪崔建远说："我一生中对我和家庭最有利的几个转折，都不是我的本意。"到那时也仍然对法律所知无多的崔建远，就这么误打误撞地迎来了自己与法学相伴的第一年。

只是这第一年，过得并不顺利。繁重的课业，巨大的压力，崔建远那时整日睡不好觉，时常生病。费尽辛苦走出乡村的他，每天脑子里最担心的事就是会不会被退学。直至大二，崔建远才真正"入门"，自从接触到真正的法学课程后，退学的担忧便被他远远地抛到九霄云外。

从刑法到民法，崔建远由入门走向热爱，并最终选择了民法作为自己的研究方向。"民法离生活近，衣食住行、逛街买菜全是民法的内容。"从那时起到现在的 30 多年中，崔建远亲身经历了中国民法发展的关键阶段。当时民法领域人才匮乏，崔建远的老师告诉学生，全国只有 22 个教民法的老师，这给崔建远留下了极其深刻的印象，也更坚定了他在这个领域奋力开拓的决心。从《合同法》到《物权法》，崔建远先后撰写的十余部著作既为尚有大量空白的学术研究作出了贡献，又为中国的法律教育提供了重要的教材参考。

1996 年 8 月，崔建远来到清华任教，迅速成为 1995 年秋复建的清华法律学系重要的学术骨干。当时清华法学还没有学位授权点，崔建远和常务副系主任李树勤一次次在国家教委和清华间来回奔走，最后经过专家评审，终于获得了民商法学硕士学位授权点。而他的多门精品课，也为学生提供了高质量的专业教学。

崔建远自认是位严师。谈起师生关系时，他坦率地说："不知道是优点还是缺点，我很严厉，而且有很浓厚的师道尊严思想。"曾经有学生因为迟到，在教室门口站了整整一节课。崔建远曾位列法学院"四大名捕"之首。每年审阅学位论文时，遇到不按规定格式写作的学生，他同样很生气。可是严师方出高徒，"学生可能觉得我不和蔼可亲，但我做这些不是出于私利，而是公心。清华学生有良好的基本素质，如果能好好努力，都可以成为很优秀的人"。这也是为什么尽管严厉，崔建远在学生中仍然备受好评的原因。学生们谈起崔建远，总是充满感激——他对学生的想法从不随意批评，而是认真听取、耐心答疑。有同学晚上发邮件求教，没想到立刻就接到崔老师从办公室打来的电话。有这样的严师、良师，对学生来说无疑是莫大的幸运。崔建远曾经6次获得由全校研究生评选的清华大学"良师益友"称号，并入选首批"良师益友名人堂"。

崔建远不仅要求学生万万不能丢掉努力和刻苦的精神，他自己也一直是这么做的。崔建远的办公室，四面环书，打印资料亦是满满当当，"在家里和外出时不容易有思路，只有在这里做学问，才真正有感觉。我告诉学生也告诉自己的孩子，对待专业要像谈恋爱一样，没有感情是学不成的。我从不觉得法学枯燥，只是遇到瓶颈时觉得困难，想透一个问题时又很高兴。我对民法，确实是热爱"。坐在高高的书架前，谈起做学问的事，崔建远说那是一种幸福。

展望未来，充满旺盛学术生命力的崔建远列出了一长串待完成的书单。出版社告诉他读者等得急。崔建远不愿以法学家自称，法律工作者的责任是他心中最神圣的使命。

谈及法学院教师的一天是如何度过的，崔建远说："我们不要求坐班，可大家都来。"入夜的明理楼，灯光依旧明亮，而与灯火和书本相伴的日子，同样温暖而明亮。

【人物档案】
崔建远　1956年生，清华大学法学院教授、博士生导师，教育部"长江学者"特聘教授。清华大学法学院民法研究中心主任，兼任中国民法学研究会副会长，全国人大常委会法制工作委员会立法专家。被评为第二届杰出中青年法学家，曾获教育部高等学校优秀青年教师奖、2012年北京市师德先进个人、清华大学"良师益友"（6次）等荣誉。2018年1月入选清华大学首批文科资深教授。

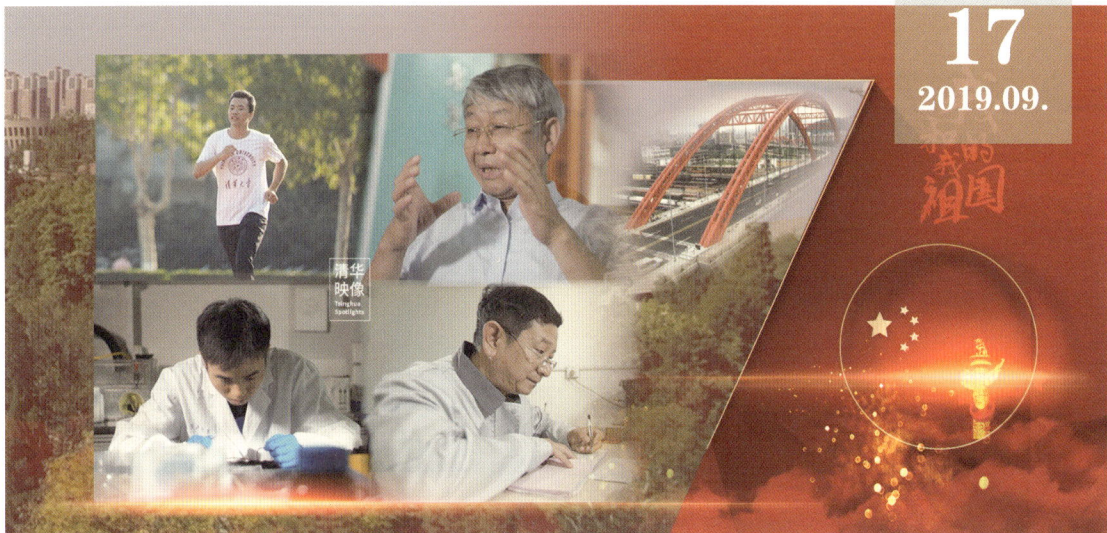

我的名字叫"建国"：以你之名　冠我此生

文案来源｜"小五爷园"微信公众号
图片｜刘雨田　田蕾

我该如何称呼亲爱的你
你的名字又有什么意义？
姓名是一部行走的编年史
新生伊始的馈赠
微缩着一个时代的希冀与远眺的目光
牵引着渺小个体与恢宏命题间的共振
七十年来风云际会中的奋进与梦想
悄然织进那些纷然不同又和鸣的命运
据不完全统计
全国起名叫"国庆"的共有 421 301 人
更有近百万人名为"建国"
有 101 600 位"国庆"与新中国是同一天生日
我们找了清华园中四位"建国""国庆"
——记录下他们名字背后的故事

清华大学土木工程系聂建国院士：
"我搞土木工程就是在建设美丽中国，所以我叫建国这个名字比较名副其实。"

恢复高考的第一年
聂建国拥有的除了金榜题名的喜悦
还有导师殷殷的嘱托
努力发展祖国需要的组合结构领域
聂建国每天 8 点前到办公室半夜 11 点才离开
几十年如一日
如今清华土木的组合结构
已然是国际上最有影响力的团队之一
专业良知、社会责任和担当精神
是聂建国的信条
要对得起自己的名字

和最好的发展机遇

清华大学软件学院侯建国同学：
"当然有人会觉得我的名字有点老一辈的感觉，不过我很喜欢。"

在侯建国小时候
教育在他的家乡并不那么受重视
家庭困顿
是母亲的坚持和黑白电视机的微光
驱散了生活的苦涩
照亮了挤着姐弟的书桌和未来的道路
2005 年侯建国的姐姐考入清华
十年后他追随着姐姐的步伐
圆梦清华
今年回去时才猛然切身感觉到
二十年来家乡的变化
道路、建筑、公共设施都不一样了
他在入党申请书中写道
"相信国家未来的前进征程中
一定会有自己的一份力量"

清华大学修缮校园管理中心殷建国老师：
"碰到叫建国的就觉得特别亲热，咱就做好本职工作也是一种爱国的表达方式吧。"

百年清华
从小在清华园里长大
见证了园子里翻天覆地的变化
历经光阴的建筑物的维护工作十分繁重
哪怕是"非典"期间也要坚守岗位
24 小时为大家服务
夜以继日，默默耕耘
在清华三十载
做无名的幕后英雄
脚踏实地每一刻
用做好本职工作来书写爱国情怀
你就是自己生活中最闪耀的英雄

清华大学医学院冯国庆同学：
"我是新中国成立五十周年那天出生的，见证了祖国从 1999 年到 2019 年这 20 年间的发展。我和我的祖国一起成长。"

原本准备了很多文艺的名字
但哪比得上举国上下欢庆一堂的气氛
世间的巧合从未停歇
赶早赶晚不如赶巧
没错，哥们儿式的亲爹就是这么任性
从小听着"两弹一星"的故事
漫步在中物院科学技术馆
长大后投身生命科学领域
把做顶天立地的人写进自己的使命
要在对全人类有贡献的领域发光发热

祖国壮阔七十年征程中
我们的角色各不相同
有问鼎巅峰，突破科研难题的英雄
有无言付出，让后勤工作再进一步的卫士
有自强不息，立志为祖国作贡献的学子
还有许多与祖国同呼吸、共命运的人们
也许我们没有在 10 月 1 日呱呱坠地
也不叫建国或国庆
但无论我们的名字是什么
无论我们生长在哪里
我们对祖国的感情
都已经揉进血脉、遍布周身
合流的命运，汇聚的真心
我们有一个共同的身份
祖国的孩子
中国
你的名字
是我此生的骄傲！

70 年，你的生日，我的讲台

文字 | 方之澜　刘蔚如
摄影 | 杨丽英　何名暖
图片 | 李娜

新中国成立的年份，就是他们走上讲台的那一年。70 年，从青丝到白发，他们把最美好的时光奉献给新中国高等教育事业，用一生的长度诠释了人民教师的挚爱与坚守。

百岁薛华：留校任教，今七十载矣

青葱岁月里，她也曾是在清华园里求知的一名学生；此后的漫长人生中，她选择继续留在这里，将自己学到的知识传授给一代又一代青年。从青丝到华发，她的百岁人生始终与清华相伴、与祖国同行，她就是清华大学化学系教授、百岁老人薛华。

"薛先生再过三个月就满 100 岁了。"如今也已 80 多岁的化学系老教师郭日娴提起自己曾经的同事薛华老师时，仍习惯以"先生"相称。

时光渐老，但曾经的故事历久弥新。虽然出行只能依靠轮椅，与人交流也得靠人凑近她的耳边大声说话才能听清，但薛华老师的思路仍然特别清晰。在接受我们采访时，她坚定且自豪地重复好几遍："新中国成立那年我留校任教，到今年正好 70 年。"

薛华在抗战时期考进西南联大，抗战胜利后，她被分进清华大学，回到北京在清华园中继续学习。1949 年，从清华大学化学系毕业，成为清华化学系第一位留校的女助教，在张子高教授的领导下，为清华大学工科大学生讲授"普通化学"。

1952 年院系调整，清华大学化学系并入北大，一度中断发展。1958 年起，根据学校发展规划，她服从安排参与到筹建清华大学工程化学系的工作中来并任实验室主任，兼管全系的财务工作。与此同时，她承担着建设高分子专业的任务，还亲自领导建立了一个生产吡啶试剂和铯盐的化学试剂生产车间。

薛华还结合清华大学尖端技术的发展，承接了无线电系半导体专业的"超纯氯化硅的制备工艺和分析"项目，解决了氯化硅的纯化工艺规范和分析测试技术。此外，她还指导年轻教师开展了"煤灰中放射性元素的定量分析"，在当时的仪器设备条件下，提出了放射性元素定量分析的规范，为我国原子能事业的发展作出了独特的贡献。

从 1958 年起，她带领几名北大、复旦、川大化学系的毕业生，建立了清华大学第一个为工程化学系开设基础分析课的分析化学教研组，并担任主任。

郭日娴也正是在这段时期作为北大的化学系毕业生分配到了清华。"当时清华的化学系相当于断了档，等于要重新建立起一个分析专业来。"郭日娴回忆道。薛华就这么带领着分析化学教研组的七八名同事承担起了这个重要而繁重的重建工作——要开分析化学课，要编写教材，还要建立实验室。薛华担任"分析化学"的主讲老师，亲自编写全部教案。除了平时的上课任务外，她还每周开设一至两个"单位时间"的答疑时间——"单位时间"是当时特有的说法，一个单位时间就是整个半天时间。

从筹建分析化学实验室开始，她自己动手，结合清华大学工程化学系专业发展需要，开设了"定性分析""定量分析"

等基础课程以及相应的实验课，建立了一套严格的"讲员试讲、分析实验试作和教案讨论"等的教学规范和制度。

她倾注全部身心投入到分析化学讲课和实验教学中，1960 年起，她亲自动手并领导编写《定性分析实验》《定量分析实验》等实验指导教材，从 20 世纪 80 年代起，薛华亲自动手并领导年轻教师一起编写《分析化学》教材，适当精简化学分析法的分量，并适当增加仪器分析法的内容，这在当时出版的分析化学教材中有鲜明的清华特点。这本教材自 1986 年出版以来，除作为清华大学分析化学的教材之外，还受到了国内兄弟院校师生的欢迎，荣获第二届全国高等学校优秀教材二等奖，并于 1993 年再次出版第二版。这本教材近 30 年来，仍是清华化学系、化工系、生物系和环境系分析化学教学中的主要参考教材，受到了师生们的欢迎。

在分析化学教研组当教师的岁月里，郭日娴评价她是"没什么个人考虑的"，一心努力工作。1960 年，薛华加入中国共产党，此后的几十年里，只要她还能自己走动，每次都会去参加党组织生活，直到 80 多岁，她依然坚持参加党组织生活。

走过百年风雨，将自己大半生留在这里的薛华如今住在清华园南边的教师公寓里。据她身边人说，薛华现在最喜欢的散步地点还是清华学堂。"每次散步都一定会去那里绕一圈，待一会儿，她对这个学校真的爱得很深。"

张礼：春华秋实，从教七十载

24 岁第一次登上讲台时，学生的年龄跟自己差不多，而如今，学生们早已是自己孙辈的年龄，张礼却始终没有离开过讲台。拥有超长执教时间的张礼，是清华大学年龄最大的授课教师。

张礼，1925 年出生于天津，1946 年以理学院第一名的成绩从辅仁大学毕业，1949 年放弃在美国康奈尔大学免费攻读研究生的机会回北洋大学物理系任教，第一次登上了讲台。1953 年，到苏联列宁格勒大学做理论物理研究生，所发表的有关"电子－正电子系统的定态及其湮没转变"的论文，被国际公认为是正电子湮没谱学的奠基性文献。1957 年，张礼到清华大学工作，参与创建工程物理系，1982 年又出任物理系复系后的首位系主任。

从 1957 年来到清华，张礼讲了各种各样的课程，其中绝大多数课程都不是他曾经学过的，需要他再去学习。"我从这种学习中收获了很多，随着对物理接触面的扩大，我对物理的爱好甚至敬畏也就越多。"张礼说。正是在教与学的不断实践中，他愈发感受到物理学的深奥与有趣，感受到物理学和物理学家们的了不起。

为什么爱教学生？张礼的回答是："我想把我对物理学的热爱传递给学生，让他们能够热爱物理。"在张礼看来，作为教师的责任，是要为国家培养担起科学未来的青年学子。"在清华这么多年，我觉得我的本事没有多大，好在清华的学生很优秀，通过我的教学把他们的积极性发挥出来，他们成长我也尽了一份力量。"谈到学生，张礼总是忍不住激动，他说："看到这么多年，这么多学生到了国家的各个岗位，很多人成了骨干，这是我最大的安慰，这就是我生活的意义，活着就是为了这个！"

如今，94 岁的张礼仍然站在清华大学的讲台上，为物理系研究生和高年级本科生讲授"量子力学前沿选题"，每周两次授课。每次课前，张礼要用至少一个下午加一个晚上备课，课程所用的 PPT 都是他亲手制作的。

不仅在讲课上，在科研上张礼也保持着旺盛的热情。2009 年，84 岁的他还作为第一作者在《物理评论快报》上发表论文，并承担了《清华物理丛书》的编写工作。2013 年，他还因提出场论中的旋量演算新方法获得中国物理学会周培源奖。

在 70 年的教学生涯中，起初张礼希望尽量让学生学懂知识，后来他发现，更重要的是启发学生的兴趣和钻研课程的动力。"物理学中真正有创造的研究者，是会找问题，知道问题在哪里。"张礼说。他总是希望能够尽量让学生理解，一种思想的创始者是怎样想到这个问题，又怎么解决问题的。如何做到呢？张礼发现，最好的方法是作案例分析。于是，他去看诺贝尔物理奖获得者的报告，了解他们是怎么工作、怎么获奖的，然后把这些东西讲给学生。

后来，在时任物理系主任陈皓明教授的建议下，张礼组织了十几位教授一起讲，于是就有了一门叫作"近代物理学进展"的课程。1997 年，在讲课的基础上，由张礼主编的《近代物理学进展》一书出版，被评为"九五"国家教委重点教材，张礼也因此获得北京市教学改革一等奖。

1986 年，杨振宁先生在北京以《相位与近代物理》为题作了 9 次学术报告，内容涉及近代物理中很多重要概念的萌芽、发展和确立。张礼听了全部报告，深受启发。事后，他和南开大学葛墨林教授决定合作写一本《量子力学的前沿问题》，以帮助研究生从课程学习到科研实践的过渡。

"写这本书对我来讲可是不容易，因为我原来是做粒子物理的，凝聚态和统计物理是我的短板，那时候年纪也不小了，不过我对于物理始终是非常热爱的，所以我就从头学。"张礼记得，连学带写他大约花费了五六年的时间，虽然辛苦，但自己的视野也因此得到了扩展。

物理系研究生陈锋在师兄的推荐下选修了张礼老师的"量子力学前沿选题"，他说："我上学期在科研中遇到几个问题，都在这门课里找到了答案，上完这门课确实获益很多，我非常感激张礼老师。"

"自己知道 1、2、3，就教给学生 1、2、3，这不是一位好教师。教师必须爱自己的学生，要把对于未知的好奇心和探索求知的科学精神传授给学生。"回顾自己七十载教学生涯，恰与祖国同龄，谈起热爱的教学，他的眉眼都会溢出幸福。

70年，与共和国一同成长

文字 | 杨鹏成 潘懿锟 彭欣怡

摄影 | 何名暖

图片 | 梁晨

他们有不同的岗位和使命，但是同为清华人、同为共和国的同龄人。70年与新中国一同成长，他们的人生与新中国的发展进步水乳交融，为国家建设作出了自己的贡献。

彭林：为同行　致以礼

1949年10月1日，长安街的红色城楼上，毛泽东主席用浓浓的乡音宣告新中国成立；十几天后，一个婴儿呱呱落地，沐浴着共和国的光辉。

1989年，共和国40岁，乘着改革开放的春风，经济社会稳步发展；那个婴儿也步入壮年，获得北京师范大学历史学博士学位，并凭借优异成绩留校任教。

1999年，在千禧年即将到来之际，共和国50周岁；这个婴儿也在知天命的年纪，走进清华园。

时光荏苒，沧海桑田。共和国历经七十载奋斗走上民族复兴之路，宛若飞天巨龙乘风直上；这一年，这个婴儿已至古稀之年，成功入选清华大学首批文科资深教授，在清华发光发热。

他，就是清华大学历史系教授彭林。

清华的发展与国家前途命运紧密相连，与新中国同年同月生的彭林对此更有着特殊的感情。"我们深深体会到，个人命运是与祖国命运紧密联系在一起的。国运衰则我亦衰，国运昌则我亦昌。只有国家发展了，个人才会有更多的发展空间。"彭林说。

彭林从小喜欢文史，受老师的影响，他又迷上了书法，先是学魏碑，后来学隶书，接着学小篆，不知不觉对古文字产生了强烈兴趣。初中毕业时，适逢南昌航空工业学校到无锡招生，经学校推荐，彭林成功入读。然而刚读了一年，"文革"开始，学业被迫中断。"文革"中，彭林当了8年工人，又当了8年中学教师，但兴趣爱好从没放下。

其间，由于书籍奇缺，他不得不夜以继日临摹借来的古文字著作。当时的他有一丝忧虑，担心有些东西会丢失。"在周围人看来，我可能是在看一些没有用的东西，但心头的这份隐忧让我不能歇肩。"

1984年，彭林以文科第一名的成绩考进北京师范大学，师从著名历史学家赵光贤教授，如愿回到了文史研究的路上。

"中华文明是世界上唯一没有中断的古文明，这是世界文明发展史的奇迹，足以骄人。新中国成立以来的考古发现不断刷新着我们对古代文明的认识。遗憾的是，这些新发现和最新研究成果只是考古学家桌上的讲章，不为广大民众所熟知。"心系教育、心系国民，近年来，彭林承担起传播国学的使命。作为一名历史学家，他认为，"归根到底是要把中华民族文化里面最优秀的东西找出来，把民族精神找出来，然后引领我们民族向上。"在中国文化软实力日益增强并寻求巩固文化自信的今天，这样的话语无疑切中肯綮。

"实现中国梦，是我们前人从来没有做过的极其光荣、伟大的事业。能够亲身参与其中，接受挑战，把握机遇，勇于担当，成就一流的学术，是人生的幸运，我们应该无愧于这一时代。"与共和国同行，彭林用"礼"，向祖国致敬。

王佳：峥嵘岁月　使命在肩

在 10~20 纳米的微小距离内让光学探针贴近样本表面进行纳米精度的横向和纵向扫描，感受分毫之间针头与样品表面的细微变化……这一切就像一场"针尖"上的舞蹈——决胜分毫之间，于精妙之处缔造奇迹。

这是精仪系教授王佳钻研数十载的事业——近场光学 / 纳米光学测量。1949 年 11 月出生，作为共和国同龄人，王佳将自己的命运与祖国紧紧相连。

王佳初中就读于北京四中，对于当时的他和同龄人来说，科学家是眼中最耀眼的"星"。当科学家、当工程师，王佳自己也想象前辈那样，投身于伟大的中国特色社会主义事业的建设中去。一颗种子就这样悄悄种下。

经过 5 年黑龙江兵团的插队生活，王佳成功考入清华大学，进入精仪系光学工程专业学习，1977 年毕业后留校工作。1985 年作为访问学者，进入美国威斯康星大学访问交流。"当时美国大学的计算机中心已经有大量的计算机终端，计算机间有专门网络，而国内我们整个系只有一两台电脑，还只有 256K 的存储容量。国外机械系已经在研究计算机辅助制造，国内这个领域还是空白。"巨大的差距让王佳很受震撼，"要赶上去！"这个声音在他内心久久盘旋，溶进血液里，为今后的人生烙下了浓重印记。

1996 年，王佳和北京大学物理学院教授朱星一起着手准备国内近场光学领域研究的起步工作。那时没有仪器，没有先进的研究手段和零部件，他们只能从文献上窥探一二。1997 年，王佳等人第一次去以色列耶路撒冷参加近场光学国际会议，并参观了大学研究机构和专业仪器公司。这是他们第一次亲眼见到近场光学实体仪器。"虽然艰难，但是使命在肩，我们必须努力推进。"在大家持之以恒的努力和探索下，我国的近场光学领域迈着矫健的步伐追赶国际水平，当前正在向国际前沿迈进。

"今时不同往日，目前正是深入开展基础科学研究和探索科学问题、开发尖端技术的大好时机。每一项科学成果和进展的背后，都显示了我们国力的强大。"王佳说，当前我国的基础科学研究处于稳定向上的发展时期，基础科学研究为科技强国建设、实现伟大复兴的中国梦提供了非常重要的科学技术支撑。"希望年轻人能好好珍惜学术研究的大好时代。"坐在办公桌前，王佳精神矍铄，声音朗朗，午后的阳光柔和地铺满房间的每个角落。

桃李不言，下自成蹊。虽然现已退休，王佳仍以自身的光和热指引着年轻的同学们。目前，他仍在纳米光学课题组协助几位教授带研究生，利用自己的经验去引导和帮助每一位学生。"只要带学生，就一定好好带。"这是王佳作为教师所坚持的原则。

作为共和国同龄人，王佳的命运和祖国紧紧绑在一起——和祖国一起度过艰难时期，也见证了祖国和平崛起的伟大历程。在祖国即将迎来七十华诞之际，王佳总会回想起中学时代，在北京参加国庆游行和平鸽方阵的情景。"上千上万只白鸽交织盘旋，剪碎了光影，腾飞在蔚蓝的天空上。"

走在去往精仪系的路上，70 岁的王佳仍然步伐稳健，一如年轻时的模样："祝福国家繁荣强大，人民更加幸福美满！"

王玉良："师、画"人生　时代注脚

今年是新中国成立 70 周年，也是王玉良人生的第 70 个春秋。当王玉良回顾他与共和国共同成长的漫长岁月时，准会想起故乡浩瀚的大海、铺满落叶的树林、雍和宫的柿子挂雪、莫高窟的壁画和月光，还有他曾挚爱的课堂和画室，书架上摆放着的书籍和文物。

50 年前，"文革"初期，许多人无心向学，而正处于血气方刚年纪的青年王玉良却喜欢一个人到海边写生、画画或者沉思。他说那是一个迷茫的阶段，让人看不清未来的方向，只能把思考寄托在画里、文字里，抄画论、抄古诗词，秋天在铺满落叶的树林里写生，晚上写日记或者是偷偷看朋友带来的书。而正是这一段迷茫的日子成就了他积累的过程，让他在 1978 年第一次恢复高考的时候就考取了中央工艺美术学院的研究生，1980 年留校任教，后成为清华大学美术学院教授。

"现在还记得很清楚，我们入学时看的第一部电影是《波尔布特》，第一课是去雍和宫研究壁画，进庙的那幅画面真让人难忘——柿子挂雪，廊檐下的铃铛在响，僧人站在雪里，活脱脱就是一幅诗意画。"王玉良说。

学习的机会来之不易，所以每个人都分外珍惜，"那个时候每天除了吃饭睡觉就是读书、读画和工作，凌晨两点半之前没有睡过觉，有时候还会到天亮。"即便没有什么消遣的事情，但是王玉良也从来没有觉得苦。"因为从来就喜欢，所以才能坚持"，他没有把画和课堂仅仅当职业，而是当作心里最美好的事去体验。

除了作画和教书，王玉良最大的爱好就是读书和旅行。他爱看书，爱文学，罗曼·罗兰的《约翰·克里斯朵夫》和萧涤非先生的《杜甫研究》曾陪着他走过缺乏书籍而又渴望知识的青少年时代。

书架上摆设的文物、纪念品是王玉良这些年游走四方的"战利品"，说起在敦煌临摹研究的日子，说起藏民们的拜神仪式，他会沉浸在当时的情境之中。"文化是一种体验，旅游就是为了体验文化。走了这么多地方，我深深感到，人就是历史中的一个哲学体验，就是一个砂粒，砂粒如何滚动，就决定了怎样的人生。"说到这里，王玉良笑了。

数十年的为师之路上，他始终是一个认真而平和的老师，坦率而真诚，不仅教学生怎样为学，更言传身教告诉他们怎么为人。他把自己的为师之道归功于那些曾经启发过、教育过他的前辈老先生们，"因为他们这样做过了，我就要向他们的品格看齐，尽管现在他们都已经不在人世，但优秀的传统和品格是不能丢的。"

"在涅贵不淄，暖暖内含光"，可以说是对王玉良的高度概括。他的人生充实、朴素又智慧，而被铭刻在血液中的"共和国同龄人"的标签则使他自出生起就与祖国水乳交融，他的人生也将成为伟大祖国、伟大时代的注脚，散发点点微光。

卢立滨：我是社会主义的建设者

他，生在新中国，长在国旗下。自出生起，"共和国同龄人"的标签就是他一生闪闪发光的徽章。

他是卢立滨，出生于 1949 年的他与中华人民共和国一同成长，与无数普通中国人一样，每个人微小的贡献汇聚到一起推动了社会的变迁。70 年来，他见证和亲历了共和国的沧桑巨变，也为自己生在那个以艰苦奋斗为主旋律的时代而自豪："我是社会主义的建设者，不是我想做什么，而是国家需要我做什么，我就去做。"

这是卢立滨对自己的要求，更是他对祖国的承诺。70 年的生活纵使平淡如水，也如水般润泽着他脚下的土地。

他是负责维修放射性实验室电子设备的工程师。"我每天早上 5 点出发，步行半小时到西单乘坐班车，7 点到达单位开始工作。这个作息坚持了 40 余年，直到我退休。"1965 年，卢立滨从清华附中毕业后进入清华大学工化系工作。"文革"时期，系里的一部分实验室搬迁到昌平区，与其他实验室共同组建成为清华大学核能与新能源技术研究院，代号"200 号"（因为屏蔽试验反应堆最初在校内基建项目的编号为"200"，故取此代号）。卢立滨也在此时到了"200 号"，开始书写他与"200 号"之间的故事，一写便是 40 余载。虽然面临很多生活实际困难，但作为骨干力量的卢立滨一直坚持在昌平工作，"生活中的困难自己解决和克服，总会越来越好的。"卢立滨始终面带平和的笑容。

目睹过去数十年间清华的变化发展，卢立滨感慨不已："我刚工作时每个月只拿二十几块钱，那时清华校园里还有大片的稻田，现在学校已经全面发展起来，兴建了不少新的图书馆和体育馆。"在卢立滨看来，尽管他的岗位平凡无奇，但能与祖国、与清华共同成长已是莫大的幸福。正是出于对平凡岗位的热爱，2001 年，卢立滨退休后又被返聘从事原来的工作，直到 2010 年才正式退休。

寒来暑往，每周六天、每天有四个小时花费在往返于家和工作地的路上，卢立滨一句怨言也没有。而同样让他坚持了数十年的，还有想要入党的意愿。2000 年光荣加入中国共产党成为让卢立滨骄傲一生的事。"有人曾经质疑我，50 多岁了还入什么党？我就是想入党，这也是我们家的传统。"无论是他曾分别在铁道部和信息部工作的父母，还是两个均已年过三十的儿子，都是共产党员。"我从小就受到教育，要爱国爱党；有了孩子之后，我也这么教育他们，现在有了孙子，依然要延续这个传统，人不能忘本。"卢立滨说。

70 年风风雨雨、70 年日异月殊，共和国发展的宏大历史是由无数像卢立滨一样的社会主义建设者书写的。与共和国同行，是每一个中国人的梦想！

用画笔追寻真理的力量
——清华美院教师作品亮相纪念马克思诞辰 200 周年展

素材提供 | 美术学院
文字 | 方之澜
图片 | 宋晨

正红主题色的展厅里观众安静地走走停停，一幅三米半长、两米半宽的画作总能吸引人群驻足欣赏。画面上，长桌横放，周围的人或坐或立，或在挥舞着手臂，或似乎在愤慨地互相交谈，只有站在最前方的那个人，目光如炬、一言不发地笔直挺立着——他是马克思。

这是中国国家博物馆的"真理的力量——纪念马克思诞辰 200 周年"主题展览现场，而这幅作品，就是清华美院王铁牛教授的《在国际工人协会海牙代表大会上》。2018 年 5 月 5 日是马克思诞辰 200 周年纪念日，为了纪念马克思对世界和对中国的重要影响和深刻意义，中共中央宣传部、中共中央党史和文献研究院、中国文学艺术界联合会共同主办了这场主题展览。其中，中国美协组织创作了 24 张巨幅马克思主题的美术作品，王铁牛的画作就是这些新创作的美术作品之一。除王铁牛外，清华美院的其他三位教授——冯远、郑艺、宋克也都为这次纪念展贡献了自己的画作。

将巴枯宁主义者赶出去

从领回创作任务，到画作最后完成，王铁牛教授一共花了近四个月的时间。他曾反复思索应当选择什么场景来作为描绘纪念马克思的主题，最终他把目光投向了 1872 年的国际工人协会海牙代表大会。

国际工人协会是 1864 年在伦敦成立的国际工人联合组织，史称"第一国际"，马克思是实际领导人。而 1872 年的海牙代表大会，可谓第一国际发展的顶点。这次会议经过了一场激烈的斗争，马克思和恩格斯最终挫败了巴枯宁分子的分裂阴谋，把巴枯宁等开除出国际工人协会。正是由于粉碎了巴枯宁主义，才清除了建立无产阶级政党道路上的严重障碍，奠定了马克思主义在国际工人运动中的统治地位。

这一激动人心的历史时刻素来不乏纪念，苏联就曾经有一幅同样主题的画作，描绘马克思在海牙代表大会上怒斥巴枯宁主义者的场景。画面上，马克思攥着拳头怒目相向会议上的几位巴枯宁分子，气氛剑拔弩张。在同一题材下进行创新是不容易的。王铁牛教授别具匠心，放弃把争论现场作为表现主题，反而选择了巴枯宁主义者被清除出场后那一瞬间为刻画对象——看似是尘埃落定的一刻，但不论是争论时紧张激烈的氛围，还是取得胜利时的喜悦和骄傲，都还隐约保留在画中。

为了刻画好这些微妙的情绪，并组织好画面构图，王铁牛教授花了大量的心思。人物各异的神态与动作是一方面——马克思手拿讲稿，神情坚毅；恩格斯单手撑着桌面，仿佛在专注地聆听马克思的发言；而剩下的 20 人，在鼓掌，在交谈，或是仅仅在注视着画面外离场的巴枯宁主义者。每个人的反应不尽相同，但都真实生动，让人觉得仿佛置身现场。另一方面，王铁牛在对"物"的刻画上也毫不含糊。桌子上、椅子上，以及靠近观众的地面上，都散布着凌乱的文件和纸张，无人的椅背上还挂着一条围巾，这是反对派刚刚被强行清除退场时留下的匆忙痕迹。

光影感和纵深感是画这幅画时王铁牛遇到的一大挑战。为了画好椅子的光影细节，王铁牛根据 19 世纪的图片资料，去了好几家家具城——比对，最后干脆花 8000 元钱买回来两把，放在家中反复摆位，测试光影变化。为了画好人物的服装和动作，他翻阅了大量当时的画册，还去专门的机构借回来几套当年款式的服装，让自己的学生穿上，摆好不同的姿势作为模特。对于人物的发型、房间的灯饰、桌上的文具，甚至只是一个小小的羽毛笔墨水瓶，他都同等尽心，力求还原近 150 年前的历史细节。王铁牛表示："为马克思的革命活动作画，是一种荣幸和责任，我就是想尽自己最大努力，在规定的时间里，把作品画得更精一些。"

遥望东方的挺立身影

这次展览中有一幅特殊的作品——郑艺教授的遗作《马克思遥望东方》。

《马克思遥望东方》是郑艺生前最后一幅历史性题材油画创作。创作前期，郑艺横向挖掘、纵向延伸关于马克思流亡时期的各种资料，把相关的历史事件与时代缩影等逐一进行分析，构思了数张马克思工作的场景，包括室内、室外、坐姿、站姿等诸多图景，对构图的空间、色彩、光线等都一一进行了精妙的设计。最后，郑艺拖着病体画出了两张彩色小稿。其中一张就是最后陈列在国家博物馆南四展厅的《马克思遥望东方》最后创作的作品构思。

蔚蓝的天空下，马克思昂首挺胸地站在有罗马柱的阳台上，目光深邃，专注于驶进港口的邮轮，手中的纸张代替了初稿的书籍，更加突出了人物"遥望东方"的具体情节。根据考证，当时流亡伦敦的马克思只能通过《纽约每日论坛报》来获取世界各个国家的革命信息，以及有关中国第二次鸦片战争的情况，同时他也为报纸撰写了大量的革命文章传扬无产阶级的进步思想。马克思每日清晨在此等待《纽约每日论坛报》的情景成为一个历史的永恒。这是郑艺从繁杂的历史事件中剥离出来的美的瞬间。鲜活的气息，朴素的描写，真实的叙述，丝毫不掩人物的哲学高度以及革命精神。

细节的描写是作品的灵魂与生命之花。画面的人物造型以及背景设定都尊重了历史面貌。当年 30 多岁的马克思正值风华正茂、意气风发之时，高大俊挺的身材，立体端正的五官，浓密的黑发与胡须，白色衬衣上的黑色丝绸领结，以及得体的西服质地，生动描绘出一位具有敏锐、深邃、高度思想的哲学家的形象。湛蓝色的泰晤士河上的船只繁忙进出港口，七孔大理石桥面的图案还留有痕迹，对岸楼房的红蓝房顶闪烁着灿烂的光芒，以及隐藏在罗马柱后的大钟表指针的摆动都在诉说着历史岁月中的经典故事……

在画马克思的过程中学习马克思

除了王铁牛教授与郑艺教授的画作外，清华美院冯远教授的作品《在国际工人协会（第一国际）成立大会上》和宋克教授的作品《马克思为〈纽约每日论坛报〉撰稿》也出现在了展览上。冯远教授的画以仰视的视角描绘了马克思在国际工人协会成立大会上激情宣读成立宣言和纲领的场景。他被包围在满屋斗志昂扬的与会者之中，人们在鼓掌、喝彩，高高抛起的礼帽愈发衬出马克思伟岸的身影。宋克教授则刻画了一个更为安宁祥和的场景——马克思拿着报纸，注视前方，仿佛在沉思；恩格斯手握羽毛笔，望向窗外，眼神深邃，仿佛正在构思自己的文章。画面左边，马克思的夫人燕妮正在为两位革命斗士添茶，以显示她在这场时代巨变中的双重角色——不仅是一个家庭主妇，更是一位革命战友。

所有这些作品，都是画家们用艺术的方式述说历史的成果，是历史感与艺术感的结合。"没有信仰，则没有美可言。"用画笔去践行生命的意义、追寻真理的价值，正是这次纪念展背后画家们凝聚的理想所在。"非常光荣能够接受上级派给我们这样的任务，另外从专业的角度也是一个挑战。我们在画马克思的过程中，进一步学习了马克思。"王铁牛教授如是说。

19
2018.09.

"良师益友" 20 年，他们这样诠释心中的教师

素材提供 | 校研究生会
文字 | 梁乐萌
图片 | 李娜

师者，传道，授业，解惑。道之所存，师之所存。

友者，可抒意气，可寄愁心，同道为朋，岁久情真。

"良师益友"四个字，听来平常，行之不易。而在清华，这是一项已经持续 20 年的评选——全校研究生投票选出他们心目中真正的"良师益友"，奖品不过一份证书、一束鲜花，获奖教师们却把它视为自己教学生涯中的至高荣誉。

20 年来，清华研究生们共评选出 657 位"良师益友"。每次评选都是一座师生互动的桥梁，一场弘扬师德师风的宣讲。在今年的评选活动中，近 30 个院系推送了候选教师的师德故事，许多学生主动为老师撰写事迹，讲述与老师相处的点点滴滴，表达对老师的感恩之心。

在校研究生会精心制作的献礼片《为师》中，四位获奖教师分享了自己的经历与心声。

环境学院郝吉明："院士仍然是一名教师，应当承担人民教师的责任"

环境学院郝吉明教授是中国工程院院士、美国工程院外籍院士，也是改革开放后清华大学第一位从美国学成回国的博士。自 1970 年回清华园任教以来，郝吉明在 48 年间共培养了 48 位硕士、54 位博士，其中包括一位中国工程院院士，可谓满门桃李、硕果累累。

郝吉明说："要当好院士，很重要的一条就是要为我们国家的工业界、工程技术界培养人才。院士仍然是一名教师，应当承担人民教师的责任。"每个学期，郝吉明都会抽时间组织他所在的环境学院大气所的教师一起听学生作期末总结汇报，报告现场的气氛堪比最终学术报告。研究生们说，尽管每次都会被"批"得"体无完肤"，但之后老师总会给出很好的建议，让每次汇报都受益匪浅。

郝吉明的学生曾为恩师写下这样一副对联："大事业大眼界大勤勉，好学问好担当好先生。"环境学院院馆搬迁时，学生自发帮郝吉明整理书柜，看到几个大纸箱里装满了各类资料，有许多日本子已经泛黄，那是从 20 世纪 80 年代到如今的工作笔记。正是在这些工作笔记的基础上，郝吉明亲自编写教材、习题集和实验教程，他说自己"看着这门课成长，这门课也使我得到了提高"。

"园子里的一草一木我都再熟悉不过，但我更熟悉的，是你们身处的课堂。我总觉得，师生之间有着天然的血肉联系，而课堂就是这个联系的纽带。对于老师来说，要教好一门课，三年刚刚过门，六年大致熟络，只有到了九年、十年，才能有更加深刻的体会。精诚所至，金石为开，你们应该明白打牢基础才是创新的原动力，更应该记住清华学子应有的担当！"郝吉明动情地对学生说。

马克思主义学院肖贵清："如果有来生，还是选择当一名老师"

马克思主义学院副院长、中央实施马克思主义理论研究和建设工程首席专家肖贵清教授讲授思想政治理论课程已有

35 年。35 年间，肖贵清共培养了 52 位硕士、24 位博士，并指导了多名博士后和访问学者。不管工作多忙，肖贵清坚持每两周定期主持举办师门读书研讨会。近 3 年内，肖贵清指导研究生共发表核心期刊论文 21 篇，平均每年带学生出京参加学术会议 10 次左右。肖贵清本人曾获得全国优秀教师、清华大学优秀博士论文指导教师、清华大学梅贻琦优秀论文奖等荣誉。

从教 35 年来，肖贵清每次授课前都要重新备课，"要下功夫，要沉下心来，认真、用心去教书、做学问"。他认为："研究性教学首先是'备理论'，其次要'备教材'，还要'备学生'，了解学生关注什么问题。"

肖贵清教育学生要先为人、再为学。他不仅把教师当成职业，更是作为一生的事业来做，并且认为"做事业，就要做到极致，追求完美"。在培养学生上，他是"花多少功夫都不觉得累的"，在学生眼中他是一位"管科研、管找对象、管毕业"的"全职导师"，立德树人，爱生如子，既严且慈。他常嘱咐学生们："无论是在学业上还是在生活方面，遇到了困难一定告诉我！"他曾在无数个日子里为学生改论文到深夜，也曾多次跑到外地亲自为学生主持婚礼。

"干一行爱一行，如果再有来生，还是选择做一个老师；如果选择一门课程，还是我教的这个课程。因为我爱这三尺讲台，爱善斋前的小小书桌，更爱你们这群有个性有朝气的年轻人。"肖贵清这样对学生们说。

水利系金峰："我希望自己教给你们的，不仅是学术之道，更有为人之理"

水利系原主任金峰教授自 1992 年博士毕业留校工作以来，已在清华大学水利系的讲台上耕耘 26 年，指导的研究生中已毕业 35 人，目前在读 6 人。金峰告诉学生："于我而言，一名老师最光荣的时刻，不是为你们穿上学位服拨穗，而是在你们毕业后的岁月里的某个时刻，忽然认识到我在课上、在学术讨论时说的某句话能够真正帮助你们作出正确的选择。"

在学术上，金峰对学生要求相当严格，生活中却十分关心学生的生活。有一年暑假期间，一位同学为了连续读取数据，很晚才走出实验室，在系馆门口正好遇到了金峰。听说情况后，金峰立刻带他到校外的一家餐厅用餐，边吃边交流实验进度和下一步的实验方案。简单的一顿晚饭，给学生留下了难以磨灭的印象，让他感受到了亲如家人的温暖。

对于学生个人发展方向的选择，金峰始终怀着包容、尊重的态度。有位大四学生在推研后，一度为到底要不要在研究生阶段担任本科生辅导员的工作而纠结，一面希望为院系作贡献，另一面又担心学生工作会耽误科研进度。和金老师谈心时，他意外地得到了老师的支持。金峰安慰他，只要处理得当，从事学生工作也能对科研起促进作用。金峰鼓励学生毕业后向不同方向发展："你们中的很多人未来不一定做研究，在各行各业都可以有广阔的天空。所以我希望自己教给你们的，不仅是学术之道，更有为人之理。"

建筑学院程晓青："你们不仅仅是学生，也是我的孩子，我的家人"

建筑学院长聘副教授程晓青长期从事城市更新和老年建筑研究，从教 21 年来，积极探索国际化、开放式的教学改革，指导学生获得国内外高水平设计奖 30 余项；近 3 年内指导研究生参与"十三五"国家重点研发项目 2 项、国家自然科学基金项目 3 项，发表学术论文 8 篇。

学生的成果离不开导师的认真负责。"师父带徒弟"式的教学是建筑学科的特点，教师在潜移默化中传授知识、影响品格，实现全方位的教书育人。程晓青的研究生曾经在凌晨收到老师发来的修改论文的邮件，逐词逐句用红色字体标注出原文中不恰当、不严谨之处，并详细说明可补充和挖掘的内容，老师的专业学识和一丝不苟的态度让学生感动、敬佩不已。在课题研究中，程晓青不仅对研究成果严格把关，对经费支出的管理也非常严格，保证每一分国家的经费都物尽其用，用亲身行为诠释了师德的高洁。程晓青对学生说："我除了教授你们知识，也要教授一些社会经验，或者说如何做研究的工作态度。这也是一种传承。"

程晓青为人严于自律，治学一丝不苟，对学生却十分友善随和。她非常欢迎同学来办公室与她讨论学术或设计的问题，有时探讨得兴起，就与同学一起点外卖，边聊天边吃，气氛总是欢乐而热烈。私下里，同学们都亲切地叫她"青姐"。程老师发自内心地享受与学生共处的时光，"和你们相处时简单、轻松和向上的氛围令我感到高兴。在我心底，你们不仅仅是学生，也是我的孩子，我的家人"。

"做一个好老师，是一件'大不易'的事情；做这样一件'大不易'的事情，我一做就是一辈子。"在清华，有很多像郝吉明、肖贵清、金峰、程晓青这样的老师，用日复一日的坚守，做好了这件"大不易"的事情。9 月 20 日晚，清华大学第 16 届"良师益友"颁奖典礼暨"良师益友"20 周年纪念晚会将在清华大学大礼堂举行。我们期待在晚会中聆听更多的良师心语，更期待清华师生在未来书写更多动人的情谊故事。

For **Women**
in Science

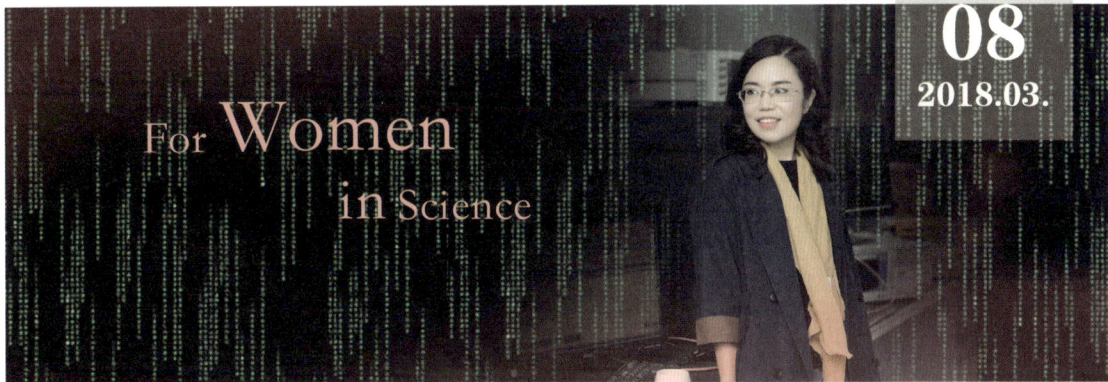

中国青年女科学家奖获得者陶晓明：收获"时间的玫瑰"

文字 | 张译丹
图片 | 任左莉

走下"中国青年女科学家奖"颁奖典礼的舞台，清华大学电子工程系通信研究所副教授陶晓明依然是那个朴素低调的青年女教师——一如既往地沉浸于科研和教学，偶尔在朋友圈里转发 AI 动态，写几句"萌萌哒"的生活文字。很多人没听过她的名字，走在校园里，也不会有太多人认识甚至注意她。

陶晓明的研究领域是无线多媒体通信理论及关键技术研究。未来通信技术的"航向"已经转向了宽带化和多媒体化，而通信频谱资源却面临日益短缺的困境。如何满足人们对更高容量、更高带宽的通信需求，成了棘手的国际性难题。陶晓明和她的团队，正在致力于寻找一把让难题迎刃而解的"密钥"——在传统通信技术中引入智能计算的方式，通过基础研究来拓展带宽需求，开启无线世界的更多可能性。

最早提出这一创新性的研究方向还是在 10 年前，陶晓明回忆道，虽然当时机器学习正在飞速发展，但把计算通信作为一种新方法去实现面对面的实时通信效果，这种思路即使在国际上也是被认为难以实现的。

"从事前沿技术研究往往像在无人区中行走，前路不清晰，也不知道哪里是尽头。"倍感压力的日子里，陶晓明没有轻言放弃。经过几年的艰苦努力，团队终于迎来了好消息：实验证明在新的计算通信理论的支持下，用于视频通信的效果比传统方法节省了好几倍的带宽。此后，团队连续发表高水平论文，在无线多媒体可靠传输、移动网络资源优化和多媒体服务体验质量提升等方面取得了系统的理论和技术突破，得到国际同行的高度认可。

"一旦认准了方向，我就会坚持不懈，希望有一天我的研究可以改变通信技术的发展轨迹。"外表温和爽朗的陶晓明，内心有股宁折不弯的韧劲。

从博士到副教授，陶晓明在清华已经度过了十数载光阴。导师陆建华院士带领团队在无线通信领域一步一个脚印地探索未知，严于律己、严格要求、永葆谦逊的精神，给了她最深刻的影响和教益。尤其是当自己也成为一名教师后，陶晓明更能理解导师"严"字背后的良苦用心。

"在清华做一名女科学家寂寞吗？"陶晓明的回答是，很多时候她其实并没有考虑自己的女性身份——虽然团队里女性成员很少，但大家所做的工作并没有什么不同。每次艰苦的探索过后，大家都会共尝成功的喜悦、畅享研究的乐趣。

作为一名"80 后"，少女时代的陶晓明和千万同龄人一样，曾无数次为动画片《灌篮高手》的片尾曲《直到世界尽头》热血沸腾。当她还是一名大一新生时，"酷炫"的《黑客帝国》让陶晓明看到了通信技术的"魔力"和未来——1999 年的中国，互联网刚刚兴起，蓝屏手机尚未出现，大学生们在电脑机房里第一次登陆 ChinaRen 聊天室；而在《黑客帝国》那个带宽无限的世界中，主角 Neo 和母体 Matrix 的所有联络都能以无线通信的方式随时传输。

"未来科技能否发展成这样？如果能由自己亲手来实现这样的未来就好了。"

19 年后的今天，陶晓明亲手种下的这颗种子，终于开出了时间的玫瑰。

教学相长 润物无声
Happy Women's Day

08

标杆课程教师田凌：每一位清华女性都值得敬佩

文字｜胡颖
摄影｜常志东
图片｜任左莉

　　1988 年，即将从清华大学精仪系毕业的田凌在照澜院碰到当年制图课的老师，这次偶遇改变了她的人生轨迹——老师热情地邀请她加入自己的教研组，对教师这份职业充满向往的田凌欣然接受了邀请，留校任教。

　　三尺讲台，田凌一站就是三十余年。从在前辈的指导下不断积累教学经验的青年教师，到作为制图课程团队领头人、带领年轻老师熟悉教学工作，这背后是数十年如一日的坚持。时至今日，田凌一直坚守基础课程的一线教学岗位，并从事数字化设计与制造方向的科研工作。

为学生搭建自主成长的平台

　　田凌教授的"机械设计基础（1）"（原名"机械制图"）是清华大学机械系学生入校后接触的第一门工程技术基础课程，这门课以现代机械工程应用为背景，旨在使学生掌握机械设计表达的基础知识和基本技能。田凌希望学生能够通过这门课程学会用工程师的视角观察生活，为后续专业知识的学习打下基础，最终达到运用工程师的专业"语言"进行创新实践的目的。2018 年，这门课获评清华大学首批七门标杆课程之一。

　　从教三十余年，田凌虽然不再像第一次登台时那样紧张，但她觉得自己肩上的责任和使命与日俱增。在 100 多人选课的大课堂上，她总是尽可能关注到每位学生，尽最大可能与同学们有效互动，不断提出问题以使他们的思维状态始终保持活跃。当遇到比较枯燥的知识点时，田凌会讲解一些日常生活中或工程领域中的案例，激发学生兴趣的同时，也深化他们对知识的理解程度，使抽象的图形变得立体可感。三节看似漫长的课，在田凌的悉心调度下变得生动有趣。

　　田凌始终将培养学生主动发现问题的能力、探求未知的志趣作为课程的主要目标之一。"教给他们再多的知识也是不够用的，一门课程，学生刚入学时学习的可能还是新知识，毕业时或许就已经不再是最新的知识了。"田凌认为，与传授知识相比，为学生搭建自主学习的平台更为重要。她希望学生能够通过这门入门课的学习，形成工程师的专业思维和表达能力，最终踏入工科专业的殿堂。对于个别一时跟不上课程进度的同学，田凌往往鼓励他们通过课后答疑或自主学习慕课课程来提升自己的掌握程度，在学习知识的同时培养自主探索和拓展知识的能力。

坚持做学生的伙伴和师长

　　田凌说，自己最看重的品质之一就是坚持。这份坚持既贯穿在教学过程中，又体现在科研工作中。温柔细心、和蔼可亲的她，始终坚守在基础课程教学的岗位上，做学生的伙伴和师长，依托自己长期在教学和科研一线积累的经验，在方向上给学生有益的引导。田凌深知，随着科学技术的快速发展，专业知识的更迭不断加快，大学课堂上学习的知识再多也是不够的。因此，她始终坚持在先进制造领域开展科研工作，希望通过深入了解领域内的前沿技术和发展方向，更好地引导学生在学术上开阔眼界、提高境界。田凌恳切地说："清华的学生如此优秀，宝贵的四年时间如果不能充分利用，将是很大的损失。怎么能让他们在宝贵的时间里得到更好的收获，这是我特别关注的问题。"

在承担大量教学、科研和公共服务工作之余，田凌还在繁忙中抽出时间参加学生们的主题团日、学业生涯指导等活动，连续9年受邀参加院系学生会组织的学生节活动，大力支持、积极引导同学们的活动，连续6年为全校大一新生开设制图学习方法讲座。

田凌无私的奉献付出，使得她深受学生们的爱戴和欢迎——2018年12月，她第三次评为清华大学"清韵烛光·我最喜爱的老师"；2016年，田凌荣获"北京市师德先锋"称号，以及全校仅有5位获奖者的"清华新百年基础教学教师奖"。此外，她还曾获得国家科技进步二等奖、国家级教学成果二等奖、北京市教学成果一等奖和北京市教学名师奖等多项荣誉。历届学生在田凌的课堂内外获益匪浅，对她充满了敬佩和爱戴之情。田凌曾收到过一份让她大吃一惊又感动不已的礼物——一本特制的"习题集"，里面有学生们精心制作的田凌本人的三视图，以及全班同学的留言。这本特殊的"习题集"承载了学生们满满的心意，也是田凌在教学生涯中悉心教导、润物无声的真实写照。

清华园里的女性光华

从学生到教师，在清华的近四十年时光里，田凌感受到的始终是温暖、开放、包容和尊重，这样的氛围赋予清华女性开阔的视野和自强不息的精神。

在田凌眼中，清华的女教师们个个都出类拔萃。尤其令她感慨的是，这些"女学霸"们在本职工作之外，往往还有着丰富多彩的兴趣爱好——有些女老师爱好跑步，在教职工运动会上崭露头角、遥遥领先；有些女老师写得一手好字，笔走龙蛇之际令人叹为观止；有些女老师厨艺精湛，色味俱佳的大餐是她们的拿手绝活……这些令人眼前一亮的特长背后，是女教师们可爱可亲、生活化的一面，也寄托了她们对生活的热爱、对美好的追求。

对于自己的女同事们，田凌充满了敬佩之情。在她看来，高校女教师和研究人员与男性承担的工作没有任何差别，发挥同样重要的价值，肩负相同的责任和使命。与此同时，女教师还注重发挥自身的特长，将认真、细致、耐心、坚持等优秀品质贯彻落实到工作中，从而实现优势互补，更好地完成教学和科研任务。

近年来，田凌惊喜地发现，课堂上的女生面孔越来越多。她们机灵活泼，上课时候喜欢坐在前排，不仅认真听课思考，而且积极参与课堂互动。谈起清华的女生，田凌不禁竖起了大拇指："她们不仅在本科阶段表现出色，我先后指导的几位女研究生，也都特别聪明、勤奋、踏实，在学术水平、实践能力、合作意识等方面的表现都非常优秀。"

对于那些希望走上学术道路的女生，田凌也提出了诚恳中肯的建议。她认为同学们要综合考虑自己的性格特点、兴趣爱好和发展志向，想清楚是否真正喜欢科研工作、喜欢探索未知、喜欢奉献自我，是否愿意过上一种辛勤而充实的生活，而不在意短期的回报和结果。田凌坦言，同学们不应当只看到成功的鲜花，也要看到每一次突破背后的荆棘和汗水。真正热爱学术工作的人一定是源自对科学研究由衷的热爱，哪怕没有耀眼的成果也不忘初心，乐在其中。这种辛苦但是开心、充实而又自洽的状态，是成为一名值得尊敬的学者的必由之路。

全国青教赛一等奖获得者李蕉：
为讲台而赛　为清华而战

文字采写｜赵姝婧　张睿
图片｜杨思维

"咦？这位老师讲的是'中国近代史纲要'这门课吗？很多内容课本上都没有啊！"

"还真是！不过，角度真的赞，内容真的足，跟许多思政课太不一样了！"

"有故事，有情怀，有难度，有思想，一堂课下来淋漓尽致，太爽了！"

在第四届全国高校青年教师教学竞赛决赛现场，清华大学马克思主义学院副教授李蕉完成了讲课，深吸一口气，场下评委已纷纷向她投来了赞许的目光。

而她不知道的是，此刻在观摩室，清华大学参赛团队的成员们纷纷激动地和领队王岩老师击掌相庆，大家眼眶里满是激动的泪水："李蕉太棒了！这课太棒了！"

8月31日，第四届全国高校青年教师教学竞赛决赛成绩公布，李蕉荣获思想政治理论课专项组一等奖第一名。"这份荣誉凝结了我们团队无数个日日夜夜的汗水和心血，我告诉自己一定要不负众望，以最好的状态展现清华大学新时代教师的风采。"李蕉说。

2011年，李蕉完成了在清华做博士后的工作，留校任教，成为清华大学马克思主义学院的一名老师。

2012年，李蕉参加了第五届清华大学青年教师教学基本功比赛，但最终只获得了二等奖。"一开始我是不服气的。"李蕉说，"可后来我发现了根本原因——一堂真正的好课，绝对不单单是讲得漂亮、引人入胜，而是必须要有实实在在的内容，有反思、有探索，关键还要有科研成果，我输得心服口服。"

2017年，李蕉参加了第九届北京高校思想政治理论课教学基本功大赛，凭借决赛一等奖的好成绩，她加入了备战北京市第十届高校青年教师教学竞赛文科组的"清华战队"。

文科战队由赵洪教授领衔，成员包括多位市赛文科一等奖获得者程文浩、梅赐琪、郑晓笛等。"'清华战队'里有最好、最负责的指导老师，有一以贯之的清华教学传统和精神，能够加入这个战队，是我一生之幸。"李蕉说。

抱着这样的希冀，李蕉在教练和队友面前完成了第一次试讲。出乎意料的是，讲完后一片沉寂，没人给李蕉提意见。

"太'正'了，没有思考。"大家沉默了一下，给出这样的评价。"你平时给清华学生讲课肯定不是这样的，历史难道这么简单吗？学生难道没有疑问吗？我们想看到的是真实的你，请呈现给我们'不一样'的东西。"

全部推翻？重新来？距离比赛只有不到四周的时间了！

李蕉拿来了自己课堂上真实使用的教案，和教练团队一起推敲了起来。"别人不知道这四周我们经历了什么。"李蕉说。

"李蕉，就这样，很棒！"比赛前的最后一次试讲中，李蕉的主管指导教师、公管学院副教授梅赐琪第一次向李蕉竖起了大拇指。

"思政课很特别，大学课程很少有标准教材，但思政课有，这也意味着它的每一个问题都有标准答案。"李蕉说。"因此，要想激发学生的学习兴趣，我们就必须在'解题路径'上多下功夫，在'过程'中融入辩证思考，让课堂更有张力。"

获得北京市教学比赛思政组第一名的李蕉顺利得到了代表北京参加 2018 年全国第四届高校青年教师教学竞赛决赛的资格。可是，全国决赛规则与北京市赛的规则有很大区别。需要现场在参赛教师提前准备好的 20 讲中随机抽取 1 讲进行比赛。一些选手会抱着"赌一把"的心态，精心准备其中几讲，"因为全面准备 20 讲实在是非常'可怕'的工作量。"李蕉说，"但是我们做到了！因为清华的作风不是靠运气，而是靠百分百的绝对努力！"

备战期间，凌晨两点离开办公室已经成常态，日程安排到一分一秒，即使吃饭也塞着耳机聆听自己的讲课录音查找纰漏。这期间李蕉曾两次眼底出血，她好不容易挤出时间去看大夫，大夫要求她必须休息，但李蕉依然继续拼搏……

决赛中，李蕉抽取的是"全面抗战中的群众动员"一讲，她以征粮为切入口，回溯了中国共产党所领导的敌后根据地如何一步一步地将党、政、军、学、民组织起来、团结抗战的历程，进一步明确了历史与人民选择中国共产党的内在逻辑。比赛中，她讲述了一个个充满"张力"的历史故事，并进行了层层推演逻辑，不断引发学生的互动和思考。这样的讲课方式不仅在比赛现场，同时在网络直播中也得到了广泛好评，并以绝对优势获得思想政治理论课专项组竞赛一等奖第一名的好成绩。

颁奖那天，李蕉和清华另两位获奖教师、指导教师们共同举起奖杯，激动之余，他们在讲台上拉开了清华大学校旗。"为学校争光是我们的荣幸，是学校、学院、教练的鼎力支持才有了今天的成绩，这份荣誉属于清华！"李蕉说。

李蕉说，她的获奖秘诀是"三宝"——教练、学生和学校。

"这绝对不是我个人的荣誉，而是属于大文科团队、属于我的学生、属于清华，以及所有帮助过我的人。我只是冲在前面的'现场战士'，他们才是真正的英雄。"李蕉说，"我的身上带着'清华'的印记，当你被这么多人赋予重望、当你被这么多人给予温暖的时候，我绝对不允许自己有短板，绝不允许自己有失误。"

为了李蕉的"国赛"，学校专门组建了包括北京市赛一等奖获得者、公管学院梅赐琪副教授，北京市教学名师体育部赵青教授，北京市赛一等奖获得者、建筑学院郑晓笛副教授的指导教师团队。"从课程内容的选取和设计、课件的制作、教案的写作，到备赛中的心理调适都给予了我太多太多的帮助，没有他们就没有我站在领奖台台上的那一刻。"李蕉说。

在梅赐琪看来，李蕉的课程史料丰富，既能讲清历史的复杂性，又能充分解答学生的疑问。"李老师是位有教学天赋的老师，更是一位能够把努力和情怀结合起来的老师。"梅赐琪说。

与李蕉一同作战的还有她的学生团队。由于课程中涉及许多科研内容，学生们也与导师共同经历了一次高质量的专业提升和思想洗礼。校工会组成的组织团队，为李蕉从备赛到比赛全程提供了高效卓越的后勤会务、组织协调、联络沟通的工作。而校领导的亲切关怀，院系领导和教研组的大力支持，以及清华图书馆、档案馆老师的全力配合，都让李蕉感动不已。

"通过比赛从而进一步推进教育教学改革，创新教学理念和方式，这其实是我们最想看到的。"梅赐琪说。对于整个备战团队来说，他们其实不止是为了比赛而战，更是希望在备赛过程中集中研讨学校价值塑造、能力培养、知识传授"三位一体"的培养模式，并进行宝贵的实战练兵。

当大赛落下帷幕，李蕉重新回到自己的教学岗位。经过比赛的洗礼后，她对课程、对教学、对教师这一身份，都有了重新的认识。"我不能辜负整个团队的努力，只有未来把课继续上好，才对得起我背后的这些人。"李蕉动情地说。

新学期开始了，清华大学的教学探索依然在继续。而在这个园子里，还有许许多多像李蕉、梅赐琪、赵青、郑晓笛一样爱学生、爱讲台的老师，他们用清华人的勤奋和严谨在讲台上默默付出，也让清华的教学传统和精神一代代延续……

清华
映像
Tsinghua
Spotlights

李威
清华大学土木工程系副教授
全国高校青年教师教学竞赛工科组一等奖

全国青教赛一等奖获得者李威：对教学永葆敬畏之心

原作者｜吕婷
改写｜曲田
摄影、图片｜杨思维

生动的演示实验、丰富的工程案例、深入浅出的讲解……在第四届全国高校青年教师教学竞赛决赛中，清华大学土木工程系副教授李威一举拿下工科组一等奖。

5个多月的准备、20讲完整的教学设计、49次集中培训……这些努力在青教赛赛场画上了一个完美的句号。但谈到这些数字时，李威并不轻松，这背后沉甸甸的付出或许只有他和他的指导教师团队才能深切体会。

团队有具有丰富青教赛指导经验的航院退休教授薛克宗，以及拥有多年一线教学经验的化学系原系主任薛芳渝两位资深教授"坐镇"。另外，土木系和建管系在促进青年教师提升教学水平和参加教学比赛方面有着优良传统，形成了很好的传帮带和示范机制。参加过北京市青教赛并均获得一等奖的土木系两位教授冯鹏、施刚，和两位资深教授一起，共同组成了李威的"教练团"。"在教练团队身上，我真真切切地感受到清华精神的洗礼。"李威说。

李威的参赛课程是"现代工程结构抗火"。备赛期间，从课程设计到幻灯片制作再到演示道具，都经历了"脱胎换骨"的变化。"平时备课不会花这么多时间去考虑幻灯片的设计，也不会有这么多不同学科的专家帮我一起考虑。哪些内容笔要重一点，哪些环节要淡一点，老师们给了很多宝贵的建议。每一节的课程讲稿也是逐字逐句地研究敲定的。"李威说。据薛克宗介绍，参赛课程70%的内容都是李威重新搜集材料，在原有课程基础上进行补充拓展的，而这只是最后呈现在课堂上的内容，李威准备的所有资料是这些的好几倍。

"教学，你好好做了，就会收获动人的情感，这是一种精神享受。"薛克宗说。教学的种子，就这样在一代代清华教师中播撒、结果，生生不息。

"清华'三位一体'的教学理念之前于我而言，只是一个高屋建瓴的概念，而通过比赛我才有了刻骨铭心的体会，引领性的教学理念有着提纲挈领的作用。我的这门参赛课程正是靠价值塑造、能力培养和知识传授这三者建构起来的，于是我赢了。"为了将"三位一体"的理念内化到这门课的具体设计中去，李威及其指导教师团队倾注了大量的心血。

"专业课的讲解容易陷入多讲规范结果而少讲甚至不讲科学道理的误区。李威十分重视实验观察对于解决学生认识盲区中的作用，他用亲自设计、制作的教学实验来引导学生认识结构抗火问题的物理性质。"薛克宗介绍道。

李威坦言，这门课因为涉及多个学科且技术较为前沿，因此学习的难度较大。而在比赛中，李威并没有为了授课效果而降低课程难度。"我们可以用创新的形式把复杂的原理表达得更通俗，但是课程内容和难度绝对不能为了迎合大众口味而降低。无论是平时教学还是参加比赛，都要用清华的标准去做。"

在平时教学中，李威一直重视理论与实践的结合。李威的学生、土木工程系2018级博士生程玉锋在本科阶段就上过他讲授的"结构火灾安全及其对策"课程。"李老师有一次讲到建筑中的防火分区和防火设施。我们当时在新水利馆上课，李老师特地带我们在新水利馆转了一圈，实地了解相关的设计。"

在同学们的印象里，不论是教学还是科研，李老师对自己和学生从来都是高标准、严要求。"每次上课他总会提前一些时间到教室准备，比我们到得都早。"程玉峰说。

"学高为师，身正为范"，李威像一位朝圣者，将教学作为一生的事业，深耕不辍，虔诚向前。

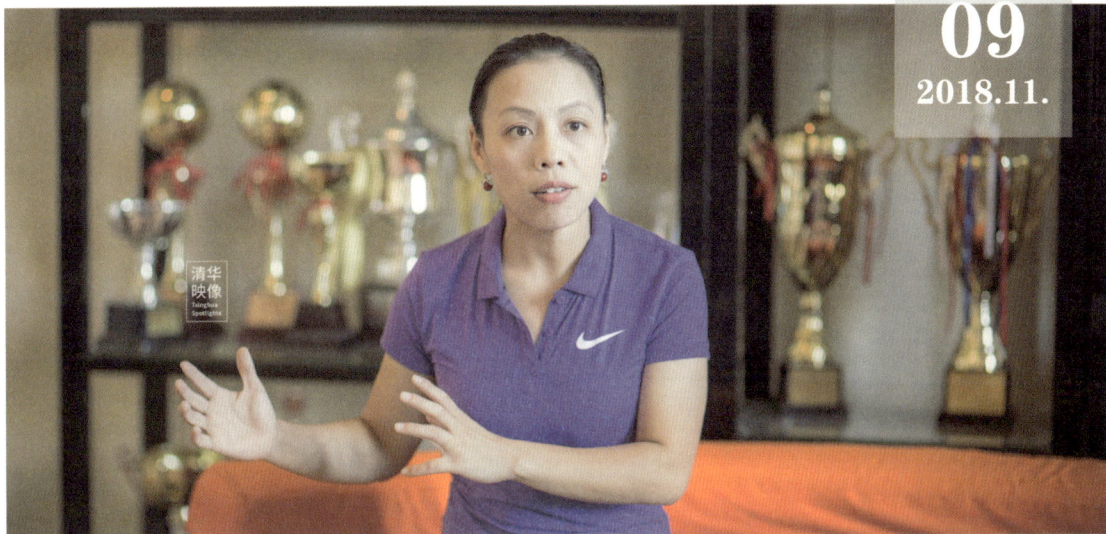

全国青教赛一等奖获得者彭建敏：
一名体育教师的光荣与梦想

文字 | 曲田　张北辰
摄影、图片 | 李派

"体育老师来参加教学竞赛？"人群在窃窃私语。

这是第四届全国高校青年教师教学竞赛的决赛现场。39 岁的彭建敏抬头挺胸，开始上课。简单有趣的语言，活力激情的律动，短短 20 分钟的课程，体育之美淋漓展现。

比赛结果揭晓，文科组一等奖，彭建敏流下了激动的泪水。这是全国高校青年教师教学竞赛开办以来，第一次有体育教师参赛并获得一等奖。

千言万语，彭建敏最想说的是，作为一名清华大学的体育教师，她很骄傲。

备战全国青教赛，不是件容易的事。时间跨度长达 5 个多月，参赛者需要精心准备 20 讲授课内容，决赛时随机挑选一讲进行展示，这意味着繁重的工作量与极高的准备成本。

此前，彭建敏曾两次参加过清华大学青年教师教学大赛并获得一等奖，最终有机会参加北京市高校青年教师教学基本功大赛，在一举获得北京市比赛文科组一等奖第一名后，拿到了参加第四届全国高校青年教师教学竞赛决赛的资格。周边人不免好奇："备赛如此耗费精力，累不累？"

彭建敏说："累，但因为热爱。我参加比赛不是为了去得奖，就是因为爱！爱教学，爱讲台，爱我的学生。以赛促教，要不断提升自己。"

带着对体育科学的一腔赤诚，站在全国青教赛讲台上的彭建敏信心满满。这信心，源于数十载教学"战场"上"真枪实弹"的历练、数月来克服重重困难的备战拼搏，更源于她背后兢兢业业、不离不弃的指导教师团队。

为了彭建敏的"国赛"，清华体育部给予了大力支持，学校还专门配备了包括北京市高校青年教师教学基本功大赛一等奖获得者、公管学院副教授梅赐琪，北京市教学名师、体育部教授赵青，北京市赛一等奖获得者、建筑学院副教授郑晓笛在内的指导教师团队。

近半年时间里，从课程准备、教案写作到课堂展示，如何带入问题，如何控制节奏，如何把握难度，如何精化语言，指导教师们陪着彭建敏一道，细致打磨，共同走过了一段"脱胎换骨"的成长之旅。

有一次，彭建敏精心准备了一节课，信心满满地去给指导教师们试讲。"结果讲了 8 遍，一遍遍地被修改，讲到最后我快哭了。"

梅赐琪看出来彭建敏有点着急，端了杯水给她，"润润嗓调整一下，咱们再来一遍"。

"当时真心感慨团队的严格与精益求精，如今，却又无比地感激与感恩。"彭建敏含着泪笑言。

备战 5 个多月，精心准备 20 讲内容，内部试讲 120 余次，平均每讲内容修改 6 次以上，集体讨论记录笔记 9 万余字，正是经过极其严苛的训练、打破、重构，当彭建敏站在决赛讲台的那一刻，她深刻地意识到，开口时一切都成了自然流露、水到渠成。

"坦白说，当前社会对体育教育存在一定偏见。我非常感谢清华对青年教师的培养和关爱，也是百年清华、百年清华体育成就了这个奖。"彭建敏说。

　　重视体育是清华悠久的传统，从教 15 年，彭建敏深有体会。"邱勇校长说，体育是发挥育人作用、实现价值引导的最直接最有效手段之一，一流的本科教育离不开一流的体育育人工作。在我的体育课堂上我要充分体现出清华是一个培养人的地方，体魄与人格并重。我要把体育精神与清华精神交汇融合，育体、育心、育人。"

　　彭建敏认为，体育教师给学生的绝不仅仅是一桶水，更重要的是要点燃他们心中的那团火，唤醒他们心中那个充满激情的灵魂，"让学生在我的体育课上享受美，追求美，让体育成为学生心目中永不熄灭的火焰"。

　　彭建敏的学生中，有全运会冠军，有学霸体育明星，也有热爱体育的各行各业优秀人才。"为祖国健康工作五十年"，他们每个人都记于心、践于行，而这信念就来自深受敬重的体育教师马约翰。

　　彭建敏说，马约翰先生在一个岗位上孜孜不倦、勤勤恳恳地工作了 52 年，为清华乃至中国体育事业贡献了毕生精力，是引领自己努力向前的旗帜。比赛落幕，彭建敏又回到了自己热爱的体育课堂上，在风吹日晒中继续诠释一名体育教师的光荣与梦想……

青春，在奉献中闪光

文字 | 拜喆喆　韩瑞瑞
图片 | 崔云涛

一对扎根青海的"80后"博士，一位从电梯操作员做起的"90后"火箭专家。

他们出生在改革开放后，不曾目睹过革命的筚路蓝缕，却毫不犹豫地奔向祖国最需要的地方。

他们的故事并不特殊。在祖国大江南北、长城内外，还有千千万万像他们一样，日复一日坚守在基层岗位的年轻清华校友。

爱国奉献，立足于脚下的土地、心中的轨迹。追求卓越，渗透在每一个细节、每一个点滴。

他们的青春，在奉献中闪闪发光。

靳力、王晓英：十年青春，在青海实现"最清华"的理想

刚刚过去的这个夏天，靳力、王晓英夫妇的青海湖旅行计划再次取消了，因为靳力任职的国家级贫困县平安区正值脱贫攻坚重要节点。这是这对"重庆人 + 东北人组合"在青海扎根的第 11 年，因为工作繁忙，两人一同去青海湖的次数屈指可数。2008 年，他们双双从清华大学计算机系博士毕业，作出将青春挥洒在"世界屋脊"的人生抉择，靳力从清华大学研工部挂职去青海，王晓英直接应聘青海大学教师岗位。如今的他们，已将青海当作故乡。

他们见证了青海海北州的支柱产业转型，见证了一个国家级贫困县的蜕变，也见证了青海大学计算机系从无到有，招生规模扩展了十余倍，他们用无悔的青春，在这片曾经陌生的土地上耕耘着属于清华人的家国情怀。

2007 年，王晓英和靳力共同面临次年博士毕业的方向选择。导师胡事民教授对靳力说："清华学子不管在哪个行业都要做到有影响力，清华人的价值实现要面向更多人，发挥更大的作用。"这次谈话让靳力更加坚定了走向基层的决心。时值清华大学的对口支援单位——青海大学设立计算机系，正是最缺人的时候，这个机遇让王晓英十分心动。王晓英的导师、中国工程院院士李三立教授说："年轻人有这样的闯劲特别好。两个人一个在机关、一个在高校也很互补。"毕业那年，靳力给王晓英在学堂路上拍了一张照片，王晓英身后的海报上写着"到祖国最需要的地方去"。

靳力从青海省信息中心起步，历任西宁市城西区委常委、副区长，青海省海北州发改委主任，从 2015 年 11 月起担任海东市平安区区委书记，重点攻坚当地的精准扶贫。王晓英则在青海大学计算机系承担起包括教学、科研、学生工作在内的各种任务，事无巨细，如今她担任青海大学副校长，更要为学校的整体发展殚精竭虑。

毕业那年，靳力和王晓英接受采访时曾说："我们要敢于挑战，但更重要的是坚持。不是为了我们的生活更好，而是为了更多的人生活更好，这是我们的人生观，也是在将来的坎坷道路上让我们能够坚持理想的动力。"回望来路，理想主义的火苗从未在他们心中熄灭，和身边的清华人一样，他们坚守着融入血液的理想信念，在属于自己的岗位上发光发热。

"扎根苍茫大地，深爱热土家园。"靳力和王晓英都很喜欢清华原创的话剧《马兰花开》，话剧主题曲的歌词总让王晓英想起刚入职带着学生们植树时的承诺："十年后你们来这里看看咱们种的树，也能看到依旧在青海教书的我……"

于新辰：扎根大凉山的清华航天人

"繁星闪烁着，深蓝的太空，那棵用信仰浇灌的树，为我指明了逐梦九天的路……"

当微博网友直呼"这才应该是热搜第一"时，"90后"火箭专家于新辰更愿意成为百万中国航天人中的一个平凡存在，就像奇妙浩瀚的太空中那一颗不起眼的星。

2011年，毕业于清华大学航空航天学院的于新辰放弃了读研的机会，直接奔赴专业对口的西昌发射场，在大凉山深处一待就是八年，其间圆满完成了包括"嫦娥三号""嫦娥五号再入返回飞行试验""嫦娥四号""风云四号""北斗三号"等在内的共计64次、80多颗卫星的航天发射任务，在"北斗三号""风云四号"等18次任务中担任低温动力系统指挥员……

刚到发射场工作时，于新辰的岗位是发射塔架的电梯操作员，每天上班就是在电梯里接送上下塔架的人到相应的楼层。虽然这看上去是不能再简单的工作，但是他并没有丝毫大意，边工作、边观察、边学习，认真履行好自己的职责，通过一年的学习和工作，他完全胜任了该岗位，并担任该系统箭上专业负责人，由于西昌发射场高密度任务的需求，他又再次被分配到火箭低温动力系统担任操作手，通俗地说就是为火箭加注燃料，让火箭"吃饱吃好"。而这份工作是卫星发射中心"最危险的岗位"。因为低温推进剂温度极低且易燃易爆，测试流程复杂繁琐，发射之前要连续精神高强度集中、高强度工作8小时以上。

为练好气密性检查的基本功，于新辰经常对照图纸反复核对每一个接头状态，以至于后来闭着眼睛都能说出接头的位置和细节，被同事们称为"活图纸"。另一方面，为了能快速发现可能存在的漏点，他在气检过程中常常仔细辨听火箭贮箱和气瓶系统的声音，练就了"听声检漏"的本领，多次排除了故障。2018年，他们共进行了17次发射任务，最紧张的时候两次任务仅间隔17天，由于岗位调整人手不足，工作量大风险也高，于新辰多次担任指挥，处理了气瓶开关漏气、液位信号失灵、连接器未完全分离和发射前发动机元器件出口压力超差等突发情况，身体和精神都非常疲惫，"每次发射成功之后，第一感受不是开心，而是如释重负地长舒一口气"。

站在发射现场，普通人看不见的视角里，当火箭一级级分离，只剩卫星飞到茫茫太空，离摄像头越来越远，太阳帆板在日光映照下金灿灿的感觉，是比火箭起飞瞬间更让人感动的。从1970年东方红一号卫星发射成功至今，一代代航天人正是带着这样的感动，飞天揽月、问鼎苍穹，不断镌刻中国航天事业的新荣光！

2018年2月，习近平总书记视察看望驻四川部队某基地官兵时接见了航天科技人员，于新辰就是其中一位。"在得知我从清华毕业后一直在发射场工作时，总书记说：'这么年轻就担任了骨干，很好，希望以后继续努力。'"于新辰回忆说，总书记的话很温暖，让他备受鼓舞，同时也有一丝感慨——想到很多同行十几年甚至几十年一直在保障、设备岗位上，没有见过真正的火箭，但仍默默无闻地坚持在航天事业，诠释着革命分工的无私，他更感到使命重大。

从象牙塔到山沟沟，于新辰相信只有努力工作，学好干好，才会有不断发展的机会，"再小的工作我也会用心完成"，不仅仅是因为大家会把他的工作当成"清华制造"，更要让自己坚守的岗位和事业岿然屹立。

从学校到岗位，从操作手到指挥员，于新辰用实际行动践行着"行胜于言"四个字，他以逐梦九天为己任，心怀梦想，一路前行。

清华映像
Tsinghua Spotlights

【清华园的守望者】张其凤：
37 年，炊烟相伴的 10000 多个日夜

文字 | 王鲁彬
摄影、图片 | 李派

开栏的话：

有这样一群人，他们是触手可及的关怀，他们是甘于奉献的平凡，他们是故乡烟火的延续，更是始终如一的守护。他们，就是清华后勤人。在偌大的清华园里，于你不曾留意的某个角落，他们正用质朴的微笑、勤劳的双手和一颗甘于奉献的初心，守望着点点滴滴的美好。

在清华大学 108 周年校庆和劳动节即将来临之际，《清华映像》栏目将陆续推出"清华园的守望者"系列报道，用镜头记录普通后勤人平凡却动人的身影，讲述他们默默奉献的点滴故事。他们朴实无华，却值得我们献上最深的感激和敬意！

——编者

"一入清华门，就是清华人；吃过年夜饭，就是一家人。"2019 年 2 月 4 日，清华大学 500 余名师生齐聚听涛园食堂，欢度除夕，喜迎新春。对于很多同学而言，这是他们第一次在清华过年；但对听涛园的师傅们来说，这已经是他们在清华度过的第 19 个除夕了。

这也是张其凤在清华工作的第 37 个年头。自 1983 年来到饮食服务中心（原膳食处）、1993 年担任听涛园食堂经理，张其凤已经在这里忙碌了 10000 多个日日夜夜。从 2001 年至今的 19 顿年夜饭，他无一缺席。10 年前的清华教室数量不比现在，听涛园每每在餐后收拾干净，就成为学生课后自习的地方。渐渐地，大年三十晚上不回家的同学就聚到一起吃饭，这才有了后来年年布置在听涛园的年夜饭和除夕联欢晚会。从精心准备菜单、提前准备到正式开饭，再到欢聚之后的清理和打扫，每年除夕，听涛园都有三四十名师傅忙碌到深夜，也因此错过了和家人的团聚。

"年年轮班都习惯了。"在张其凤眼里，这样的辛苦已经是习以为常的事情，除夕也只不过是其中之一。转眼已经快要入夏，张其凤也忙过了又一个春天。谈到食堂的日常工作，他的表达精确到每一个时间段："3 点半起来做早饭，一直忙到 5 点半，6 点半开饭，7 点多学生多起来，结束得到 10 点；11 点开午饭，下午 5 点后又是一波……"听涛园在地理位置上处于校园学习生活区域的中心点，无论上下课还是往返实验室，一波又一波学生在听涛园享用的一日三餐，都来自食堂师傅们日复一日的辛勤工作。作为经理，张其凤的责任更重，每日的早起，他从不怠慢："只能早，不能晚了。"

张其凤和清华的缘分得从 1952 年说起。那一年，张其凤的父亲来到清华，成为园子里的一名厨师，一干就是 30 年。1983 年，张其凤像父亲当年一样，忙碌在当时还叫作第十食堂的听涛园。"那会儿没有现在这样的条件，生火得靠烧煤，我搞过卫生，蒸过馒头，也炒过菜。"从普通员工到食堂经理，再到 2013 年被评为工人技师，一转眼，张其凤在听涛园勤勤恳恳工作了近 40 年。未来，他也仍将在这里，守望清华园一个又一个滋味纷呈的春夏秋冬。

【清华园的守望者】王亚平：无惧火场的"守望战士"

文字 | 赵姝婧

摄影、图片 | 李派

华灯初上，夜幕降临，王亚平结束了一天的消防检查、巡逻工作，脱下工作服，接通了一个熟悉的号码。

"爸爸，我想你！"电话那头，远在他乡的三岁儿子一遍又一遍地呼喊。

"宝宝乖，等放假了一定回家看你，爸爸现在有很重要的工作要做。"王亚平的眼里，满满都是爱意。

在孩子心里，爸爸永远是自己的守护神，而对王亚平来说，除了"小家"，他还有"大家"——守卫清华，保护校园和师生的消防安全。

曾经，消防工作者义无反顾走向火场的背影感动了无数人，王亚平正是这其中无畏的勇士之一。自2012年从中国人民大学硕士毕业入校工作以来，王亚平共参与过50余次校园大小火情的处理和指导工作。此外还要开展校园消防安全隐患排查、督促隐患整改，指导各单位开展消防安全教育培训演练，起草制定校园消防规章制度，开展校园消防安全信息化建设，等等。

记得有一次接到火情报告，王亚平和同事们第一时间赶到了现场。当时楼里黑色浓烟滚滚，完全看不清火势走向，无法判断里面是否还有未撤离的师生和是否存在危险物品。

"没时间了！为了勘察清楚状况，我们戴上防毒面具便冲了进去。"一进去，一望无际的浓烟迎面扑来，且距离地面只有30厘米，非常危险。王亚平和同事们迅速反应，摸清情况后立刻离开了火场，为后来的火情处理提供了有力支撑。然而吸入的烟尘，却让他当下咳嗽不止，"很疼，但无比欣慰"。

此外，王亚平还参与了材料学院、化工系高分子等专业研究生必修课"实验室安全学"的教学和新生安全教育，为清华学子们讲授实验室安全和校园安全，并对各院系新入职教职工进行消防培训。"我希望安全意识能够融入广大师生员工的生活、工作当中，切实提高安全意识，从'要我安全'转变为'我要安全'。"王亚平说。

高效、智能地统筹校园消防安全工作，是王亚平一直努力的工作方向。自2016年起，保卫处启动重点单位二级消防系统联网工程，建设学校的"消防业务管理系统"，校园消防安全工作进一步在线化、智能化，"一旦有隐患或火情发生，指挥中心便可立刻报警并显示精确位置，我们会在第一时间核实，并前往处置。"王亚平说，"一流大学的创建离不开一流的校园安全管理体系，前进的脚步一刻都不能停止。"

这份工作很辛苦，无论是深夜还是节日，一个任务下达就要立即奔赴现场；这份工作也充满荣光，让王亚平深深感受到肩膀上的责任，以及师生对自己的信任。年复一年，王亚平和他的同事们出现在校园突发紧急事件的每一个现场，穿梭在校园的每一个角落，守护着校园消防安全，尽全力保障广大师生的生命财产安全。他深爱着这份工作，默默耕耘，甘于奉献。

"一次次面对危险，你怕过吗？"

"说不怕是假的。可是，当你站在事发现场的那一瞬间，你能感受到生命的脆弱，感受到对安全的敬畏、守卫校园的责任，还有血液里奔腾着的无限勇气。"王亚平说，"那一刻谁都能慌，我不能；谁都能怕，我不能。因为，我是清华园的守望者。"

【清华园的守望者】胡玉森：在黑夜里守卫光明

文字｜曾繁尘

摄影、图片｜李派　钟汉麟

啪——

电灯亮了。

这件每天发生在清华的小事，似乎并不惹人注意，也无须特意欢呼，因为出现电路故障的可能性，几乎为零。而这，也是最让清华修缮中心供电管理科的员工们感到幸福和光荣的事。

胡玉森，从 2003 年来清华就在供电管理科工作，现任供电管理科 10 千伏运行班班长，带领班组负责全校 100 多个配电室、200 多台变压器、数十千米高低压配电线路的运行。

"一旦管理不好、运行不好，就会影响到教学，影响到师生们的生活。"因此，胡玉森十数年如一日地认真负责，将学校 100 多个配电室的运行状态和安全指数熟记于心。在无数个师生安然熟睡的夜晚，他和班组依然进行着检修工作。

胡玉森了解到，很多师生出于研究需要，实验期间不能长时间停电，但进行电路试验和检修又需要多次停电倒闸。为了避免给教学科研工作造成影响，他们牺牲休息时间，把停电倒闸工作安排在节假日或后半夜进行，经常是工作到凌晨三四点钟，第二天还要继续开展维修保养工作。

"其实我一直都很感谢师生们的理解和支持，让我们的工作更轻松了一些。"胡玉森表示，即使是短时间的倒闸，供电管理科也会提前三天给大家发通知，老师和同学也非常理解，积极与他们协调较为合适的时间段。

除了定期试验、检修的日常工作，胡玉森和他的班组还要随时待命，遇到紧急情况随叫随到，"为保障供电，半夜也要回来"。

2012 年 7 月 21 日晚，北京经历了一场特大暴雨，当时正在值班的胡玉森接到医学院配电室进水的紧急通知，便连夜带领施工队赶去抢修，防止了事故的扩大。

胡玉森在清华工作的 16 年间，这样紧急加班的情形"太多了"。今年寒假伊始，由于主楼配电室的主电缆被伤，造成跳闸停电，胡玉森带领班组迅速处理，使主楼区顺利恢复供电。

胡玉森说，随着学校的发展，清华的电力供应压力也在增加，好在通过软、硬件设施的提升和维修保养的跟进，学校供电系统的承受能力已经大大增强了。"我 20 多岁刚来清华的时候，使用的还是架空电线，一旦碰到刮风下雨天，可能一片树叶扫到了高压线就会造成跳闸停电。当时就得在老师傅的带领下在外加强巡视，处理事故。现在架空线入地了，设备故障率低了，维修保养加强了，供电稳定多了，事故跳闸的情况也少了。"

现在，胡玉森已经把清华视为自己的另一个家，而未来，他还有更多时光要在"家"里度过，他希望有更多人能加入到他的队伍中来，让同事们的压力再少一些，让学校的供电系统再稳定一些，一同在黑夜里，守卫光明。

【清华园的守望者】齐文娟：
用心用情写好餐饮接待"大文章"

文字 | 高原　田野
摄影、图片 | 李派

在清华园工字厅南侧、甲所、丙所环抱的一片点滴成翠的地方，随意驻足片刻，北边的工字厅朱门大开，几进院落层层推延，周围园林欣欣向荣，松鼠小鸟跳跃飞起，阳光从树间缝隙里洒下，满目都是苍翠的树木，一湾溪水带着流光潺潺而过。

这是清华大学接待中心餐饮部齐文娟工作的地方。

游人从外向里望，对齐文娟来说，更多时候是从里向外看。"从甲所的落地窗往外看，每一处每一时都是风景。"在这里工作了21年的齐文娟记得这里春夏秋冬最细微的变化。日月更替，草木荣枯，记录着清华的发展变迁，其间的人们也书写着自己的人生。在这里，齐文娟写下了人生最美好的篇章。

1998年职高酒店管理专业毕业的第二年，18岁的齐文娟便来到清华接待中心工作，朝气蓬勃的她对未来信心坚定，一路"升级打怪"先考到中国农业大学食品质量安全专业本科，又从一名普普通通的餐厅服务员一路考到服务技师、高级服务技师，2001年荣获北京市申奥运餐饮服务技能大赛金奖。别人16年的"考证"之路，她9年便轻松拿下。

餐饮服务看似是一项很简单的工作，但在齐文娟看来同样可以写出"大文章"。"餐饮服务是一件专业性很强的工作，如何结合宴会主题作好策划、开出菜单，如何做好餐厅、餐台布景，如何做好安全风险预测，等等，是一门结合营养搭配、餐饮文化、艺术审美、人际沟通等多项能力的学问。"

在齐文娟看来，在清华做餐饮接待最重要的是"用心"二字，餐饮文化的每个细节代表的都是清华对远道而来的宾客满满的诚意和热情的欢迎。

21年来，齐文娟已先后为100余次元首级接待提供了优质的餐饮服务。在一次接待芬兰总理的工作中，她发现由于分餐制的原因，餐台中间是空白的。齐文娟提前了解到芬兰人对鲜花分外青睐，上网查知其国花是铃兰，然而当时这种花在市面并不多见，她千辛万苦各方打听终于觅得铃兰，并做成了一个精致的插花点缀于餐台中间，还折了一个饱含寓意的口布花和桌花遥相呼应。整个创意设计充满了温情和艺术氛围，获得了外宾的高度赞扬，连连称赞清华待客之道令人感动。

在齐文娟的巧思中，从充满寓意的鲜花，到印有清华建筑的珐琅彩瓷盘，再到古朴典雅的仿制竹简，都将融合着香气四溢精心烹制的菜肴，成为"清华味道"的重要组成部分留在人们记忆的深处。

今年校庆期间，一位毕业60周年的老校友来到甲所前台迟迟不肯离去。原来他组织了30多位当年的老同学和家属在甲所用餐，但不慎记错了日期，得知这一天甲所和近春园两个餐厅里所有餐厅餐位都已满员时，不知如何是好。齐文娟得知这一情况后，第一时间作出决定：不能让任何一位"回家"的老校友饿着肚子离开。她发现当天甲所一间会议室没有安排，在征得领导和老校友的同意后，他们把会议室临时改造成包间，成为老校友们欢聚用餐的地方。临走时，这位老校友紧紧握住齐文娟的手："感谢感谢，这可能是我们班同学最后一次这么大规模的聚餐了。"听到这里，齐文娟的眼眶也湿润了。

"餐饮文化也是清华文化的一部分，代表的是清华形象，也是国家形象。"正因如此，齐文娟对自己的工作感到由衷的骄傲与自豪。回首走来的路，齐文娟把生命中最美好的青春年华都奉献给了清华后勤餐饮接待工作。因为家在北京，每年过年她都把值班任务揽在自己身上。近 20 年来，她没在家里吃过一顿年夜饭。

　　"我们服务于清华，奉献于清华，成长于清华，希望用自己的专业，用心、用情浇筑服务之花，希望更加自信、开放的清华未来越来越好！"齐文娟说。

【清华园的守望者】齐皓爽：最暖的，是他们把这里叫作家

文字 | 赵姝婧
摄影、图片 | 李派

　　"齐姐，你要永远青春，永远快乐！""水木清华钟毓秀，紫荆十一镌心头。""愿不悔，与君归。"又是一年毕业季，夏风中夹杂着离别、青春和梦想的味道，明媚的阳光透过斑驳树影，静静洒落在齐皓爽的办公桌上。

　　桌上摆满了同学们写给齐皓爽的临别卡片。五颜六色，有不舍，有温暖，有祝福，每张卡片都有故事。而齐皓爽与清华学生公寓的故事，已经娓娓讲述了9年。

　　2010年，硕士毕业的齐皓爽进入清华大学物业管理中心工作，担任学生公寓辅导员。"学生公寓辅导员"正是在这一年正式设岗的，如何使这一"新生事物"在学生成长过程中发挥更好的作用，齐皓爽和同事们一直在"摸石头过河"。

　　"学业之外，同学们还应具备哪些重要素质？"这些年来，齐皓爽致力于清华学子生活素质的培养，围绕"安全、健康、文明、自立、优雅"五大目标，注重社区、楼宇、院系"三位一体"的理念，为同学们开展了一系列的培训和实践指导，取得了一系列的研究成果。

　　这些年来，无论是从开展安全教育、素拓活动，还是组织举行有趣的"手工坊"、书法之夜、瑜伽奥义等社区课堂，齐皓爽探索的脚步一刻都没有停歇，希望能为建立学生生活素质理念体系作出自己应有的贡献。

　　如何更好地走进同学们的内心？这是齐皓爽从过去到未来一直深入思考的问题。与"齐老师"这个称呼相比，齐皓爽更希望大家能称呼自己"皓爽姐"。

　　每天，齐皓爽都要在她负责的学生公寓内巡查，经常与楼长共同做卫生和体力活儿，再苦再累也不怕。时间久了，每间宿舍里住的是谁，有什么性格特点，甚至最近在关注什么，她都记得清清楚楚。

　　"他们就是我的家人。"齐皓爽说，"我希望他们在遇到困难的时候，最先想到有我在。"24小时待机，突发情况最快速度到岗，最迷茫的时候有她陪伴，"知心姐姐"，是同学们给予她最温暖的评价。

　　这份工作细致、琐碎，但又不可或缺，"因为是真正与同学们零距离生活"。

　　这又是一份"良心活儿"，需要花费大量的时间走到同学们中去，了解他们真实的成长需求。"干一行，爱一行。"这是齐皓爽对自己最朴素的要求。

　　如今，又是一年毕业季。齐皓爽为同学们准备了一份特别的礼物——她给每位同学发放了一张成长卡片，"希望他们作为学长，为未来住在这里的新同学写下他们想说的话"。

　　离别终将要到来，夕阳下，同学们与齐皓爽深深拥抱、告别，踏上人生新的旅程。华灯初上，夜幕降临，她走回学生公寓，成长卡片静静放在空荡荡的床铺上，有些许淡淡的不舍。让她惊喜的是，许多卡片的旁边还多了一张临别祝福卡——满满都是对她的感激、不舍和祝福。

　　"最暖的，是有您的地方，就像家！"

　　眼眶不自觉红了。齐皓爽把这些卡片精心收集起来，放在随身的包里，放在每天相见的办公桌上。

　　"看到它们，如同看到了与同学们相伴的那些岁月。"齐皓爽说，"我希望他们能从我这里带走阳光和快乐，我也将不断努力，让这些美好的故事永远继续讲述……"

【清华园的守望者】杨宝林：守好清华这道"门"

文字 | 赵姝婧
摄影、图片 | 李派

"欢迎来到清华！请大家自觉排队，有序进入校园！"

人头攒动，暑假期间，清华园进入参观"旺季"。在"知名度"最高、散客人流量最大的清华大学西门，清华大学校卫队副队长杨宝林带领队员们开始了日复一日的守卫和守望。

守望不易。高温酷暑，天气炎热，烈日下几分钟全身便会被大汗湿透。"太多人想进清华来看看。"今年暑期，清华大学校园参观活动进一步加强了校内外协调，按照坚持开放、有序管理、加强服务的原则，多项创新性举措保障校园参观活动的开展。暑期和节假日校园参观开放的日子，杨宝林每天早上6点就会到工作岗位，身先士卒带领队员们高效工作，日夜战斗在校门内外"第一前线"，不断总结改进，保证了校园参观的平稳顺利进行。

杨宝林3岁开始在清华园生活，如今已在园子里生活工作了50多年，算是一位"老清华"。他2003年调入保卫处，从此在校卫队稳扎稳打，取得了一系列工作成果。"校门安保工作是校园安全的第一道防线，看似容易，其实更像是一片'江湖'，这里鱼龙混杂，校门的人力盯守一秒都不能空缺，许多安全问题和复杂难题更是需要过硬的专业素养和'实战经验'。"

这份工作很辛苦，不分日夜，没有假期，风吹日晒，夏热冬寒。

这份工作需要耐心，游客的同一个问题一天需要解释几十甚至上百遍，"金嗓子"是口袋常备品，连喝水、上厕所的时间都很难保证。

这份工作很光荣，关系着校园安全的第一道防线，关系着平安校园和师生良好学习工作生活环境的保障，"我为我的工作而骄傲！"杨宝林说。

东侧门，也就是如今的团队预约通道门，是杨宝林的另一个重点工作地点。一个参观团队动辄几十上百人，如何快速、有效、准确地检验审核信息并确保团队顺利进校，考验着杨宝林和校卫队成员们。"我们反复商讨方案，开展培训，如今已经形成50位参观者配1名引导员、200位参观者配1个小分队的工作模式，确保了参观团队在校园内的行进安全和良好秩序，更重要的是隔离了黑导游、黑商对团队的干扰，保证了团队校园参观的有序进行。"

杨宝林对队员们是出了名的好，天热了给大家买水，忙碌时为大家买饭，平日更是手把手传授工作经验，像老师，更像是大家的兄长。没啥架子、平易近人却又对工作极为认真负责，是大家对他的一致评价。

经过八年积极向党组织靠拢，杨宝林今年通过了组织考验，成为一名预备党员，他说，这是今年最开心的事情，再累也值得。"党员干部要带头冲在第一线，要努力做师生们的坚实后盾，尽心尽力服务于师生，努力树立清华的良好形象，今后我将更加高标准严格要求自己，不忘初心，牢记使命，为平安校园的建立贡献应有的力量。"

清晨来临，新一天的工作开始了，西门的每位保安又收到了杨宝林带来的热腾腾的包子。一口咬下去，心里暖暖的，像极了夏末初秋的温暖阳光……

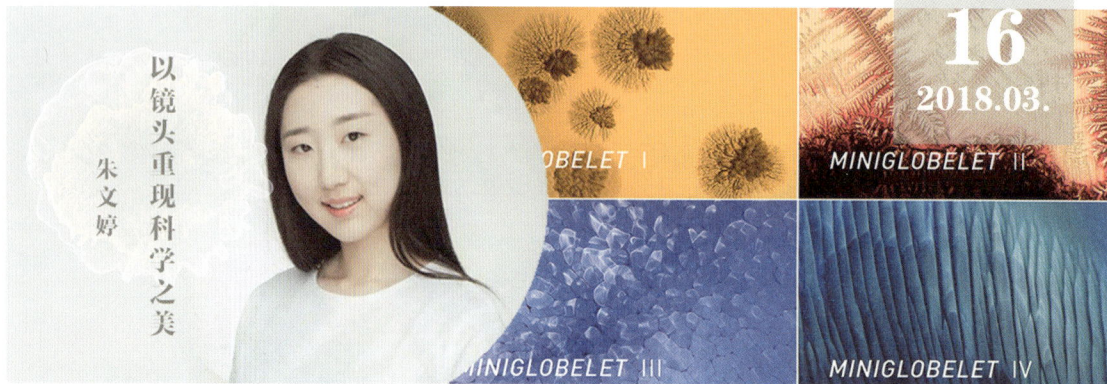

MINIGLOBELET I

MINIGLOBELET II

MINIGLOBELET III

MINIGLOBELET IV

以镜头重现科学之美

朱文婷

16
2018.03.

清华美院校友朱文婷：以镜头重现科学之美

文字 | 梁乐萌
图片 | 刘雨田

打开"重现化学"的网站，触目皆是令人屏息的美丽画面。暗绿的"树丛"顶端顶着深深浅浅颜色不一的"树冠"，那是锌与硝酸银溶液反应置换出的银；白色晶体排成整齐的直角形状，那是锌与氯化锡溶液反应置换出的锡……这些充满后现代主义气息的画面，皆出自清华美院校友朱文婷之手。

朱文婷于 2016 年毕业于清华美院视觉传达设计系。大学期间，她就喜欢通过实验获取抽象图形，以照片的形式留存自然中的纹理和图案。她甚至专门买了一台光学显微镜，用手机对着目镜口拍照片，并随手分享到网上。

毕业后，朱文婷加入了"美丽科学"团队担任摄影师。"美丽科学"是一个国际化的科学教育品牌，利用先进的摄影技术制作并发布泛科普视频，旨在帮助更多的孩子乃至成人走近科学、学习科学。2017 年 2 月，"美丽科学"与中国化学会开始合作"重现化学"项目，目前已发布 15 个影片，朱文婷负责了其中 7 个影片的实验、拍摄与剪辑。

加入"重现化学"团队后，朱文婷有机会接触到前所未见的高端仪器，却也面临着前所未有的困难。与其他摄影项目不同，做好化学实验是本项目拍摄的前提。"化学反应受制于很多客观条件，反应过程也存在偶然性。"朱文婷说。很多时候，辛苦很久却捕捉不到想要的画面，需要进行大量的实验与拍摄，之后再比较、筛选。

在用显微镜拍摄锌和硝酸银溶液置换银的反应时，起初效果并不理想。"这个看起来脏脏的是银吗？"朱文婷不敢相信，也不愿接受这样的结果。改用微距平视拍摄后，反应结果却像一片茂密的森林，美得出人意料。"往往不是一个事物不美，而是没有从一个很好的角度发现它的美。"朱文婷说。

经过 7 个月的制作，"重现化学"项目惊艳上线。通过这个项目，朱文婷对艺术与科学也有了新的理解："很多时候，因为专业学习的原因，我们可能会对彼此的领域产生敬畏甚至疏远的心理。事实上，每个人都可以接近并享受艺术与科学的美好。科学为艺术创作提供了更多的可能，艺术也会使科学更容易走近大众的视线。"

2017本科生特奖　乔明达

清华特等奖学金获得者乔明达：
机器学习理论，推动世界改变

文字｜杨鹏成
图片｜宋晨

　　"自己的理论工作将在不远的将来真真切切地为人们提供便利，这让我感到前所未有的自豪。"谈到以后能把自己与 Ariel Procaccia 教授协作设计的几乎最优的投票机制部署在非营利性网站 RoboVote 上，帮助用户进行最优决策时，乔明达的脸上洋溢起幸福的微笑。

　　乔明达是 2017 年清华大学特等奖学金获得者。在"姚班"开设的九门核心课程中，乔明达取得了七门第一名与一门第二名的优异成绩，连续三年以 95 分的综合成绩名列年级第一。除了学习成绩斐然，他在竞赛和科研方面的成绩也令人瞩目。

　　乔明达从小就和竞赛结缘。六年级时，他在全省小学生编程竞赛中获得了第一名。高二时他作为中国队的四名参赛选手之一，在澳大利亚布里斯班以 557 分（满分 600 分）的成绩夺得了第 25 届国际信息学奥林匹克竞赛（IOI2013）金牌第二名，而站在最高领奖台的是比他大一岁、2016 年的特等奖学金获得者陈立杰。2015 年，乔明达组队参加了 ACM 国际大学生程序设计竞赛（ACM-ICPC）总决赛，赢得了清华在该赛事上近六年来唯一一块金牌。

　　一场 ACM 竞赛时长五小时，全程头脑风暴，强度堪比铁人三项，是对智力和耐力的双重考验。每周动辄 20 小时的训练，对于课业压力较重的乔明达来说成了"家常便饭"。学科竞赛培养了他攻克难题的兴趣，而组队参加 ACM 竞赛的经历也促使他更高效地与他人合作，在团队中尽可能发挥出自己的作用。"这对我后来的学习和科研有很大的帮助。"乔明达说。

　　科研上，乔明达在大二时向机器学习理论领域中一个未能解决的经典问题发起了挑战。经过一年的不懈探索，他发现了攻克这个问题的创新技术。导师李建评价他"在这些工作中均作出了关键而且重要的贡献"，"在关键的步骤中作出了原创的突破"。

　　乔明达还先后与机器学习理论领域的学者 Avrim Blum 教授及 Gregory Valiant 教授合作，为实际应用中的机器学习场景提出了新的理论模型。卡内基梅隆大学计算机系的 Ariel Procaccia 教授称赞他在研究中的表现"绝对是现象级的"，并相信他是"世界范围内前五的计算机科学博士项目申请人之一"。2017 年，乔明达已经在计算机领域的国际会议上作为主要贡献者发表了 5 篇学术论文。

　　回首这三年在清华的经历，乔明达总结道："这段经历让我发现，人工智能等方向上仍然存在着大量亟待解决的理论难题。这让我更加坚定了自己的理想：用自己的研究增进人类对人工智能等重要领域的理解，并在未来推动世界的改变。"

李晨宁
2017本科生特奖

清华特等奖学金获得者李晨宁：壮强军之志，铸空天之魂

文字 | 冯婉婷
图片 | 梁晨

学堂路两旁林立的 2017 年清华特奖候选人海报中，一位身着军装、目视远方、敬着标准军礼的学生格外引人注目，他是航天航空学院的李晨宁。作为清华园中的国防生，他是学生，是战士，也是强军人。

"哪个男孩子心里没有一个将军梦呢？"李晨宁从小就对军队有着深厚的感情，有过从军经历的大伯是他儿时的"偶像"。高考结束后，他选择成为一名清华大学国防生，实现自己的从军梦。

虽然怀揣梦想与热情进入了清华，但在入学伊始，李晨宁也曾面临许多挑战。他坦言，自己入学时的水平在高手如云的航院并不突出，"清华工科院系的高难度课程对我来说从来都是一块难啃的硬骨头"。作为一名国防生，李晨宁每周还要接受近 10 小时的高强度军政训练。不过，学业上的压力反而激发了他军人般的斗志。连队晚间体能训练后，李晨宁总会返回实验室挑灯夜战，这样的坚持让他厚积薄发——三年求学生涯，187 学分课程，计算机辅修学位，连续三年班级排名第一，总学分绩列年级第二名。谈到学习，李晨宁说："我不是智力超群的天才，但我始终自强以做到问心无愧。"

除了在学业上力争卓越，李晨宁还是一名心系国防的战士。身为国防生，他在大一时就自愿报名赴原 38 军"松骨峰英雄团"当兵锻炼。艰难困苦的基层生活非但没有磨去他向往军旅生涯的锐气，反而更坚定了他的国防梦。由于学业及军政素质均较突出，他成为清华第一个大二就当选连长的国防生。这一年，他和战友们学理论、练体能，个人与团体均几乎拿遍清华国防生的所有荣誉，被学校领导赞为清华国防生的"标准"。

迈入高年级，李晨宁更是不断地突破自我。随着科研知识的积累，他立志成为一名献身科研的强军人。李晨宁先后参与 5 个大学生研究训练计划（SRT 项目），拥有 4 段交叉领域实验室经历，涉及发动机控制、电化学科学、火箭动力学仿真等领域，他的科研项目受到学校"闯世界"计划、大学生学术推进计划等 4 项学术项目支持，还在 2017 年赴美国佐治亚理工学院开展暑期研究。9 月，他跟随清华大学"全球南方文化浸润项目"去往印度尼西亚交流访问。"清华告诉我，国防生，一样可以很国际。"李晨宁说。

"选择穿上这身军装，便自此以'壮强军之志，铸空天之魂'为己任，努力成为一名追求卓越的学子，一名百炼成钢的战士，一名献身科研的强军人。"李晨宁说，这是清华赋予他的勇气和梦想。

清华特等奖学金获得者王子宁：
4000 小时训练浓缩成为 CUBA 冠军奖杯

文字 | 左烜晅
图片 | 李娜

在 2017 年清华大学本科生特等奖学金答辩会上，来自经管学院的王子宁以《清华三年体育之路》为题，讲述了自己三年内走过 18 个省份、参加超过 200 场篮球比赛的故事，以及总计 4000 多小时的训练日常。凭借卓越的体育特长与专业排名第一的好成绩，王子宁成为清华本科生特等奖学金设立以来，第一位入围投票前十名的体育代表队 A 类队队员。

最令王子宁难忘的瞬间，是去年全国大学生篮球联赛（CUBA）总决赛上，清华大学以 70∶64 的领先优势击败太原理工大学，一举夺得第十八届 CUBA 全国总冠军。这是清华男篮队史上首度捧回 CUBA 冠军奖杯。

比赛结束的那一刻，王子宁跪在了地上。在这场比赛中，王子宁作为主力队员奋力拼杀，得到了 11 分 10 个篮板的全场最高分。但没人知道，仅仅在比赛开始一小时前，他的体温还高达 38.5 度。用两瓶红牛配着退热药，他默默地扛下所有不适，笑着和队友击掌。

胜利的喜悦背后，是无数个日夜的训练。在"铁血教头"训练下的清华男篮，除了完成上午和晚上的学习任务外，每天下午要进行三个半小时的高强度训练。为了适应四强赛南方的炎热天气，赛前几个月的训练中队员们便已经不允许喝水了。也正是在这样的高压状态下，"No pain, no gain"成为王子宁乃至每一位男篮队员的座右铭。

在热爱的篮球之外，王子宁的学习与社工活动从未落下。10 门必修课 95+，超过半数经管学院必修课 90+，三年平均学分绩 90+，排名专业第一；校会体育部副部长、"甲团班级"经 47 班班长，党课组长，中共预备党员，体育代表队集中班班长，"马杯"教练团成员……保持优异的成绩，拥有丰富的社工经历，王子宁作为又红又专、全面发展的人才，颠覆了人们对经体学生的传统印象。

事实上，这种平衡的取得绝非易事。作为体育特长生，高强度训练之后往往身心异常疲惫，学习效率必然有所降低；而前往各地进行比赛的客观要求，也会影响日常的文化课学习。有时候，就在两场比赛之间，王子宁还要"飞"回学校上一些课程，上完课再"飞"回去，迎接下一场比赛。对于这种奔波劳碌，他只是笑笑，说"习惯了"。如果有课程实在赶不上，他也会和老师用微信交流，找同学借笔记及时补上。

每天晚上，王子宁都会花五分钟写总结，反思自己今天的训练和学习中有哪些地方做得不够好，想一想明天要怎么调整。这种高度的自控力，使均衡出色的发展在王子宁身上成为可能。

王子宁说："做一名全面发展的优秀清华体育人，为祖国健康工作五十年，是我的责任，也是目标。"在王子宁身上，我们看到了清华新一代的体育精神。

2017本科生特奖　沈天成

清华特等奖学金获得者沈天成：纵横学海、赛场、舞台和未来

文字｜张译丹
图片｜梁晨

"除了天成外，大概没有别的特奖候选人还能把脚举过头顶了。"舞蹈队的队友这样评价沈天成。他不仅是同学们膜拜的"学霸"，是在大大小小各种体育比赛中拿下20多个奖项的"体霸"，还是个名副其实的"舞霸"。

大一结束时，出于对信息科学的热爱，沈天成从精仪系转入计算机系。选择转系，面临的是大大加重的课业负担、专业基础强于他的新同学和跌至第30名的年级排名。但凭借坚持不懈的努力和钻研探索的韧劲，沈天成在大二和大三学年成功"逆袭"，最终三年综合排名位列年级前三。回顾这一路走来的酸甜，沈天成坦言："学业上这场旷日持久的'逆袭战'，让我感受到追逐梦想的不易，更让我看到苦尽甘来的希望。"

学业的繁重，从来没有阻挡沈天成成为马约翰杯赛场上的"战神"的进击之路——大学三年间，他代表院系参加了整整10项马约翰杯比赛，还代表清华参加了5项首都高校体育比赛，斩获过各项荣誉。他自如地游走在毽球、跆拳道、围棋等大小赛场。在"马杯"毽绳运动会中，沈天成曾连续三年刷新盘踢校纪录，大四时更是同时打破了单踢、盘踢、磕踢、三人踢毽四项校纪录，并带领计算机系历史性地夺得团体总冠军。体育于他，是"为祖国健康工作五十年"的承诺，是超越自我、咬定不放的信仰，浸透着奋斗的汗水，埋藏着精诚所至、金石为开的执着。

如果你在教学楼和操场上都没有见到沈天成，那他大概就在舞蹈排练厅了。沈天成的舞蹈功底，是从大一加入艺术团舞蹈队之后打下的。同其他零基础成员一样，他需要无数次忍住疼痛压软度、练技巧，对着镜子琢磨推敲动作，一招一式都反复打磨。几百个日日夜夜，汗水渗透练功服，咬紧牙关、不懈坚持使沈天成从一个完全没有基础的"萌新"变成了一个神形兼备的舞者。几年来，他参加过新年晚会、迎新晚会等十余场大型演出。大二时，接触舞蹈只有一年的沈天成便有机会和队友们一起参加了北京市大学生舞蹈节，并一举夺得群舞A类一等奖第一名。

关于梦想，沈天成说，他希望"用计算引导未来，用计算造福祖国大地"。

莫佰川

２０１７本科生特奖

清华特等奖学金获得者莫佰川：与集体共同成长，追求梦想

文字 ｜ 杨晨晞
图片 ｜ 梁晨

两年前的一场足球赛上，莫佰川因受伤导致脑震荡，损失了一部分记忆。而在清华大学本科生特等奖学金答辩会上，他却说："我虽然丢失了一段记忆，却拥有了与集体更多的回忆。"在集体中实现自我，用自我来反哺集体，莫佰川在清华的本科生涯中实现了个人与集体的统一。

莫佰川，来自清华大学土木工程系结 42 班，身上自带的绝不满足、不断挑战自我的品质，造就了他对学习"拼命三郎"的精神。把图书馆当作阵地，近乎"愚公移山"攻坚克难的学习方法，让莫佰川学业上达到了常人难以企及的优秀：大一、大二成绩年级第一，大三推研成绩高达 96.7 分，一般人难以想象的勤奋与努力，给予他的不仅是分数，更是求之不得的学习习惯和学习状态。

那场足球赛后，他在医院短期失忆后醒来时，问了一个问题："咱们班足球赛赢了吗？"莫佰川当年担任结 42 班的班长，竞选时，他就表达了对于这个集体的期许——想证明自己的班级是有凝聚力的。那一年的莫佰川，从学生节到甲团，为结 42 班大大小小的事情操碎了心，最终帮助这个集体获得了系甲级团支部的荣誉。他对集体的热爱如此之深，即使受伤昏迷后，班级活动还是牢牢占据了他的记忆。

大二时，管理学双学位的课程上偶然一次灵感，使莫佰川踏上科研起步之路。大二、大三两个暑假，他先后两次前往新加坡—麻省理工联合科研中心进行暑期研修，进入麻省理工学院助理教授赵锦华（Jinhua Zhao）的研究组进行两个不同课题的研究。"佰川勤奋努力，有天赋，能有效地解决问题。他的表现超出了我对一个本科生的预期。"赵教授如是评价莫佰川。

本科期间，莫佰川的科研成果中，一篇第一作者论文发表在 Transportation Research Part C，另一篇第一作者论文被第 97 届美国交通运输协会（Transportation Research Board）年会接收并作了口头报告。

在学术科研上取得出色成绩的莫佰川，同样没有忘记他所在的集体。为了改变土木系本科生中科创氛围不浓的局面，莫佰川竞选担任了土木系科协主席。他牵头提出并推进"土木系创新人才培养计划"，推动已有 20 多年历史的结构设计大赛进行赛制改革，建立以"人"而非赛事为核心的人才培养机制。莫佰川说，他所做的这些，为的是"希望不久以后，人们提起土木工程系，能觉得这是一个科创拔尖的院系"。

在学习和科研中与集体一同成长，在集体中不断成就自我——希望莫佰川在自己热爱的交通领域研究中继续挥洒自己的青春与汗水，也希望今后土木系科创氛围愈发浓郁时，这位学长作出的努力能被铭记。

徐 凯

2 0 1 7 本 科 生 特 奖

清华特等奖学金获得者徐凯：追寻真理是最诗意的生活

文字 | 杨晨晞
图片 | 宋晨

说起数学这一学科，很多人都对其抱着"枯燥、晦涩"的刻板印象，而来自清华大学数学科学系的徐凯同学却说："数学可以给我带来我最向往的生活，仰之弥高，钻之弥坚，苦心孤诣，兀兀穷年，在求索中用青春谱就数学的诗篇。"

徐凯称自己是一名以纯数学研究为志业的本科生，他把在清华的大部分精力投入到数学的学习中，并在 2017 年获得了清华大学特等奖学金。回首三年来学业科研的旅程，徐凯用三句古诗词概括。

"望尽天涯路。"徐凯自幼便为那些隐藏在纷杂现象背后微妙而深邃的数学结构所深深吸引，也十分仰慕那些名垂青史的伟大数学家们，为他们的成就所折服。徐凯最景仰的是几何学家格罗滕迪克与丘成桐，在他看来，他们开拓了人类认知的疆域。这也启发了他进行数学领域研究探索的初心——希望有朝一日能为数学的大厦添砖加瓦。

"衣带渐宽终不悔。"心怀对数学知识的渴望，来到清华后的徐凯如鱼得水，将绝大部分时间都用在了数学上，如饥似渴的数学学习带给他前所未有的快乐。除了本科生必修课外，从大二开始，徐凯每学期都选修三门以上的研究生课程。如果想学的东西没有开课，他就会读书自学。9 门本科专业课程满分，过半数研究生课程位列第一——徐凯以困勉之功读书，不断攀登险峻艰难的山路。在这条道路上，他也不忘与志同道合的同行者交流讨论，通过经常组织和参加不同方向的讨论班，他的思想得到分享与碰撞，激荡更多灵感的同时，也收获了珍贵的友谊。

"路漫漫其修远兮。"2016 年，还是大二学生的徐凯与学长们一同参加了丘成桐大学生数学竞赛，斩获代数、几何与全能的三枚金牌与分析的银牌。大三上学期，徐凯前往哈佛大学数学中心访问。在那里，他接触到了世界顶级的数学家与前沿的工作，不仅学到了很多，还看到了更多暂时还不懂的美妙的知识，着迷于几何与物理之间深刻的联系。正如胡适先生所言："怕什么真理无穷，进一寸有一寸的欢喜。"徐凯说，他能想到的最诗意、最浪漫的生活，就是在追寻真理的道路上远行。

从徐凯接触现代数学起，才过去仅仅三年，他就像刚刚看到世界的婴儿一般欣喜。徐凯特别喜欢数学家朗兰兹的一句话："最美妙的时光是在只有数学相伴时，没有野心，无需伪装，忘怀天地。"对数学充满热爱的徐凯说："伟大的数学工作犹胜最壮丽的诗篇，我愿将自己生命的细流汇入数学事业的江河中，让它万古流传。"

清华学生年度人物：在清华，实现理想的 N 种可能

文字｜冯婉婷
图片｜宋晨

　　2017 年的最后一天，2017 年清华大学学生年度人物在新年联欢晚会上揭晓。他们有的是个人，有的是群体；有的潜心科研，有的追求艺术；有的自强不息，有的自我突破；有的走遍祖国送去爱与温暖，有的走向世界讲述中国的故事。他们是清华莘莘学子的代表与缩影。

　　清华人可以是科学家，也可以是艺术家，是体育健将。万蕊雪在博士四年里以第一作者身份在顶级期刊《科学》发表论文 6 篇、《细胞》发表论文 2 篇，入选"未来女科学家"计划；胡耀文是清华物理系历史上第一位"四大力学"满分的学子，虽然才大四却已发表 9 篇 SCI 期刊论文；美术学院绘画系博士生于婉莹用素描描绘清华景色，展现清华精神；"女神"依曼用歌声抒发热爱，用舞台呈现自我，三年多来为清华带来 120 余场精彩演出；王子承从博士阶段开始零基础学习击剑，四年后勇夺全国大学生击剑锦标赛冠军……他们，用亲身经历实现了在清华成长的 N 种可能。

　　清华人自强不息，厚德载物。朱晓鹏遭遇生活重大变故，忍耐着身体的疼痛坚持学业的同时，致力于促进学校的无障碍设施更加完备；年度人物提名候选人曹真顽强与听力残缺抗争之余心系公益，用自己的美术特长为小学孩子们美化校园。他们并不孤独——在朱晓鹏和曹真背后，有很多像无障碍发展研究协会、粉刷匠工作室协会这样致力于志愿服务和公益事业的学生社团。2017 年，已经有 30 年光荣历史的清华大学红十字会学生分会打造了全国首个全球健康海外移动课堂，联合北京 13 所高校将艾滋匿名检测服务引入校园。成立 17 年的清华大学博士生讲师团创新宣讲形式，在党的十九大后累计开展宣讲 100 余场，覆盖 10000 余人次，以学生视角为社会传播正能量。他们是"行胜于言"的有力代表。

　　清华人心系祖国，胸怀世界。清华大学 2015 年入伍在校生于 2017 年 9 月退伍返校，他们在部队期间全部立功受奖，从优秀学子到坚强军人，退伍不褪色。年度人物提名候选人、"布衣博士"吐尔孙·艾拜回到故乡南疆驻村，用行动践行"离基层越近，离真理越近"。新闻学院本科生李亚东远赴非洲采访并创办杂志，环境学院卢炜媛成为亚欧外长会议中首位当选青年代表的中国学生，他们向世界讲述中国的故事，让世界听到中国青年的声音。

　　每年清华大学年度人物评选结果都在年末的新年晚会揭晓，因为这不仅是对过去一年优秀学子的嘉奖，更是对未来所有清华人的鼓励。

清华映像
Tsinghua Spotlights

04
2019.02.

新年快乐

2019
新春FLAG

清华学生年度人物：新春出发

文字 | 马倩倩
图片 | 李娜

旧岁至此，另换新年。除旧布新的日子里，2018 年成为清华大学学生年度人物的他们，已经出发。

从 2012 年组建至今，依托计算机系在高性能计算方向深厚的实力，清华大学学生超算团队形成了良好的梯队。继 2015 年的"大满贯"后，2018 年他们在三大国际大学生超算竞赛 ASC、ISC 和 SC 中包揽了全部三项竞赛的总冠军。这也是清华大学超算队伍在这三项赛事中累计获得的第 11 项冠军。春节假期里，超算团队里回家过年的队员们虽然不在一起，但仍要各自坚持训练。2019 年，队长于纪平面临毕业，但他仍希望能够带领队伍努力准备今年的超算比赛和程序设计竞赛，在 ASC19 世界大学生超级计算机竞赛和 ISC19 国际超级计算机竞赛等大赛中取得好成绩。

征服号称"田径之王"的十项全能项目、为国出战亚运赛场的宫克威实现了我校学生运动员在国际比赛中的最大突破。春节一共只放五天假，其余时间都需要在学校训练的宫克威把春节安排得满满当当——腊月二十七参加哥哥婚礼，二十九和朋友聚会，三十在家帮忙，初一和家人一起热闹拜年，初二上午回北京。新的一年，他希望自己可以抽出更多的时间回家看看，多读书，每天坚持学习至少三小时；也希望在日复一日的训练中严格要求自己，提升自律能力，为新赛季的突破打下基础，创造优异的成绩。

马克思主义学院博士生程正雨曾累计组织 300 多名同学前往祖国 12 个省份 16 个区县开展"乡村振兴工作站"的调研、设计、建设工作，回校后还成立了学生乡村振兴工作室，凝聚更多师生共同走上乡村振兴之路。已经跟十个区县达成协议共建乡村振兴工作站的程正雨，假期又奔赴祖国的不同村镇——海口市美兰区三江镇、赣州市龙南县武当镇、安阳市林州市姚村镇。家在四川省自贡市荣县的他已经联络了家乡的村子，年后将开展细致调研，希望能为家乡的发展出一份力。新的一年，程正雨立下了保持健康作息和心情的"flag"，也希望多阅读马恩原著和与乡村有关的书籍给自己充电。在祖国大地践行马克思主义的程正雨想继续为乡村发展做好服务，争取在 2019 年建成 10 个乡村振兴工作站。

曾获清华大学第二十六届校歌赛冠军、两届研究生"一二·九之星"和《2018 中国好声音》周杰伦组冠军的宿涵刚刚度过了紧张又充实的一年——探索人工智能创作，致力于找到科技与艺术的交融点，用技术传播音乐之美。在春节这个期待已久的假期，宿涵希望在继续写歌的同时抽出时间好好休息一下，然后充满能量地开启崭新的音乐之旅。他也希望自己和身边的人们在新年里能越来越好。

"天格计划"发起人温家星在 2018 年带领团队将"天格计划"首颗实验卫星发射入轨并成功测试。忙于首星研发的他从上个寒假开学至今只在家待了五天，这个春节假期，他想回家陪陪妈妈。作为清华大学工物系－中国工程物理研究院（简称"中物院"）联合培养博士生，春节过后，温家星将到中物院开展未来的博士课题研究，他想利用在中物院做文献调研的时间，每天读一篇英文文献，坚持每周写总结，督促自己及时梳理思路并完成一篇关于激光聚变诊断设备的文献调研报告。新的一年，温家星希望能找到合适的博士课题，利用在清华和"天格计划"中学到的知识、锻炼的能力，为国防科技事业作出一点贡献。即将开始异地恋的他，还立下了每天跟女朋友视频或语音聊天这个幸福感满满的"flag"。关于天格，温家星希望新的一年能让首星尽快进入状态，测到第一个伽马射线暴，同时完成"天格计划"探测器载荷的文章。

"在写作中创造世界"的青年作家修新羽 2018 年加入了中国作家协会，她的小说英文版在美国顶级科幻杂志《克拉克世界》发表，创作的话剧也陆续公演。今年春节前，她赴上海与腾讯视频合作一档名为《回家的礼物》的视频节目，在国人纷纷登上回家列车前，聆听关于回家礼物的故事。修新羽说，自己高中时买的好多书还没开封，所以她在新年立下了把去年买的书都看完的"flag"。写作方面，她计划在 2019 年继续创作已完成三篇的"城北故事"系列，用笔墨呈现那些艰辛生活的人，让自己心里的那个"城北"真正承载起悲欢离合、起落兴衰。修新羽还想重启自大三起已经写了七八万字，却因为课业和心境搁置很久的长篇小说创作。在戏剧方面，她希望进一步完善话剧《奔》的剧本，推进第二轮演出，也期待该剧有机会在清华上演。

2018 年，在清华读懂中国、向世界展现清华的国际关系学系阿富汗籍博士生沙明，作为清华大学博士生讲师团首位国际讲师，在"核心律章"上分享了他对"一带一路"倡议的观察与思考，还前往中国精准扶贫第一线，用中文宣讲扶贫经验与实践。难得的春节假期，已经半年多没回家的他选择回国与父母团聚。2019 年，除了发表文章、准备博士生资格考试，作为清华大学学生"一带一路"研究协会（SABRI）的联合创始人与副主席，沙明将继续组织 INSIDE BRI TALK 和 ENTREPRENEURSHIP ON BRI 等活动。SABRI 协会的第一期杂志将在新年发布，5 月前后，沙明还希望能推动在清华举办"一带一路"青年论坛。

充满清华精神与人文情怀的校园导演刘西洋在 2018 年接连创作了《水木道》《清华零点后》《未来归来》《THU Superhero》等"爆款"视频，累计播放量超过 5000 万，多次获央视、《人民日报》《环球时报》等媒体转发、报道。由他导演的新年快闪《我和我的祖国》实录视频经央视《朝闻天下》节目首发和《新闻联播》报道后，更是引起社会各界强烈反响。进入 2019，刘西洋的心态依旧平实，回家过完年后，他将继续制作手里的几个片子，包括与学校新闻中心和校研究生会合作筹备纪念"一二·九"运动的影片——《我的 1935》。

2018 年，由新闻学院硕士生王德龙和美院硕士毕业生管玉磊策划、设计、制作的"立体二校门清华大学录取通知书"被媒体与网友誉为"最美录取通知书"，也入选了国家博物馆庆祝改革开放 40 周年大型展览。这个通过文化创意产业传播清华精神的团队刚刚创业起步，今年春节，王德龙选择在北京运营公司店铺，年后再回家。新的一年，他们想进一步完善目前正在推进的清华文创产品和八达岭文创品牌"长城礼物"。

清华大学的校园志愿讲解活动始于 2005 年，业已发展成为校内志愿者规模最庞大、影响力最深远的志愿活动。2018 年，讲解志愿服务团推出了五一"园系你我"、暑期"志愿一夏"、十一"志愿第一课"三次大型活动。全年参与志愿者超过 5000 人次，志愿工时突破 20000 小时，开展的"口述清华"社会实践项目获清华大学社会实践金奖。这群将志愿精神深植于心、践行于实的校园讲解志愿者在寒假组成实践团队，在长沙、武汉等地采访校友、开展活动，为今后的志愿讲解积累资源。新的一年，这个充满活力与能量的团队除了坚持之前推出的常规项目，也计划在文创产品设计和信息化服务方面进一步改进和提升。

对这些学生年度人物而言，春节与其说是假期，不如说更像一个能量重启的开关——在大满贯后坚持训练，在长期备战中更加自律，在乡村振兴的道路上践行马克思主义，在技术创新中重现音乐之美，在璀璨星空下甜蜜生活，在小说戏剧中书写悲欢，在异国他乡求知架桥，用镜头记录伟大与平凡，用产品凝聚匠人精神，用志愿服务诠释心目中那个独一无二的清华……他们是万千清华学子的代表，梦想在奋斗和创新的脚步中日渐清晰。

在除夕这个重要的日子里，平常在校忙碌的学子们大多已经返乡团聚，在世界各国交换学习和在祖国大江南北进行社会实践的同学们也纷纷踏上归程。在爆竹声中辞去旧岁，以漫天烟花迎接新春，无论身在何方，他们将与这些年度人物们一起，用满满当当的计划与热情开启新年。

清华大学国旗仪仗队：爱国，用一种守护的姿势

文字采写丨韩瑞瑞
摄影丨李派
图片丨宋晨　刘雨田

25 年来，为了守护一面旗，他们接力做着这样的事情：5 点钟闹钟响起，在室友们均匀的呼吸声中轻手轻脚地起床洗漱，在水房的镜子前戴好军帽，通往主楼的路上有夏日的朝霞和冬日的霜雪相伴。调试音响，整理着装，踏着铿锵有力的正步登上旗台，伴随着国歌的节奏，亲手将五星红旗缓缓升起……他们，是清华数万名师生中离国旗最近的一支队伍。

清华大学国旗仪仗队第 16 任队长苏醒离队之际曾写下三句话，而后作为队训沿用至今："沐朝露，伴夕阳，是我挚爱的生活。亲手升起五星红旗，是我无上的光荣。护卫国旗，报效国家，是我一生的担当。"

三句箴言，廿载华章。自 1994 年清华成立全国高校第一支国旗仪仗队以来，时至今日，仪仗队已经走过了二十五个年头。

清华大学党委武装部部长、国旗仪仗队指导教师熊剑平对仪仗队的同学充满关切之情，认为清华国旗仪仗队是"最具清华特征的学生社团，是校内宣扬国旗文化、爱国主义常态化教育的主阵地。每一次升降旗仪式，都是一次情境式的爱国主义教育，通过队员们行胜于言的实践，对他们自身和周围同学形成潜移默化的影响。"

根据《清华大学国旗仪仗队管理条例》，学校日常升降旗、运动会出旗、"九·一八"等重大纪念日活动升旗均由仪仗队承担。除此之外，清华国旗仪仗队作为唯一的学生团体与三军仪仗队共同执行 2008 年北京奥运会升旗任务、在北京高校国旗护卫队检阅式比赛中多次荣获一等奖、数次被评选为"校十佳学生社团"。而台前与一首国歌时间等长的风采，是用幕后无尽的刻苦训练与付出换来的：平均每年出旗院系运动会 15 次，升降国旗 337 次，队列训练 200 个小时，2000 分钟吊腿，踢 20000 次正步……

爱国是仪仗队存在的意义，护旗是队员们肩负的使命，对于历届仪仗队的每一名成员来说，第一次出旗仪式前在五星红旗下的庄严宣誓，需要用一生的时间去实践。"热爱祖国，热爱中国共产党，爱护国旗，认真执行《国旗法》。做捍卫国旗的钢铁卫士！"

负责抛旗的左护旗手冉崇汉对此深有体会，"国旗真的很神圣，不仅仅是在升起的那一刻，更在每一个细节上。"旗角不能碰地、不使用印有国旗标识的书籍报刊垫桌角、开展国旗文化交流宣传实践活动……这支队伍致力于唤醒更多人对国旗的敬畏之心。

聚是一团火，散是满天星。第五任队长夏毅曾说："直到我离开清华的那一天，那套军装都一直挂在我的床头。现在，这身军装一直挂在我的心里。"离开仪仗队，离开清华，他们却从没有离开过那面旗。

第 21 任队长白浩浩，毕业后远赴西藏支教，并在支教学校创立了一支国旗仪仗队。带着国旗游览祖国、扛着国旗去海外实践、走上工作岗位也不忘在办公室放一面小小的旗……他们用五星红旗时刻提醒自己不忘初心、牢记使命。第一任队长王澜在仪仗队 20 周年庆祝大会上满怀深情地说："清华国旗仪仗队给了我这样的信念作为礼物：我们的工作，我们的人生，永远要以祖国和更大多数人的美好愿望为起点。"

一生一面旗，一生一个国。第 26 届国旗仪仗队的招新工作已经顺利完成，共招收了 70 余名新队员，护卫国旗的任务又将交付到新一届队员手中，此中不仅有无上荣光，更有沉甸甸的使命。再回首，这一路无惧风雨、昂首前行，只为在阳光下挺起胸膛，向九十载军魂致意，向七十年沧桑巨变敬礼！

清华大学登山队：向高峰，再出征

文字 | 刘书田
图片 | 宋晨

2019 年 7 月 22 日凌晨 1 点，清华大学登山队队长、自动化系 2018 级硕士生杨佳然和其他登山队的队员早早起床收拾好行囊，准备向阿尼玛卿顶峰发起最后的冲刺。

清晨 6 时 3 分，登山队成功攀越了最后一个冰坡，全队成员付出的数月辛苦，终于以"会当凌绝顶"的完美结局而告终。"看到前面已经登顶的队员，就是松了一口气的感觉"，回忆起登顶那一瞬间，杨佳然至今仍心潮澎湃。

行前"魔鬼集训"：不打无准备之仗

此次清华大学登山队攀登的阿尼玛卿，位于青海省东南部的果洛藏族自治州玛沁县大武镇，是黄河源头最高峰。

阿尼玛卿山体庞大，冰川发育完整，地形复杂，气候多变，主峰"玛卿岗日"由三个海拔 6000 米以上的峰尖组成。队长杨佳然表示："最初选择阿尼玛卿，是因为其硕大的山体及发育完整的冰川。这是我在之前的攀登中所没有体验过的。"

事实上，这并非清华人第一次攀登阿尼玛卿。早在 1996 年，清华大学登山队就曾成功登顶。不过，此次攀登的路线和 23 年前的路线不同，今年登山队选择的是西南山脊路线，攀登线路更加简洁，但其中 700 米冰壁的技术路段也有着极大的挑战。

"这是因为今年的登山队有多名有多次攀登经验的老队员参与，因此在选山上更有信心，在实际攀登中老队员也起到了非常大的作用。"杨佳然补充道。

前期共有 34 名队员报名了登山集训，其中登山队正式队员 12 名，摆在他们面前的，是一场高负荷的行前集训。这场体力、脑力双重考验，包括体能训练、技术培训、攀岩训练三项内容。

以经典集训项目"负重拉练"为例，男生需要负重 25 千克砖头，女生需要背负 20 千克砖头，去爬海淀区的最高峰——阳台山，爬到 1000 多米的山顶后才能将砖头卸下。山顶有一个石头堆，是附近几所高校的登山队多年来的"杰作"。

集训考核也是残酷的，除去 1 人因毕业找工作事宜退出外，有 2 人因集训考核未完成而取消资格，最终阿尼玛卿登山队成行 9 人。

对此，杨佳然感到非常遗憾："他们全程完成了登山集训，最终由于未过攀岩的登山线而被取消了资格，其实就差一点点。"

不过，登山队的团魂早已在集训中凝聚了起来。最终出现在阿尼玛卿峰顶的，除了顺利登顶的队员，还有全队的合影照片。

"危机时刻"的化解：人生就像登山一样

经历了 5 周的"魔鬼集训"，7 月 5 日，清华大学登山队前站从北京出发。三天后，登山队大部队从北京出发前往大武镇。7 月 11 日，全队进山建立本营 BC（海拔 4400 米）。此次攀登选择成都自由之巅团队于 2018 年开辟的西南壁新路线，碎石路段多，暴露感强，技术攀登路线长，对队员的体能、技术等综合能力要求较高。

而队员们毫不惧怕艰苦的环境，他们身上有着典型的"登山型"品格，"对自己大都比较狠，也都比较能忍"。登山的高山靴是比较挤脚的，有的队员脚指甲都踢掉了，但仍然坚持继续走。

在登山的过程中，高原反应几乎是伴随全程的，新队员往往会被高反折磨得很痛苦，而有经验的老队员则知道这些都是正常的高原反应，即便头痛、没有食欲，都是可以继续坚持的。

登山的过程并不是一帆风顺，队员们难以预料风暴将在何时突至。刚进山第三天，登山队就遇到了危机——旁边的冰川发生了冰崩。

杨佳然回忆道："当地的牧民进来提醒我们必须要先撤出去，等情况稳定，确认安全之后再进行攀登。而当天我们刚刚完成了第一次运输，全队将大部分物资运输到了 C1，下一天马上就需要把所有的物资再运下来，而且要拆除本营，撤回大武。"

在此危急关头，杨佳然和一名老队员以及两个教练，毅然决然地选择第二天一早再次出发前往 C1，将前一天运输的物资全数背下来，其他队员留在本营拆营收拾装备。

背包的重量超过了平时负重训练的量，4 个人背了大约 120 千克。除了身体上的负荷，更大的压力来自精神上的——刚刚收拾好两天的本营就又被全部装回了车里，意味着一切陷入了未知。

筹备数月的登山难道就此草草收尾？队员们不甘心就此放弃。大家早已结下了深厚的"革命友谊"，相互激励着"革命尚未成功，同志仍需努力"。重整旗鼓后，登山队选择再次进山，继续完成攀登。

由于上一次进山以及等待的时间已经消耗了大半攀登周期，第二次进山后队员们不得不加快攀登的节奏。再次登上 C1 的时候，每个队员的背包都达到了极限的状态。

但没有一个人有过放弃的念头。"登山时都是一根绳子上的兄弟，必须相互熟悉、了解、信任。"杨佳然说。

"冲顶当日我们 1 点起床，6 点多登顶，然后一路从顶上往下撤，晚上 10 点多到了大武镇，完成了原计划三天完成的行程。"如今回想起来，杨佳然还是觉得不可思议。

这是杨佳然第二次带队登山，在他眼中，登山是人与自然对话的一种方式。山里的日子，简单而纯粹，令人放松，队员们能够静下心来和山对话，和自己交流。而作为队长，登山之行需要和队员、教练，以及当地的牧民、政府进行更充分的沟通，自己身上的责任感和使命感更强烈了。

他喜欢将人生比喻成登山："登山中面对很多问题时的决策、思想，在生活中也是一样的，能够从登山中学会很多，不仅仅是体力上的提高和雪山美景的享受。"

登山队的传承：不变的是清华精神

集训前夕，资金赞助还没有着落，大家急得像热锅上的蚂蚁。而当外联负责人向山野协会老队员们表示了这种困难之后，他们积极出谋划策，最后促成了校友企业清研讯科的冠名赞助，登山队在路线、装备、食品、外联、宣传等前期筹备的各项工作得以顺利开展。

老队员们之所以愿意倾力帮助，离不开对清华登山队的热爱与归属感。

20 世纪 90 年代，中国的民间登山活动才刚刚起步，高校社团开启了国内民间高山探险活动的新纪元。1997 年，清华大学登山队登顶慕士塔格（7546），次年又成功登顶章子峰（7543），连续两年登顶海拔 7000 米以上的山峰。从这以后，清华登山队的旗帜多次飘扬在山峰之巅。

随着更多的人员、资源投入登山运动中，高校登山队开始向着低海拔、体验式的方向迈进，使得更多普通同学有机会体验登山这项运动的独特魅力。青海格拉丹东雪山、玉珠峰，四川半脊峰……从 1994 年至今，每年 7 月清华大学登山队都会组织队伍在全国各地攀登山峰，清华学子自强不息的精神一直支撑着登山队前进。

而能够站在高处"一览众山小"，靠的是平时刳摩淬励的训练。

登山者需要自励和自律。登山集训期间有禁酒令和宵禁，每天的早起以及规律而刻苦的训练，能够让生活处于一个很好的状态。

登山家哈斯顿曾说："如果困难出现，就要战斗到底。如果你训练有素，你就会生还；若非如此，大自然将把你收为己有。"这意味着，登临顶峰并不是胜利的终点，平安下撤后才算成功。

每一次清华大学登山队的成行，都必须通过山野协会理事会的审核和学校团委组织的登山答辩，同时接受系统的安全教育。在登山过程中，校团委体育代表队也会安排辅导员到当地，帮助登山队员联系相关人员并做好安全保障。这次攀登阿尼玛卿前，体育代表队辅导员到大武镇气象局获得最可靠的天气预报，帮助队员们确定了冲顶当日的好天气以及后续的大雪状况，抓住好的天气窗口登顶并及时下撤。

清华浓厚的体育氛围和"无体育，不清华"的精神，也成为登山队的有力后盾。"登山其实是一个比较小众的运动，能够坚持下来的人也相对较少，但是在清华体育这个大家庭里，我们登山队也取得了不错的发展，可以说是比较成功的。无论在体育运动、学习科研还是人生中，我们身边都有一批清华人不懈践行着清华精神，他们是我们的榜样。"杨佳然说。

国际学生志愿讲解员：世界视角看清华

文字 | 彭欣怡
摄影、图片 | 李派

5月18日，2016年诺贝尔化学奖获得者伯纳德·L.费林加（Bernard L. Feringa）在校园开放日这天走进清华园。在清华大学校史馆，在二校门、日晷、清华学堂、大礼堂等清华早期建筑前，国际学生志愿讲解员安娜（Kuznetsova Anna）和瑞汉绕（Reehan Rao）生动地介绍了清华的历史与今天，给费林加和参加开放日活动的中学生们留下了深刻印象。

这是由校研究生会招募的iCampus志愿者第三次参与校史讲解，也是他们第一次在中西合璧的清华园中开展校园现场讲解活动。

今年3月中旬，4名国际学生志愿者高岚（Claire Mai Colberg）、安娜、普拉丹（Suyog Pradhan）和鲁利杜拉（Rully Hidayatullah）首次为30余名国际交换生带来精彩的英文导览和校史讲解。这次校史馆讲解活动由国际学生学者中心和校研究生会联合举办，作为春季学期国际交换生新生入学导向教育的拓展活动，旨在帮助国际学生深入学习和了解清华校史，促进校园融入，提升文化认同。这次活动在到场学生中取得了良好反响。

3月28日来访的十多位罗德学者，也曾在校史馆跟随高岚的讲解，一同浸入清华的百年历史长河。

高岚从清华作为留美预备学校的建校历史讲起，将清华在屈辱中求发展、在战争中现担当、在稳定中应需求、在变革中追卓越的历程娓娓道来，老校长梅贻琦、蒋南翔和一代代清华英才们的故事，在她的描述中变得鲜活可触。仔细聆听讲解的罗德学者们也不时参与其中，提出了不少问题："这张相片里的外国人，是当时在清华大学任教的教授吗？""'一二·九'运动中其他学校有什么行动吗？""西南联大成立后，所有的清华学生都过去了吗？"高岚从容自若，一一为他们作了解答。

参观最后，高岚还向罗德学者们发起了一个有趣的挑战——在1979年化工系毕业班的师生合影中寻找青年习近平，学者们饶有兴致地辨认起来。在高岚看来，校史馆里的每一张合照都有其特别的意义，它们共同组成了个人与清华共成长、清华与国家共成长的印记。

这位侃侃而谈的志愿者讲解员来自美国，目前就读于苏世民学院。她曾经4次参观校史馆，深入了解清华历史。谈起参加志愿者活动的初衷，高岚说："我非常享受跟别人分享历史的这个过程。我觉得很有意思的是，清华的成长历程与这个国家的发展历史是同步的。来自其他国家的人需要对近现代中国的建设和发展有更多的了解。"

像高岚这样乐于分享的国际学生志愿者还有不少。他们经过前期大量的材料准备和实地演练后，充满自信地把清华的悠悠过往和发展历程讲给更多人听。在这个更创新、更国际、更人文的校园里，他们丰富了清华讲解者的面孔、视角和风格，也为清华走向世界、世界了解中国搭建了一座新的桥梁。

由校研究生会发起的iCampus志愿者项目，旨在依托校内中外学生志愿者的协同努力，来优化清华校园的国际化软硬环境，通过提供英文版的校史讲解、校园讲解和校内公共空间的双语化标识，促进国际学生更好地融入校园生活，有效提升校园软硬环境的国际化水平。

彝族女孩钟玲："清华让平凡的我变得独特"

文字 | 冯婉婷
图片 | 宋晨

"清华给了我太多的惊喜，让原本平凡的我拥有了自己独特的人生。"在 2017 年清华大学学生奖励大会上，来自化学工程系的 2014 级学生钟玲动情地说，是清华教给了她自强、追求与感恩，让她走出小县城，看到大世界。

"清华给了我改变命运的机会。"钟玲是一位来自云南省宣威县的彝族女孩，2014 年通过清华大学自主招生计划"自强计划"来到清华。她半岁时，父亲因病去世，只有初中学历的母亲扛起了养家的重担。从小她就立志：一定要考取好大学改变自己的命运。高三那年，清华的"自强计划"第一次在她的家乡开设名额，给予贫困地区的优秀学生降分录取的机会。在老师的鼓励下，她鼓起勇气报了名，最终顺利获得降分录取的优惠，并在半年后被清华大学化学工程系录取。

"清华让我相信每一份努力都会有所回报。"从小县城来到清华，钟玲有许多不适应：不会骑车、上课听不懂、作业不会写，连选课和交作业需要用到的电脑技能她都不太熟练。大一时她曾苦想 4 个多小时也没解出一道微积分证明题，内心的无力曾让她打电话向母亲哭诉。但是在母亲的鼓励下，坚信勤能补拙的她没有轻易放弃，提前做好每门课的预习、每周找老师答疑，甚至在图书馆度过了整个国庆假期。渐渐地，她找到了自己的节奏，学习先是从倒数变成了全系前 20，大一第二学期就考到了全系第一。

"清华让我明白，为自己喜欢的事情去奋斗是件很幸福的事。"在到清华之前，钟玲对读书的想法只是改变家庭的贫困。到了清华之后，她发现了人生原来有这么多可能——社工、志愿、实践、创业、科研，每个人都在为自己的兴趣执着追求。在良好的学术氛围的影响下，钟玲加入了化工系张强老师课题组，并且经过不懈努力，在本科期间就以第一作者在 SCI 期刊 New Carbon Materials 发表了学术论文。

"清华让我看到更大的世界。"因为经济问题，钟玲以前从未想过要出国，直到大一暑假学校给予了"自强计划"的学生去牛津大学学习的机会。牛津之行让她认识了很多优秀的小伙伴，也见识到了更大的世界。从那以后，在学校各类计划和项目支持下，她又先后去往伦敦大学玛丽女王学院、京都大学和特拉华大学开展学术交流，结识了学科前沿的一批科学家，也加深了自己对于科研的热爱。

"相比于刚入学时的自己，我真的可以说是脱胎换骨了。"钟玲说，她在园子里的每一步都走得坚定、踏实、无悔。

清华日新

工业工程系数字化模范工厂实验室：
数字化智能工厂，体验式学习课堂

文字 | 梁乐萌
摄影 | 何名暖
图片 | 李娜

"工业工程专业的本质是'系统优化'，我们在课堂上一直强调这一点，但还是很容易被忽视。只有在工厂中真正工作过，才能深刻认识到其中的内涵。"清华大学工业工程系原系主任郑力教授说。

工业工程是一门实践性非常强的学科，仅仅依靠课堂上的讲授，同学往往无法完全理解其管理方法。清华大学工业工程系的数字化模范工厂实验室，通过包含智能制造理念和技术，以及贯穿整个产品价值链的体验式学习，帮助学生在无风险环境中学习数字化精益运营管理和能源效率管理，感受数字技术手段对工业生产的巨大推动力量和创新力量，从而促进理论理解与实际运用能力的提升。

2012 年，清华大学工业工程系与麦肯锡公司合作建立了模范工厂实验室。在此基础上，数字化模范工厂实验室于 2017 年 4 月建立，旨在将清华大学的人才培养优势与麦肯锡的实战经验相结合，为"中国制造 2025"背景下的企业数字化转型和智能制造人才培养提供实践平台。数字化模范工厂实验室不仅根据产业发展需求重构现有工业工程实践课程的内容、体系和模式，也向相关院系和企业提供开放服务，助力中国智能制造等交叉学科和新工科人才的发展。

通过对生产系统的分析、设计和运营，学生可以清楚地看到系统的不灵活性、浪费和波动性对企业及时交付、产品质量和成本的影响。"学生可以充分发挥创造力，在实验室探索新的生产模式，亲身参与和感受技术水平和管理水平对生产系统的影响。"工业工程系高级工程师王晓芳说。

除了教学应用，数字化模范工厂实验室本身对中国工业变革也有探索性意义。实验室以工业产品为对象，通过面向离散加工的数字化变速箱生产系统和面向连续流程的数字化茶饮料生产系统，实现从底层硬件到顶层分析的整合与落地，充分展示了数字化产品的生命周期和价值链，成为制造企业构建数字化智能工厂的应用示范工程。

随着经济发展与转型，人力成本优势逐渐下降，中国制造业要保持优势、提高盈利能力，必须通过数字化的管理运营进一步提高效率，这是工业工程系数字化模范工厂实验室体现的理念，也是中国"智造"发展不可或缺的推动力。

先进材料实验教学示范中心：走在时代前沿　培养科研高手

文字｜胡颖
图片｜李娜

　　微型旋转木马、伦敦塔桥模型、迷你挖掘机、扑翼机、机械抓手……在清华大学首届"曼恒杯"3D 打印技能大赛的比赛现场，这些精妙绝伦的展出作品令人叹为观止、心悦诚服。更难以想象的是，作品从制图、建模、打印到后期处理，前后不过两天。比赛展现了清华学子们出色的设计意识和动手能力。比赛的主办方——清华大学材料学院的先进材料实验教学示范中心，是一个拥有完备的教学实验平台、多样的科创活动和丰富的教学资源的国家级教学示范中心，依托清华强大的材料学学科优势，引领学生了解学科前沿，培养学生的科研实践能力。

　　材料科学与工程是一门实验科学，因此实验是本科生培养的一个重要环节。然而，传统的教学实验环节一直依附于专业基础课和专业课的课堂教学。为打破这一传统模式，先进材料实验教学中心建立了一套独特的教学体系，在加强学生实验动手能力培训的同时，着力培养学生发现、分析和解决问题的能力。中心面向材料学院学生开设了"材料科学与工程实验系列"四门课程，从本科第四学期开始，每学期开设一门，使学生逐步掌握学科的基本实验技能，提升科学研究能力，为实际科研训练打下良好基础。

　　先进材料实验教学中心的李亮亮老师介绍说，除了"材料科学与工程实验系列"课程外，中心还向材料学院本科生提供了专业技能训练，包括各个二级学科的专业实验、本科生的课外科技活动、综合论文训练等，全面提高学生的科研水平和实验能力。

　　在注重材料学院专业教育的同时，先进材料实验教学中心面向全校提供通识基础教育，包括"工程材料""工程材料基础""材料加工""测试与检测技术基础"等实验课。这些课程从材料应用的角度出发，为其他院系的学生在自己的主修学科中进一步运用材料学知识奠定了基础。实验教学中心尤其注意将最先进的科研设备用于教学实验，将最先进的科研成果转化为教学内容。正因如此，每年这些课程都吸引了大量来自航空航天学院、能动系、工物系、机械系等其他院系的同学。

　　李亮亮老师笑着说，中心的课程广受欢迎，尤其是最新开设的 3D 打印课程，每年选课结果都会爆满。选课的同学们在老师的指导下用软件模拟设计出各种形状，再通过 3D 打印机进行实体化。为了适应教学需求，每年实验教学中心的设备都会更新换代。

　　教学之外，实验教学中心还每年举办面向全校本科生的科技竞赛，包括已经举办了五届的本科生金相技能大赛，参赛学生要根据要求制作金属样品，并进行抛光打磨。实验教学中心举办的 3D 打印技能大赛吸引了来自 20 多个院系的同学，其中不乏来自美术学院、新雅书院甚至清华附中的学生。

　　由于在教学上的突出贡献，先进材料实验教学中心曾获得清华大学教育教学成果一等奖等荣誉，并被教育部评为"十二五"国家级实验教学示范中心。

　　作为 21 世纪的核心学科，材料科学与工程专业面临着技术突破和重大产业发展的机遇。相信通过先进材料实验教学中心的精心培养，清华园里会走出更多高层次的材料工程科学研究人才，站在学科前沿，为中国未来的科技发展作出贡献。

TSINGHUA LABORATORIES
探访清华实验室

新闻传播学实验教学中心：
实现新闻教育与传媒行业的"无缝链接"

文字丨冯婉婷
摄影丨赵婧
图片丨任帅

夜幕降临，新闻与传播学院的实验室依旧灯火通明。

位于一层的印刷媒体实验室里，学院报社的编辑正在准备即将发排的周刊，或在排版软件上对齐每一栏的边线，或在大样上校对每一个标点，为的是保证明天印刷的报纸准确无误。位于二层的视听编辑室里，几位选修了影视制作课程的同学还在剪辑课程作业，或是用心为画面调色，或是认真添加字幕，为的是能够完成一部让自己满意的微电影……

提起清华的实验室，大家的第一反应可能都是拥有各种先进仪器设备的理工科实验室。但很多人不知道，清华还有一批很有特色的人文社科类实验室，新闻传播学实验教学中心便是其中的典型代表。

新闻传播学实验教学中心执行主任王庆柱老师介绍说，在新闻与传播学院不算大的院馆里，教学实验室的使用面积达到了 600 余平方米："我们学院的实验室可不少。2002 年建院时初步建成'新闻与传播综合实验室'，随着办学规模的逐渐扩大，学院对教学实验室进行了全面规划，到 2007 年底基本建成了一批设施齐全、环境舒适的实验室，楼上楼下一共有 7 个。"它们分别是印刷媒体实验室、视听编辑室、数字媒体实验室、摄影与洗印室、彭博数据终端室、媒介调查实验室以及全球财经新闻实验室。

随着新媒体技术日新月异的发展，这些实验室也经历了不断的调整变化：为适应数字化摄影的发展，2010 年中心撤销了摄影与洗印室，合并了数字媒体实验室与媒介调查实验室，后来又相继增设了媒介融合实验室、新闻教学演播室等。"现在媒体的发展速度很快，我们必须不断更新现代化的传媒设备和实验环境，保证学生专业技能的与时俱进。"王老师介绍说，2018 年新闻学院会建立新的融合媒体实验室，目的是结合当前的实践教学改革，为学生提供现代化的传媒环境，使学校教育和传媒行业实现"无缝链接"。

新闻传播学实验教学中心一直坚持"国际化、开放式、多层次、融合型"的实验教学特色。除了提供良好的硬件设施之外，自 2010 年 7 月始，中心还以工作坊的形式开展了理论与实践相结合的新尝试。同学们可以通过选择工作坊模式的课程（包括学术研究工作坊、媒介批评工作坊、清影工作坊、新媒体工作坊、清新时报工作坊等），亲自参与到新闻实践当中，实现技术与艺术、技术与新闻理论和传播理论的融合。

这些实验室不仅用于实践类课程，而且在课堂之外对学生开放，为学生的自我创作提供空间。2018 年即将建成的融合媒体实验室，将汇聚中心现有的全部实验室，形成更加完善的一体化空间，进一步方便学生的专业实践与个人创作，打造更国际、更开放、更多层、更融合的实验空间。

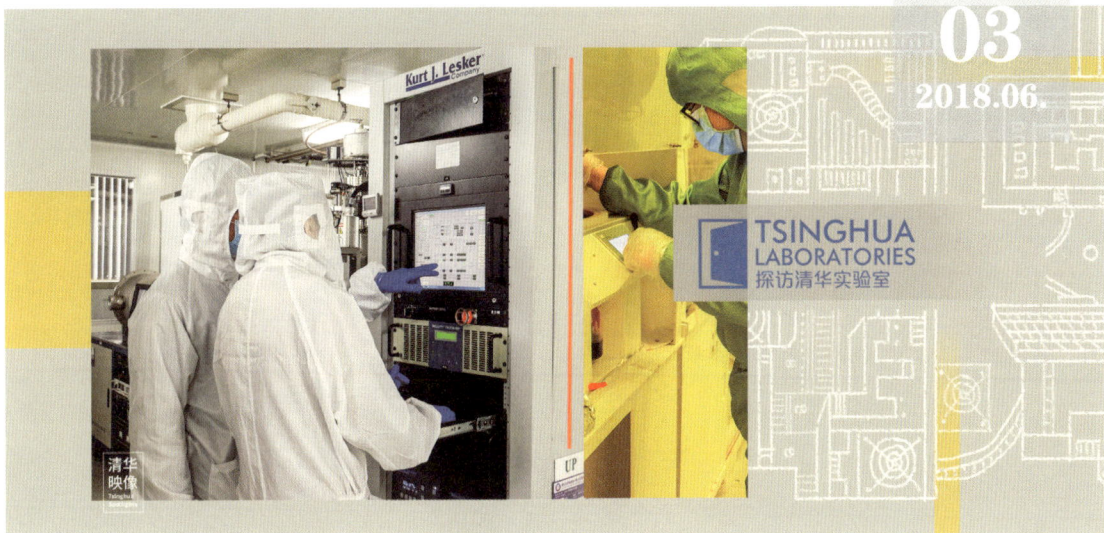

TSINGHUA
LABORATORIES
探访清华实验室

微纳加工平台：开放共享　交叉创新

素材提供｜微电子与纳电子学系
文字｜胡颖
摄影｜何名暖
图片｜刘雨田

　　20多位"全副武装"的学生面戴口罩、身着无尘服，一边聆听老师的细致讲解，一边透过玻璃墙认真观察超净间一尘不染的微纳电子加工装置，眼神里充满惊讶和对科学的敬意——作为清华大学先进科学实验室的代表之一，微电子与纳电子学系的微纳加工平台每年都会在校研究生会举办的实验平台开放活动中"一展芳容"。

　　微纳加工平台主任吴华强介绍说，活动目的是为了让同学们"零距离"接触平台的实验仪器设备，亲身见证科研的魅力。参加活动的同学们不仅在讲解老师的带领下参观了平台，还有机会和老师一起欣赏显微镜下的石墨烯材料，更细致入微地体验科学的美与神奇。活动中，同学们不断向老师提问，并得到了细心的解答。大家兴致盎然，在欢声笑语中学到了平时接触不到的相关领域科学知识。

　　微纳加工平台支持基础信息器件与系统等多领域、交叉学科，开展前沿信息科学研究和技术开发。作为清华大学校级开放共享服务平台，支撑的研究领域包括低维材料及新型器件、柔性电子器件、微流体、生物芯片、纳电子器件、新型存储器、微机电器件与系统（MEMS）等，以材料和工艺技术作为独具特色的主攻领域，鼓励研究人员独立操作科研设备，并提供共享物理空间促进学科交叉。平台致力于建设成为国际一流的信息技术微纳加工环境，是一个"多目标""开放式"的科研教学实验平台。

　　微电子学是现代信息学科和产业的基础，没有微电子学的进步就没有信息科学的蓬勃发展和信息社会的飞速前进。清华大学微纳加工平台提供了一个从材料分析、微纳加工、器件测试、封装研究到可靠性测试的全方位创新平台，高水平、跨学科的科研团队不断在这个空间中汇聚，共享先进设备，共促交叉学科发展。

《史记》研读课："读出司马迁，读出我自己"

文字｜梁乐萌
摄影｜杨思维　张晓峪
图片｜李娜　任左莉

　　"项羽像是一个巨婴，把权力和领土都看作自己的玩具。"根据《史记·项羽本纪》讨论一代西楚霸王项羽的成败时，来自经管学院的王伟鑫这样发言，同学们和老师纷纷投来饶有兴味的目光。又是一个星期三的下午，选修"《史记》研读"课程的同学们照旧围坐在一张圆桌旁，热烈地讨论着自己读书所得以及由此延伸出的种种感想和问题。

　　"这门课的宗旨，就是读出司马迁，读出我自己。"《史记》研读"开课教师、清华大学历史系副教授顾涛表示。"在这个容易浮躁的年代里，这门课或许能让你平静下来。你要立志，请先想想要立什么志；你要做人，不妨思考该做何种人。"曾经选修该课程的建筑学院学生李骁原如是说。

延续清华文理渗透的文脉

　　"《史记》研读"课程的前身是顾涛于2010年开设的文化素质课程"《史记》读法"。2016年，应清华大学新雅书院之邀，顾涛面向大一新生开设通识类核心课程"《史记》研读"，在满足新雅书院学生选课需求后向全校所有院系同学开放，现在已成为新雅书院的代表性文化素质核心课程。

　　百年清华钟灵毓秀，大师辈出，从人文大家到科学人才，读《史记》、爱《史记》的传统由来已久。梁启超先生精熟《史记》，"能成诵八九"，盛赞"史公创作力之雄伟，能笼罩千古"；考古巨擘夏鼐在日记中记录自己精读《史记·六国年表》并加以校注的经历；物理学家叶企孙也曾对《左传》《诗经》《史记》等典籍用功细读，在谈论物理学习时以读《史记》为例，说："读史贵在融会贯通，不在于死背熟读某些细节；学物理也是一样，重在弄懂，不要死背公式，熟记定律。"

　　在顾涛看来，中国古代经典中最为根基性的当数《论语》和《史记》，而后者因其少说教多叙事、篇目丰厚、文史交融的特点，尤其适于在大学研读。在平静的历史叙事中，《史记》蕴含着浓郁的史识，有"雄浑豪迈的气概与浩博无垠的胸怀"。"开设这门课程的目的就是要延续这百年清华文理渗透的文脉，吸引更多不同专业的学子热爱《史记》，心甘情愿地受教于太史公。"顾涛说。

"对文史无兴趣者慎选"

　　在顾涛看来，学习中国古代文史一般有两种渠道，一是通论讲解，主要讲授老师自己的理解与感受；二是经典研读，由学习者自己来细读经典文本，形成思想。"《史记》研读"课程走的正是后一条路。

　　研读型通常比讲授型专业性更高，难度也更大。早期作为文化素质课程的"《史记》读法"以老师讲解为主，而在"《史记》研读"的课堂上，学生占据了课程主体地位。每堂课除了开头的专题介绍和结尾的收束升华由老师讲解，大部分时间开放给学生分成小组进行讨论，在彼此讨论中不断切磋词句、碰撞思想、提炼观点。"我们的课程开启了圆桌式深度讨论的模式，也开启了地毯式文本细读的阀门。师生零距离接触，每一位同学的加入，均将实质性地影响课程的进度与质量。"顾涛说。

由讲授型向研读型的转变意味着课程专业性加强，对读书深度的要求也提高。《史记》研读"课程没有选课门槛，对历史和文本分析零基础的同学也完全可以选修，但一旦学习开始，顾涛就对学生有着严格的要求，课程不允许使用选本，用的版本是中华书局整十册版的《史记》（含三家注），竖排繁体，原汁原味。除此之外，每堂课还会推荐一本相关书籍，从《史记地图集》到《故事新编》《美狄亚》，涵盖古今中外多个领域，一学期共 14~15 本。"无时间者，于文史毫无兴趣者慎选"，在给学弟学妹的选课建议中，往届学生这样写道。

"同学如果只想在专业课程之外做一般了解，他是不会选这个课程的，因为其投入应该会不输于一门核心专业课。"顾涛说。目前《史记》研读课程设置 30 个名额，往往不能满额，这在另一方面也保证了选课同学强烈的兴趣和付出时间、精力的决心。顾涛认为，研读经典的功效并不能立刻显现于当下。"往往在你多年后事业到了相当高度会蓦然发现，以前深入的文本积累会与你所从事的工作和专业产生互动，把你支撑到新的高度。"

"读出司马迁的用心"

初期，大多数同学并不适应课程的思路和要求。除了竖排繁体带来技术上的阅读困难之外，学生容易陷入单纯知识记忆的误区。"本课程不是'史记通论'，不是'史记今译'，不是'史记改错'，更不是'讲历史故事'或'讲我的读后感'。"在课程大纲中，顾涛这样提醒选课的同学们。

历史类课程往往将精力放在史料考辨，致力于求真回溯真实瞬间。《史记》研读"则并非意在梳理和讲述史实，而是力求在司马迁的笔法中读出太史公的用心，找寻他蕴含在《史记》里的精义和思想。"李广和卫青大家都知道，但在课堂里要把已知的逐渐化为零，主要看司马迁选哪些资料、怎样谋篇布局、怎样架构行文，为什么李广要放在《匈奴列传》之前，而卫青却在之后，这是他作为第一流史家的价值所在。"顾涛说。在《史记》研读课堂上，老师与同学围坐一张圆桌，自由发表各种意见，所有讨论专题没有标准答案，只有思考的深浅之别、论证的周密与否。

顾涛提倡"古典的气质，时尚的生活"，在课程作业和考核中也传达着这种理念。看似严肃古典的《史记》研读课，期末作业却是以小组为单位拍摄一个人文主题微视频，通过三到五分钟的影像呈现小组一学期内思想的碰撞和对《史记》的理解。往年学生尝试过小话剧、木偶戏、皮影戏、纪录片等多种形式，在学期最后一堂课进行视频展示，由老师和同学共同打分决定小组分数，这一环节一直广受同学欢迎。

一学期的课程结束，但学生读《史记》、读经典并没有因此而中止。第一批选修的几位同学提出成立《史记》读书会的愿望，希望用四年时间和顾老师一起把《史记》130 篇逐篇细读完，顾涛欣然接纳。如今，以"史记》研读"等通识课程为支撑，《史记》读书会已举办到第 25 期，新雅书院还举办组织了"肥冬讲经"冬至经典会讲。顾涛建立的微信公众号"齐天大大剩"，也正在源源不断地分享着前贤名著经典文章和学生新作品。

"由研讨课—读书会—讲经沙龙—SRT 训练—微信公号所贯穿的全方位、一整套'师生从游'式的以'学'为中心的育人模式，将汩汩地让学术新秀们脱颖而出。"在课程介绍的推送文章中，顾涛这样写道。

03
2019.12.

研究生精品课 "高等热力学"："小学问"中的大精神

文字｜王玥璇
摄影｜李派　杨敏
图片｜梁晨

"一相之中多种组元简直都让我头大得很了，这个多元系的相平衡该怎么学啊？"能动系教授段远源挠了挠头，模仿着同学们可能费解的样子，随后笑着解释道，"大家不必担心会不会越来越难，其实最困难的阶段已经过去了。"

这是研究生精品课程"高等热力学"上发生的一幕。作为能动系、航院、建筑学院、车辆学院、核研院和工物系等相关专业的一门专业基础课，"高等热力学"赢得了同学们普遍的高评价。

尽管是全新知识的讲授，"高等热力学"课堂上，段远源却是从带领同学们回顾之前学习过的基本概念开始的。例如讲解"多元系的相平衡"这节内容时，段远源会先从"相"和"平衡"最基本的定义与内涵说起。

"对基本概念的理解达到什么程度，反映了这个人的学术素养在什么样的深度，这对他未来能走多远、走多高，做研究能做到什么程度是极为重要的。"段远源非常强调基础知识的重要性，"基础不牢，地动山摇。"他笑着说。

课程中，段远源不失时机地引用博士生毕业阶段答辩决议书中"掌握坚实宽广的基础理论"的描述，强调说明基础知识和科学方法的缺失，会导致同学们在后续读文献、做课题的过程中无法深入。他不断告诫学生在科研过程中要保持头脑的清醒："在大家自认为发现了新的物理现象时，一定要保证理智的头脑，先试着用热力学第一定律和第二定律分析一下。如果发现的'新现象'与基本概念相悖，虽然不能绝对排除推翻经典的可能性，但从经验上来看，犯错的概率更大。"

能源与动力工程系学生郑道这样评价"高等热力学"课程："收获很大，段老师对概念的分析很透彻，解决了我们之前存在的很多疑问，也巩固了很多本科时理解不到位的概念。这门课很有趣，段老师会结合应用实例加强同学们对知识的理解。"

结合生活实例讲解热力学知识，为课堂增添趣味，同时也帮助同学们吸收和理解，是"高等热力学"的一大特点。

三小节的一堂课里，充满了生活实例：复习热力学第二定律时，段远源提到融雪剂的应用；在强调约束方程必须要满足的时候，他通过茅台酒的例子，说明只要瓶口封得足够严实，不管温度高低、蒸发多少，水、酒精和其他微量有机化合物总量都不变；转而说到如果酒的密封做得不够好，过几年再喝就会"淡如水"，又解释了酒精"飞了"的原因是饱和蒸气压高、气相摩尔分数高。

这些"包袱"背后，是拥有 20 年教学经验的段远源对教学一丝不苟的态度。每一次上课前的备课环节，段远源依然会琢磨课堂讲述的逻辑和主线，想清楚"包袱"怎么抖，以及要给同学们带来什么样的新内容。

在 PPT 课件已经成为主流授课方式的今天，"高等热力学"课堂上还有工整清晰的板书，旨在更好地帮助大家理解重要公式的推导过程。"20 多年前，我们开始推广多媒体教学，改变了课堂面貌，也方便了师生教学交流。但我们始终要作好一个准备，就是如果停电了、投影仪坏了，教师还能把课顺利地讲下来，这是很重要的基本功。"段远源一直保持着对备课和授课的高标准和严要求。

"高等热力学"课堂的授课内容与段远源的学术研究契合度很高，教学与科研的紧密结合无疑是这门课的另一大优势。段远源会在课堂上与同学们分享很多超出书本的学科前沿内容，同学们也可以顺理成章地与老师就相关领域研究进行深入探讨。"不拘泥于书本的研讨，对培养同学们深入思考的能力很重要。"段远源说。

除了通过分享前沿动态以培养学生的科研兴趣和能力外，段远源还有意识地激发学生主动思考的能力，帮助他们养成严谨的科研态度。

"你们知道老师的习惯，容易的题目留给自己，难的题目留给你们。"段远源在讲授习题前打趣地说道。他以自身论文审稿经验举例说："拿到论文随手一翻，第一印象极为重要，学术规范都不够严谨，怎么相信你在孤独探索的路上所做的每一步推证都是严谨的呢？"随后，他通过一张简单的环氧乙烷和环氧丙烷二元系的 T-x 相图，逐一强调正斜体、大小写、字体、字号、数值与量纲等最基本的要素和细节，提醒同学们应该严谨对待学术和科研。

在段远源看来，一门课的价值绝不仅仅在于课程内容本身。希望通过严谨的课程训练，能够帮助同学们更深入地理解从事科研必须具备的态度和方法，这才是课程的"实用性"所在。

"'高等热力学'让我开始关注研究中的每一个'小学问'，就像段老师上课时讲到的，一张图表的细节都需要我们细心来'大'做。这样的精神就像一盏聚光灯，照亮我们未来更长的研究道路。"建筑学院学生魏文罡说。

清华学子在阿联酋的八天八夜：
走出中国看世界，站在世界看中国

文字｜冯婉婷
图片｜李亚婷

　　"在中国日益走向世界舞台中央的今天，清华大学开设此门课程是极具远见和富有战略意义的举措，对于学生深入了解当今世界、开拓国际视野具有积极意义。"中国驻阿联酋大使倪坚在会见清华大学"全球胜任力海外实践课程"的师生一行时这样说道。

　　今年1月，该课程在新闻与传播学院胡钰和张莉两位老师的带领下，组织10位来自不同院系的同学到阿拉伯联合酋长国开展调研。他们深入企业、社区、机构、学校等，探索两国未来发展的机遇与挑战，体悟当代青年在跨文化传播中的角色与力量。在阿联酋的八天八夜中，清华学子不仅是学习者与探索者，更是传播者与担当者。

　　走进这个神秘的中东国家，同学们在实地走访中撕掉对它的"刻板标签"。在阿布扎比大清真寺探索宗教信仰与多元文化，在迪拜硅谷讨论城市的创新发展之路，"文化多元""国际化""开放包容"等词成为他们评价阿联酋的高频词汇。

　　走进在阿联酋的中国企业，同学们提出有关企业竞争优势、品牌传播、治理经营等方面的问题，在交流采访中切实感受到了国有企业的魄力与担当，以及民营企业的活力与勇气。

　　走进当地的政府机构与企业，同学们在学习和对比中思考阿联酋的发展模式对中国的借鉴意义。"阿联酋的发展值得中国学习借鉴，但前提是立足国情，而非简单复制。"同学们在支队每日总结时多次提到。

　　在此次海外调研过程中，同学们不仅在参访交流中针对自己的研究课题积极提问、主动学习，还深入市民社会观察当地人文风俗、分发有关中国国家形象的调查问卷，更在与当地青年的交流中担当了跨文化传播的使者角色。

　　在与阿联酋大学的师生交流时，清华学子不仅借助宣传片向对方介绍了中国与清华，还通过歌舞的形式拉近了两国青年的距离。在交流结束之后，甚至有当地学生主动表示，希望今后成为阿联酋大学传播中国文化的使者。正如张莉老师所说："在异国他乡开展实践调研，本身就是一次传播中国形象的锻炼与考验。"

　　值得一提的是，在此次调研中，师生们遇到了多位清华校友。他们有的是克服沙漠严苛环境、挑战世界工程难度的工程师，有的是中东乱局里担国家重任的石油开发者，有的是搭建中阿两国教育交流桥梁的大学教师，还有的是参加发展中国家博士生项目的学生……虽然从事的领域不同，但相通的是他们身上清华人的专业务实与家国情怀。

　　正如胡钰老师所说："青年问题是国家安全问题，青年发展才有国家发展。走出中国看世界，站在世界看中国，正日益走近世界舞台中央的中国，需要有更多的优秀青年人真正地爱自己的国家、懂不同的国家。"在和优秀的前辈与别国青年的交流过程中，同学们更加深刻地意识到身为当代中国青年、身为清华人所肩负的使命。

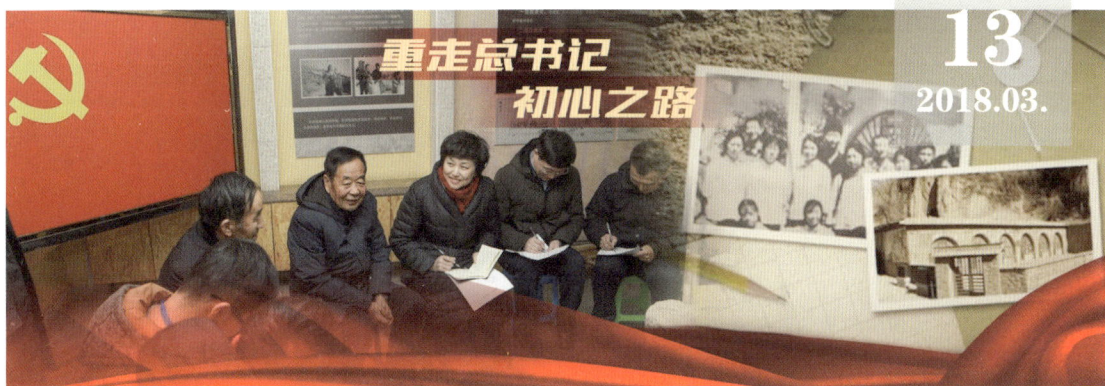

清华师生开展"重走总书记初心之路"社会实践

文字 | 刘书田
图片 | 李娜

　　深冬的梁家河，一片"山舞银蛇，原驰蜡象"的壮阔雪景。"零下15度，我们穿着羽绒服戴着帽子仍觉得冷，但总书记就是在这样的环境下，率先脱掉鞋袜跳进水里带领村民打井的。"工物系博二学生孙启明说。

　　孙启明是清华大学"重走总书记初心之路"社会实践梁家河支队的一名成员，今年寒假，他与15名清华师生一起，冒雪来到了陕西省延安市延川县梁家河村，探寻习近平总书记的知青岁月，调研革命老区发展建设。

　　物理系大四学生王云帆带的实践队，则撑着手杖跋涉十几公里山路，用柴刀劈除荆棘和苇秆，赶到了福建寿宁县下党乡下党村。经过这样的旅途，无需说教，这群95后学子仿佛触碰到了30多年前，习近平一心前来扶贫的那份赤诚之心。

　　"经过多年努力，这个小村子如今散发的活力，太能引起我的共鸣了。这正是《摆脱贫困》里习近平总书记专门论述的'弱鸟如何先飞'，以及'水滴石穿的启示'。"王云帆感慨。

　　像孙启明和王云帆这样希望探索总书记初心之路的清华学生还有很多。这个寒假，清华大学团委发起"重走总书记初心之路"社会实践，同学们踊跃报名参与，共组成了10支实践支队，100余名师生分赴陕北梁家河、河北正定、福建宁德、浙江嘉兴等习近平总书记曾经工作、生活过的地方，实践主题覆盖创新发展、产业升级、老区建设、精准扶贫、乡村振兴、环境保护等，通过探访历史旧址、访谈历史见证者等形式，切身感知总书记砥砺奋进之路，调研国情民情，追寻总书记初心。

　　"学校希望同学们通过本次实践活动认真思考、寻找、明确自己的初心，并认识到，个人的小初心连着党的大初心，党的大初心指引着我们每个人的小初心。"清华大学党委书记陈旭全程参与了梁家河支队的社会实践活动，她希望同学们可以在习近平总书记曾经工作和生活的地方，亲身体会、学习总书记治国理政思想的发展过程。

　　"重走总书记初心之路"所有实践支队都建立了临时党支部或临时党课学习小组，结合所见所闻所思开展组织生活、理论学习、重温入党誓词等活动。新学期，他们还将通过建立党建宣讲团等形式，结合实践成果面向党团支部进行宣讲，把观察和思考分享给更多同学。

天空工场
Skyworks

天空工场：蓝天游无垠　白云绘梦裳

文字｜杨茂艺
图片｜李娜

2009 年秋，研一学生俞浩卸任航院学生会主席一职，富有想象力的他力图创建一个"包容开放、与众不同"的学生社团，便与 4 名来自其他院系的同学于 12 月成立了"天空工场"及其下属的未来飞行器团队，将自己大三以来酝酿的"飞机梦"诞育为现实——9 年光阴荏苒，在社团成员的齐心协作下，"天空工场"已成长为清华目前规模最大的学生科技兴趣团队，拥有来自十余个院系的 121 名正式队员，斩获"挑战杯"、电子设计大赛等比赛的诸多奖项，在自动驾驶、无人机、机器学习、电子设计等领域成果突出。

从老师个人资助的启动资金到院一级的拨款，从校级支持到波音公司赞助，从紫荆综合服务楼 C 楼 20 平方米的 406 到 85 平方米的 410……梦想恒坚的"天空工场"一步一步地解决了初期的经费与场地难题，转而以饱满的热情投入科技创新——走进 410 活动室，可以看到各式各样的飞行器、激光切割机、线路板、未组装完成的零部件和随意放置的几包饼干；如果遇上每年的社团招新季，还可以看到聚精会神参加"通宵研发测试"的学生们。这群充满活力的人，会因 logo 设计得不完美而懊恼、因课程作业截止日期和项目任务冲突而更加努力地工作，正如俞浩所说："做自己喜欢做的事，忘掉平庸、忘掉低效。"

独行虽疾快，众行方至远。2010 年年底到 2011 年年初，"天空工场"相继成立云计算团队和嵌入式团队，在网络创意设计和飞行器控制方面又前进一步。面对日益庞大的社团，俞浩结合自己过去的社工经历，引入理事会—团队的二分模式——对外联络、文化宣传、组织等管理事务交由理事会安排；各个团队则专注于技术开发。此外，社团的队员培训采用"师徒一对一"制，立项研发采用分阶段匹配资源的方式，还有"快闪"或外出交流等文化建设活动——这些都使得"天空工场"真正变成了一个温馨的"造梦大家庭"，许多沉浸于自主创新的队员们在不知不觉中改变了自己的人生轨迹。

"建立一个激动人心的团队，一个梦工厂一样的地方，让清华学子也能做出像斯坦福、麻省理工的学生一样富有创新性的研究。"这是创始人俞浩希望团队保持的"初心"。对"天空工场"来说，最可贵的永远是对科研创新梦想的坚守，永远是每个人心中那片白云蓝天……

20

2018.03.

未来城市
与新能源
兴趣团队

未来城市与新能源兴趣团队：城市的绿色与智能不遥远

文字｜杨鹏成
图片｜宋晨

雾霾，不仅笼罩着人们的生存空间，也笼罩在人们的心头上。如今，每一个享受现代文明的人都不得不面对这样的事实：出门前一定要先看一下今天的空气污染指数，再决定自己的出行计划。低污染、环保节能的"绿色城市"成为人们向往的生活环境，也由此成为清华学生"未来城市与新能源兴趣团队"的研究焦点。

未来城市与新能源兴趣团队成立于 2011 年。现有团队成员 16 人，包括 8 名本科生、4 名硕士生和 4 名博士生，成员分布在电机、建筑、材料等多个专业。"我们围绕'未来城市'和'新能源'两个较为宽泛的领域开展项目，目的是让有不同想法的同学碰撞出思维的火花，做出有趣的成果。"兴趣团队理事长贾川介绍说。

针对现有的建筑静电除尘效率低、安全性差、维护成本高等问题，兴趣团队提出了"自清洁除尘方案"。该方案对 PM0.3 的除尘效率高达 96%，平均功耗不足 5W，运行成本大大低于主流产品，可以为城市建筑带来清新的空气。未来可被应用于办公楼、商业中心、机场和医院等地，以最大范围保障城市居民的生活环境。

团队不仅关注城市环境和"绿色城市"研究，也致力于"智能城市"的开发。在可以预见的未来，人们对电脑的依赖将越来越深，而传统的电脑屏幕的交互方式不会有太大的改变。因此，越来越多的人将会受到久坐问题的困扰。团队正在尝试制作可穿戴设备或智能座椅，降低久坐风险，解决久坐用户的坐姿习惯问题，从而改善用户的健康状况，让大家都能做到"为祖国健康工作五十年"。

这是一个富有朝气、思维活跃的团队。团队成员勇于接受挑战，取得了多个奖项——团队设计的"多功能户式风机"获得 2014 年清华大学挑战杯一等奖、"空调间歇气旋自清洁静电除尘系统"获得 2016 年清华大学能源与动力设计大赛第一名等，团队研究成果还申请了一项国家专利。"我们想集聚大家的智慧，描绘未来城市发展和能源利用的美好前景。"贾川说。

STUDENT FUTURE INNOVATION GROUP OF VEHICLE

清华
映像
Tsinghua
Spotlights

未来汽车兴趣团队：学术志趣引领未来汽车研究

文字 | 胡颖
图片 | 李娜

清华－英飞凌未来汽车兴趣团队（简称"未来汽车兴趣团队"）是清华大学与英飞凌科技公司于 2010 年联合建立的一个学生课外科技兴趣平台，旨在激发学生的学术志趣和探索精神，以汽车领域的前沿研究为内容，提供"匹配资源、基础训练、专家指导、实践探索"的一条龙服务，将同学们的想法转化为成果。建队至今的 8 年时间里，在队员的努力和平台的支持下，团队取得了丰厚的成果。

在科技赛事方面，未来汽车兴趣团队共计完成兴趣项目 14 项，曾获得第 33 届全国"挑战杯"特等奖，第 32 届、第 35 届清华大学"挑战杯"特等奖等荣誉，并申请了两项专利。在第九届本田中国节能竞技大赛中，团队也取得了第三名的好成绩。

在科技创业方面，未来汽车兴趣团队的表现同样可圈可点，从团队中走出了两个创业项目——"紫晶立方"和轻客智能电动自行车。其中，"紫晶立方"是由队员王世栋自主成立的科技公司，不仅拿到了北京市工商局的第一张新版营业执照，还自主研发出高效率、高速度的 ZeeMakerTM 3D 打印技术，建设了国内规模最大的 3D 打印中心，年产能超过 15 吨。另一支队伍是由团队原辅导员杜磊和原队长陈腾蛟共同创办的轻客（Tsinova）智能科技有限责任公司。杜磊是汽车系博士生，陈腾蛟则是美术学院交通工具设计专业的毕业生，他们在团队平台上联手，合力研发了由电助力辅助系统控制的智能电动车——轻客电动单车，轻客公司目前也是该领域的技术领先企业。

在过去的一年里，团队完成了不少兼具趣味性与实践意义的项目。例如，队员们从汽车电池技术出发，开发出了一款真正能够满足户外运动者需求的便携锌空电池充电宝，通过对负极锌膏的成分配比研究，有效提升了电池的能量密度、放电电流电压、功率密度等性能，并获得第 35 届清华大学"挑战杯"特等奖。团队队员还参加了 E 级弹力方程式赛车比赛，自主设计车辆的外形、驱动转向机械结构和控制部分，实现了对赛车方向的精确控制，从而出色地完成了比赛。此外，去年团队成员还曾利用金属空气燃料电池的技术自制一辆燃料电池小车，亲身体验、实践了这种极具应用前景的未来技术。

从未来轮毂电机到智能座椅项目，从共享电动车的设计到未来汽车能源的开发，未来汽车兴趣团队从未停止对汽车行业发展的思考和探索。在未来的科研"赛道"上，未来汽车兴趣团队将继续聚焦学术志趣，面向低年级同学提供低门槛的项目支持，赋予他们实践创意、实现梦想的宝贵机会。

未来智能机器人兴趣团队：以兴趣为驱动　以世界为舞台

文字｜胡颖
图片｜宋晨

　　"西山苍苍，东海茫茫，吾校庄严，巍然中央……"一曲老校歌的旋律响起，牵动着无数清华人的情思和对青春年华的回忆。清华107周年校庆前夕正式发布的校歌MV，以其丰富的视听语言、精良的制作而广受好评。这支MV采用了无人机航拍技术，这是学生"未来智能机器人"兴趣团队（简称"机器人团队"）提供的技术支持。除了无人机航拍之外，他们还研发了会端茶递水的家庭机器人、能下围棋的"清华版Alpha Go"和完全自制的无人机等，堪称清华园里的"黑科技"团队。

完善的培养机制

　　机器人兴趣团队成立于2012年，为校内对机器人开发感兴趣的同学们提供了一个学习、交流、创新的平台。团队现有的研发项目囊括了大多数成员感兴趣的方向，主要包括智能车、双足（多足）机器人、智能飞行器、实用型机器人和多智能体协同技术，等等。

　　包括已经毕业的校友在内，未来智能机器人兴趣团队成立至今先后吸纳过200余名正式成员，目前活跃的成员约为十几人，堪称一支"小而精"的队伍。队伍成员来自全校十多个院系，其中以信息学院的成员居多，但也不乏来自美术学院、新闻学院等文科院系同学的身影。团队现任理事长、自动化系在读研究生马浩程说，团队希望汇集不同学科背景的同学，通过不同学科思维的交融和碰撞，实现思想与能力上的取长补短，给团队带来创新的火花和灵感的启迪。

　　马浩程介绍说，机器人兴趣团队的成员除了来自不同院系，还覆盖本科、硕士、博士等多个年级。高年级的老队员往往承担着管理与开发骨干的工作，而低年级的新队员则可以在团队中接受培训，并跟随老队员共同参与项目的开发。每年，团队中大约有五六个科技项目同时进行，新队员可以在充分了解各项目情况后，根据自己的兴趣和能力参加其中的一些项目。也有一些新队员已经有了自己初步的项目构想，团队会为他们提供场地、资金、技术指导、能力培训等各方面资源，支持他们成立、研发自己的项目。由此，团队自然形成了梯队，并在培训与开发过程中建立传帮带机制，让新成员逐渐变成"老同志"，既能够保证一些优秀项目的传承性，又让同学在兴趣团队中真正得到锻炼和成长。

兴趣是最好的老师

　　在兴趣团队中，兴趣是最重要的驱动力。马浩程大一下学期就在学长的"安利"下成为团队的一员，当时队里的学长学姐们正在做一个关于四旋翼的项目，而多轴飞机还不像今天这样火，大一的马浩程对无人机几乎一无所知，好在有学长学姐手把手带着。他笑着回忆起当时年轻的自己充满了干劲，每天下了课就来到活动室，跟着学长学姐们一起废寝忘食地"刷夜"、做项目。就这样，在兴趣的自发驱动下，两个月内他就做出了一套初具雏形的飞控。

　　走进机器人团队的活动室可以看到，摆放在房间中的大大小小的智能飞行器（无人机）中，既有成员自行购买的，又有企业赞助商提供的，还包括队员自己制作的。在清华校园内，无人机堪称大放异彩——无论军训航拍、招生宣传片还是校歌赛视频，都离不开机器人团队的拍摄支持。有时候，团队也会组织队员前往校外举办飞行活动。

除了无人机的拍摄应用场景外，团队成员还会自发地改进无人机技术。马浩程介绍了近两年团队的一个项目，即通过地面摄像头追踪近建筑物作业的无人机，对其进行定位修正。通常，无人机飞到高楼附近时 GPS 信号会出现误差，飞机的 GPS 定位比实际位置离墙面更远，这种错误的反馈使飞机向靠近建筑的方向飞行，容易误撞墙面。为了解决这一问题，团队成员提出了一个想法：在地面装置摄像头跟踪无人机，根据所采集的数据修正飞机定位。相比起在飞机上装摄像头，地面装置更稳定、更精确，更能有效地解决问题。

活动室门外摆放着一台下棋机器人，是团队里一位修美术学院双学位的同学所设计的毕业作品。机器人配有摄像头和机械臂，能够捕捉、识别对手下棋的动作，并通过机械臂下棋。实际上，这台机器人配套的下棋程序堪称"历史悠久"，团队成员早在谷歌的 Alpha Go 横空出世之前就已经开始编写、调试这套程序。近年来，队员还给它增加了人机交互的功能，机器人能够识别对手是否在认真下棋，从而决定是要严阵以待，还是随意应付。除了下围棋之外，机器人还能完成摆盘、收棋子、摆出特定图案、玩贪吃蛇游戏等一系列动作。

马浩程还特别介绍了团队中的一个重要项目——家庭服务机器人。这一项目已经做了四年，所设计的机器人主要用于家庭服务，能够不需遥控、不经人为干涉而在室内进行自主导航，与人类进行简单的对话，识别并递送可乐、苹果、薯片等常见的物品。目前机器人只能识别已有知识储备库内的东西，未来，团队还将基于炙手可热的深度学习开发更多功能。

群英荟萃的优秀团队

机器人团队吸引了大量优秀的清华同学，已经连续三年将自动化系年级第一名招至麾下，还有不少成员来自清华学生创新人才培养计划——"星火计划"，堪称人才济济。同学间互帮互助的氛围十分浓厚，一旦某位同学有想法要和队员分享，或者有问题想共同探讨，就会在团队内部发起通知，邀请感兴趣的同学们来参加讲座或讨论会。除了团队内部的分享，机器人团队与其他兴趣团队，尤其是天空工场、未来通信这两个团队间也有着密切的交流互动——由于方向相近、技术相似，三个队伍间在较大程度上实现了资源、成员的共享。

在为期两年的核心培养周期中，为了让同学们更好地拓宽视野、学以致用，学校为兴趣团队提供了不少走出校园的机会，或参与比赛，或参加企业实习，或进行实践调研。每年，机器人团队都会派出代表参加相关比赛，历年比赛过程中还曾发生了不少趣事。马浩程为我们讲述了前年团队赴德国参加 Robot Cup 的情形——队员们本来想把比赛用车带上飞机，但在首都机场办理行李托运时，被地勤告知超过行李重量限制。没办法，大家只好现场把比赛用车"大卸八块"，分装在几个行李箱里，才带上了飞机。虽然过程中出现了小波折，然而比赛结果非常喜人。这样的比赛和实践帮助同学们更深入地了解了智能机器人领域的现状和发展趋势，从而更好地站在产业前沿，寻找学术志趣与个人能力的结合点。

未来智能交易兴趣团队：聆听市场先声　助力人才培养

文字｜梁乐萌
图片｜赵存存

　　自 Alpha Go 横扫围棋界后，人工智能（AI）这一概念迈着震荡世界的步伐跨入人们视野。从人机对弈到无人驾驶，从个人助理到新闻写作，以"人工"的智能，增强人类的智能，AI 在各个领域奏响时代的最新音符。

　　人工智能是否可以被发掘出更广泛的应用？答案是肯定的。2017 年 10 月，"基金市场的 Alpha Go"——AIEQ 上市，成为全球首支应用人工智能、机器学习进行投资的 ETF（交易型开放式指数基金）基金，可以在投资实践中通过经验积累不断优化投资策略。尽管在长时段的验证中，AIEQ 的回报表现并不尽如人意，但它的出现无疑揭开了金融市场和人工智能交汇处这个崭新领域的帷幕。

　　通过智能方式进行金融市场投资？这一概念对大多数人来说未免太过前沿。然而，在清华校园中，有一群来自不同年级、不同专业的同学也在进行着相关的探索和尝试，这就是"清华—友山"未来智能交易兴趣团队。

　　"清华—友山"未来智能交易兴趣团队由清华大学环境学院博士生黄达于 2015 年 6 月发起创办，团队的研究重心是量化交易及其相关内容。

　　量化交易是指利用计算机技术从历史数据中海选出能带来超额收益的多种"大概率"事件以制定策略的投资方法，能够极大减少投资者情绪波动对投资策略制定带来的影响。量化投资在国外并不是一个新鲜概念，已有三十多年的历史，但直到今天，它在中国的发展仍处于初期阶段。

　　三年前，清华大学还并没有开设相关课程，黄达和其他同学想把大家召集起来一起研究，互相促进，形成合力，更好地学习这方面内容。他们坚信，量化交易是金融科技的重要内容，对我国金融安全有重要意义。最开始的 50 名成员大都来自经管学院和信息学院，随着规模不断扩大，目前正式注册的成员近两百名，包罗各个院系，呈现出多学科、多元化的特点，本研融合，研究生占主体。

　　"很多工科的同学数理基础、编程基础好，做量化交易是一件水到渠成的事情，但是他们不了解这个领域，也不知道可以通过什么途径进入。"团队现任理事长、化工系 2015 级博士生张羽鹏说，他原本也是一名纯粹的工科生，本专业研究方向是循环经济，于 2016 年 11 月加入未来智能交易兴趣团队。"我们的团队则为他们提供了这个途径。我们会整理各式各样的学习素材，同学很快就能上手并开始解决问题。加入团队的每个人只要愿意付出时间和精力，就可以获得专业上的收获。"张羽鹏说。

　　做量化交易的人经常把自己称为"宽客"（Quant）。吴谣是团队中资历最深的宽客之一。他是经管学院 2013 级金融方向博士生，也是团队现任队长。他负责智能交易团队的常规活动 Q-talk，并常常在首场活动"金融市场简介与量化投资入门"中进行演讲。

　　Q-Talk 是未来智能交易团队和清华大学学生量化投资协会共同举办的常规活动之一，旨在立足清华、面向相关爱好者举办量化投资系列讲座，讲解量化投资相关的金融、数学、计算机等领域的知识及其在业界的应用。讲座由相关院系富有经验的研究生担任助教团，并邀请业界资深人士担任嘉宾交流分享。从人工智能驱动的证券投资，到分级基金的中国实践，从全球顶尖投资公司 D. E. Shaw Group 中国首次校园宣讲会，到与清华产业融合和创新研究院合办的健康产业创新发展讲座，讲座主题既"高大上"又"接地气"，在注重专业、前沿、国际视野的同时，不忘对国家金融市场的关注与责任。

周末，团队成员会再次聚在一起，举办每周的策略小组活动。未来交易团队成员根据兴趣分为股票组、期货组、AI组等学术小组，每周在固定时间讨论模型、研究策略，分享每个人在学习实践中的经历和收获。团队还在努力搭建一套平台，为同学提供基础数据，并帮助同学们放心地测试和验证策略。

在校内学习研究之外，团队也积极走出校园，深入实践之中。团队与北京基金小镇、中美其他高校和专业量化机构均有合作，促进政府、高校和量化机构深入耦合，帮助量化人才成长发展。团队多次组织对外参观、访问，通过调研杭州基金小镇的开发建设与运营模式、参与"2017黑色产业链行情展望暨场外衍生品研讨会"等活动，成员们更加深刻地认识了中国金融市场产业热点、政策布局，增强了把握市场规律和内在成因的能力。

同时，团队成员也通过团队或其他途径参加过各类实习，并在有条件的情况下将投资策略应用于实战之中。"兴趣团队是同学们成长的平台，好多同学通过这个平台得到了实际的策略锻炼，被推荐到相关基金公司或其他机构去工作，表现也不错。"吴谣说。

据张羽鹏介绍，兴趣团队下一步的发展计划仍将以服务同学为导向。团队将建立、更新团队的论坛系统，便于成员协同工作、交流讨论；同时致力于完善基础设施，完善内部的数据挖掘、策略研究和回测系统。在未来，团队或将考虑搭建一套具有商业价值的加密策略研究和回测平台。

"量化交易是金融科技很重要的组成部分，量化交易的前景也与金融科技整体的发展密切相关。"张羽鹏说，"美国二级市场（指证券买卖流通的市场）中量化交易的占比远高于中国。如果以美国的情况作为对标，国内的量化交易就还有很大的发展空间。"今后，未来智能交易兴趣团队将继续探索智能交易在金融市场中的应用，帮助学校和社会培养相关人才，帮助同学们获得更多发展的可能性。

清华夺冠！无人直升机研制打破国外垄断

文字 | 赵姝婧
图片 | 李娜

"砰——！"

四年前，无人直升机刚性旋翼试验现场，发动机启动后旋翼转速越来越高，主轴不停晃动。李京阳想进去观察一下，结果旋翼突然着地折断，桨叶腾起，将护栏砸了一个大窟窿。

"实验非常危险！创业路上困难重重，但没人退缩！"李京阳说。

2019年10月14日，在第五届中国"互联网+"大学生创新创业大赛总决赛中，由李京阳带领的清华大学交叉双旋翼复合推力尾桨无人直升机项目团队以1250分的成绩夺得总冠军。这是清华大学在此项比赛中首次夺冠。

曾经的一切困难，都值了！

"我们做到了！无人直升机在高速巡航中实现了稳定飞行！"

"这也是在高性能无人直升机领域，中国人第一次有机会站在世界之巅！"

"将创业进行到底，立志实现航空报国的理想！"

本次大赛，清华大学共有4个团队的项目入围最终决赛，瑞莱智慧团队项目获得金奖并入围30强，清芯未来和华龛生物团队项目获得银奖，创清华大学参赛以来的最好成绩。

4093所院校、457万名大学生、109支团队、覆盖124个国家和地区……清华团队勇于拼搏，敢于挑战，在众多参赛团队中脱颖而出，将青春和智慧奉献给创新创业、报效祖国的远大理想。

打破垄断 填补空白

"我国尖端直升机研制水平已落后美国近50年。"李京阳说，"目前我国在这个领域确实薄弱，一定要追上去！"

现代军事要求快机动、全疆域、智能化，在功率、载重、突防性能方面有迫切需求，国内无人直升机的性能一直难以突破，这些都成为产品和用户的痛点。"关键时刻还得靠自己。"李京阳说。

直击"技术"要害，从小怀揣着"造飞机"梦想的李京阳，带领5名清华博士成立了团队，聚焦尖端无人直升机研制，提出并研制了世界首架交叉双旋翼复合推力尾桨无人直升机，其具有载重大、操控稳、突防快的优势。相比传统构型，载重提高30%；相比同级机型，速度提升100km/h，打破了国外在复合推进高性能直升机领域的垄断，填补了国内空白。

目前，团队已完成60kg、100kg、300kg级交叉双旋翼复合推力尾桨无人直升机的首飞和500kg级的研制。项目获得了陆军装备科研的支持，并被纳入全军武器系统采购目录。2017年项目曾参加清华大学"校长杯"创新挑战赛，获唯一金奖与技术创新奖。

技术创新、武装力量和家国情怀的结合，让清航装备在总决赛现场成为焦点。

梦想"树苗"扎根清华"沃土"

李京阳所在的清航装备是一家致力于先进无人飞行器研发的科技企业，2015年9月加入清华 x-lab 培育团队。

2010年，李京阳进入清华大学航天航空学院攻读博士学位，"造飞机"的梦想在清华的"沃土"上逐步清晰。

"当时我们在李俊峰教授课题组，李老师鼓励我们要做对国家和社会具有重要意义的科学研究，并对我们的想法给予了充分支持。"

在清华园，李京阳仿佛一棵"树苗"扎了梦想的"沃土"里，课题组的鼓励、导师宝音贺西的指导、x-lab 的引导支持、良好的校园平台和资源、开放的理念和氛围、师兄师弟的志同道合……所有力量凝聚起来，梦想的脚步越走越坚定。

"我们每个人都是一只'不死鸟'，朝着共同的梦想飞翔，毕竟没有任何理由让我们退缩和懈怠。"清航装备团队成员们说。

他们废寝忘食，他们意志坚定。如今，他们还能清晰地记得第一次发动机点火成功时，集体呐喊欢呼；第一次双桨起舞、交叉旋转时，他们激动地半夜把导师叫醒，分享内心的喜悦；第一次实验失败，他们失落流泪，在黑夜里反复思索，鼓起勇气再出发……

"清华给予了我太多太多。"李京阳说。团队中的"得力干将"王贤宇、印明威、包长春、海日汗都是清华实验室"摸爬滚打"出来的铁哥们，研发人员中更是有21人来自清华。

基础扎实、理念清晰、思维创新、平台优质，清航装备团队步履坚定，昂首向前。

"硬汉" + "硬技术"

为了检验飞机在各种极端气候环境下的性能，团队经常要跟着飞机"上天入地"去实地试验。"苦，累！我们不怕，我们是来自清华的钢铁'硬汉'！"

清航装备作为国家高新技术企业，已有专利69项，基地100亩，并申请了面积52.7万亩的空域做试验。无人直升机需要历经高温、高寒、高原、中雨、中雪、吞沙、湿热、盐雾和海洋性气候等恶劣环境的测试，此外还有电磁抗干扰、涂层信号屏蔽、数据链加密等试验，一款飞机从下线到正式定型，至少需要一年的试飞来保证产品的可靠性。

在总决赛现场，一张"肌肉"硬汉照引起了现场观众的广泛关注，"清华精神，体育精神，让我们无畏风雨，我们有足够的体力和意志，克服一切困难，勇往直前。"李京阳说。

高空悬停、灭火弹试射、夜间飞行等实验环节，科研、项目、创业等重要节点……一步步扎实稳定，李京阳带领团队在无人直升机领域开拓创新，不断跟进技术发展趋势，构筑起了三大核心竞争力——交叉双旋翼的构型设计、刚性旋翼和高性能电传飞控系统。

"对科研来说，100次实验里面有1次成功，就算成功了。做产品不一样，100个里面哪怕有1个失败了，就满盘皆输。"李京阳说，实战中飞机能否顺利起飞投入战斗，是关乎几十万人伤亡的大事，一旦发生技术故障就是不可逆的巨大损失，在消防等工业领域，面临同样苛刻的次品率要求，必须保证万无一失。

如今，清航装备团队研制的无人直升机已可用于高层灭火、应急救援的物资运送和军方等广泛用途，也成为高校毕业生高质量创业就业的一个典型代表。

"飞机飞起来的那一刹那，感觉很激动。希望在下一个的国庆阅兵中，起飞属于我们团队的无人直升机！"李京阳在获奖后说。

梦想的坚守，挫折的磨难，都是追梦路上的珍贵宝藏。随着理念渐渐沉淀，他们的目光越来越坚毅，始终牢记新时代青年所肩负的责任和使命，有理想、有本领、有担当，誓用汗水浇筑智慧，为祖国的科技、航空大业贡献自己应有的力量。

教学楼新貌：塑造建筑，更塑造人

文字 | 梁乐萌
图片 | 李娜

　　阳春三月，在清华第六教学楼为管理学双学位的本科生上完一节"创业领导力"课程后，徐中博士充分感受到了教室结构和桌椅形状的改变所带来的课堂教学效果的变化。

　　从 2016 年 10 月起，六教部分教室的普通长方形课桌"变身"为可以组合拼接的梯形课桌，既方便学生面朝同一方向听课，又可以随时围成一圈进行小组讨论。为了更好地使用这些可拼接课桌，物业中心还专门更换了抗摩擦的无声地板和墙裙。

　　"结构决定关系。今天的课堂，同学们喜欢参与、喜欢互动，不少活动、讨论需要小组完成，需要充分发挥同学们的想象力和创造力，教室的设计和课桌的设计就变得非常重要。"徐中认为，课桌的变化使课堂学习方式从信息单向传输变为教师讲授与同学互动并举，更好地发挥了同学们的主动性与创造力。

　　近年来，学校教学工作不断由"以教为主"向"以学为主"转变。物业中心与教务部门密切配合，不断对教学区域进行改造，致力于为同学们的自主学习和交流提供便利。

　　为解决同学们讨论空间不足的问题，注册中心联合物业中心对清华学堂地下进行改造装修，2017 年底，学堂地下研讨间正式投入使用。改造后的学堂地下主要由一个大的公共研讨区、一个六人研讨间和三个八人研讨间组成，可同时容纳70 人。投入使用后短短 1 个半月内，研讨间共得到 392 次使用，开放的公共研讨区自习人数约 1926 人次，受到师生的一致好评。

　　除了自主研讨空间的拓展，教室楼内还发生了其他细微而暖心的变化。一教至六教新安装了六块电子屏，定期发布重要的教务通知、演出预告、温馨提示；六教 A 区、C 区的五间教室更换了护眼的 LED 黑板灯，并配备了两种无尘粉笔，连板擦都经过严格的材质筛选；100 余幅面向师生、校友征集来的美术作品展示在公共区域和教室内，让严肃的教学区域顿时多了几分"文艺范"；就连学堂地下的采光井也在"I 计划"与粉刷匠协会成员们的携手努力下"华丽变身"，从窗户向外看去，一幅幅美图映入眼帘……

　　"真舍不得毕业啊！"在介绍教室新貌的公众号推送文章下方，有同学由衷地感慨道。硬件背后是"软"的理念与文化，点点滴滴改变折射出学校教育教学改革的有力步伐。关爱与温情，体现在每一个细节中。

01
2019.11.

第四教室楼"变身"记

文字｜李晨晖
摄影｜李派
图片｜任左莉

听说第四教室楼（简称"四教"）这学期"大变身"啦？它都有哪些吸引人的独到之处？快跟我们一起去探索新鲜的四教吧！

清晨，走进教室，智能窗已基于空气监测数据自动开窗通风。同学们正在灵活组合桌椅，为即将开始的小组研讨做准备。要做课堂展示的你打开与教学主机相连的触控屏，一键调整讲桌高度。大家就这样以最饱满的精神开启新一天的学习。

24 间公共教室，205 门课程。从这学期开始，"变身"后的四教承担了 35 个院系开设的 200 多门课程的场地任务。

教室改造工作以"人文、绿色、开放、智慧"的校园规划理念为指导，由教务处牵头，与校内多个院系部处密切配合。四教作为教室整体改造工作的排头兵，经历了立项、设计、施工到再度启用，全新开启成为"教"与"学"深度融合的崭新教学楼。

"让教学楼成为师生的客厅与书房"

符合 E0 级环保标准且充分考量人体工学设计的桌椅、根据使用者需求一键升降式的讲桌、温馨舒适的教师休息室，增设了多处无障碍设施……四教的变化让人耳目一新。

"当师生身处其中，会情不自禁地说：'这里是我们的客厅与书房！'"美术学院教师杨冬江这样描述四教的设计初衷。他的设计团队希望能把四教变身为"更人文、更创新、更国际"的教学空间。

如何解锁师生需求，打造令人满意的教室呢？

教务处在教室改造前组织了多场需求调研，面向教师、学生、校友群体，广泛征求大家对教学环境和教室空间的改善建议。

比如，依托清华大学无障碍发展研究院开展的无障碍设施需求调研，便逐一落实到了改造设计中——外挂无障碍电梯并设有盲文按钮及语音楼层播报功能、在教室里为听力障碍的同学配置扩音设备接口等。教务处还曾在三教大平台设置桌椅体验区，广泛征求师生对教学楼桌椅的意见，力求提升教学环境的舒适度。

硬件背后的"软"文化，折射出教室改造的人文关怀。在"高等计算机网络"课堂上的樊琳娜是一名网络研究院的博士新生，她在新学期第一次走进四教便感叹道："桌椅的设计特别人性化，这真是学校里最贴心的教室了吧！"

打造一间在课后仍然能把师生"留下来"的教室，似乎并不遥远。计算机系 2017 级本科生张宇为四教点赞："非常美观简约大气，来这里上自习心情变得很好，一些细节做得特别好，我对座位上的插座就特别满意！"

流动的空间让沟通变得无"限"

四教第 3、4、5 层东侧设有 13 间小型研讨室，并设置了楼层内的站立式、半开放式自习交流区，另外还有室内走廊的包厢式座椅和室外连廊，都为同学们提供了丰富的学习交流聚集地。

"既熟悉，又新鲜。"新闻学院教师张铮这样描述他对四教的新印象。他觉得人和空间、人和机器的交互界面都让他有这样的感受。

如何在既有建筑中打造出空间的开放与灵动？

四教外立面仍旧保持了 20 世纪 80 年代建造之初的样子，延续清华的建筑风格与气质；而建筑内部则大胆打破原有的空间格局，构建起多层次、多元化、多功能、舒适宜人的公共空间，让整个教学空间流动、连通起来。

一个教学空间的品质由其令人瞩目的公共空间来决定。"教室不再只是传统意义上功能单一的授课空间，而是为随时随地发生的学习活动创造条件。"参与后续三教、二教改造设计工作的建筑学院教师尹思谨这样描述她理想的教学空间。

数学系教师唐宏岩曾多次参与教室改建项目方案的讨论，他认为："教学楼是校园文化建设的重要部分，也是师生交流的第一场所，舒适的教学环境更有利于师生的思想交流和灵感碰撞。"

此时此刻，四教正融合着开放性与灵活性，创造无"限"沟通。

科技无处不在，创新无所不能

智慧环境监测平台、双屏教学系统、授课一键录播等教室"黑科技"营造了便捷舒适的教学环境，并提供了更为丰富的教学场景。

计算机系教师史元春也关注到了四教硬件设备的变化，她本学期在四教和五教均开设有课程，"对比来看，四教的电教设备确实有了很大的提升，更好地满足了师生的需要。"

如何让"智慧"成为四教的重要标签？

科技无处不在，教室改造也在破除现有困境和局限的过程中，不断进行创新性尝试。四教将先进的网络信息技术与多元化教学方式相结合，优化教学内容呈现方式，便利学习资源获取，促进课堂交互开展，实现教学、管理和服务"智能化"。

此次四教改造中还有一处智能应用实属首创——率先使空气质量监测仪与新风系统在教室空间实现联动，将绿色节能与科技智慧融合起来，在动态监测中实现室内全天候微环境智能化控制。室内二氧化碳浓度超标则自动开窗通风，若室外空气质量不宜开窗通风，将启动新风系统，确保室内空气质量达标。

一间教室联结起校友与母校的情谊

四教不仅是在校生的四教，也是众多校友的四教，焕然一新的四教承载着校友与母校最动人的联结。在 2018 年清华 107 周年校庆之际，校友会发起了"清华校友教室改建捐赠项目"——校友遵循自愿的原则认捐教室，鼓励校友以集体形式参与捐赠，以独立整间教室作为基本认捐单位，认捐款用于教室的桌椅和多媒体设备更新。

改造后的四教，将会在捐赠教室内悬挂捐赠校友铭牌，铭牌上还会写有校友对学弟学妹们的寄语。一间教室，一行寄语，校友们用捐赠行为丰富了清华文化的内涵，也加深了清华精神的底蕴。

育人至上，构筑有温度的教育

教学空间是教学方式的延伸，教室的每一处设计都秉持着为学生服务的初心，都将成为清华育人理念的重要载体，也将是环境育人最好的例证。

10 月 9 日，校长邱勇参观调研了改造后的四教，体验新配置的桌椅和新增设的多处设备。"教学基础设施建设是学校教育教学改革的重要组成部分，改造后的教学环境为学生成长、师生交流创造了良好的空间和氛围。"邱勇说。

谈及这项工作的初心，全程参与教室改造工作的注册中心主任尹佳认为："学校要为学生创造一流的教学环境，要与世界一流大学的建设目标相匹配。好的教学环境是美育的重要形式，对学生的身心也是一种很好的熏陶。"

未来，三教将被打造为"开放、灵活、多样"于一身的教学空间，二教将在改造中"回归"沉静与典雅，五教的改造方案也已敲定。在原有建筑风格中延续其文化的积淀，在现代设计理念中焕发出与时俱进的活力，清华大学"2018—2020 年教学基础设施建设"正有条不紊地推进中。陆续开启改造之旅的教学楼，将会以全新的面貌与你重逢。

11

2019.01.

十年的突破与坚守
——记量子反常霍尔效应的"诞生"与"成长"

文字 | 林爻大
图片 | 任帅

1月8日上午，人民大会堂，清华大学副校长、物理系薛其坤院士走上主席台，接过了国家自然科学一等奖的获奖证书。获奖项目的名称是"量子反常霍尔效应的实验发现"，而此时，距离2013年他所领导的团队首次发现量子反常霍尔效应并将成果发布在《科学》（Science）杂志上，已经过去近6年的时间。10多年来，他们的科研生涯与量子反常霍尔效应结下了不解之缘。

缘　起

25813欧姆，是量子反常霍尔效应实现的标志。在零磁场下，当霍尔电阻跳变到约25813欧姆的量子电阻平台时，这种量子现象就称为量子反常霍尔效应。130多年前，美国物理学家霍尔先后发现霍尔效应和反常霍尔效应，如今汽车里的很多传感器都基于霍尔效应。量子霍尔效应在凝聚态物理中占据着极其重要的地位，整数量子霍尔效应和分数量子霍尔效应的实验发现分别于1985年和1998年获得诺贝尔物理学奖。量子反常霍尔效应由于其存在不需要外加磁场，因此比此前发现的量子霍尔效应在应用方面要方便得多，从实验上实现量子反常霍尔效应，成为凝聚态物理学家关注的焦点和科学难题。

突破的契机出现于2006年，美国斯坦福大学教授、清华大学高等研究院特聘教授张首晟领导的团队成功地预言了一类叫拓扑绝缘体的材料，并在2008年与清华大学、中科院物理所的合作伙伴们一起提出了在拓扑绝缘体中引入磁性将有可能实现量子反常霍尔效应的理论。

凝聚态物理和材料科学一直是薛其坤的研究领域。拓扑绝缘体是一种神奇的材料，它的神奇之处在于内部绝缘，表面却可以导电。2008年10月15日，薛其坤在课题组例行组会上听到博士生李耀义在文献交流时介绍了拓扑绝缘体的概念以及相关研究成果。与学生们进一步讨论后，薛其坤决定开始拓扑绝缘体研究，决定通过实验来验证假说。

"尽管前期我们已经建立了很好的基础，但量子反常霍尔效应的实验条件非常苛刻，实现非常困难。"研究团队成员、清华大学物理系何珂教授介绍，量子反常霍尔效应能够出现的材料需要同时满足三个条件：材料的电子结构必须具有独特的拓扑特性；材料必须具有长程铁磁序；材料的体内必须为绝缘态，从而对导电没有任何贡献。

实现条件苛刻，但其未来应用的潜力却很大。研究团队介绍，量子反常霍尔效应在低能耗的电子元器件应用领域可能发挥重要作用。目前如二极管、导线等电子元器件因为通电流、发热，一部分电阻耗费的能量会转化为热量，但在呈现量子反常霍尔效应的材料中，电子可以像地铁一样沿着一条通道运动，不会发热和损耗能量。

量子反常霍尔效应实验中，研究团队分成两组，一组专门负责生长出符合实验条件的样品，另一组负责测量样品的性质和物理效应。高质量的材料是实现量子反常霍尔效应的关键，薛其坤亲自担任样品生长的总负责人，并安排马旭村教授和何珂教授带领几位研究生具体进行研究，测量工作则由物理系王亚愚教授负责。

"当时没有想过能不能成功，就想要试一试。"那时，马旭村研究组的何珂才刚刚回国参加工作，王亚愚的输运实验室也刚刚搭建调试完毕，两个年轻人就在兴奋、忐忑以及对未来的憧憬中开始了实验。

困　顿

"理论物理学家预言的一个假说，往往需要实验物理学家长时间的实验去验证。"王亚愚说。在研究团队的眼里，发现量子反常霍尔效应的过程是一个遇到困难，不断克服困难的"升级打怪"的过程。

团队的实验室仿佛一个科幻世界，复杂的管线连接银白色锡纸裹着的不锈钢腔体，就在这些金属腔体中，原子飞行、凝聚、慢慢形成具有特殊性质的物质。这些仪器被称为分子束外延，内部处于接近月球表面的超高真空状态。进入实验室的人需要非常小心，避免碰到工作中的仪器，否则有可能会让他们几天的工作前功尽弃。

"实验得非常谨慎。"本科毕业后选择直博的冯硝进实验室后学了一年操作，"因为仪器很复杂"，冯硝说，仪器上的一个小配件碰坏了，都有可能导致整个仪器瘫痪，如果损坏的零配件自己无法修复，在国内又无法买到，就需要耗费几个月时间从国外进货。

冯硝当时和师兄常翠祖跟随何珂负责拓扑绝缘体材料的生长。在拓扑绝缘体研究初期，薛其坤就敏锐地意识到，拓扑绝缘体材料的生长动力学与自己长期从事的砷化镓研究类似。于是，他按照生长砷化镓的方法，安排现在已经调到上海交通大学的贾金锋具体带领研究生研究、建立拓扑绝缘体材料的生长动力学。

材料的生长动力学描述的是一个个原子反应后形成一个宏观晶体的过程。掌握了材料的生长动力学，才能精确控制材料生长。从 1992 年攻读博士学位起，薛其坤就一直从事薄膜生长动力学的系统研究，累积了 20 余年的经验。他曾因相关的研究两次获得国家自然科学二等奖。

在薛其坤的指导下，贾金锋带领李耀义等研究生们仅用三四个月的时间，就在国际上率先建立了拓扑绝缘体薄膜的分子束外延生长动力学，实现了对样品生长过程在原子水平上的精确控制，薄膜样品的质量达到了国际领先水平。"这是关键的一步，迈出了这一步，后面的工作才能顺利展开。可以说就是从建立起这类材料的生长动力学的这一天起，我们就奠定了在这项研究中的领先地位。"薛其坤强调。随后，他又部署陈曦带领张童、程鹏等研究了拓扑绝缘体薄膜的若干量子特性，结果与理论符合得出奇好，这进一步增强了他们团队的信心。

此后两年多，在常翠祖、张金松、冯硝等的努力下，研究不断取得阶段性进展：

2010 年，完成对 1 纳米到 6 纳米（头发丝粗细的万分之一）厚度薄膜的生长和输运测量，得到系统的结果，从而使准二维拓扑绝缘体的制备和输运测量成为可能；

2011 年，实现对拓扑绝缘体能带结构的精密调控，使其成为真正的绝缘体，去除了体内电子对输运性质的影响；

2011 年年底，在准二维、体绝缘的拓扑绝缘体中实现了自发长程铁磁性，并利用外加栅极电压对其电子结构进行原位精密调控。

但此后，研究工作陷入了停滞不前的状态……

"从理论来看，当时我们能想到的所有问题似乎都解决了，但是实验结果离最终的成功还非常遥远。"回忆起 2012 年初最困难的时光，何珂说，那段时间大家都很焦虑，压力很大，"因为研究时间比较长，付出了很多努力，非常担心研究就此停滞不前"。

"后来发现即使满足了量子反常霍尔效应发生材料的三个条件，但材料的各个参数需要在微妙的平衡下，才有可能出现量子反常霍尔效应。"冯硝解释，实验有很多参数，不同参数间排列组合会产生无数可能，最后就沉溺于这些可能性的探索中，甚至当实验结果不符预期时，也很难判断究竟是哪些地方存在问题。

"科学发现可以是偶然的，但是为科学发现作出准备是必然的。"薛其坤看到了这一切，把大家召集在一起，一番热情洋溢的讲话后，一位博士生形容自己"浑身发热"、干劲十足。薛其坤心里非常笃定，要想完成科学规律的发现，那就得在严谨、重复的基础上努力。

突　破

突破来源于一次偶然的尝试。

以往的实验中，研究团队担心几纳米厚的拓扑绝缘体材料被破坏，所以会设置一个衬底和一个保护层，并不断优化。"优化完衬底后就有一个明显提升，但后来又到了平台期。"感觉自己无路可走的冯硝决定反其道而行之，看看去除材料保护层会怎样，没想到这样反而获得了显示量子反常霍尔效应迹象的样品。

2012 年 10 月 12 日，周五傍晚，大家的邮箱里收到了团队成员郭明华发来的刚测量好的数据。这个样品的霍尔电阻达到了 17000 欧姆附近，而纵向电阻出现了小小的下降。这小小的下降很有可能就是量子反常霍尔效应边缘态的贡献。常翠祖注意到这一点，向薛老师发信息汇报了情况。

之所以说只是迹象，是因为当时的实验结果并未达到 25813 欧姆的标准。"但这对实验来讲已经是一个重大突破，之前从来没有过类似的发现。"王亚愚解释道。

"当时心里很忐忑，这是不是真的？"冯硝说，"大家都是压着那种兴奋，小心翼翼地想一定要重复出来，证明它是真的。"

薛其坤形容自己当时的情绪是兴奋和担心交织，"全世界很多顶尖实验室都在攻克这个实验，我们不知道谁在做，也不知道他们什么时候能做出来。"但很快，他就冷静下来，"这些年大家的努力奋斗一定会有回报，天道酬勤。"

在接下来的一个半月他们在紧张焦灼中共同奋战，进一步提高样品质量，并与物理所吕力研究组通力合作，对样品进行了30毫开温度下的极低温输运测量，终于在12月6号观测到了完美的量子化平台——量子反常霍尔效应被发现了！在那天，薛其坤特意带了两瓶香槟酒和团队成员庆祝。

2013年3月，成果顺利发表在《科学》杂志上。诺贝尔物理学奖得主杨振宁先生兴奋地表示："这是第一次从中国实验室里发表的诺贝尔奖级的物理学论文。"此后，媒体的密集报道让社会在短时间内了解到"不明觉厉"的量子反常霍尔效应，薛其坤的名字也被越来越多的人知晓。

薛其坤多次强调，这次的成功是几个优秀实验团队紧密高效合作的一个结果，同时也是实验团队与理论团队紧密合作的结果。在探索量子反常霍尔效应的过程中，除了前面提到的张首晟，他们与中科院物理所的方忠、戴希，与清华大学的朱邦芬、段文晖等理论物理学家都有过很多有益的讨论和合作。正像杨振宁先生所指出的，这个成功与我们中华的文化传统有密切的关系。

收　获

在量子反常霍尔效应实验结果刚发现的时候，国际上出现了一些质疑的声音。"但我们是很有自信的，我们是'专业'物理学家，有深厚的积累和过硬的实验技术，学生也都经过严谨的训练，所以我们的每一个数据都是可重复的。"薛其坤说。

2014年至2016年，东京大学、加州大学、麻省理工学院、普林斯顿大学先后重复验证这一发现，不同领域的权威学者们均将这一发现作为学术引用，在瑞典皇家科学院编写的《2016年诺贝尔物理奖科学背景介绍》中，将此发现列为拓扑物质领域代表性的实验突破，得到了最权威评价机构的高度认可。

各项荣誉纷至沓来：薛其坤在2014年荣获求是杰出科学家奖、何梁何利科学与技术成就奖，2016年获首届"未来科学大奖"。2018年还获得国际上的一个纳米科学成就奖，前面八届的获奖者包括诺贝尔物理奖获得者Albert Fert、碳纳米管的发现者饭岛澄男等著名科学家。团队成员马旭村获中国青年女科学家奖，王亚愚获中国物理学会"黄昆物理奖"，何珂获日本"仁科芳雄亚洲奖"……

在团队经历了专业、严谨、求实的学术训练和作风熏陶的学生们，也得到广泛的认可：常翠祖在2013年到美国麻省理工学院从事博士后研究，现在美国宾夕法尼亚州立大学物理学院任助理教授，并于2018年获得了美国斯隆研究奖；张金松和冯硝毕业后赴美国斯坦福大学进行博士后研究，现在分别在清华大学物理系和清华大学－北京市未来芯片技术高精尖创新中心工作。

研究过程予以了他们很多回馈，但真正予以自己收获的还是他们自己。在很多人眼中，薛其坤是"知识改变命运"的代名词，出生成长于山东沂蒙山区革命根据地，为到北京读研究生曾经历两次失利，却凭借从上午7点到晚上11点泡在实验室的生活模式和严谨的作风攻克了一个个物理难题。

冯硝也说，自己不算是聪明人，也曾面临过纠结，最终决定从事物理研究是因为"我抱有信心，我所看到的就是真实的东西"。而决定从事物理的那一天，这个出生于黑龙江一个小农场的女孩儿并没能想到自己能参与到一个重大发现中。

再　出　发

"Now this is not the end. It is not even the beginning of the end. But it is, perhaps, the end of the beginning."（取得胜利不是过程的终结，甚至连终结的开始都不是。相反，它很可能是一个新起点的开始）王亚愚引用了丘吉尔的这番话来描述他们的研究过程。量子反常霍尔效应的发现，于他们的研究而言，仅是一个开始，还有更高的山峰等着他们去攀登。

薛其坤说，科学家的研究是为了建立原理和方法，为了以后研究更加成熟，为了和产业工业结合。因此，如何降低量子反常霍尔效应实现的苛刻条件要求，成为研究团队正在攀登的山峰。

几年来，这支队伍一路攀登，一路收获。2015年，团队实现量子反常霍尔效应零电导平台的首次观测；2014、2015年和2017年，团队在磁性掺杂拓扑绝缘体的磁性和输运性质的调控方面取得多次突破……

2018年，团队又实现两个重要进展——大幅提高了量子反常霍尔效应观测温度，首次实现量子反常霍尔效应多层结构。

何珂说，目前实现量子反常霍尔效应的温度极低，这不仅阻碍了进一步研究，也为其走向实际应用带来挑战。"原来的温度是比绝对零度高0.03度，现在是比绝对零度高0.3度，温度提高了10倍"。

而量子反常霍尔效应多层结构是指把实现量子反常霍尔效应的一层薄膜，像搭砖块儿一样"垒砌"起来。王亚愚解释说，这就像以前只有一条电子运行的高速公路，现在要建立立交桥，从而增强材料的导电能力。

"这个听起来很简单，但实验上有相当大的难度。"何珂介绍，这一项目对技术的要求非常高，实现一个量子反常霍尔效应层已经非常困难了，形成一个多层结构，同时各层之间还能不受彼此干扰地正常运转就难上加难。"尽管很难，但这为探索更多新奇的拓扑量子物态打下一个非常好的基础。"何珂说。

如今，研究团队每天仍然花费大量的时间在实验室中，不断去生长样品、测试，他们都期待能够发现更多有趣的量子物态和量子效应。

薛其坤说，量子反常霍尔效应的实验发现是国家改革开放 40 年来，在国民经济发展和社会进步的大力支持下，中国科学家冲击国际科学技术难题的重要的例子。"改革开放为我们中国科学走向世界奠定了非常好的基础，给中国科学家造就了一个史无前例的黄金时代。"他呼吁，中国人要有学术自信，要敢于去挑战重大科学难题。解决重大科学难题，解决核心技术难题，是科技工作者报效祖国、回报人民最好的答卷，也是中国科学真正走向世界中心的关键标志。

从叶企孙先生第一次实现对普朗克常数的测定，到发现量子反常霍尔效应，已经过去近百年的时间。百年间，变化的是日新月异的科技水平，不变的，是科学家们追崇始终不变的"初心"，这就像量子反常霍尔效应与普朗克常数永恒不变的线性关系那样。

"物格而后知至，知至而后意诚，意诚而后心正，心正而后身修，身修而后家齐，家齐而后国治，国治而后天下平。"2018 年 5 月，薛其坤作为嘉宾登上《朗读者》的舞台，并且朗诵了《大学》。"我要把它献给无数为中国物理奠基的叶企孙先生和诸位前辈们。"薛其坤说。

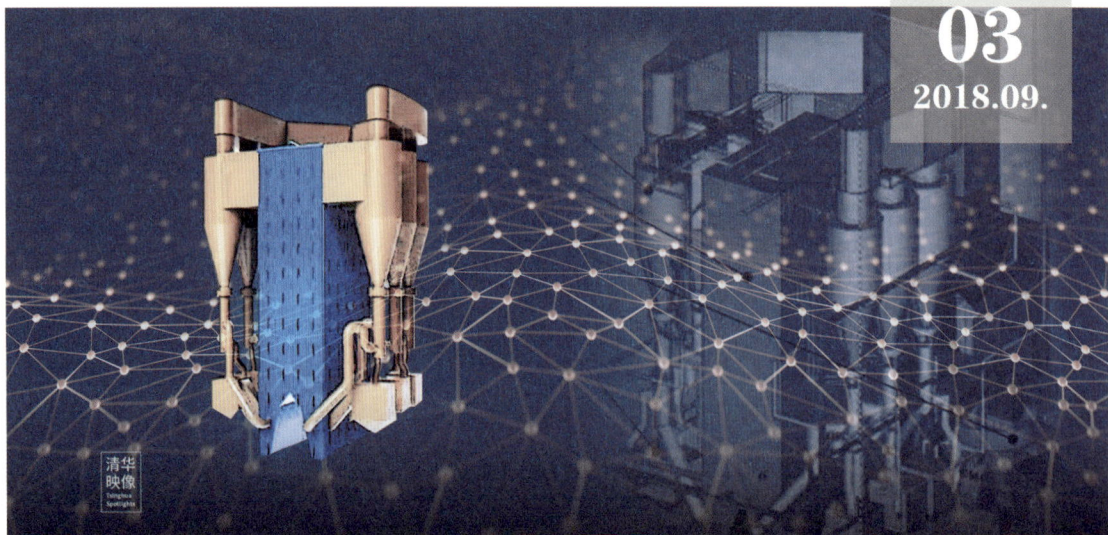

【国家科技奖】循环流化床技术的"突围之路"

文字采写 ｜ 曲田
图片 ｜ 任帅

煤炭为中国经济发展提供了基础能源，但其燃烧造成的污染也束缚了社会的健康发展。在清华，有这样一支团队，他们数十年如一日，致力于清洁煤燃烧技术的创新与突破，用自己的肩膀扛起了中国循环流化床燃烧技术的发展之旗。

团队领头人叫吕俊复，一位在循环流化床领域兢兢业业、勤勉攻关 20 余年的智慧学者。"我们拥有一支优秀的团队，他们不仅有坚定的信念和科学的研究方法，而且优势互补、各尽所能，这是取得成绩的重要保障。"

2018 年年初，吕俊复和他的团队完成的"600 兆瓦超临界循环流化床锅炉技术开发、研制与工程示范"项目获得国家科技进步奖一等奖。该项目在没有国际先例的条件下，系统地突破了超临界循环流化床容量跨域和参数提高带来的巨大理论及工程挑战，构建了超临界循环流化床锅炉设计理论和关键技术体系，研制出世界上容量最大、参数最高的 600 兆瓦超临界循环流化床锅炉，标志着我国在循环流化床燃烧技术领域走在了国际前列，在世界循环流化床锅炉发展史上烙下浓重一笔。

循环流化床技术是洁净煤燃烧技术的一种，它的煤种适应性特别宽，各种劣质煤都能烧。更重要的是，在燃烧过程中无需外部干涉，只依靠自身就能无成本实现氮氧化物排放量低值，并且可以通过在燃烧室中直接放入石灰石的方式脱去燃烧产生的二氧化硫，与在锅炉后尾部烟气净化技术相比，操作相对简单、成本低，还起到了节水的作用。

清华大学是我国流化床燃烧技术开发的先行者。自 20 世纪 80 年代起，清华大学团队便紧跟国际发展前沿，开始致力于循环流化床燃烧技术的自主研究。至 21 世纪初期，以清华大学为代表的中国循环流化床燃烧技术逐渐从"学生角色"转变为主流。针对循环流化床燃烧在污染控制上的优势及其在效率上尚存在的不足，20 世纪末，清华大学便开始了超临界循环流化床锅炉的探索。

"超临界循环流化床锅炉技术对中国有着特别重要的意义，更高效率，更少污染，燃料适应性强，污染控制成本低，是占煤炭总产量 20% 以上的劣质煤的经济规模化利用的最佳选择，及时满足了我国新时期的重大市场需求。"在没有先例的条件下，吕俊复和他的团队十余年如一日，把全部精力扑在了发展适合中国煤种条件的超临界循环流化床技术研发上。

团队在应用研究中获得了一批原创性基础研究成果，完整揭示了超临界循环流化床锅炉的基本原理，创建了超临界循环流化床锅炉设计理论和关键技术体系；开发了超临界循环流化床锅炉设计技术，发明了系列专利部件结构，率先研制出世界容量最大、参数最高 600 兆瓦超临界循环流化床锅炉；创建了控制、仿真、系统集成和安装、调试、安全运行技术体系，建成了世界首台 600 兆瓦超临界循环流化床示范工程，各项指标全面优于国外同期开发的超临界循环流化床。

对于吕俊复和他的团队来说，这些还远远不够。"我们中国人应当将自己的技术产品更多地推广到世界舞台上去。"目前，超临界循环流化床锅炉全球市场占有率超过 95%，近三年新增产值 58.4 亿元。项目实现了 600 兆瓦超临界循环流化床的国际梦想，被国际能源组织认定是国际循环流化床燃烧技术发展的标志性事件，是中国在洁净煤发电技术领域对世界的贡献。

在吕俊复看来，这个历时十多年的项目取得成功，主要得益于蓬勃发展的时代机遇、清华良好的科学研究平台和氛围，以及优秀的产学研合作队伍。

"未来的路还有很长，要做的事情还很多。我们相信，将来会有更多循环流化床领域的'攀登者'，会产生更多更为出色的科研成果，为祖国的清洁煤事业发展作出更多更大的贡献。"吕俊复说。

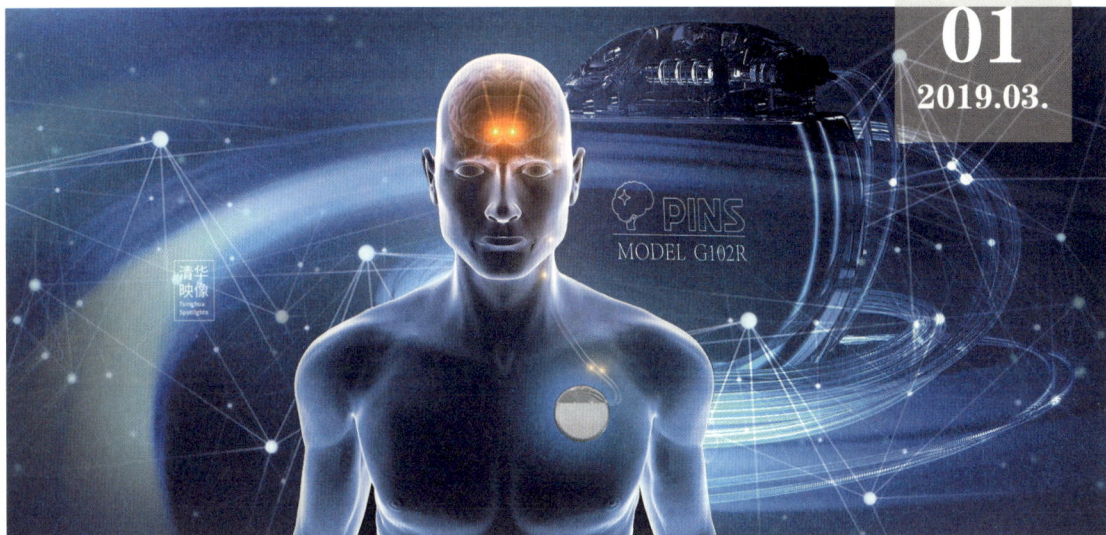

【国家科技奖】拯救大脑的电波：
李路明和他的脑起搏器研究团队

文字 | 李婧
图片 | 宋晨

国家科学技术一等奖
脑起搏器关键技术、系统与临床应用
　　主要完成人：李路明、张建国、郝红伟、马伯志、姜长青、文雄伟、郭毅、余新光、孟凡刚、凌至培、王伟明、胡春华、张凯、加福民、刘方军
　　主要完成单位：清华大学，首都医科大学附属北京天坛医院，中国医学科学院北京协和医院，中国人民解放军总医院，北京品驰医疗设备有限公司

　　你能想象这样神奇的一幕吗？一位帕金森病晚期患者，在植入脑起搏器后，只要打开遥控开关，身体立刻停止震颤并能够自如行走。这就是清华大学航天航空学院李路明团队"脑起搏器关键技术、系统与临床应用"项目为患者实现的治疗"魔法"。

　　经过 18 年不懈努力，李路明团队自主突破核心技术，打破美国独家垄断，攻克了多项世界难题，开创了我国有源植入医疗器械超越进口的先河，成为近 20 年该领域实现领跑的成功范例。

　　1 月 8 日上午，李路明代表团队在人民大会堂领取了国家科学技术进步奖一等奖证书。

在"一张白纸"上绘制有源植入医疗器械新格局

　　提起帕金森病，数学家陈景润、拳王阿里等都曾受其折磨，可以说这是一种极为常见的"老年病"。据统计，帕金森病在 60 岁以上的人口中发病率高达 1%，我国帕金森病患者现已超过 200 万。由于目前尚无根治方法，长期服药的帕金森病患者，药物疗效会逐渐下降，并产生开关现象、剂末现象、异动症等并发症。这时候，脑起搏器便成为万千患者的唯一希望。

　　脑起搏器是脑深部电刺激疗法 (DBS) 的俗称，这种直接作用于神经中枢的人工装置，通过埋植于胸前的脉冲发生器向植入在大脑特定靶点的电极发放弱电脉冲，刺激脑内控制运动的相关神经核团，抑制引起帕金森病症状的异常脑神经信号，从而消除因帕金森导致的运动失能，并减轻因服用药物而产生的运动症状波动和异动，成为药物"蜜月期"结束后首选的治疗方法。然而多年来，脑起搏器由美国一家公司垄断，成为临床上价格昂贵的高值耗材之一，让很多患者望而却步。

　　在近 10 年的研发攻关后，2009 年 11 月，首例清华脑起搏器治疗帕金森病临床试验手术成功完成。

　　这枚重量仅为 37 克的脑起搏器，由 58 种加工方法、182 套制造模具、406 个工艺包、891 套工装卡具、1821 种物料器件和 3000 份以上控制文件凝结而成，在近乎"一张白纸"状态的有源植入医疗器械领域开拓了"中国制造"的版图。

此后的一切，都顺理成章起来

2012年，由清华大学主持、北京品驰医疗设备有限公司和北京天坛医院参与共建的神经调控技术国家工程实验室成立，推动医工融合、自主研发。

2013年，清华脑起搏器获得CFDA颁发的注册证，到目前为止形成了包括单通道、双通道、双通道可充电在内的系列化脑起搏器产品，共有6个三类医疗器械注册证和4个二类医疗器械注册证，在全国近200家医院完成超过1.2万例次植入，2017年国内植入占比达60%，平均为每位患者节省10万元，近三年节支超过4亿元。

2016年全系列脑起搏器获得权威CE认证后，"清华牌"脑起搏器沿"一带一路"走出国门，2017年在巴基斯坦、孟加拉和印度尼西亚等国实现临床植入，2018年在英国实现植入，成功进入欧洲发达国家市场。

到目前为止，拥有完全自主知识产权的清华脑起搏器项目获得97项国内外授权专利，荣获5项国内外发明金奖、最佳奖、特别奖。发表论文115篇，其中SCI检索43篇，EI检索50篇。

应临床需求之"托付"开始攻关

作为一名航天航空学院的教授，李路明将研究方向定位于脑起搏器的研发和应用，还颇有点"受人之托"的意味。

时间回到2000年。在清华大学和北京天坛医院的学科交流中，北京天坛医院的王忠诚院士向李路明提出了研发倡议，希望研究有重大的临床、经济和科学价值的脑起搏器。以临床需求为契机，李路明一直以来对医学的研究兴趣被再次点燃。"我本身的专业与航天医疗装备相关，也一直想做能切实解决人类需求问题的科研，加之身边亲人的身体状况，没有不挑战的理由。而且错过黄金时间，也许再也没可能做成了。"李路明进一步解释，自己喜欢做"不拥挤"的研究，去完成一项兼具学术和临床价值的"实实在在留一点东西的科研"。

面对被誉为神经外科医疗器械的"大飞机"的脑起搏器，李路明开始思考这条没有先例可循的道路该如何走下去。以"工科化"的认识方式，他首先从逻辑上理清了可行性路线。

最重要的是安全可靠性。"如果我们的亲人需要，不考虑经济因素，你会选择自己研发的产品吗？"李路明自始至终都在强调，安全可靠是一切的前提，也可以说是航天领域出身的团队得天独厚的优势。

最大的挑战是制造。"这个时代，从发现到应用的距离空前缩短，这对产品制造提出了很大的挑战。"对李路明而言，解决问题的两个有效方式，一是发挥"不实验、不相信"的航天研究精神，用事实推进；二是充分利用清华多学科交叉融合的平台，与材料、机械、医学等不同学科背景的学者充分交流，并打造一支多学科背景的研究团队。

最可行的路径则是分三步走。李路明回想起当时的心路历程：首先要跟踪国外最先进技术，在技术指标上达到临床可信的水平；二要立足中国国情，站在病人的角度看问题，充分考虑安全、成本和术后的人文关怀；三要体现大学的研究价值，在商业维度之外形成创新源头，把交叉研究、学生培养和治病救人有机整合。

沿着既定道路坚定走下去，李路明说："在意想不到的地方实现重大进展，本身就是科研的魅力之一。"

在"一穷二白"的领域解决世界性难题

李路明团队的研究对象是高度精密和复杂的人脑。脑起搏器的电极需长期植入大脑深部，并接受植入于胸前皮下的脉冲发生器输出的脉冲电流对大脑的持续刺激，这对植入系统提出了安全、可靠和稳定性方面的苛刻要求。而国外技术垄断加之我国高端医疗产业基础薄弱的制约，更使这一任务难上加难。

十几年过去，团队的成绩单里写下了一系列原创性的理论、方法和技术突破，针对临床中面对的世界性技术难题，为患者提供"稳步态、零灼伤、无断裂、异地程控"的清华脑起搏器。

临床表明，90%以上的晚期帕金森病患者存在步态障碍。面对长期困扰，李路明团队敢于突破荣获2014年拉斯克奖的恒频刺激范式，创造性提出针对多病态节律采用不同对应频率、分时组合的原创性"变频刺激"方式，首次实现了帕金森病运动与步态障碍的同步治疗。能够明显改善患者步态的变频刺激疗法已被纳入中美专家共同署名的帕金森病专家共识，来自美国、英国等全球的37位脑调控权威专家联名发表文章认为"这是最新的治疗进展"。

除了良好的安全性和有效性之外，李路明团队还希望进一步打造清华脑起搏器的"患者友好性"。"相信大部分中国患者更倾向于只进行一次手术，而后依靠体外充电的治疗模式，这不仅能够避免每隔几年手术更换脉冲发生器带给患者的痛苦，而且能够大幅降低医疗负担。"李路明介绍。但涡流发热可能带来体内灼伤风险，国外的类似产品就曾因灼烧导致大面积召回，面对协调充电速率和安全的世界难题，团队发明了分形涡流抑制、双闭环控制等技术，首次将高速充电下的温升控制在2度以内。和国外的技术相比，团队产品充电效率提高了3.8倍，目前安全充电20万次以上，并在全球首次实现脑起搏器10年以上的质保寿命。

更需要避免的还有电极断裂问题。植入人脑的电极在术后使用过程中存在1%~5%的断裂率，一旦断裂，就需重新开颅手术。但这个对患者而言的灾难性问题在机理和解决方法上却一直悬而未决。为揭示颅脑电极疲劳断裂机制，李路明团队研制仿真疲劳实验机，首次发现导线拉伸变形使疲劳寿命成指数降低的规律，并根据断裂原因，在网状强化新结构的基础上发明了骨槽固定新术式，杜绝头颈运动拉伸的断裂根源。在采用这些技术改进之后，没有出现过断裂事故。

植入手术后，患者需根据病情，定期返回医院程控，由主治医师调整优化刺激参数，旅途劳顿对偏远地区的患者及家庭是沉重的经济和精神负担。为此，李路明团队建立了远程程控体系，患者在当地医院，通过互联网技术与远程的主治医生建立音频、视频和数据链接，实现异地的远程程控，将术后返诊经济负担减少 90% 以上，进而以该技术为核心建立了分级诊疗体系，促进帕金森病的规范化治疗。远程程控技术已经纳入中国帕金森病脑起搏器术后程控专家共识，部署于 20 家大医院，200 家地方医院，累计程控患者超过 3000 人次，并实现了对新加坡、西班牙等地患者的跨国程控。通过项目的推动，脑起搏器手术医院和医生增加了 20 多倍，并为印尼、新加坡、巴西等 9 国培训医生，实现了中国诊疗范式的海外推广。

集成电路、封装工艺、嵌入式软件、可靠性测试、焊接、生物相容性材料、无线通信、电磁场、神经影像、神经电生理，等等，团队成员在各自擅长的专业技术，形成合力，自主设计研制了系列脑起搏系统，包括植入体内的脉冲发生器、延长导线和电极，以及医生程控仪、体外充电器、测试刺激器、患者控制器等体外设备，构建起研发制造脑起搏器的关键技术、工程制造和临床应用三大体系，用重量更轻、寿命更长、性价比更高的引领性产品，使患者得到了更有效、更安全、更可靠、更便利的临床治疗。

用研究价值收缩困难的边界

面向临床需求开展旨在走出实验室的科学研究，面对患者提供不容出错的解决方案，其中的困难可想而知。但当被问到印象最深的问题时，李路明提及更多的却是感恩，感恩学校的支持，感恩团队的协助合作，感恩这个时代，共同完成了一项有价值的研究。

当然，在只言片语中，我们仍然能感受成绩的来之不易。

初始成员大多工科出身，为了弥补临床方面的欠缺，主动和要求最严格的医院及医生合作，并多次到现场观摩手术。长期的动物植入实验，也出现过产品在兔子体内密封不佳、猴子术后出现副作用等意想不到的变数，更不用说技术突破路上那些掉进数据汪洋中的不成功案例。

李路明还记得，研发的老师们在医院共同参加第一例患者植入后的开机程控，当随着刺激电压的缓缓提升，患者震颤的手臂蓦然静止下来时，大家都激动得泪流满面。

但是，困难的边界远远超出了大学实验室技术突破的范畴。

博士后加福民 2010 年就加入团队，从接触临床试验的第 4 例患者开始，深切体验了"顶天立地"的研究必须要面临的挑战。短时间内需要攻克"没人做过的"变频刺激等难题本就是不小的压力，但宝贵的时间还需分配到与医生、患者和企业的多方沟通上。当时的加福民，不仅需要主动寻找志同道合且能够并肩作战的合作伙伴，还需要承担与临床试验患者沟通的职责。"作为直接联系人，我坚信我们认真做出的产品安全稳定，但毕竟是第一次临床试验，所以我也很理解患者们植入后的忐忑心情。当时确实发生过很多意想不到的状况，凌晨 5 点，可能有患者打进电话告知复诊需求；晚上 12 点，会有患者因为缺乏经验进行电话咨询；每天 24 小时，在跟台手术和程控管理上，几乎没有松懈下来过。"

如何"撑过去"？彼时还是一名博士生的加福民与李路明老师谈过心，得到过鞭策，但更重要的，还是看到患者明显改善的信心和成就感。"我是医学专业出身的，我对这份事业和团队的文化非常认可，坚守创新路上的安全与责任，就像我的名字，'加福民'，加福于人民。"

在更有挑战的平台上扩展价值

如今，李路明领导的脑调控创新团队有近 30 名师生，大部分成员均为国内成长起来的年轻人，拥有航天、生物医学、机械、自动化、计算机等不同学科背景。他们其中，有沿着机制原理深入钻研的坚守者，也有开阔视野、扩展适应症的探路人。

博士生陈玥就是沿着机制原理进发的一员。几年来，她与同学们在实验室老师的支持下长期随访 14 位脑起搏器术后患者的脑电信号，结合复杂的行为过程刻画人脑活动，共同完成了深部脑电采集，集成了罕见且完整的数据。她介绍道，因为只有清华脑起搏器具备刺激时同步采集的功能，这是目前国际上体量最大的深部脑电数据，而实验室则准备将捕捉到脑深部信号的"幸运"数据，整理上传于全球共享的数据库。"人多力量大"，陈玥说，希望来自中国的稀有数据吸引国际研究热情，共同推动机制原理问题的解决。

合作共赢的理念由来已久，2016 年，实验室即联合《科学》杂志设立全球首个神经调控学术奖——Science-PINS Prize for Neuromodulation，推动领域的全球技术进步。

为神经调控领域的研究提供支撑，李路明和团队还有更加广阔的前景设想。"基础和工程是两个发动机。"李路明说，团队将做好工程技术研发与完善，同时也希望在新疗法方面下功夫，形成对科学问题更加深入的认识。

脑起搏器到现在已经可以用来治疗帕金森病、特发性震颤、肌张力障碍、强迫症、癫痫等一系列疾病，而全世界范围内更是有脑起搏器针对 39 种病的 400 多个临床试验在开展，脑起搏器未来的发展和应用前景广阔。"我们始终对科学怀有敬畏之心，把患者放在第一位，期待通过我们自己的工作，将脑起搏器打造成一个大脑疾病研究的利器，同时可以解决更多的临床问题，为相关疾病的患者造福。"李路明说。

这个团队的方向，正如李路明办公室墙壁上挂着的四个简单而坚定的大字——"天天向上"。

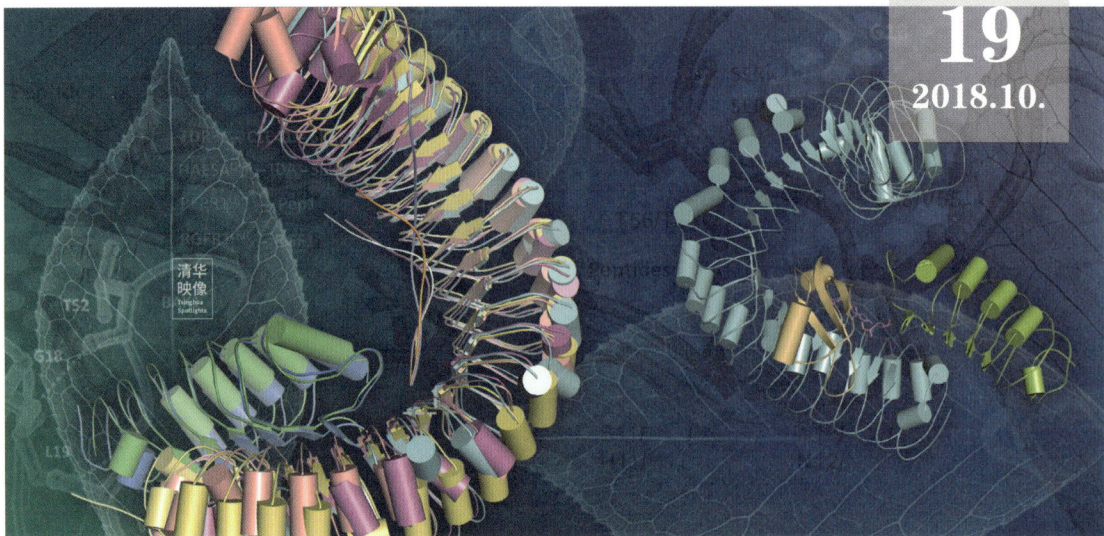

【国家科技奖】揭秘植物抗病"诱饵模型"

文字 | 梁乐萌 李昌轩
图片 | 梁晨

两军对垒，剑拔弩张，一小支先头部队暗地里发起偷袭。绕过守卫，摸入大营，正当他们为奇袭得手自鸣得意之时，环顾四周，发现这竟是一座空营。说时迟那时快，埋伏在附近的暗哨点燃了烽火，本想出其不意的先头部队完全暴露了行踪……

这是一场真实发生的"战役"，只不过以肉眼无法观察的维度发生在植物体内。在这里，伪装成"空营"的是植物受体激酶 Pto，它和"暗哨"Prf 蛋白紧密合作，一旦敌军"先头部队"——能够使植物患病的病原菌产生的一种效应蛋白 AvrPto"误入空营"，与 Pto 结合，Prf 蛋白就迅速被激发活性，"燃起烽火"，向下游免疫系统传递信号，进而提高了植物的抗病性。

这种植物抗病新模型被称为"诱饵模型"，是清华大学结构生物学实验室（柴继杰教授实验室）联合中国科学院遗传与发育生物学研究所植物体内及功能实验室（周俭民研究员实验室）和郑州大学的重要功能化合物合成及表征实验室（常俊标教授实验室）进行的"植物油菜素内酯等受体激酶的结构及功能研究"课题项目研究成果的一部分。该项目荣获2017 年度国家自然科学奖二等奖。

植物细胞膜上存在大量的受体激酶，常被用作实验植物的拟南芥大约有 600 多个，而水稻大约有 1000 多个，造成诱发刺激的小分子物质有不同形态，受体激酶也相应地有多种不同形态，"一把钥匙配一把锁"，与配体特异性结合，像"哨兵"一样激发活性，传递信号，从而承担调控植物生长、发育、抗病和共生的功能。国内外已有一系列针对受体激酶的遗传学研究，而柴继杰实验室等团队采用先进技术手段，从结构生物学的角度结合遗传学、分子生物学、细胞生物学和生物化学等手段进行研究，更加清晰明确地阐释受体激酶如何发挥作用、通过什么物质发挥作用的机制。

与动物不同，大多数植物无法自主移动、躲避或反击敌害，这使得免疫对于植物的生存格外重要，而准确识别致病物质是免疫的第一步。通过解析受体与配体结合后形成的复合物的结构，该研究发现，一种叫作 AtCERK1 的植物受体能够"认出"真菌病原体的主要成分——几丁质，受体 FLS2 则能够特异性识别致病细菌的鞭毛蛋白，对这两种病原体的免疫过程即肇始于此。

同时，研究还发现，在对细菌鞭毛的识别中，另一种物质 BAK1 作为共受体存在，参与植物体免疫受体的活化。有趣的是，被受体激酶 Pto 识别的病原菌效应蛋白 AvrPto 同样可以作用于共受体 BAK1，抑制植物的免疫反应，从而达到致病的目的。

AtCERK1 识别几丁质的模式被称为"同源二聚化"，顾名思义，在这个过程中，植物细胞膜上两个相同的 AtCERK1 蛋白胞外区被几丁质配体诱导二聚化，并激活植物防御反应。而在 FLS2 与 BAK1"合作"识别细菌鞭毛蛋白的过程中两个不同的蛋白激酶发生二聚化，即"异源二聚化"。无论哪一种模式在都提示受体激酶被激活最少需要两个激酶的互作。该研究也由此揭示了植物受体激酶活化的普遍模式——同源或异源二聚化活化，该模式也指导发现了许多植物受体激酶通路的新成分。

除了植物免疫，该研究还涉及受体激酶在植物激素发挥作用的过程中扮演的角色。油菜素甾醇（BR）广泛存在于各类植物中，因其最早在油菜中被发现而得名，对于调控植物生长发育有重要作用，被认定为生长素、乙烯等五类常见植物激素之外第六大植物激素。油菜素内酯产生和生效并不在植物细胞的同一部位，在传递运输过程中，如何准确识别应当发挥作用的部位，同样离不开植物受体激酶。该研究通过解析油菜素甾醇的一种——油菜素内酯（BL）与其受体 BRI1 形成的二元复合物晶体结构，以及激素 BL、受体 BRI1 和共受体 BAK1 结合形成的三元复合物的晶体结构，首次揭示油菜素内酯这种重要植物激素的受体识别及受体异源二聚化活化的分子机制。

清华大学生命科学学院教授柴继杰是这一项目的第一完成人，他主要运用 X 射线晶体学研究植物受体激酶和 NOD 样受体的结构与功能关系，经过十几年研究，取得了一系列国际领先的创新成果，对生物大分子结构领域的学术贡献得到了国内外同行的高度认可。在同事、学生眼中，柴继杰兼具创新的科学精神和严谨的工作作风，对科研工作有极高热忱，每天风雨无阻与实验室其他成员就实验进展进行讨论、争辩，每天从实验的点滴进展中收获激动。2017 年 6 月，由于在受体激酶结构与功能研究领域的杰出成就，柴继杰获得了德国马普植物遗传与育种研究所"洪堡"教授奖。郑州大学常俊标、清华大学韩志富、中国科学院遗传与发育生物学研究所李磊及郑州大学宋传君分别为项目第二至第五完成人。

凭借 AvrPto-Pto 诱饵模型、油菜素内酯受体识别、AtCERK1 特异性识别几丁质、受体 FLS2 和共受体 BAK1 识别致病菌鞭毛蛋白、AvrPto 抑制共受体 BAK1 这五项重要发现，"植物油菜素内酯等受体激酶的结构及功能研究"获得了国内、国际同行的高度评价，在《自然》《科学》等顶尖学术杂志共发表 8 篇代表论文，SCI 他引 744 次。学术成就之外，在实践应用层面，此研究对于作物抗病性的提高及良种植物的培育等同样具有重要意义。

【国家科技奖】突破技术难题，守护国家电力安全

文字 | 马倩倩
图片 | 宋晨

清华大学电机系董新洲教授及其团队发明的"电力线路行波保护关键技术及装置"有力保障了我国电力线路安全，也让中国在电力线路继电保护技术方面走在了国际前列。该成果荣获 2017 年度国家技术发明奖二等奖。

电网安全事关能源供给安全乃至国家安全，故障是电网安全的最大威胁，处置不当会损毁设备，扩大事故范围，甚至引发大停电。国际电气电子工程师协会（Institute of Electrical and Electronics Engineers，IEEE）统计资料表明，70% 以上的大停电与继电保护不正确动作有关。电力线路是传输分配电能的大动脉，运行环境恶劣，故障概率高。电力线路继电保护是检测并切除故障线路的技术，是电网安全的第一道防线。

行波测距是依据行波理论实现的测距方法，利用行波在故障点和测量点之间传播的时间差来测量故障距离。谈到他和团队是如何开始做电力线路的继电保护时，清华大学电机系董新洲教授笑着说："早在 1994 年之前，我就开始研究利用行波测量输电线路故障距离，到 1995 年年底，我们成功开发了国内最早同时也是国际上最为成功的行波测距装置。"20 世纪 90 年代后期，中国开始在西北地区建设 750kV 特高压电网，特高压电网具有分布电容电流大、输电距离长的特性，传统继电保护不能有效检测和切除线路故障，董新洲由此想到利用行波构成电力线路保护。"这既是我国电网建设和发展的新需求，又是时代赋予继电保护工作者的新使命和机遇。结合我自己在行波测距方面的深厚基础和对继电保护的热情与爱好，我开始带领团队将工作的重点放到了行波保护技术研究中来。"董新洲介绍说。

尽管前期已经攻克了行波测距的难题，但在此基础上对快速切除故障问题进行研发时，董新洲及其团队还是遇到了很多难点。不过，在科研团队的共同努力下，他们成功将这些难点变成了含金量满满的几大亮点。

由于初始行波、折反射行波会混叠，性质甚至相反，如何利用行波快速可靠检出故障方向、故障区间和故障线路成为一大难题。董新洲坦言，为攻克这项难题，他们前前后后试过很多种方法，比如用于判别输电线路故障方向的波阻抗继电器、用于规避电容分压式电压互感器不能传变宽频电压的极化电流行波方向继电器，以及输电线路自适应行波差动保护方法。同时针对中性点非有效接地电网配电线路单相接地故障判别难题，他们把行波折反射理论和方法用于选择单相接地故障线路。这些独特又巧妙的电力线路行波保护方法，成为董新洲团队的研发亮点。

由于行波和噪声、雷电波的波谱重叠，需要对行波与雷电波进行甄别，剔除噪声干扰，保证非故障情况下保护不会错误动作。董新洲团队经过努力，成功研发出由触发器硬件启动和小波消噪软启动共同组成的抗噪声干扰的行波保护软硬件联合启动技术，这项技术帮助他们成功降低了误启动概率，从源头上保证了保护的可靠性。

除了攻克设计原理层面的难题，作为故障切除的核心，电力线路行波保护的硬件装置也非常重要。基于此，董新洲带领团队自主研发了行波高速数据采集与数字信号处理模块，该模块可以完成相模变换、小波变换、故障启动、故障方向和故障线路判别。除此之外，团队还研发出了分别针对超特高压线路和配电线路的行波保护装置。超特高压线路装置采用主后备保护一体化、模件式结构，可以完成行波方向和行波差动保护功能以及利用工频模件的后备保护功能。而配电线路单相接地选线保护装置则采取了分布集中式平台、模件式结构，行波模件可以完成行波数据分布式采集和判启动功能，中控模件则可以比较选择出接地线路。

在攻克硬件设计的同时，董新洲团队也兼顾了电力线路继电保护的"四性"要求：一是选择性，保护装置可以精准识别电力线路的故障，只切除线路故障，不会影响电网的其他部分；二是快速性，保护装置识别到故障后，可以在未产生危险后果的几十毫秒内快速切断故障，用毫秒数量级单位的反应速度为电力线路的安全提供保证；三是灵敏性，他们研发的保护装置可以灵敏检测从严重到轻微各个程度的故障，即使是最细微的故障也不会被遗漏；四是可靠性，董新洲介绍说，由于保护装置利用可靠启动性装置对初筛时检测到的扰动层层把关，"我们保证是故障就 100% 切除，不是故障就 100% 不切除"。可靠性可以说是这套装置中最核心的技术，"我们整个团队在可靠性方面下了大功夫。这套保护装置由电路设计和芯片选择共同保证硬件电路的抗干扰，由行波平台多尺度、多重印证和可靠启动共同保证算法软件的抗干扰，可以说是'双管齐下'。"董新洲说。

2007 年以来，这项技术成果在国内由国电南京自动化股份有限公司、北京衡天北斗科技有限公司和清源继保科技有限公司产业化，在国外由 ALSTOM 公司生产销售。2011 年 12 月，首套基于极化电流行波的方向纵联保护投入西北 750kV 乾信线运行。2016 年 5 月，行波保护应用于蒙西－天津南 1000kV 交流工程，解决了差动保护难以同时满足可靠性和灵敏性的难题。

这项技术解决了超特高压线路和配电线路继电保护难题，电压等级覆盖了 10~1000kV，被国内外继电保护厂商产业化并广泛应用，已应用于全国 31 个省、市、自治区和欧美等国家和地区的电力、军工、航天、石化等多个行业领域。"对我们这些奋战在科研一线的人来说，能亲眼看到自己的科研成果应用于现实是最让我们高兴的事情。"谈起这些应用成果，董新洲显得格外欣慰。

董新洲团队的努力也成功经受住了时间的考验。近三年，现场运行的装置未发生不正确动作，正动率 100%。现场运行的数据也表明了这套电力线路行波保护关键技术及装置运行稳定、性能优良。同时，这项技术还得到了三大国际电气组织——英国工程技术协会 IET、国际大电网组织 Cigre、国际电气电子工程师协会 IEEE 的共同认可。董新洲本人先后获选 IET 会士（Fellow）、IEEE 会士（Fellow）和中国电机工程学会会士，并牵头成立了 Cigre 行波保护工作组。他们的努力与坚守也让中国团队在国际继电保护领域树立了声望，引领了国际继电保护技术的发展。

【国家科技奖】堆石混凝土坝：把论文写在祖国的大地上

文字 | 胡颖
图片 | 梁晨

　　"把论文写在祖国的大地上"，这是习近平总书记对广大科研工作者的殷切期待。在清华大学，有一支科研队伍以十五年的时间实践了这一口号——由土水学院教授金峰、安雪晖带领的研究团队专注于解决筑坝技术发展面临的技术难题，把团队研发的科技成果应用在利国利民的事业中。团队的原创项目"堆石混凝土坝"，是唯一由中国人发明并得到国际大坝委员会认可的新坝型，目前已经在国内外工程中得到广泛应用。

　　顾名思义，堆石混凝土坝技术是以一种用"堆石"和"混凝土"相结合进行筑坝的工程技术。这种技术让大块堆石与自密实混凝土相结合，先将堆石直接入仓，随后通过预埋灌浆管将混凝土填充到堆石的空隙中，从而形成坝体。比起传统筑坝技术，这种方法能有效减少水泥用量，节省施工成本，缩短工期。这项技术还具有节能环保方面的显著优势，在降低水化热、取消简化温控和提升材料抗裂性能等方面取得了突破性进展。除了建设大坝，堆石混凝土坝还可用于堤防、基础等工程建设，成功解决了水下浇筑、复杂裂隙充填等一系列施工难题。

　　对于金峰、安雪晖研究团队而言，2003 年 1 月 17 日是具有历史意义的一天。这一天，时任土木水利学院副院长的金峰和刚从日本回国的安雪晖一起去食堂吃了顿饭。

　　金峰和安雪晖都是清华大学水利系的校友，金峰是清华典型的"双肩挑"干部，既是学院领导，又是学术带头人；安雪晖此前曾在日本东京大学工学部任教，2002 年作为清华大学"百人计划"引进人才回到母校的怀抱。当时两位教授怎么都不会想到，这顿饭彻底改变了他们未来十五年的研究计划。

　　在食堂的餐桌上，两位教授"脑洞大开"，你一笔我一画地在餐巾纸上画下了"混凝土筑坝技术概念图"的草稿，还给它起了个名字——堆石混凝土。面对这幅餐巾纸手绘，两位教授笑着相约一定要把它付诸实践。就这样，凭着发明中国原创筑坝技术的一腔热情，两人携手踏上了科研的征途。

　　蓝图十分美好，然而从理论转化为实际应用的过程并不容易。两个搞了十多年计算的学者要进行大体积混凝土浇筑，既没有场地和资金，又没有团队。为了让实验继续下去，两人不得不多方筹集研究经费，借用实验场地，展开了一系列专项的室内试验研究和工程实践验证。团队的周虎老师当时还是硕士研究生，为了做浇筑实验，带着几个本科生跑遍了全国各地。

　　十五年的岁月里，团队的每一位成员在堆石混凝土筑坝技术的研发和推广中都投入了大量的时间和精力。辛勤付出换来技术上的累累硕果，他们真正做到了"把论文写在祖国的大地上"，而对由此带来的科研成绩评价受到的一些影响，他们从未感到过遗憾或后悔。

　　从一张餐巾纸上的手绘图到专利申请，从第一块浇筑试样到第一座实验坝成型，从第一个工程局部应用到第一座完整的大坝完工，这一切都离不开每一位团队成员出类拔萃的才智、不忘初心的情怀和十余年如一日的坚持。

　　有付出就会有收获，由于卓越的性能和显著的优势，堆石混凝土坝技术已在国内外获得了 20 余项发明专利授权。由马洪琪、钟登华、张超然、张勇传、钮新强 5 位院士组成的专家组对这项技术给出了高度评价，认为堆石混凝土技术"具有原创性自主知识产权，为水利水电工程筑坝技术开拓了一条新的途径，是混凝土筑坝方法的重大创新"。在 2017 年度国家科学技术奖励大会上，堆石混凝土坝项目荣获国家技术发明奖二等奖。

在中国加快发展低碳经济的时代背景下，堆石混凝土技术备受重视。始建于 1972 年的长坑三级水库工程曾多次漏水，虽然经过三次加固，但效果并不明显；另一方面，水库居于重要的地理位置，一旦失事，后果不堪设想。在 2010 年的水库重建工程中，大坝主体全部采用了堆石混凝土技术，从旧坝体中拆除了符合粒径要求的石块，作为堆石重新利用，不仅从根本上解决了安全隐患，而且节省了建筑成本，大大提升了水库的年供水量。据不完全统计，2005—2017 年间，国内已建成堆石混凝土重力坝、拱坝 40 余座，在建堆石混凝土坝约 30 座，还有超过 60 座堆石混凝土坝已经通过审查，即将开工建设。堆石混凝土技术的应用，为国家节约了超过 4 亿元的资金，还减少了约 50 万吨的二氧化碳排放。

堆石混凝土坝不仅在国内的工程建设中得到广泛的发展与应用，还在水利水电工程建设的国际舞台上绽放光彩。金峰和安雪晖教授团队曾经多次应国际大坝委员会、世界银行以及一些国家水利部门的邀请，赴国外作专题报告、进行方案比选。目前，老挝、越南、肯尼亚、埃及等国已经就堆石混凝土应用开展研究，即将或已经将其付诸实践。

"穷理以致其知，反躬以践其实。"科学研究既要追求知识和真理，又要服务于经济社会发展和广大人民群众。回顾这十五年来的研究历程，金峰和安雪晖两位教授由衷表示："我们是很幸运的！"

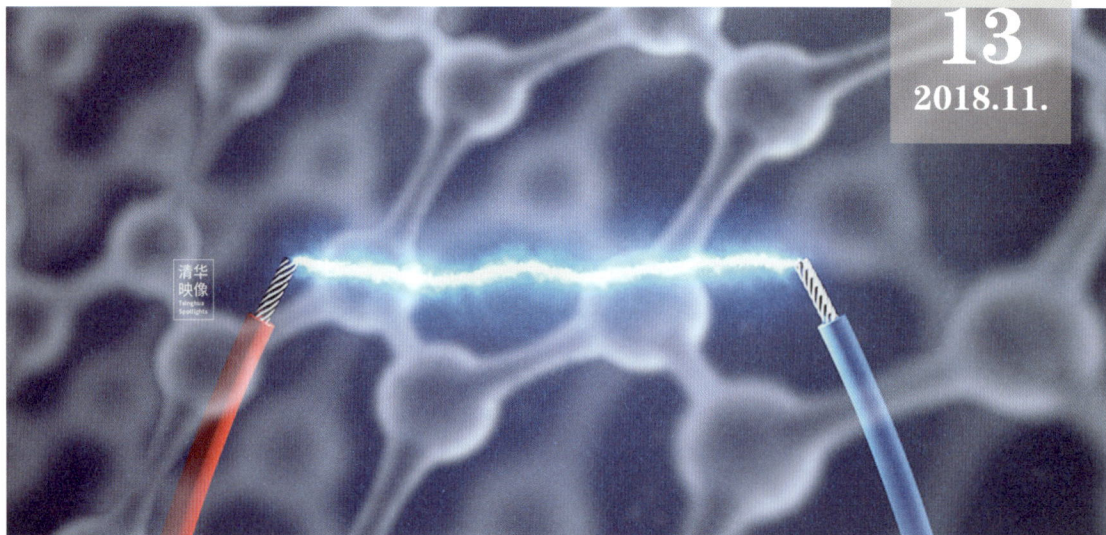

【国家科技奖】从石墨到石墨烯，助力中国锂电产业快速发展

文字 | 张译丹
图片 | 赵存存

从校门走进园子，我们习惯于冲上等候在门口的校巴，一瞬间就将暑气或寒流阻隔在门外。不知你有没有留意到，载着你的，是一辆零排放的纯电动汽车。当我们开始越来越享受新能源带来的福利时，可能不会想到，如今环游在校园内的电动校巴，数十年前，也许还只是实验室里一群人大脑里的一个想法……

1988 年，现任清华大学深圳研究生院院长的康飞宇教授还是机械系一名青年教师，他所在的课题组刚刚开始聚焦于天然石墨的深加工技术。我国的天然石墨资源品质优良，储量丰富，占全世界储量的 50% 以上，但长期得不到有效的深加工利用，只停留在原材料的开采、出口销售，或用于低端产品，如耐火材料。基于这样的开发现状，团队开始寻求对天然石墨的深度开发，希望能提高资源的附加值，团队首先开始对石墨层间化合物合成技术进行了持续的关注与研究，发明了电化学法制备优质可膨胀石墨的方法，并且迅速得到了转化生产。

1994 年前后，课题组开始探究将天然石墨用于锂离子电池负极材料的研究，陆续发明了双氧水－硫酸共插层技术、微膨化改性、球形化和包覆等技术，并且和企业合作，逐步放大，在锂电池应用中取得了很好的效果。

长期以来，锂离子电池在商业化过程中大多使用人造石墨作为负极，而我国的部分企业率先使用天然石墨。"以前天然石墨在锂电池负极的应用中存在问题，如循环性能差，快充能力不好，面对越来越大的新能源存储和电动车需求量，电池容量也有待提高，我们的核心工作就是围绕着解决这些问题开展的。"康飞宇介绍说。中国有非常好的锂离子电池工业背景，非常有利于产学研相结合，将实验室研究成果迅速投入到工业化生产中并收获反馈，不断再完善技术。通过这种方式，项目组逐步开发出可快速充放电、工作温度范围宽且循环寿命长的微膨改性石墨负极材料，具有优异高倍率性能和低膨胀率的负极材料和高容量且循环性能优异的硅石墨复合负极材料。在实验室阶段成功并获得国家授权发明专利后，这些技术和发明被深圳翔丰华和内蒙古瑞盛新能源等合作企业迅速应用于产品化中。

锂电池负极材料的改进已经有了显著的突破，那么正极导电？课题团队将目光聚焦到石墨烯上，石墨烯技术在 2004 年被曼彻斯特大学两位教授发现，并成功地从石墨中分离出石墨烯，这两位教授在 2010 年获得了诺贝尔物理学奖。石墨烯是目前世界上能够合成的最薄的物质，仅仅一个碳原子层厚度，是碳原子按照六角网状无限延伸的平面结构。天然石墨可以看成是自然界将无数层石墨烯叠摞在一起的块体材料，如果能够将其一层层剥离，就得到了极薄的石墨烯材料。康飞宇回忆说："在石墨烯制备技术方面，我们一直在进行着研究，从氧化插层到剥离还原，我们都有独到之处。我们也很快和企业合作放大并进行产业化，核心应用是将石墨烯用作正极材料的导电剂。"课题团队发明了温和条件下高品质石墨烯的低成本、宏量制备技术，提出了基于"点－面"模型的石墨烯导电剂应用技术，相比于传统使用导电炭黑作为添加剂，石墨烯导电效果好、体积能量密度高，"不同体系锂电池的能量密度能提高 3%~8%，这对电池性能的改善是很大的贡献"。在石墨烯导电剂应用方面，课题组和东莞鸿纳、比亚迪等企业密切合作，进展非常快。目前，不少锂电厂家都在应用石墨烯导电剂。

锂电池行业在国际上曾一度是美日技术领先，生产主要集中在中日韩三国，天然石墨和石墨烯项目的成功研发和产业化让我国的锂电池产业如日中天，中国的产量现在已超过日本。谈起锂电池的国际产业布局，康飞宇认为，对新能源存储和电动车推广的需求急速增长是国际趋势，各国间也需要密切加强在技术研发、产业化和实际应用等方面的交流学习与合作。

2018 年年初，团队的研究课题"高性能锂离子电池用石墨和石墨烯材料"获得了 2017 年国家技术发明奖二等奖。回顾这一路的研究历程，康飞宇始终强调和工业界的密切合作，"一项实验室技术，最终需要放大到产业的实际应用中去。如何进行产业化，把握好技术投入生产的时间从而形成产品的价格优势，进一步提升和稳固我国在锂电池行业的话语权？面对这一问题，我认为高校要通过不断加强与产业界的合作来解决。"康飞宇说。

一片天然石墨，从实验室的研究台走向产业化的生产线，最终，以一种高附加值的方式服务于我们现在的生活——科技服务生活，这正是康飞宇和团队里每一位科研工作者的追求。从研究石墨课题到今天开发石墨烯，30 年已经过去，未来还有多少个 30 年？康飞宇和他的团队相信，只要有新的能源和技术需求，他们就不会止步……

【国家科技奖】"零"摩擦：于黑暗中寻找光亮，挑战不可能

文字 | 杨鹏成
图片 | 任帅

爱因斯坦说："如果一个想法最初听起来不荒谬，那就不要对它寄予希望。"而郑泉水教授和他的一群博士生在 2017 年国家自然科学奖二等奖项目"范德华层状介质的滑移行为和力学模型"（获奖人：郑泉水、刘哲、徐志平、刘泽、刘益伦）中的研究经历，则诠释了要想挑战成功一个"荒谬"甚至"不可能"的问题，需要投入满腔热情和勇气、百折不挠地坚持，再加上或多或少的运气。

结构超滑（Structural Superlubricity）是指两个固体表面直接接触做相对滑移运动时，出现几乎为零（简称"零"）的摩擦和磨损的状态。绝对的零接触摩擦在物理中是不可能的，那么，在两个原子级光滑的范德华表面（如石墨烯、二硫化钼等二维材料）之间有没有可能实现结构超滑呢？"零"摩擦的一个自然推论是零磨损，这意味着"无限长"的寿命。想想"永动机"的"下场"，结构超滑的想法也的确够疯狂的。

因为一个偶然机遇，郑泉水参与到这场"疯狂的游戏"中——《科学》杂志曾在 2000 年报道了一个有趣的现象：多壁碳纳米管的一个芯管抽出后，可以自动缩回到外管中去。郑泉水和合作者、美国加州大学河滨分校教授蒋庆看到后，预言可用多壁碳纳米管制造一类全新的（即基于结构超滑的）机械振荡器。文章于 2002 年在《物理评论快报》（简称 PRL）报道后，多位著名学者在《物理评论聚焦》上表示，这是第一个该类纳米器件，有很大意义，但同时也对实验物理学家提出了巨大挑战。事实上，直到最近实验才测到了该文预言的机械振荡现象，可见这的确是一个不小的挑战。

郑泉水曾于 2004 年以纯理论的项目"张量函数表示理论与本构方程不变性研究"获得过国家自然科学二等奖（获奖人：郑泉水、黄克智）。在接触上述课题前，他是一位纯粹的理论研究者，几乎没做过实验研究，也没有实验室。他半开玩笑地说，自己于 2003 年开始尝试振荡器的实验时，真可谓"无知者无畏"呀！多年后的今天回看这项研究，郑泉水认为自己之所以能"生存"下来，以往建立的学术声誉、坚持、运气和学生是关键。例如，郑泉水指导的博士生中曾有三位获得了全国优秀博士论文奖，所以即使是参与一项全新的探索，学生对老师的判断也会有较充分的信任。另外需要特别指出的是，无论郑泉水在这场漫长的跋涉中遭遇多么大的困难，黄克智院士以及清华大学的多届校领导，始终站在背后给予最大可能的支持。

郑泉水回忆说，研究遇到的第一个"运气"，是在时任国家自然科学基金委数理学部主任白以龙院士和中科院物理所解思深院士的引荐和支持下，国家自然科学基金委拨出 1/3 的委主任基金紧急启动了这项实验研究；紧接着，清华大学拨出了 100 万自主研究经费支持实验的开展。第二个"运气"，是当时有来自不同学科的多位著名学者（特别是清华大学的朱静院士、范守善院士、薛其坤院士，北京大学的彭练矛教授，以及中科院物理所的吕力和翁羽翔研究员等）决定给予实验上的合作和大力支持。第三个"运气"，是当时已经是博士生二年级的江博在郑泉水的指导下，勇敢地接受了实验的挑战。第四个"运气"，则是经过近一年的实验尝试后，郑泉水决定采用高定向石墨，而不再是多壁碳纳米管，去设计实验。主要的考量是，采用微纳加工技术，可以成批地制备出不同大小、不同形状的实验用品。这个决策的背后，也有隐隐约约的今后更有可能走到大规模生产的考量。但当时，多位材料大专家都认为这是一个"疯狂"的想法，因为人们已经发现和使用石墨片很长很长时间了，从来没有人观察到滑移开的石墨片能够缩回去！

一方面，出身理论研究的郑泉水缺乏实验的经验，这是一个短板；另一方面，对理论的"信仰"和深刻理解，使得他有不断尝试和坚持的底气。但江博的实验遇到了极大的困难——频繁出入于上述合作教授的不同的实验室，却一而再、再而三地遭遇失败。每次失败后，师生两人就会坐下来，静静地分析，找出失败的可能原因。郑泉水总能"看到"一丝似乎可能引导走出黑暗的"光"；而江博也总能坚持着再回到实验室去尝试。这场艰难跋涉，足足进行了两年多。直到 2006 年，他们终于用微米尺度石墨块实现了滑移自缩回运动现象。打个比方，这个现象就犹如将两块同样大小的砖上下叠在一起，将上面的砖往外滑动一个距离（比如砖的 1/3 长度），放手后，发现上面的砖会自动地缩回到叠在一起的位置。

因为这个神奇的自缩回运动现象之前从未有人在任何晶体中发现过，激发了郑泉水的博士生杨佳瑞和刘泽等去深入实验探究，并试图观察到振荡现象；刘哲、徐志平和刘益伦等则致力于理论探究、模型计算和机理理解。显而易见，这需要多学科的合作。幸运的是，为支持这项研究及其代表的多学科合作模式，清华大学于 2010 年设立并大力资助了以郑泉水为主任的微纳米力学与多学科交叉研究中心。从此，郑泉水终于有了自己的实验室，并能够与来自多学科（微纳加工、物理、化学、材料、器件等领域）的合作者（除上述人员外，还有 Francoise Grey 教授、程曜教授、李志宏教授、李喜德教授、魏飞教授、张莹莹副教授等）经常"脑力碰撞"。这极大地加速了相关研究的进程。特别是有了挑战微米尺度结构超滑"不可能"的条件。经过四年多的努力，郑泉水、刘泽、杨佳瑞等于 2012 年证明了产生上述自缩回运动现象最不可思议的原因，是微米尺度结构超滑！

早在 1983 年，人们就预测有可能实现结构超滑；1993 年日本学者平野（Motohisa Hirano）等观察到了纳米尺度结构超滑迹象；2004 年荷兰科学院院士弗伦肯（Joost Frenken）等首次实验证实了纳米尺度下结构超滑的存在。再之后，探索更大尺度结构超滑的实验似乎就陷入了"冻结"，因为包括弗伦肯在内的不少学者认为，甚至从理论上"证明"，更大尺度结构超滑基本不现实。因此，当 2012 年郑泉水等在《物理评论快报》报道微米尺度结构超滑现象时，引起了很大的惊叹。弗伦肯等 2012 年在《化学世界》上评论说，"我们之前认为这是不可能的"，"这是一个聪明的经过仔细设计的，且极具勇气的实验。该现象发生在介观尺度，立刻将这个现象的研究从学术兴趣转化到实际应用。"

随后，郑泉水和杨佳瑞、刘泽等又观察到了高速（25 米 / 秒）的结构超滑，并与魏飞、张莹莹等合作，观察到了厘米长度的结构超滑。这些重要进展于 2013 年分别发表在《物理评论快报》和《自然·纳米技术》杂志上。

故事到此，似乎该告一段落了，因为 2017 年度的国家科技奖只针对 2013 年和之前公开报道的成果。但正应了弗伦肯的预言，自 2012 年后，微米尺度结构超滑的发现立即触发了全球范围的应用研究的开始。在国内，为了鼓励郑泉水团队朝这个方向发展，科技部设立了关于超滑的第一个纳米重大研究计划，美籍华人企业家唐仲英先生给予了大笔捐款，北京市科委专项支持，清华海峡研究院给予了不少的帮助。今年 9 月，清华大学和深圳市设立了全球第 2 个超滑研究中心——深圳清华大学研究院超滑技术研究所。在美国，阿贡国家实验室 2018 年 4 月设立了全球第 1 个超滑研究中心。特别值得指出的是，2018 年《自然》杂志邀请郑泉水等发表了题为《跨尺度的结构超滑和超低摩擦》的展望综述；《自然·材料》杂志报道了郑泉水和他的年轻同事（前博士生）马明副教授等实现了首次旋转稳定的结构超滑。因此，可以期待在不久的未来，结构超滑将有更大、更激动人心的故事产生。

【国家社科基金重大项目】楚文字学：
打开尘封千年的先秦文明宝库

文字丨梁乐萌
摄影、图片丨杨思维

　　2015 年古装剧《芈月传》热播，剧中白绫上一行古韵十足的文字连同主人公独特的姓氏，唤起了观众对先秦楚文化的兴趣。影视剧中的恩怨纠葛大多出自今人想象，而在古文字研究者的眼中，出土文献上的古文字则像是一把把打开历史尘封记忆的钥匙，揭秘千年前古人生活的真貌，并串起文字成熟演变的脉络。

　　"汉字的丰富性与使用的长久性是人类文化史上独特而重要的现象，汇聚每个阶段和每个子系统的深入研究成果，才能形成对汉字的全面认识。楚文字是先秦文字中最丰富的地域文字，深入研究对于汉字学意义重大。"清华大学人文学院中文系教授李守奎这样认为。2018 年，清华大学获立 12 项国家社科基金重大项目，并列全国高校首位，由李守奎担任首席专家的课题"楚文字综合整理与楚文字学的构建"即是其中之一。

　　据推测，楚人使用汉字最晚在商末周初，目前发现最早的楚文字是楚公家编钟和楚公家戈上的青铜铭文，这些文字已经与西周晚期通行的文字拉开差距，形成字体与构形诸方面的特色。作为本课题负责人，李守奎自攻读博士学位以来 20 余年一直潜心于楚文字研究，是楚文字学作为一门学科的倡议者与理论框架的主要构建者。

　　在李守奎看来，楚文字在先秦文字中自有其特点。各种载体的楚文字出土文献材料丰富，尤其是楚简，可以与传世文献对读以解决疑难问题，或填补失传佚书带来的学术空白，并为先秦文字学、历史学、中国哲学等各个学科提供直观材料。同时，楚文字在秦朝就被废除，即便对于汉代大多数学者来说，已是无法释读的"古文"，其自身需要深入研究的空间很大。

　　在李守奎于 1997 年完成的博士学位论文《楚文字编与楚文字编归字说明》中，他全面搜集、整理、考释了现有的楚文字材料，在此基础上修订增补的《楚文字编》成为研究楚文字的基础工具书，书中观点也得到了数百次征引。历史学家、古文字学家、清华大学出土文献研究与保护中心主任李学勤曾在序中赞其"更多独具只眼，自出新见"，评价道："我自己也从中得益匪浅，深知其体例妥善，内容丰富，使用便利，不仅是一部重要的古文字工具书，而且是高水平的学术著作。"

　　古文字字编是研究成果的最简明表达，但字编不是单纯的资料汇集，完成资料收集整理后考释古文字是更为重要的环节，往往也是判断古文字研究者能力的重要参考。20 多年来，李守奎从未间断对楚文字疑难字的探索，积累了丰厚的经验和成果。

　　2008 年，清华大学接受校友赵伟国的捐赠，收藏了一批战国竹简，即著名的"清华简"。经碳 14 测定证实，清华简是战国中晚期文物，总体使用楚文字书写，由于在秦之前就被埋入地下，逃过了"焚书坑儒"的浩劫，故能最大限度地展现先秦古籍的原貌。"清华简"的出现为楚文字研究注入了鲜活的生命力。作为清华简整理团队的核心成员之一，李守奎承担了多篇清华简的整理任务，执笔完成《保训》《楚居》《汤在啻门》《越公其事》等重点篇目与章节的整理报告，并对其他各篇在释字、释读等方面作出重要贡献。

　　在汇编、考释的同时，李守奎进行文字理论升华，通过一系列文章著述探讨楚文字与其他文字的演变关系及地域文字的形成过程。"'楚文字'不仅是战国文字中材料最多、内容最丰富的地域文字，而且成为了解先秦历史文化的钥匙。"李守奎说。

"麻""参""细""哑"……这些模样新奇、笔画繁复的文字在楚文字研究者的笔下一个个揭开了神秘的面纱，通过对它们字形、字音、用法、频率的考证研究，先秦时代楚地百姓的生活、生产方式和精神世界也日渐清晰地展现在我们眼前。

随着研究的深入，李守奎认为建立楚文字学已经成为必要。在 2017 年《楚文字研究与"楚文字学"的构建》一文中，李守奎第一次全面阐述了楚文字综合研究与建立楚文字学的构想与具体步骤。

在此前研究成果的基础上，"楚文字综合整理与楚文字学的构建"课题研究路径包括六个环节：全面占有楚文字资料与楚文字研究资料、准确确定楚文字在文本中的音义与用法、对全部楚文字进行个体构形分析、完成楚文字数据库、完成楚文字字编工具书和构建楚文字学理论框架。下设楚文字综合整理、楚文字数据库、楚文字新编、楚铜器铭文与楚文字的断代研究、楚文字构形与考释五个子课题，其中楚文字考释贯穿整个项目始终。

李守奎认为，古文字研究应当"大处着眼，小处着手"，既以宏观视角把握理论框架，又对每个字逐字考释，做到定形、定性、定位、定量"四定"，弄清文字的表层结构、音义、在文字系统中的位置、与其他文字的关系和使用频率，"不能有一个落网"。并不是每一个字都能做到"四定"，全部考订分析完之后会出现多种情况，还会剩下不同程度的疑难字，对这些文字逐一考释攻克则是本课题的一大难点。在全面研究的基础上，课题还将利用新技术、新手段重编《楚文字编》，供古文字、书法、汉语史等各专业使用，并建立简便、实用的数据库，在支撑本课题完成后面向社会开放。

本课题四位子课题负责人分别来自华东师范大学、武汉大学、吉林大学和清华大学，并与清华大学出土文献研究与保护中心、华东师范大学中国文字研究与应用中心、武汉大学简帛研究中心等机构建立合作，计划于 2023 年 11 月结项。

"楚文字虽然因秦代的书同文政策而被中断了，但楚文字所记载的传统文化并没有消亡，楚文字书写的楚国历史文化也独具魅力。"李守奎说，"楚文字书写的先秦古书，为我们真切了解那个时代的历史文化打开了一扇窗户。"他希望通过对楚文字的系统研究推动楚文化研究的深入，进而推动对传统文化的再认识、传承与普及。

【国家社科基金重大项目】探寻美丽中国建设路线图

文字 | 王鲁彬
图片 | 宋晨

什么是"美丽中国"？对这个近年来被反复讨论的问题，清华大学环境学院教授钱易院士是这样回答的："我们所说的'美丽中国'，是一个很形象的概念。什么才叫美？绝对不是有花有树又有草，而是要综合考量各种环境指标。"这个包含多种维度的综合概念，寄托了中华民族对建设和谐美好家园的共同梦想，而它的提出，也有其相应的现实背景。

"改革开放 40 多年来，我们国家的经济社会发展取得了伟大成就，城市建设日新月异，老百姓的生活也得到了很大改善。但在改革发展过程中，也出现了资源消耗过快、环境保护欠缺等问题。"钱易解释说，"我们用几十年的时间，迅速实现了英美工业革命用一两百年才完成的进步。我们遇到的环境污染问题，在欧美发达国家其实也都发生过。但是因为它们的进程比较长，可以逐步解决问题，而我们的速度太快，往往是老的问题没解决，新的问题又出现了，新老问题叠加组合，制约了经济的可持续发展和结构性转型，也难以满足人民对美丽中国的要求。所以我们现在强调绿色发展，不能光看GDP，也要注重生态环境方面的指标。"

2012 年 11 月 8 日，党的十八大报告提出"必须树立尊重自然、顺应自然、保护自然的生态文明理念，把生态文明建设放在突出地位，融入经济建设、政治建设、文化建设、社会建设各方面和全过程，努力建设美丽中国，实现中华民族永续发展"，这是"美丽中国"首次被作为执政理念提出。

2015 年 10 月召开的十八届五中全会上，"美丽中国"首次被纳入五年规划，成为"十三五"规划的目标之一。此后，"美丽中国"就成为地方规划的关键词和学术界积极探讨的话题。对美丽中国的理解，大致可以从自然、人、人与自然的关系、人与人的关系这几个维度解读，但不管如何解读，美丽中国的一个基本点在于"生态环境美"，这既包括生态环境的静态现状，又包括人与生态环境互动的动态特征。由此就引出了美丽中国与生态文明、绿色发展之间的密切关系——绿色发展为美丽中国提供具体方案，是实现美丽中国的重要途径，而美丽中国则是绿色发展的最终目标。"新时代绿色发展绩效评估与美丽中国建设道路研究"课题正是在这一逻辑下提出，并被列入 2018 年度国家社科基金重大项目。

"习近平总书记在党的十九大报告中指出，要加快生态文明体制改革，建设美丽中国。报告的这一部分有四方面内容，其中第一方面就是推进绿色发展，这实际上是为全国人民指明了中国未来发展的方向。"项目负责人之一陈吕军教授说。

"清新空气、干净饮水、安全食品、优美环境"是人民群众的强烈要求，也是美丽中国的重要愿景。但是对美丽中国的相关研究而言，需要进一步探索并明确具体的、定量化的目标及与之对应的发展路径。识别新时代绿色发展促进美丽中国建设的要求和相应的具体目标，是做好美丽中国建设的第一步。由此，就有了"怎样绿色发展"和"怎样建设美丽中国"两个问题，前者需要有相应机制对其进行绩效评估，后者则需要为其找到现实路径。钱易表示："我们要说明实现美丽中国到底需要哪些条件，绿色发展的本质又是什么，以及如何进行绩效评估？这是一个很全面也很重要的题目。"

为了回答这些问题，课题组整合了清华大学环境学院、清华大学人文学院哲学系、清华大学马克思主义学院、中国环境科学研究院的师生与各项资源，在现有的学术成果基础上，综合运用多样化的学科方法，把文献资料研究与实地考察结合起来，选择贵州、浙江和江西三个省份，作为西部、中部和东部地区的代表开展实地分析，规划美丽中国在这三个典型地区的现实路径，以期对绿色发展促进美丽中国建设的路径有更广角、更深层的认识，通过研究不同地域、不同资源禀赋、不同文化、不同发展阶段的地区的绿色发展现状及对美丽中国建设的现实诉求的多样性，为客观评价绿色发展绩效、构建兼具普适性和针对性的美丽中国建设路径提供真实可靠的素材。

与环境领域常见的技术性课题相比，"新时代绿色发展绩效评估与美丽中国建设道路研究"显得更富战略性，旨在形成对人与自然和谐共生关系的科学认识，将美丽中国建设目标具象化，同时建立科学的绿色发展绩效评估方法，正确处理好人与自然和谐共生的关系，最后在实地调研的基础上，勾勒出一幅绿色发展促进美丽中国建设的路线图。而这些，对促进绿色发展、建设美丽中国，无疑都具有积极而重要的作用。

【国家社科基金重大项目】互联网经济的法治保障研究

文字 | 刘书田
图片 | 任左莉

近年来，"数据黑产""滴滴网约车司机犯案""比特币炒作"等互联网事件层出不穷，引起广泛热议。在清华大学法学院院长申卫星教授看来，互联网经济法治已经成为保障经济顺畅发展、维护社会稳定的要素。如何实现互联网经济法治，成为一个亟待解决的重要课题。

在这样的背景下，申卫星负责的"互联网经济的法治保障研究"入选 2018 年度国家社科基金重大项目。研究团队将围绕互联网经济的规制与法治体系构建、数据权利与网络产权保护、互联网电子商务与平台治理、互联网市场竞争秩序保障、互联网经济犯罪与金融安全维护等问题展开研究，致力于构建跨学科交叉、跨地域融合的互联网经济法治体系，推动互联网经济法学理论和法律实践的发展，为互联网经济的健康有序发展提供法治保障。

"改革开放政策的推行，为我国的网信事业发展孕育了无限的可能。"申卫星表示。但相对于国外比较成熟的研究，我国在互联网经济治理领域的相关研究起步较晚，互联网经济的法治体系建设远未达成。

申卫星指出，过去学者们针对这一问题的研究大都局限于法学、经济学、社会学等自有的学术框架中，缺乏多元视角和学科的协同分析，价值分析和利益平衡上也可能有所偏颇。而此次研究将以现行法律规定为主线，综合多种学科视角，引入多元利益主体，认真听取政府部门、市场主体、社会组织以及国际机构对于互联网经济法治保障的期待，利用多种研究方法，将法学理论与经济学、计算机等专业技术相结合。

课题组一方面围绕互联网经济法治保障的基础理论进行总体研究，分析整合互联网经济法治保障的一般理论，创设互联网经济法治保障研究的框架和体例，优化互联网经济法治保障的研究路径，另一方面对互联网经济领域的虚拟财产和产权保护、电子商务和平台治理、反垄断和不正当竞争、互联网经济犯罪与金融安全等重点领域内的具体问题进行针对性比较研究，就不同领域、不同主体的共性问题进行概括抽象和总结，为指导实践提供可行方案。研究包括了互联网经济法治保障的法律法规、互联网经济法治保障的政策和技术标准、互联网经济法治保障的实践经验、互联网经济法治保障的技术措施和互联网经济法治保障的问题和需求五个子课题。

互联网经济活动能否从无序走向有序、从野蛮生长到法治化，是推动法治社会建设、体现国家治理体系和治理能力现代化的重要砝码。申卫星课题组的研究方向和内容将为诸多互联网经济相关权力机关的立法、司法和行政执法活动提供参考，为规范互联网经济行为提供一个扎实的支撑，为大数据、区块链、人工智能技术等发展提供法治保障，助力实现"互联网＋"在经济领域法治保障力的提升。

在申卫星看来，互联网是一把双刃剑。"由于互联网的匿名性、遍布性、跨地域性等特征，互联网经济若是规制不足或者规制不当，很可能给不法分子以可乘之机，给人民群众带来极大的财产甚至人身损害，但互联网经济若是规制过分，又可能会约束经济的发展，给社会带来不利的影响。"他认为，如何掌握互联网经济治理的力度，实现经济发展与秩序稳定之间的平衡，是本课题研究要回答的重要问题之一。

在互联网全球化背景下，梳理和发展具有我国特色的互联网经济法治理论，在学术、应用和社会等不同层面的意义不言而喻。互联网市场竞争格局的快速演变引发了对现有理论的创新、对现有规则的修改以及对执法和司法思路的探讨。申卫星课题组首次打破碎片化的网络法理论研究现状以构建网络法的法学范畴，并将互联网经济问题的研究纳入全局整体性宏观层面，提升到理论和战略高度。

申卫星有一个愿景——构建中国实现互联网经济法治保障的桥梁，助力提升中国在国际互联网经济法治保障体制中的话语权和影响力，为国家有关部门、国际组织、国际互联网企业提供专业的决策支撑和服务能力。在他看来，这是清华大学法学院应该承担的使命。

在 2017 级法学院新生开学典礼上，面对真正"生而数字"、与中国互联网时代一同来到这个世界上的青年一代，申卫星鼓励同学们："清华是一个科学技术的'先锋剧场'，没有其他任何地方比清华更适合网络与人工智能时代的法律人学习交叉学科的知识与技能。"他希望以"互联网经济的法治保障研究"为契机，继续加强网络空间国际治理研究基地建设，提高相关领域研究创新和人才培养的水平和质量，培养更多优秀的"计算法学"的复合型人才，为互联网经济治理提供理论支持和人才保障。

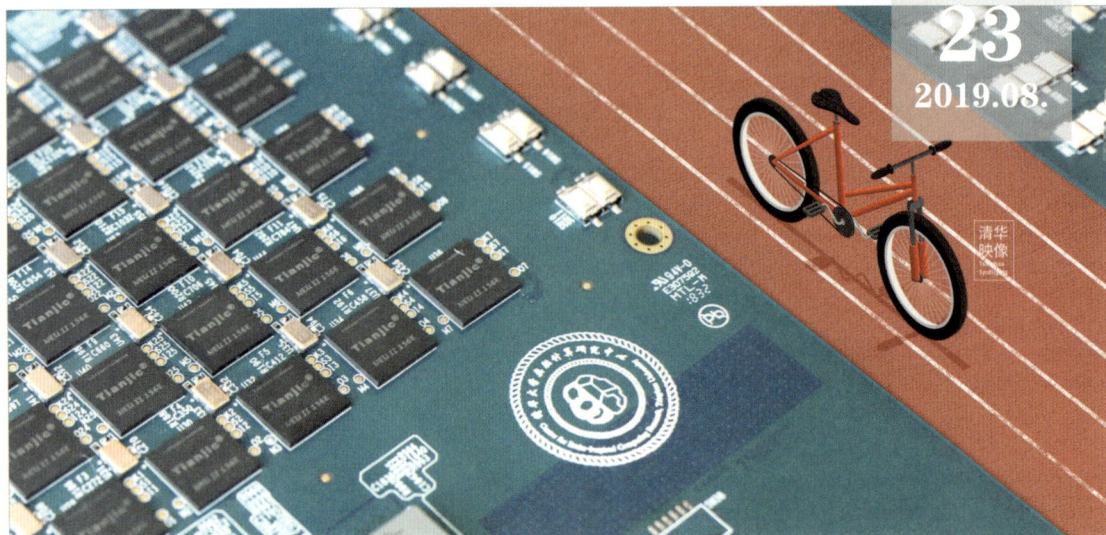

让自行车真正"自行" "天机芯"面向无限未来

文字 | 拜喆喆
图片 | 梁晨

让一辆自行车实现无人驾驶，需要付出什么样的努力？它的背后，是计算机科学和神经科学的攻坚合作，是一枚结合了机器学习和模拟人脑的芯片"天机芯"。

近日，由清华大学牵头的团队成功研制面向人工通用智能的新型类脑计算芯片——"天机芯"，而且成功在无人驾驶自行车上进行了实验。

控制这辆无人自行车的，是世界首款异构融合类脑计算芯片。清华大学类脑计算研究中心施路平教授团队基于它发表的相关论文《面向人工通用智能的异构"天机芯"芯片架构》，8 月 1 日在《自然》（Nature）杂志以封面文章的形式发表，实现了中国在芯片和人工智能两大领域《自然》论文零的突破。

人工通用智能是什么？

AGI，即 Artificial general intelligence，它在学界存在众多的定义和形容词，我们可以简单理解为"机器能在没有编码特定领域知识的情况下解决不同种类的问题，人类希望机器能做出类似人类的判断和决策。"

发展人工通用智能的路径主要有两条：一是基于神经科学模拟人脑；二是基于计算机科学的机器学习算法。两者各有优缺点。"天机芯"则是一款支持融合计算的芯片，它将计算机科学和神经科学的两种方法集成到一个平台，实现了当前人工智能芯片做不到的技术。

什么是类脑计算芯片？

"天机芯"是一款类脑计算芯片。类脑计算芯片是借鉴人脑的信息处理机制研发的新型计算芯片，"就像人类大脑中的神经元，一个神经元能连接上千个神经元，能够实时传递脉冲信号，保持丰富的编码机制。"论文通讯作者、清华大学类脑计算研究中心主任、精仪系教授施路平解释说。

"天机芯"挑战了什么样的尖端难题？

这个问题也能解释团队为什么选择自行车作为实验工具，他们在接受 DeepTech 深科技采访时用平实的语言解答了这些技术难题。

论文的共同第一作者邓磊介绍说："自行车的语音识别、环境感知、平衡控制、避障等功能都需要背后的模型算法提供支持才能实现，这其中就包括了不同模态的模型。例如语音识别、自主决策以及视觉追踪可以通过模拟大脑来实现，而目标探测、运动控制以及躲避障碍等，则可以通过机器学习算法完成。传统的人工智能芯片仅能支持单一类别的模型，如深度学习或计算神经科学的模型，而'天机芯'则实现了多模态模型的交互。"

在"芯片大脑"的控制下，无人自行车可以实时感知周围环境，跟随前方的试验人员并自动进行避障，根据语音指令、视觉感知反馈产生实时信号，对电机进行控制从而保持平衡或改变行进状态。

154

究竟什么是异构融合？

施路平这样解释："AGI 主要有两个大的研究方向，基于电脑的和脑科学的，从大的思路上来讲，我们希望能把这两个计算范式融合起来，实现互补。现在的计算机是将多维的信息转换成一维的信息流，主频越来越快，换句话说这是利用了时间复杂度；而在人脑中，一个神经元可以连接 1000 到 10000 个神经元，这是利用了空间复杂度，且大脑是利用脉冲进行编码，换句话说这就引入了时间复杂度，因此代表了时空复杂度。'天机芯'同时具备了空间复杂度和时空复杂度，这就是异构融合。"

计算机和人类各有所长，异构融合则是打通两者鸿沟的技术。异构融合的"天机芯"类脑计算芯片，实现了计算机科学和神经科学导向的绝大多数神经网络模型运行，这也正是论文发表当期的《自然》封面标题为"双重控制"（Dual Control）的原因。

异构融合的人工智能是一种多模态系统，而驾驶自行车正是一个多模态任务——它既需要语音识别，又需要视觉识别和追踪，要求的是自行车电机或者传感器进行信息数据的收发，而系统对两者信息处理的编码模式是不一样的，这就是所谓的多模态。这个复杂的多模态任务于是成为施路平团队验证其异构融合成果的理想展示平台。

这一次，清华人是如何发光的？

"天机芯"是中国完全自主研发的技术成果，其中的异构融合思路由项目研究团队首先提出。清华大学为论文第一单位。论文通讯作者施路平在 2012 年入职清华大学，组建清华大学类脑计算研究中心，从基础理论、类脑计算系统芯片和软件系统全方位进行类脑计算研究，"天机芯"正是他带领团队研发多年的最新成果。

论文的 7 位共同第一作者，每位都与清华有颇深的渊源——清华大学精密仪器系副研究员裴京，本科、硕士均毕业于清华大学，1990 年起在精仪系任教至今。美国加州大学圣塔芭芭拉分校博士后邓磊，2017 年于清华大学类脑计算研究中心获博士学位。邓磊在博士论文中曾提出，类脑计算的本质应该是通过借鉴大脑信息处理的方式，获得解决人工通用智能问题的能力，深度学习和神经形态都只是实现理想类脑计算的手段——值得一提的是，裴京正是他的导师。此外，论文共同第一作者还有清华大学医学院教授宋森，清华大学自动化系副研究员赵明国，清华大学计算机系教授张悠慧，清华大学类脑计算研究中心博士生吴双、王冠睿。

"天机芯"的成功背后藏着怎样的期待？

"天机芯"控制的自动驾驶自行车不只是一次成功实验，更是一种具有启迪意义的新平台、新思路。团队通过这辆类脑自动行驶自行车，建立了一个异构可扩展人工通用智能开发演示平台，也为学界提供了一个发展人工通用智能的平台和思路。

"未来'天机芯'的发展方向，是为人工通用智能的研究提供更高能效、高速、灵活的计算平台，还可用于多种应用开发，促进人工通用智能研究，赋能各行各业。"施路平说。

"天机芯"拥有广泛的未来应用前景。裴京表示，作为异构融合芯片，不管是深度学习加速器还是神经形态芯片能够做到的事情，"天机芯"都能完成，更重要的是它能够完成一些加速器或芯片原本单独无法完成的任务。

比如在运动视频分析中，使用机器学习算法模型会因为数据传输速度有限且数据量大而造成卡顿；神经形态芯片虽然数据量小，但会降低精度。将两种模态结合后，则能在代价和功能上实现良好平衡。

"天机芯"的低能耗、低成本，意味着它在家庭和服务性场景中具有广泛的应用前景。除了自行车，自动驾驶汽车、智能机器人等领域都值得期待。

面向未来，"天机芯"拥有无限可能。

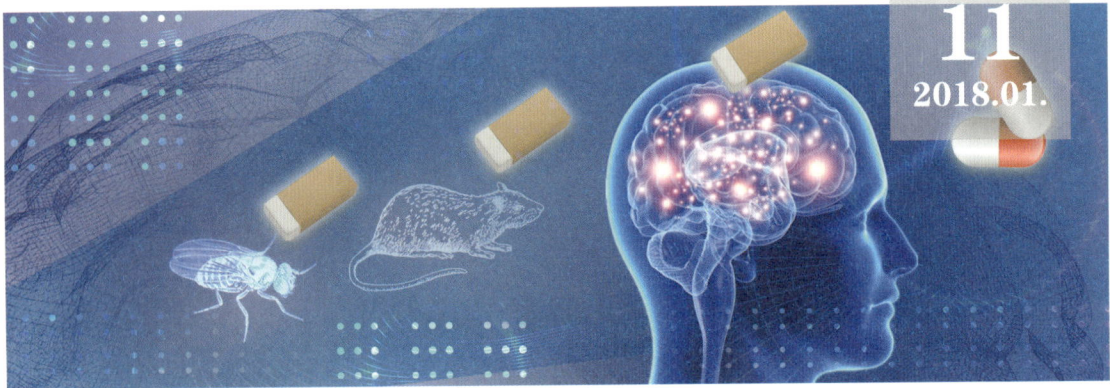

11
2018.01.

生命学院钟毅团队：寻找调控遗忘机制的"神奇钥匙"

文字｜胡颖
图片｜李娜

终其一生，人类都在与遗忘作斗争。早在一百多年前，德国的心理学家艾宾浩斯就绘制了人类记忆的遗忘曲线，结果表明约 70%的记忆会在学习完成后的几小时内被忘记。你可能会想，为什么要忘掉这么多记忆？难道所有事情都记得不是更好吗？又或者，既然要忘掉这些记忆，又为什么要花费好几个小时？难道一瞬间忘记不是更有效率吗？

日前，国家重点基础研究发展计划（"973"计划）支持项目"遗忘的功能和机制研究"进行了结题报告。清华大学的研究者获得了多个原创性发现，调控遗忘机制的基因及其引发的细胞通路的发现就是其中之一。简言之，研究找到了调控遗忘机制的"神奇钥匙"。

课题负责人、清华大学生命科学学院的钟毅教授认为，遗忘是生物在千万年的进化过程当中产生的精细机制。他说："我们猜测，短期记忆的存储空间有限。为了接纳更多新的记忆，生物进化出了主动遗忘的机制。"简言之，就是大脑缓存不够，为了接受更多有用的信息，要让调用区足够宽敞。钟毅介绍说："我们发现学习过程自身会激活 Rac1 蛋白介导的遗忘'开关'，能够主动调控短期记忆的遗忘。"这可以很好地解释，为什么生物常常在几小时内就快速地丢失很多记忆。钟毅还介绍了一种独立于 Rac1 主动遗忘机制的记忆调控机制："我们最新的发现表明，学习过程还会激活一个记忆保护机制，可以有效保护短时记忆，以抵抗一些意外的感觉刺激干扰导致的记忆过快丢失。同时操控这种保护机制以及Rac1 遗忘机制，可以在数个小时内完全阻断记忆的丢失，实现记忆的'零遗忘'。"这个新发现的短期记忆保护机制很好地解释了为什么记忆不是瞬间灾难性遗忘，而要有一个相对稳定的过程。

过去学界普遍认为，学习仅促发了记忆。而新的研究则表明，学习至少还促发了两件事：一是激活了主动遗忘的通路，抹掉记忆以留取足够存储空间；二是激活主动记忆保护通路，加强记忆稳定性，防止记忆意外丢失。这是一个周到的记忆维护机制，它保护着大脑在复杂环境中免受认知的过度冲击和意外因素造成的破坏性干扰。一旦平衡被打破，将出现认知方面的疾病。

探明了短时记忆与遗忘的机制，科学家们因此获得了调控遗忘机制的"钥匙"，进而寻找到治疗脑疾病的方法。"我们常见的自闭症动物模型因为不能正常激活 Rac1，而无法启动主动遗忘机制，使得社会交往、认知灵活性等受损。"钟毅解释说，自闭症是"忘不了"，使得新的记忆没有空间存储；而老年痴呆（阿尔茨海默症）患者是遗忘机制太活跃，忘得太快，导致记忆快速丢失。在老年痴呆的治疗方面，课题组也取得了进展。"我们研发出了药物，能够抑制 Rac1 的活性，在果蝇和小鼠的身上做实验，已经证明可以减缓老年痴呆症症状。"钟毅表示。

总的来说，这些新发现增加了我们对于遗忘本身的理解，对困扰人类的多种记忆相关疾病也提供了新的思考角度。

清华映像
Tsinghua Spotlights

清华刘万里研究组：他们发现了 B 细胞敏感活化的秘密！

素材提供 | 生命学院
文字 | 高原
图片 | 赵存存

快看，它抓住了那只蜜蜂！

图中的捕蝇草，形似贝壳，忽闪着长长的"睫毛"。看起来，它们悠然自得、形态舒展。殊不知，它是一位狡猾的猎手，正在伺机而动……

当"天真"的蜜蜂满怀好奇地落在捕蝇草上，捕蝇草便以迅雷不及掩耳之势关闭了大大的"贝壳"，捕捉住前来探险的蜜蜂，将其化作腹中的美餐。

如此千钧一发的情形，不仅仅发生在神奇的大自然中，在我们的身体内部也上演着类似的桥段。而科学家们，正是有机会偷看到上帝掌纹的人。

2018 年，清华大学生命学院刘万里研究员课题组在《细胞生物学杂志》（ Journal of Cell Biology ）上在线发表了名为《磷脂酰肌醇 4,5– 二磷酸操控机械力刺激下 B 淋巴细胞的激活阈值》[PI(4,5)P2 Determines the Threshold of Mechanical Force-induced B Cell Activation] 的研究论文，报道了在抗原识别所触发的机械力刺激下，记忆性 B 淋巴细胞的 IgG-BCR 受体具有超低活化阈值的精细分子机制。

那么什么是 B 淋巴细胞，它又有什么作用呢？

简而言之，B 淋巴细胞是机体免疫的主要防线之一，维系着人体的健康安全。但这并不是一道轻而易举就可以被触发的防线，它的启动需要 B 淋巴细胞磨砺出"超级英雄"般的本领。"宝剑锋从磨砺出"，B 淋巴细胞也必须经历从"幼稚少年"到历经沙场的"超级英雄"的蜕变之路。"幼稚少年"在初次面临入侵机体的外来抗原这一"敌人"时，需要长时间的多次试探后才能消灭"敌人"；而历经沙场的"超级英雄"则能迅速对入侵的"敌人"作出反应，一招制敌，迅速消灭"敌人"。

如果我们将入侵机体的抗原比作蜜蜂，那么表达在 B 淋巴细胞表面的抗原特异性受体（BCR）就可以看作是捕蝇草，负责识别、拣选、捕获这些抗原。捕蝇草捕捉并消灭蜜蜂的一系列行为，就如同 B 淋巴细胞受到抗原刺激，作出活化反应来吞噬抗原。

历经沙场的"超级英雄"面对入侵的"敌人"，是怎样作出如此迅速的反应的呢？

这是由捕蝇草对蜜蜂触碰的敏感性决定的，越是对蜜蜂"接触"敏感的捕蝇草，越是能快速做出反应、捕捉并消灭蜜蜂。而有的捕蝇草由于对蜜蜂"接触"呈现反应惰性，只能是徒劳。

刘万里研究组将问题的关键聚焦在了记忆性 B 淋巴细胞的 IgG-BCR 受体对于抗原刺激的敏感性方面。理论上，BCR 受体对抗原识别触发的机械力刺激越敏感，抗原被识别 – 捕获 – 内吞的可能性就越大。机制上，他们发现 IgG-BCR 的胞内段能富集细胞膜内层的 PIP2（重要的细胞膜磷脂成分），致使 IgG-BCR 对抗原识别触发的机械力刺激更为敏感，可快速识别 – 捕获 – 内吞抗原。一旦 IgG-BCR 丧失这种富集 PIP2 的能力，便会使得 IgG-BCR 对抗原识别触发的机械力刺激呈现反应惰性。

刘万里研究组的这一发现从生物物理学的角度研究 B 淋巴细胞免疫活化的内在机理，从 BCR 对机械力刺激敏感度的调控机理上，诠释了 BCR 受体免疫活化能力的趋势差异。"我们认为，如果能将这种 BCR 与抗原识别之间的生物物理学特性进行定向设计并且应用到下一代的疫苗开发中，可能将增强疫苗的免疫效力，更好地保护人类健康。"该文章的第一作者、生命科学学院的 PTN 项目博士生万政鹏表示。

这项研究实现了分子免疫学、细胞生物学、高精度活细胞成像和生物物理学等不同学科的优势交叉，在研究过程中得到了国内外同行的大力支持。

刘万里研究组一直致力于使用新型的高速高分辨率活细胞单分子荧光成像技术，结合传统的分子免疫学、生物化学和生物物理学研究手段，对 B 淋巴细胞的免疫活化及相关疾病的分子机理进行研究。继 2013 年在《免疫学杂志》(*Journal of Immunology*)，2015 年在《欧洲免疫学杂志》(*European Journal of Immunology*)，以及 2015 年、2017 年两次在 *eLife* 杂志上发表 B 淋巴细胞的免疫活化受到机械力调控的相关论文后，这一新成果是刘万里研究组对该领域的又一贡献。该研究由国家自然科学基金委、科技部提供经费支持。

清华大学工程结构创新团队：结构有形　梦想无限

文字｜张佳伟　张静
图片｜李娜

　　得益于清华大学土木水利学院深厚的文化底蕴和技术储备，清华大学工程结构创新团队（以下简称"创新团队"）在老一辈学者的带领下，取得了多项原创性成果，并成功地将成果应用于建筑、桥梁、隧道、地下空间、水利、海洋、军事国防、能源、仓储等众多领域的数百项大型复杂工程，取得了显著的社会经济效益。

　　在此之前，创新团队带头人聂建国、张建民分别在 2013 年和 2017 年当选中国工程院院士。"结构有形，梦想无限"，对创新团队来说，他们对于结构更适用、更安全、更经济、更耐久、更美观的追求，都将随着一次次技术创新和一项项工程实践，融入到国家建设的一木一石中。

　　2019 年 1 月 8 日，2018 年度国家科学技术奖励大会在人民大会堂举行，该团队荣获国家科学技术进步奖（创新团队）。

坚持方向　站立前沿

　　早在 20 世纪 80 年代初，创新团队带头人聂建国就已经开始对钢－混凝土组合结构开展研究。尽管那个时候组合结构并不是热门方向，在我国的研究和应用都很少，但他认为，我国土木工程的快速增长必将为组合结构的发展提供千载难逢的历史机遇，因此始终坚持以钢－混凝土组合结构的研究与实践作为自己的主攻方向。

　　正如聂建国当年所预见的，随着我国经济的快速发展，高层建筑、交通枢纽、桥梁隧道、地铁工程、会展中心等大型公共基础设施的发展对大跨重载结构产生了巨大需求。传统的大跨重载混凝土结构自重大、截面尺寸大、构造复杂、施工困难，传统的大跨重载钢结构截面高度大、使用空间受限、用钢量大、造价高，而作为对这两类传统结构形式的重要补充，钢－混凝土组合结构可以解决这些传统大跨重载结构的问题，弥补其不足。

　　钢－混凝土组合结构的优势在于能够充分发挥钢材和混凝土各自的特点，扬长避短，实现"1+1>2"的效果，但如何通过不同材料以及不同构件之间的优化组合，尽可能地实现"材尽其能"，成为了团队成员不断探索的核心问题。

　　虽然国际上组合结构的研究和实践已有 80 多年的历史，并且在创新团队进入这个领域之前，国际上已取得了一批成果，但聂建国始终坚持"不唯书、不唯他、不唯上、不唯洋、只唯实"。他认为，虽然有些技术在国际上已经形成传统，但未必是先进的。

　　正是带着这种严谨求实、独立思考的科学精神，聂建国带领团队在组合结构的新体系和新技术，组合结构的基本性能、设计计算理论和设计方法，以及既有结构新型加固改造技术等方向取得了一系列创新成果，解决了长期制约组合结构体系发展的"连接"与"抗裂"两大瓶颈难题，有力促进了组合结构从构件层次向体系层次的提升。

　　据统计，仅北京就有 300 余座桥梁采用了团队研发的叠合板组合桥梁的成果，更有多项成果被广泛应用到全国范围的工程实践中，解决了许多大型复杂工程结构中的关键技术难题，起到了引领性的示范效应，同时也为国家战略性工程提供了重要的技术支撑和安全保障，取得了显著的技术经济效益和社会效益。

　　优秀科研成果的创造，与一个优秀的科研团队紧密相连。对于人才培养，聂建国有他独到的理解："要重视对学生创新能力的培养，但更重要的是要'为人'，'为人'才能更好地'为学'。"

聂建国用自己的实际行动给他的学生树立了良好的榜样。一直以来，无论取得什么成绩，聂建国始终非常谦虚，他经常说自己只是赶上了机遇，在已有的工作基础上取得了一些进展。

曾是聂建国老师的博士生、现为清华大学土木工程系副教授的陶慕轩提到，"土木工程是一门实践性很强的学科，聂老师始终坚持深入工程实践的第一线，让我们非常钦佩。聂老师平时出门在外，总是随手带着相机，只要看到有问题、有特点的结构，就去拍下来带回研究，就这样他积累了大量工程实践的第一手资料，并从中源源不断地得到创新的灵感。我觉得可以毫不夸张地说，聂老师已经把他对土木工程的热情融入到了他生活中的每时每刻。"

作为团队成果的第三完成人、土木系的青年教师樊健生说："聂老师无论是平时还是周末、假期，都尽可能坚持在办公室、实验室工作，经常工作到很晚。几乎每天晚上都能在办公室找到他，随时可以跟他讨论问题，畅谈研究方向和工作方法，而他永远都充满了热情和旺盛的精力。"

注重需求　引领工程

就在创新团队获得国家技术发明奖一等奖的第二年，以团队带头人张建民为第一完成人的"大型结构与土体接触面力学试验系统研制及应用"项目也摘得 2013 年度国家技术发明奖一等奖。

实际工程中，各种结构和土体会形成不可分割的协同工作系统。传统方法将两者分别考虑，可能会造成较大的安全风险或浪费。如果不能把握接触面力学的特性规律，会直接影响到结构设计的合理性和结构使用的安全性。

张建民等团队成员从 20 世纪 90 年代起，从设备研制、试验分析、理论探究和工程应用入手，针对结构与土体接触面力学问题展开了十多年的系统研究。

基于研究，他们建立了结构与土体接触面静动力学理论及测评技术，部分成果不仅被用到多部设计规范标准中，也被直接应用到地铁车站、区间隧道抗震设计、国内外港口码头等设计中。除了为结构与土体系统的一体化设计提供了基础性测评理论及技术平台外，这些成果还使接触面力学行为的测试与评价实现了科学化、合理化、精细化，被专家鉴定为"总体达到国际领先水平"。

创新团队针对结构与土体协同工作系统抗震问题所具有的"多尺度、非线性、真三维、大系统"的特征，通过长期的系列研究，建立了一个较为完整的多层次结构与土体一体化设计理论、方法及技术体系，提出了非极限状态地震土压力、土体三地震变形等问题的实用预测方法。

以这些研究成果为基础，创新团队主持研编了我国首部专门针对地下结构抗震设计的国家标准《地下结构抗震设计标准》，改变了我国在抗震地区建设地下结构无统一标准可依的状态，有力促进了地下结构抗震设计的科学性和规范性。

"我们团队始终倡导工程科技要紧密结合工程实践、紧密结合我国基本建设的国情，研究灵感多源于实际工程中的现实问题，最后又将技术进步的成果全部反馈到工程实践中去。"张建民说道，"这是研究工程科学问题的必由之路，也是聂建国老师常说的'源于工程，服务工程，高于工程，引领工程'。"

创新融合　贡献力量

聂建国与张建民，是创新团队中的两位学术带头人。经过近 20 年的努力，他们在各自的研究领域不断创新，不断交叉融合，促进了整个团队的不断发展。

为支撑上部结构的体系创新以及下部土体与结构的一体化设计两方面的研究，创新团队围绕大型结构与土体协同工作系统的准确与高效模拟，自主研发了一系列新设备、新装置、新平台，为大型结构与土体系统复杂受力行为的分析和评价提供了新途径和新方法，其中"大型多功能智能控制试验机研制及系列化与产业化"荣获 2009 年度国家科技进步奖二等奖。

就像所有的科研和工程设计都会遇到困难一样，创新团队也不可避免。陶慕轩认为，其中一个很重要的挑战就是如何将理论上的成果真正"落地"，解决实际工程的难题。"聂老师经常教导我们，做土木工程的科研不能仅仅为了发表几篇论文，最重要的还是成果要经得起实践的考验。"陶慕轩说，"中国经历着世界上规模最大的基础设施建设，中国的土木工程建设所遇到的许多问题也是西方发达国家从未遇到过的，要真正解决这些'中国问题'，我们就要勇于在工程实践的第一线不断接受锤炼。"团队针对大型结构抗震设计的需求，研发了子结构在线混合试验平台，真实再现了复杂结构体系的动力灾变全过程。针对土体变形预测的需要，发明了多用途智能控制试验机系列，被科技部等四部委指定为替代进口的国家重点新产品。针对结构与土体接触面力学性态测试的需要，研发了系列试验设备，实现了接触面"真三维、非连续、大变形"等特征的准确模拟。针对结构与土体一体化设计的需要，研发了结构与土体协同工作系统数值模拟平台，首次实现了上亿自由度的多尺度、强非线性仿真分析。

团队始终面向国家建设需求、突出中国特色、坚持自主创新。在过去的近 20 年里，团队坚持以实现工程结构的"高安全性能、高使用性能、高经济性能、高施工性能、高环保性能、高维护性能、高耐久性能、高抗灾性能"为追求目标，努力为解决我国基础设施建设在能源消耗、环境保护、运维管理、使用寿命、安全可靠、抗灾能力等方面的问题贡献自己的智慧和力量。

如今，创新团队提出的工程结构新体系、新理论、新技术以及新方法已经在国内外的数百项大型复杂工程中得到了推广应用，为实现具备"安全可靠、绿色环保、舒适宜居、智慧便捷"特征的中国未来新型城镇和基础设施作出了重要贡献，取得的成果对建设资源节约型社会、保护生态环境和实现可持续发展具有重要意义。例如应用于山东滨州会展中心的新型大跨异形斜交组合楼盖结构便由创新团队研发，实现了传统结构难以实现的将近 2000 平方米的无柱空间，大幅提升了建筑使用品质，同时还缩短了建设周期，降低了综合造价，节省了劳动用工，实现了绿色施工。

作为团队带头人，聂建国和张建民常常强调："没有传承就不会有创新，没有积累就不会有突破，没有新生力量就不会有源源动力，我们团队的科研成果也是得益于前人的工作基础、国家土木工程建设大发展的机遇，以及国内同行的大力支持。"

宏大的建筑，总是由一木一石叠起来的。创新团队也是从"一木一石"开始构筑他们的科研大厦的，而如今他们又开始从"一木一石"规划未来的蓝图。

未来，他们将继续围绕高性能工程结构的基础理论与技术应用，通过多学科的实质性交叉，进一步推动学术前沿研究，培养优秀的青年学者和行业急需的综合创新人才，持续提升自主创新能力，促进相关行业健康可持续发展，为促进土木工程的新发展不断作出新贡献。

项目介绍：

项目属于土木建筑领域。该团队自 2000 年成立以来，始终坚持"顶天、立地、树人"的发展目标，针对结构与土体一体化设计中的关键科学技术难题，取得了高性能工程结构系列新体系、结构与土体一体化设计新理论、结构与土体协同工作系统精准模拟新技术等三项标志性创新成果。成果直接应用于建筑、桥梁、高坝、国防、海洋等多个领域的 320 余项大型复杂工程，授权国家发明专利 120 项，被 40 余部设计规范规程采纳，获国家技术发明奖一等奖 2 项、国家科学技术进步奖二等奖 2 项。

团队介绍：

针对国家重大需求和行业的严峻挑战，清华大学土木水利学院一批师生在聂建国、张建民等学者的带领下，依托国家各类重大科技计划，集中力量攻关多项关键科学问题和工程技术难题，并逐步形成了清华大学工程结构创新团队。团队作为第一完成人，获得国家技术发明奖一等奖 2 项、国家科学技术进步奖二等奖 2 项，承担了 100 余项科研项目，发表 SCI 论文 400 余篇，被 SCI 期刊他引 3000 余次，发表 EI 论文 900 余篇，出版专著 10 余部。

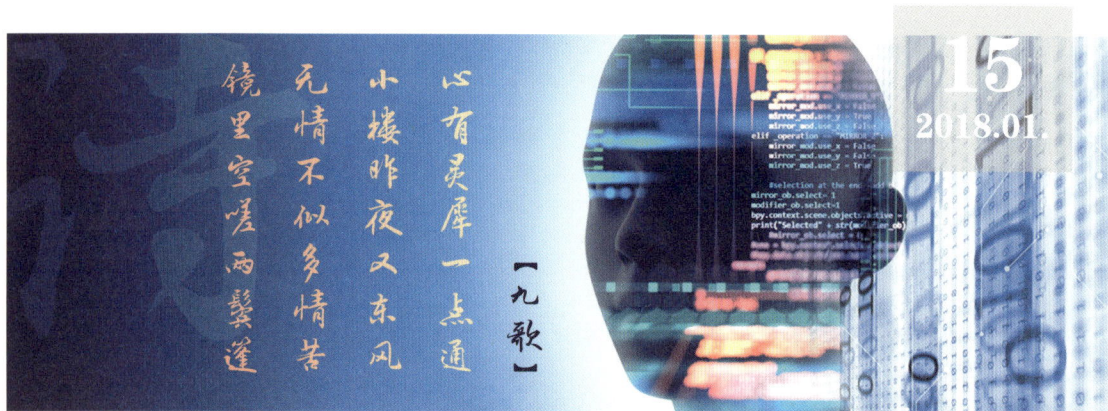

心有灵犀一点通　小楼昨夜又东风　无情不似多情苦　镜里空嗟两鬓蓬　【九歌】

15
2018.01.

计算机的"诗与远方"

文字 | 张译丹
图片 | 宋晨

在"九歌——计算机古诗创作系统"中输入"清华",几秒钟后,系统自动生成一首七言绝句:"清华何处是仙家,五色祥光绚彩霞。紫气氤氲呈瑞霭,银河浩荡散晴沙。"不用讶异,这首诗作确实出自计算机系统"之手"。

"九歌"是由清华大学计算机系孙茂松教授带领和指导,矣晓沅、杨成、李文浩等本硕博在读学生组成的研究团队推出的一个计算机自动作诗系统。让计算机下围棋,是人工智能领域的一大重要突破。而让计算机自动"创作"出堪与古诗媲美的诗歌,是一项更有挑战性的任务。从计算的角度来看,其特点与下围棋很不同。计算机在作诗这个任务上如若能通过图灵测试,将又是人工智能研究领域的一个标志性进展。

近日,矣晓沅团队带着作诗机器人"九歌"亮相央视黄金档节目《机智过人》,接受图灵测试:它与三位人类检验员一起作诗,由48位投票团成员判断哪首为机器人所做,如果两轮测试中,得票最多的都不是"九歌",则通过测试。最终,"九歌"成功骗过现场观众,先后PK下陈更与李四维,与清华校友齐妙一较诗艺高下。

"九歌"的成绩让对手齐妙啧啧称赞,她说:"我没有想到机器人的表现也能打动观众,人工智能正向着拥有情感方向迈进。"

"九歌"参加每一次比赛,矣晓沅就如同在考场外等候女儿的父亲。矣晓沅是清华计算机系研二的学生,也是开发"九歌"团队的主力成员。2016年9月,矣晓沅正式开始开发"九歌"系统,一年多的时间里,系统录入了从唐朝到清朝数千名诗人的30多万首诗,目前比较稳定的功能都已经上线,比如集句、绝句和藏头诗。矣晓沅坦言,"开发人工智能就像是养个女儿,创造每个部分的时候都需要极其细致,不然就会功亏一篑"。

矣晓沅曾被同学们称作理科班的"文科生",很早就对古典诗词尤其是宋词表现出浓厚的兴趣,这些也为他在大学中投身于NLP(Natural Language Processing,自然语言处理)领域的研究埋下了伏笔。这一次"九歌"的成功出世,更是让矣晓沅对于人工智能有了更深刻的思考和反思,进而不断优化和改进"九歌"系统。矣晓沅说,"九歌"团队的目标从来就不是为了让AI超越人类,而是希望造福人类,与人类互相促进、共同发展。

"九歌"的存在意义,是以一种科技与人文结合的方式,为中华传统文化的传承贡献一份力量。正如研发团队成员所说的,他们要用科学的力量助力诗情,找寻诗意的远方。

忆阻器推动"超级人工大脑"成为现实

文字 | 左炟晅
图片 | 任左莉

忆阻器是一种与人脑突触功能相似的电子元件，相当于一个"电子突触"，搭建起来的智能芯片具有在线学习能力，可以处理机器系统之前无法胜任的任务。

"如果把用忆阻器技术开发出的人工智能芯片应用在手机中，芯片功耗会大大降低，手机充一次电就可以用两天。"清华大学微电子学研究所教授钱鹤这样通俗地解释忆阻器将给普通民众生活带来的变化。

作为国家重点研发计划"纳米科技"重点专项的课题之一，钱鹤领衔的"新型纳米存储器三维集成的基础研究"旨在为我国存储器产业提供自主知识产权和原型技术，支撑和引领我国存储器产业的跨越式发展。

神经突触还有个独特功能，那就是既可以存储，又可以计算。存算一体化的计算机架构可谓颠覆性技术，而最新的研究发现，忆阻器特别适于做存算一体化，这也是当今国际上相关学者的研发重点。

神经形态计算是通过模仿人脑的构造来大幅提高计算能力与能效的新型计算方法。钱鹤表示，除了存储，忆阻器在神经形态计算芯片领域显示出更加重要的潜力。

神经形态计算与传统的计算方法的区别在于，它将负责数据存储和处理的单元融合在了一起，将数据直接在一个单元内部进行储存、计算，从而省去了数据在存储器与中央处理器之间频繁移动而造成的大量能源开销。

忆阻器适合神经形态计算，忆阻器本身的阻值可以用来存储数据，在外加电压下可以完成乘法计算的功能，将多个忆阻器的输出电流汇集到一起可以实现加法计算的功能。"通过乘法与加法的组合，忆阻器可以在极短时间内完成绝大多数的计算任务。"钱鹤说。

钱鹤所带领的课题组在 2017 年上半年完成了世界上首个集成上千个双向连续阻变忆阻器单元、能够像人脑一样对输入有实时响应并能在线学习的人脸识别系统，且该系统每次迭代的能耗不足英特尔至强融核协处理器的千分之一。相关成果已发表在 2017 年 5 月的《自然·通讯》期刊上。

"可以预见，一旦基于忆阻器的神经形态计算芯片技术成熟，制作类似甚至超越人脑智能和能效的'超级人工大脑'将变成现实。"钱鹤充满信心地说。

世界湿地日，走近清华地学"红树卫士"

文字 | 孟宇辰　吕嘉程　蒲彦妃
摄影 | 高宇　王黎明　柏建坤　郑艺
图片 | 宋晨　胡仙霏

　　"一脚踩在陆地，一脚踏入海中。"如此神奇的两栖植物便是生活在热带、亚热带海岸潮间带的红树林，发达的根系和顽强的抗性使它们成为保护我国海岸线安全与近海生物多样性的"森林卫士"。作为滨海湿地生态系统的重要组成部分，红树林湿地在降解污染物、净化城市污水、维持生物多样性、维护河口海岸食物链、促进近海渔业、促淤和防浪护堤，以及固碳减缓气候变化等方面发挥着重要作用。然而，近年来垃圾污染、外来物种入侵、海边围塘养殖、港口建设、水盐平衡的扰动等问题造成的环境破坏对红树林自然资源造成了巨大威胁，再加上长期对红树林资源无序的开发利用，中国红树林面积锐减，多个物种处于濒危状态，经历着前所未有的危机。

　　有这样一群来自清华的科学工作者，他们顶着烈日，迎着海风，日复一日在泥泞中担任红树林的守护者——他们就是清华大学地球系统科学系林光辉教授课题组的成员。在第22个"世界湿地日"（2月2日）来临之际，让我们共同走近他们的故事。

　　面对亟待保护的海岸红树林，曾师从"红树林之父"林鹏院士的林光辉教授在从回国组建团队到扎根湿地研究与保护的十多年时间里，带领团队成员走遍了中国东南沿海的大小湿地，始终致力于以红树林为主的滨海湿地修复与保护。

　　近年来，团队陆续承担了科技部全球变化研究国家重大科学研究计划（"973"计划）项目、国家自然科学基金委重点项目、国家海洋局海洋公益性科研专项等重大科研项目，针对陆海间碳循环生物地球化学过程及滨海湿地生态修复等领域开展了大量研究工作。

　　团队重点研究了碳循环关键生物地球化学过程包括陆海交汇区的碳交换过程、地下生态系统的碳转化过程、人类活动对温室气体排放的影响、海洋有机碳的分解与转化过程、陆地生态系统净初级生产（NPP）对极端气候事件的响应、碳循环对气候变化的反馈强度等领域，研究成果对于理解碳循环机理、揭示全球碳循环内在规律、提高对滨海湿地重要性的认识水平均有十分重要的科学意义。

　　团队对中国滨海湿地生态修复效果的评价研究，弥补了当前生态修复效果有效监测和评价的缺乏。团队选择众多典型滨海湿地类型，从碳氮磷等主要生源要素循环的角度，探讨了当前不同红树林修复项目对红树林湿地固碳能力和氮磷营养物质储存功能的影响，并通过分析不同类型滨海湿地的生态功能和修复目的，构建了滨海湿地生态修复效果评价新方法。

　　如今，林光辉依然带领团队奋斗在滨海湿地研究与保护工作的第一线，相关研究还在继续进行。下一步工作将聚焦在生物多样性高、群落类型多样的海南岛红树林。与国内其他省区的红树林不同，海南岛红树林分布有中国所有的红树植物种类，其他省区很少见的附生植物、寄生植物也在海南岛常见。然而，自1950年至2000年之间海南红树林遭到大规模人为破坏，面积减少62%，物种多样性也大幅下降，急需开展海南红树林资源调查和保护工作。未来，团队将通过调查海南岛现存红树林群落的分布、数量与质量，并与历史资料对比，揭示海南红树林生态系统中红树植物、底栖动物和微生物等群落结构的生物多样性特征与动态变化特征。

　　波光粼粼，潮落潮起。这群不忘初心的清华人将继续秉持赤子情怀，无惧困难，坚守"红树卫士"的岗位，将脚步印刻在中国南方滨海湿地的每寸土地上。

文字 | 左炬晅
图片 | 梁晨

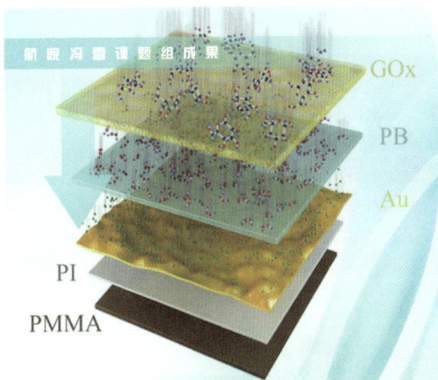

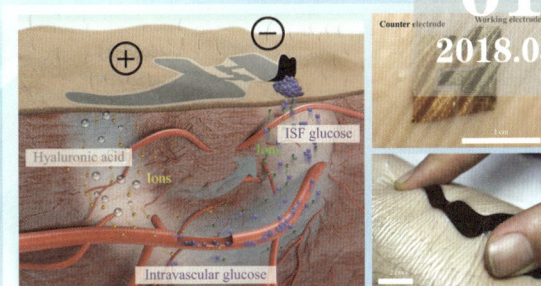

摆脱"扎手指"血糖测量法，
清华航院在无创血糖测量上取得重大进展

　　自我血糖监控是糖尿病管理的重要部分。糖尿病患者在日常生活中，经常需要通过血糖仪进行手指采血来检测血糖。每天在采血部位进行针扎取血，给患者带来的不仅是肉体上的疼痛，更有心理上的紧张与焦虑。而清华大学航天航空学院柔性电子技术研究中心冯雪课题组的新研究，可能让全球四亿糖尿病患者摆脱"扎手指"血糖测量法，采用无创血糖测量以进行血糖的长期监测。该研究成果于近日在《科学进展》（Science Advances）上发表。

　　这种基于力学—化学耦合原理的电化学双通道无创血糖测量方法，利用可以与人体自然共型贴附的超薄柔性电子器件，对皮肤表面施加微弱的电场，通过离子导入的方式改变组织液渗透压，调控血液与组织液渗透和重吸收的平衡关系，驱使血管中的葡萄糖流出血管，并按照设计路径主动、定向地渗流和扩散到皮肤表面，继而通过只有 3.8 微米厚的超薄柔性生物传感器件进行实时、原位的高精度测量。

　　为了实现皮肤表面的微量葡萄糖的精准测量，冯雪课题组在 1.2 微米厚的薄膜上制备了具有四层功能层的类皮肤生物传感器。他们通过在器件表面制备微结构，实现了纳米级厚度的电子介体的电化学沉积；同时利用基于液体表面张力和蒸发毛细力的仿生液滴转印方法，利用自驱动的方式将多层超薄生物传感器从制备基底上无损地剥离下来，实现整体厚度只有 3.8 微米的类皮肤柔性生物传感器的制备。该传感器对葡萄糖测量灵敏度、特异性很高，重复测量误差小于 1%。

　　临床实验表明，无创血糖测量系统的测量结果与血糖仪测量结果的相关系数达到 0.9 以上，达到了医疗级监测和诊断的标准，具有巨大应用潜力。

　　该成果相关内容已经被《科学进展》媒体团队（Science Advances Press Package Team）推荐给《纽约时报》《华尔街日报》《经济学人》等国际知名媒体。2017 年 12 月 21 日，国际电气与电子工程师协会（IEEE）的旗舰出版物《科技纵览》（IEEE Spectrum）对该论文率先进行了专题报道，来自普渡大学和青少年糖尿病研究基金会（JDRF）的研究人员给予高度评价。文章发表后，被来自美、英、意、俄等全球多家媒体报道，引起广泛反响。

　　另外，冯雪课题组关于超薄柔性类皮肤生物传感器设计、制备和测试方法的研究成果在微电子国际顶级会议——国际电子器件会议（IEDM 2017）上发表并作邀请报告。

　　清华大学航院、柔性电子技术研究中心博士生陈毅豪为文章第一作者，冯雪教授是论文通讯作者，参与该工作的还有中国人民解放军空军总医院王新宴团队。该研究工作得到了科技部"973"计划项目、国家自然科学基金项目的资助。

计算心理健康研究中心：打造大数据下的智能"辅导员"

文字 | 杨鹏成
摄影 | 孟珍
图片 | 李娜

处于青春期的青少年心理压力日益增长，这一压力不仅仅是青春期这一特殊时期的普遍现象，也是社会经济高速发展、竞争愈加激烈带来的必然产物。过多的压力很容易引起心理健康问题，当压力超出承受能力，并且得不到及时有效的解决时，青少年很可能会转而通过伤害自己或者伤害他人的方式来释放压力，甚至成为违法犯罪的诱因。

针对青少年心理压力日趋严重且无法得到及时有效疏导的问题，清华大学数据科学研究院于 2015 年 8 月成立计算心理健康研究中心，从事青少年心理健康大数据管理与服务研究。

"现在的社交媒体是人们表达自己情感的一条重要途径，我们可以通过网络大数据与青少年的日常行为表现，实时感知、预测、预警青少年心理压力，从压力源头上及时给予针对性支持与帮助，在问题发生的早期进行排解，避免问题的扩大化、蔓延化。"中心负责人冯铃教授解释道。

工欲善其事，必先利其器。从 2013 年起，冯铃教授就带领团队开始进行相关理论研究，发表了若干篇研究论文。至今，研究中心已经建立起"早期检测、针对性疏导"一系列青少年心理问题解决机制。

在坚实的理论研究支持下，研究中心开发出了"清华帮""学长说""好心情""心分享"等手机应用，通过互帮互助、阅读推荐、健康生活、心情分享等多种方式，为用户可能出现的压力增长问题提供及时引导。这些手机应用完全由研究中心的本科生和研究生研发完成，充分显示了清华学生的创意和追求卓越的精神，后续的编程提升也一并融入课堂教学实践环节中。

研究中心的工作是信息技术和心理健康两个学科间交叉研究的尝试，属于国内外首创。该研究得到了清华大学数据科学研究院的大力支持，还被纳入国家自然科学基金项目。

"就像《天才在左，疯子在右》那本书说的，停在这一端都是天才，跨过去了，天才就变成了疯子。"研究中心的负责人冯铃教授作了形象的比喻。"我们的任务是打造一个大数据下的智能'辅导员'，陪伴青少年成长，让他们向着身心健康的方向发展。"

驾驶模拟综合实验平台：小天地里的大道路

文字 | 彭欣怡
摄影 | 李诗谦　李柱石
图片 | 赵存存

　　谈及"驾驶模拟"，你脑海中会浮现怎样的场景？也许是 PS4 的手柄连接的游戏屏，也许是学车时的驾驶模拟器……而在清华大学车辆与运载学院的一间四壁漆黑的实验室里，有一个更高级的"驾驶模拟器"。

　　走进这间实验室，人们可能会感到震惊：一辆硕大的"汽车"被置之高台，仪表盘、方向盘、脚踏板一应俱全。五块直面汽车的巨大屏幕透露出玄机——这是一套全尺寸仿真的驾驶模拟综合实验平台。当然，这样一个真实尺寸的驾驶模拟器远非仅仅用于驾驶体验。通过对不同模拟系统的设置和车辆动力学上的参数调整，这个驾驶模拟综合实验平台可以模拟出多样的道路环境和车型，使得实验者能够在较为稳定和绝对安全的条件下收集驾驶相关数据并用于实验研究。作为一个基础实验平台，它可以为汽车智能安全技术、先进汽车设计技术、交通安全与事故再现以及驾驶员行为科学等研究方向提供重要的研究平台，为这些新技术的研发提供强有力的支持。这一平台目前除了科研工作之外，也承接车辆学院开设的一些基础课程的实验室参观探访，在教学和科普方面同样发挥着重要作用。

　　该驾驶模拟试验台由视觉仿真系统、听觉仿真系统、中央控制系统等部分组成，可以实时再现实际交通环境视景、交互驾驶员运动感觉和操作感觉，由此模拟人 – 车 – 路 – 环境系统，为驾驶者带来全方位、多视角、通感官的"实况"体验。其中，视觉仿真系统主要由前后共 5 块屏幕来实现，可模拟的汽车前向视野角度约为 200°，后向视野角度约为 50°，可以充分模拟真实驾驶操作环境；而听觉仿真系统、中央控制系统和成熟的终端执行设备，也为再现驾驶环境提供了基础。

　　据实验室管理员李清坤介绍，目前国际上拥有类似大型驾驶模拟试验台的，有日本丰田汽车公司、美国爱荷华州立大学、奔驰汽车公司、日本东京大学、日产汽车公司等企业和高校。就国内而言，车辆学院这个平台是最先进的之一，一个重要原因是它设有 6 根由电机控制的主缸，能够控制平台的 3 个平移自由度和 3 个转动自由度，使得驾驶员能够在更多的维度上体验驾驶模拟，从而提高了该平台的驾驶模拟真实性。简言之，如果将游戏中的驾驶模拟比作 2D 电影，那目前这套驾驶模拟综合实验平台就能带给人 6D 的驾驶体验。

　　清华大学于 2009 年引进了这套驾驶模拟平台。多年来，随着时代和技术的进步，清华师生也在持续根据实验需求对其进行更新和开发，不断加入部分自主研发的硬件和软件的设计，用以在个性化的实验中实现一些特定的功能和目的。

　　清华大学研究人员对驾驶模拟实验平台的"副本开发"增强了系统的可延展性，使得能够模拟的场景和车型更显多样。通过动力学参数调整，它可以模拟轿车、卡车、SUV 等不同车型，还能呈现城市道路、高速公路等不同路况，再现白天、夜间、雨、雾等行车环境，拓展了技术开发的测试环境。

　　另一个"副本升级"的例子体现在对驾驶人的数据收集和分析上。辅以眼动仪、肌电、脑电设备等，研究人员可以进行驾驶员驾驶行为机理的研究。中央控制系统的一块小小的屏幕之上，驾驶员的年龄、面部状态、是否吸烟、甚至是表情都一一显示。他的表情被判断以 neutral（中性）、surprise（惊讶）、happy（高兴）、fear（害怕）、disgust（厌恶）、sad（悲伤）等情绪特点。电影中对人脸进行智能分析的情节，在这间实验室里得以"震撼"展现。

　　在我国汽车产业，尤其是自动驾驶技术迅速发展的今天，汽车驾驶模拟试验台大有用武之地。可以期待的是，从这个小房间里的仿真道路，将会延伸出一条汽车产业未来发展的坦途。

健康城市：
释放城市力量，共筑健康中国
清华大学—《柳叶刀》中国健康城市特邀报告

清华地学系与《柳叶刀》联合发布健康城市主题报告

供稿｜地学系
图片｜支剑元

2018 年 4 月 18 日，清华大学地球系统科学系与国际著名学术期刊《柳叶刀》(The Lancet)联合发布了《健康城市：释放城市力量，共筑健康中国》特邀报告。该报告由清华大学主导，国家卫生健康委员会疾病预防控制局、世界卫生组织驻中国代表处、联合国大学全球环境健康研究所、加州大学伯克利分校等多个机构和高校参与，共 45 名专家学者组成的委员会耗时 2 年完成。报告分析了在中国快速城市化背景下城市所面临的健康挑战，总结了当前应对措施的成效与不足，并提出了建设健康城市的建议。

报告指出，中国的快速城市化将过半的人口吸纳入城市中，让他们能够享有清洁饮水、快速交通、便利的教育和医疗，以及其他城市所提供的公共服务。然而，中国的城市也面临着快速城市化所带来的众多健康挑战，主要体现在非传染性疾病成为首要致病和致死的原因，新发传染病频发，伤害以及伤害导致的死亡增加，心理疾病发病率上升，医疗支出上升和健康公平性依然不佳，还有迅速衰老的城市人口的看护需求急增等方面。这些挑战侵蚀了城市给居民带来的健康红利，并可能成为未来中国社会经济发展的障碍。

中国的城市已经采取了积极行动来应对所面临的健康挑战，包括控制环境污染，提高城市环境的宜居性，加强疾病的预防和控制，推动医疗保健的普及，尝试城市健康管理的新方法。这些行动都明显地改善了城市居民的健康状况。但是现有的应对措施尚存在不足，主要体现在缺乏对城市健康的复杂性的认识，缺乏对影响健康的环境和社会经济因子的综合管理措施，各部门之间协作不够，公众参与度与主动性差等方面。报告建议采用一个系统的方法——建设健康城市的方法来统合各种分散的管理措施，应对城市健康挑战的复杂性。

世界卫生组织将健康城市定义为"一个不断发展的自然和社会环境，且能不断扩大社会资源，使人们在享受生命和充分发挥潜能方面能够互相支持的城市"。健康城市的概念自 1984 年在加拿大多伦多被提出以后，逐渐成为城市健康管理的国际主流方向。建设健康城市对于中国来说具有重要意义。党的十八届五中全会提出了建设健康中国的国家战略。中共中央、国务院在 2016 年颁发了《"健康中国 2030"规划纲要》，提出推进健康中国建设是全面建成小康社会、基本实现社会主义现代化的重要基础，并明确指出健康城市和健康村镇的建设是健康中国建设的抓手。这个定位反映了促进七亿多城镇人口的健康在实现全民健康中的关键性，也反映了中国城市作为区域政治、经济文化和科技创新的中心在实现《"健康中国 2030"规划纲要》中的主体地位。

中国的健康城市建设恰逢其时，生态文明建设和新型城镇化策略为其提供了强有力的政治保障，持续的经济增长为其提供了物质基础，不断涌现的科技创新为其提供了技术支持。但是，健康城市的建设要取得成功还需要克服前文中所述的不足之处。来自各领域的专家经过深入探讨分析，对中国建设健康城市提出了五点建议，具体包括从城市规划入手实现将健康问题融入所有政策，提高公众参与度，促进跨部门合作，设定因地制宜的建设目标并定期评估进度，以及加强关于健康城市的研究和教育。这些主要发现和政策建议得到了国内城市规划和公共卫生领域的知名学者的认同。

该报告是《柳叶刀》创刊近 200 年来首次和中国的研究机构合作，由中国学者来领导从策划到写作出版的特邀报告，是对清华大学在健康城市研究领域的学术水平和国际影响力的肯定。清华大学地球系统科学系作为报告的组织方，清华大学建筑学院、医学院、新闻与传播学院和工程物理系参与了报告的撰写，报告撰写过程中还得到了清华海峡研究院和清华大学中国新型城镇化研究院的大力支持。为了使国内学术界、政府和公众更好地掌握报告的内容，清华大学将在英文版正式见刊时把报告翻译成中文于今年正式出版。清华大学还将充分利用在报告编写过程中积累的知识，联合社会各界，积极探索中国健康城市的发展道路，推进具有中国特色的健康城市建设理论和实践的发展。

自修复技术让绝缘材料"返老如新"

文字 | 杨洋
图片 | 赵存存

通过模仿生物系统，自修复材料能够主动愈合伤口以应对复杂的外部环境，从而获得更高的生存寿命。然而与生物体相同，总有一些"疑难杂症"是常规自愈系统无能为力的。电树损伤便是绝缘材料老化中的"顽疾"，是造成电力装置和电子器件过早失效的主因。运行数十年的高压电力电缆，一旦出现电树枝老化，在正常工况下往往不到一年就会"夭折"。

电树枝损伤与生物体中的"癌变组织"类似：形成机理复杂，诊断困难，一旦蔓延扩散便会贯穿绝缘整体，直至材料崩溃击穿。这种"生长"在材料内部的三维树状中空裂纹，孔尺寸在数微米的量级，而目前较为先进的"本征自修复"（动态化学键）方法只能在损伤断面直接接触的情况下，修复纳米尺度甚至分子尺度的损伤。此外，电树老化通常伴随氧化、紫外辐射等现象，使电树通道表面动态化学键"失活"，从而丧失修复功能。因此有学者尝试采用传统的"非本征自修复"方法，预埋修复液微胶囊。但流体和催化剂等成分带来了严重的"副作用"，材料的电气绝缘性能大幅下降，而电树修复和绝缘性能恢复也未能实现。因此，长期以来电树老化都被认为是固体材料中不可治愈的"绝症"。

针对这种普遍存在于绝缘材料中的"不治之症"，清华大学电机系何金良教授团队量身定做了一种"缺陷靶向磁热"自愈疗法，利用纳米颗粒在聚合物中的熵耗散迁移行为（entropy-driven migration），结合超顺磁纳米颗粒的磁热效应，实现了热塑性绝缘材料的电树枝损伤修复和电气绝缘性能恢复。这一研究成果于 2018 年 12 月 31 日发表在《自然·纳米技术》（Nature Nanotechnology）上。

"缺陷靶向磁热"自愈疗法的核心技术在于表面功能化超顺磁纳米颗粒的设计。通常情况下，这种功能化的颗粒均匀分布在绝缘材料中整装待命。一旦材料内部出现损伤，这些纳米颗粒便会在振荡磁场作用下摇身变为释放热量的"维修工"。和生物体中的成纤维细胞一样，这些"维修工"会自动搜寻并迁移至损伤区域，实现损伤组织的熔融重塑。修复完成后，局部聚集的"维修工"颗粒会在浓度梯度的驱动下趋于分散，为下一次损伤修复作准备。

为了最大限度地提高"维修工"颗粒的工作效率，并在重复修复中保证其不丧失修复功能，需要给特定尺寸的超顺磁纳米颗粒"穿上"一层量身定做的"工作服"。根据"维修工"们的工作环境（聚合物基材），最理想的"工作服"由柔软的有机修饰层构成，并将颗粒的外尺寸扩展到聚合物回转半径 Rg 附近。在这种情况下，"维修工"颗粒既能够敏锐"感知"周围聚合物链的状态和构象熵排斥作用，同时又能相对较快地穿梭于分子链之间，轻装上阵奔赴"抢修现场"。此外，"工作服"还能够隔离无机颗粒之间的范德华作用力，避免修复过程中超顺磁纳米颗粒的直接接触和永久"团聚"，为颗粒的再分散和重复修复功能提供保障。

基于上述修复机制，该团队以聚烯烃电缆料为基材，得到了一种可重复修复电树损伤，并恢复电气绝缘性能的自修复绝缘材料。实验和计算机模拟表明，利用聚合物分子链对纳米颗粒的构象熵耗散作用（entropic depletion force），超顺磁纳米颗粒自动搜寻、聚集在缺陷区域，并在振荡磁场作用下形成微米级的高温区，局部温差能够达到 30℃ 以上。此时损伤区域的局部高温超过熔点 10℃ 以上，为裂纹修复提供充分的流动性，同时保证周围材料温度较低。当缺陷区域修复后，损伤表面消失，纳米颗粒受到周围聚合物的构象熵排斥作用在各方向相同，趋于无规运动。计算机模拟表明，表面修饰层能够隔断无机颗粒之间的强范德华引力，避免颗粒形成永久团聚。修复区域的超顺磁颗粒在浓度梯度驱动下趋于均匀分散，为下一次损伤修复作准备。

利用 X 射线显微 CT 技术（micro-CT）的亚微米空间分辨能力和对材料密度的高灵敏性，该团队对该自修复绝缘介质中电树枝损伤的修复过程进行了表征和三维重构，再现了纳米颗粒的靶向迁移、修复和扩散行为。根据 micro-CT 的密度分析和电树通道区域的扫描透射显微（STEM）表征，在损伤修复之前，电树通道表面 1 微米范围内的纳米颗粒浓度提高了 10 倍以上。损伤修复后的区域，材料密度和颗粒浓度基本恢复。通过扫描电镜配合能谱分析（SEM-EDS），验证了电树通道区域在修复过程中纳米颗粒的迁移、扩散行为。

泄漏电流和局部放电测试表明，该自修复方法能够完全恢复电介质的电气绝缘性能，而相同老化条件下的纯聚烯烃材料最终发展为绝缘击穿。在多次电气老化－修复循环测试中，自修复绝缘介质能够反复修复电树枝损伤达 20 次以上，且绝缘性能保持稳定。通过再起树（局部放电起始）电压评估绝缘介质的耐电树性能，结果表明自修复绝缘介质在多次电树修复后，起树电压均能完全恢复到和纯聚烯烃相同的水平。

"缺陷靶向磁热"修复机制广泛适用于各种热塑性聚合物材料。通过模仿生物体中成纤维细胞的迁移行为，该机制在极低的颗粒含量（0.1% 以下）便可以完成修复，因此能够将自修复绝缘介质的电气击穿强度维持在基材的 94% 以上（如 490 kV/mm），满足特高压输电等电力能源领域的应用需求。此外，修复过程施加的振荡磁场与电力电子器件、电动汽车无线充电装置等电气设备工作条件下的高频磁场强度相当，因此该方法有望在这些领域实现绝缘介质损伤的带电自行修复和在线维护。

本文提出的自修复绝缘介质，在国际上首次实现了电树枝损伤的修复和绝缘性能恢复，打破了电树破坏不可修复的传统认知，实现了电树老化过程的逆转和电介质材料的"返老还新"，为大幅提高电力装置和电子设备的使用寿命和可靠性提供了全新的方法。

论文作者简介：

清华大学电机系杨洋博士生为本文的第一作者。清华大学电机系何金良教授、李琦副教授，美国宾夕法尼亚州立大学王庆教授为本文的共同通讯作者。参与该工作的还有清华大学电机系高雷博士、胡军副教授、曾嵘教授，美国斯坦福大学秦健助理教授、王善祥教授。该研究获得国家重点基础研究发展计划（"973"计划子课题 2014CB239505，何金良）的资助。

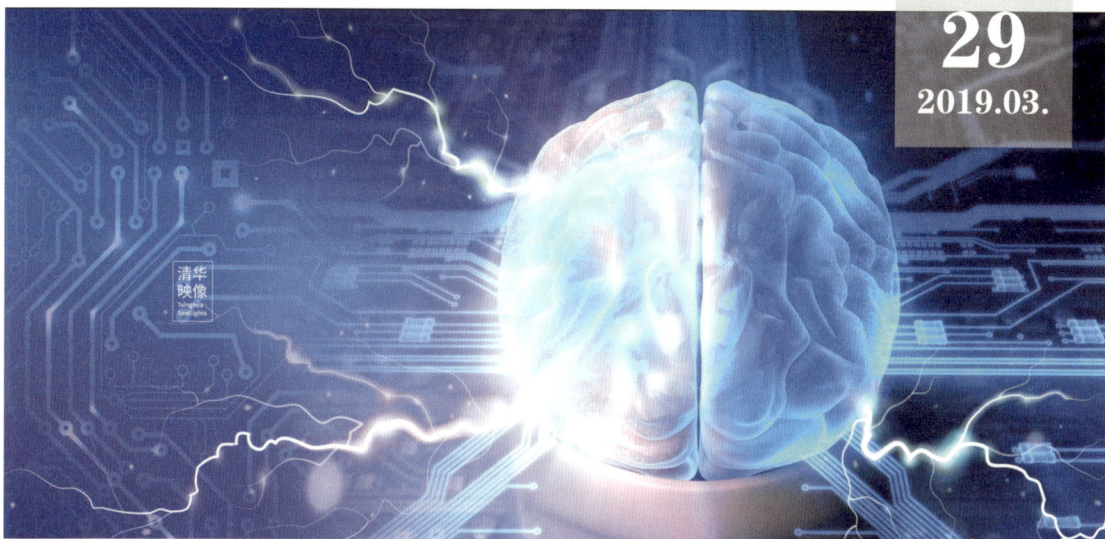

为电网装上"超强大脑": 孙宏斌和他的自动电压控制团队

文字 | 张静
图片 | 任帅

孙宏斌有个习惯,每天都会把要做的事情和问题解决方案记录在手机备忘录里,完成一项就打个钩,这半年来他的手机里一共有 1447 条备忘录。早在博士期间他就开始记笔记,20 年来打过钩的记事本都还保存完好,写满了与电网电压控制相关的内容。

从"束之高阁"到被广泛应用,孙宏斌教授带领他的团队历经了 20 余年持续研究和产学研用联合攻关,构建了"自律协同"的复杂电网 AVC 技术体系,研制出世界上首套复杂电网 AVC 系统,实现了现代电网电压控制"从人工到自动的跨越",有力保障了我国电网安全和经济运行,并实现了对美国的首例输出。而这项"复杂电网自律 - 协同自动电压控制关键技术、系统研制与工程应用"项目,在 1 月 8 日召开的 2018 年度国家科技奖励大会上获得科学技术进步奖一等奖。

顶天立地做科研

电的质量如何,关键之一在于电压质量。对电力系统而言,负荷经常发生变化,故障不可避免,要维持系统的电压安全,需要实时进行调节。以前各国采取的都是依靠人工分散控制的方法,在各级电网的控制中心和发电厂、变电站等地方,配有 24 小时值班的调度操作人员,他们时刻盯着电网电压的情况,一旦发现问题,就会逐级拨打电话,要求相应的单位进行调整。这种方法不仅耗费巨大人力,还不利于从全局的角度协调整个电网的安全。

"尤其是在经济发达、用电量大的地区,电从远方输送过来,就向瀑布注入深潭一样,容易形成电压的凹陷区。这种凹陷区如果遇到突发故障,非常容易发生连锁反应,就像推倒多米诺骨牌一样,引发大面积停电事故。"孙宏斌说,国际上的美加大停电、巴西大停电等事故,都反映出电网系统的电压安全是世界性难题。

因此,给电网装上一个"超强大脑",让它实时采集电网数据进行分析,利用有效的算法形成决策,并对电网中的各类无功电压控制设备进行协调控制,使电网时刻处于最佳状态,成为电网运行越来越迫切的需求。而这个"超强大脑",就是自动电压控制系统。

20 世纪 80 年代,法国首先投入了自动电压控制系统,然而该技术无法直接在我国国内使用。其中最关键的就是中国电网的发展非常迅猛,进入 21 世纪来,有 10 年的时间里每年中国电网新增的装机容量大约相当于一个英国的总量。而法国的自动电压控制技术是一种固化的控制系统,无法适应中国电网的这种快速变化。

1995 年,还是博士研究生的孙宏斌在导师相年德教授与张伯明教授的指导下,开始涉足这一研究领域,参与了国家"八五"科技攻关项目"电力系统全局准稳态电压优化闭环控制研究及示范工程"的研究,开始了 20 年来在这一领域里孜孜不倦的求索。针对法国的自动电压控制系统难以解决的问题,孙宏斌的团队致力于让控制系统具有一定的自适应的特性,使系统的控制模式和方法能够跟随电网的变化而发生变化,成为灵活的、具有自动应变的控制模式的系统,同时还考虑了电网潜在的故障,使系统的控制策略能够自动应对。

在复杂电力系统中实现系统级的自动电压控制是一个重大的难题。一方面控制对象复杂,尤其近年来大规模间歇式可再生能源集中馈入到了原本就非常复杂的特大电网中，进一步引发了新问题。第二是控制模式复杂，我国的互联大电网是由空间上分布的多级控制中心共同调度的，电网互联而控制分布。如何在最短时间内让计算机做出最优决策，通过三四百个控制中心的协同，让特大电网上每个节点的电压时刻控制在安全范围之内，是个难题。第三是数学问题复杂，这是一个含大规模复杂约束的混合整数动态规划问题，本身求解起来就有难度。

"为了应付这种复杂性，我们采取了'自律协同'的技术路线。"孙宏斌将这种技术路线描述为一个"跷跷板"：一边是自律，一边是协同，通过自律使控制简化、可靠、敏捷，通过协同，保证目标一致、全局最优，而他们所做的就是如何在自律与协同之间找到那个微妙的平衡点。孙宏斌说："我们正是踩在了自律和协同之间最难的地方。"

那么如何简化复杂问题呢？孙宏斌巧妙地利用物理学知识，提出了主从分裂理论。"根据大规模电网的主从式物理特性，先把主从系统撕裂开分别进行自律，然后通过相互通讯把它协同起来。而协同得好不好，即最优性取决于系统相互作用的物理机理。"

一边是物理，一边是数学，二者的完美融合成为解决复杂电网问题的破题之笔，为 AVC 技术的广泛应用打下了坚实的理论基础。而用物理思维来思考数学问题的习惯，也在孙宏斌的国家精品课——电力系统分析课上得到了充分体现：一页 PPT 中，左边是物理网络，右边是数学方程。方程就是网络的完整数学代表，根据物理网络可以写出完整的数学方程，根据数学方程也可以还原物理网络。孙宏斌觉得这样对称的形式，至少能保证学生对物理机理和数学方法有一个融会贯通的理解。

但是，由于当时国内并不具备电压控制应用的相关条件，孙宏斌提出的主从分裂理论没有找到对应的应用舞台，被"束之高阁"。直到江苏电网找到孙宏斌，成为"吃螃蟹的第一人"。"孙老师当时做的工作确实起到了基础性的奠基作用。"作为团队中在项目现场待的时间最长的人、项目第二完成人的电机系副教授郭庆来深有感触，"这也是工程学科的一个特点。要做顶天立地的研究，可能必须经历这样的一个阶段，先有前瞻性的思考和基础研究，后有扎实落地的应用与推广。"

"必须要有人坐'冷板凳'，"对孙宏斌而言，"这个研究是国家发展的需要。"

让电网控制系统走出实验室

2002 年，对自动电压控制系统需求迫切的江苏电网找到了孙宏斌，希望开展合作。在此之前，江苏电网还曾找过其他研究机构，都因为该系统研发的难度和责任巨大而未达成合作。然而，凭借着已有的积累和不怕失败的勇气，孙宏斌没有犹豫就接受了这个挑战，并将理论研究与工程实践深度结合。

但实践和理论的差距仍然给了孙宏斌团队带来不小的挑战。比如因为设备采集精度问题，控制中心测出的电压与实际电压存在误差，如果在测量基础上直接进行调整，就会因为电压超出合理范围导致安全问题，所以团队要结合现场需求在试验中增加许多防护措施。"电的速度非常快，它的基础性又容不得出一点差错，所以我们第一次在江苏进行闭环控制时晚上都不敢睡，轮班盯着屏幕，盯着控制指令下达以及最后的效果反馈，"孙宏斌回想起在江苏电网工作的情景，"因为这是第一次现场尝试，不知道这样的全局闭环控制后果是什么？有没有意料之外的安全隐患？所以保证闭环控制的可靠性是实时性和最优性之外风险最大的一个地方。"

在这次闭环试验中，当时还是一名博士生的郭庆来在机房整整守了 72 个小时没敢离开。"那时候调试还是比较紧张。"郭庆来说，"以前做的是理论分析和仿真试验，这次是真正的工程实际应用，压力非常大，只能一直在现场盯着控制曲线和效果。但是当真正看到控制指令发送到实际电网系统中，设备按照预想策略动作并达到理想的控制效果时，作为一个工科研究人员，那一刻的成就感这辈子都忘不掉。"正是这份成就感使郭庆来在江苏电网的控制室内待了将近 3 年的时间，几乎每天都在一个大机房里，一个人编程序、看系统，经常从早到晚连说话的人都没有。郭庆来笑了笑，"因为找不着人说话，见到能说话的'活人'就忍不住跟人聊天，所以我住的小宾馆的值班员这些人都跟我很熟。"

功夫不负有心人。当其他同学还在使用仿真数据时，郭庆来已经拿到了一手的现场电压控制数据，完成了自己的博士论文，延续着自动电压控制团队的传统——来源于工程，还原于工程。"这是工科的特点，我觉得清华的工科老师们首先要了解现场，否则很难做原创性的工作。从 paper 到 paper 是把不准工业发展的脉搏的，因为你根本不知道真正的现场新需求。"正是为了保障控制的可靠性，孙宏斌带领团队结合不同电网的特点和需求，发明了一系列控制技术，授权专项 108 项。

江苏电网的成功运行，给了孙宏斌的团队莫大的激励。他们没有停歇，马不停蹄地开始根据实际工程应用中积累的经验和发现的问题，对系统不断进行改进和升级。越来越多的各级电网开始应用他们研发的系统。通过与多个合作伙伴的产学研联合，截至目前，他们的系统已经全部覆盖我国 7 大区域电网，大规模应用于我国 40 个省级电网和 306 个地区电网，闭环控制了全国 81% 的水 / 火电、88% 的 220kV 以上变电站和 55% 的集中并网风机 / 光伏。

让电网控制系统走向世界

如果说在国内的成功应用是孙宏斌一直以来的目标，那把该系统成功输出到美国，则有些出乎他的预料。这一切都始于北美最大的区域电网 PJM 发给孙宏斌的一封寻求合作的电子邮件。

PJM 是当时全球最大的区域电网公司，负责美国首都华盛顿特区和东部 13 个州的电网安全运行和电力市场服务，总用电占全美的 1/6。引入自动电压控制系统是 PJM 实施智能电网的关键项目，他们为此与美国教授开展了研究合作，但效果并不理想。在此背景下，他们将目光瞄向了清华大学。

PJM 电网是拥有 1.3 万个节点、1.9 万条支路的复杂大电网，而且按照电力市场要求，自动电压控制系统还要保证在 5500 个复杂预想故障发生后，所有节点电压运行仍安全合格。"5500 个故障乘 13000 个节点的规模，需要系统快速计算出来并用于决策和控制，如果完整建模这个非线性优化问题，根本无法直接求解，更谈不上用于实时控制。"郭庆来在接受采访时说。

"那段时间里，我们课题组每个人基本上都是工作到凌晨，每当有点进展都会非常兴奋，经常通宵进行测试。"孙宏斌说。幸运的是，面对这个巨大的数学优化问题，大家最终想到了用博弈的方法，把电网的安全和经济看成是博弈的双方，再利用安全扫描的方法，达到新的平衡点。实现这一想法，需要有强大的优化计算和安全评估的计算能力，而这两点正是孙宏斌团队的优势，长期以来他们都在从事这两个领域的研究工作。因此，当这个全新的思路确立之后，团队很快就将之实现了，并在此后申请了一系列美国和中国的专利，成功解决了这一难题。

然而，美国的大门并没有那么容易打开。接下来，孙宏斌的团队还面临着 PJM 严酷的长达半年的在线不间断测试和美国联邦能源监管委员会历时三年零四个月的严苛的信息安全检查。"我们要时刻关注评估结果，因为测试是不停止的，一旦发现问题就要立刻连轴转地解决，以避免影响后续的测试。"孙宏斌说，"这是我们走出去的重要机会。压力非常大，春节期间也一直盯在美国。"

这一系列的坚持和努力使孙宏斌团队研发的系统成为美国电网第一个自动电压控制系统，美国能源部顾问、电网运行和控制权威、美国工程院院士博斯表示，该成果"使得中国在电压控制领域遥遥领先于世界"。

电网中的新挑战就是新使命

回顾该成果研究 20 年的历程，孙宏斌用"四部曲"来形容。他把导师相年德教授、张伯明教授和自己最初开展的研究工作称为开创和奠基的阶段，而从孙宏斌的博士论文开始，课题组里多位博士生的毕业论文，始终围绕着这一课题开展深入研究。郭庆来副教授的博士论文，实现了该成果从理论到实践的应用，在控制中心实现闭环运行；王彬的博士论文，实现了由单一控制中心进一步到多级多控制中心的协同运行；而张明晔的博士论文，解决了该系统在美国 PJM 电网运行的问题，实现了从中国电网到美国电网的应用；此外，还有多位博士与硕士共同努力，解决了风、光发电等大规模间歇式可再生能源接入电网的电压控制问题。

每一次项目落地都会给孙宏斌和他的团队带来新的问题，催生出新的技术发明和思考。"到了现场之后，你会发现原来的假设或认为没有问题的东西，反而可能是最有挑战的，这可能就是下一步创新的源头。"郭庆来就受到了电压控制时出现通信错误的启发，带领自己的团队在新的研究方向——信息物理系统上开始了探索。

"它不单是学术的前沿，更重要的完完全全面向国家重大需求。"在学生心中有些"严格"的孙老师总是会让大家去现场参与电压控制试验，"有时去的风电、光电基地是村庄的山顶上或山脚下，买东西也买不着，在那里一待就是几个月。但是没办法，我们是要去现场解决问题的。"

20 年的深耕不辍为电网运行换来了巨大的经济和社会效益，显著地降低电网输送过程中的损耗。据统计，该系统在江苏电网投运后，一年的时间里可节省约近 1 亿度电的损耗，相当于年节省开支约 5000 万人民币。"中国电网目前每年的损耗大约是 3600 亿度电，相当于每人每天浪费了 1 度电，相当于多消耗了 1.5 亿吨煤。"孙宏斌说，"而通过我们的自动电压控制系统，不需要增加任何设备投入，仅通过控制的手段，就能显著降低损耗，起到四两拨千斤的效果。"

另一方面，孙宏斌团队提出并实现了大规模风电汇集接入的电压控制技术，截至目前，AVC 系统已经在全部 13 个大型风 / 光汇集区得到应用，有效保障了新能源基地和电网的安全运行，显著提高了电网消纳间歇式新能源的能力。

"安全、优质、经济、环保是电网运行的四大目标，我们这 20 年来的持续研究，始终围绕着如何通过自动控制技术让运行人员能够更好地驾驭日益复杂的电网。"孙宏斌说，"我们的系统已经成为运行人员不可或缺的有力工具。这更要求我们一时一刻都不能停下来，电网中出现的新挑战就是我们的新使命。"

"如果没有这么多年的基础研究积累，我们不可能实现今天的成果；如果只是理论研究，没有中国这么复杂的电力系统作为舞台让我们去进行工程实践，我们同样不可能实现今天的成果。"孙宏斌说，"作为工程学科，面向国民经济主战场，顶天立地做科研，这是我的导师张伯明教授当年经常教导我的，我现在也时刻提醒团队中的年轻人，希望这能作为我们整个团队的一种精神、一种价值观，一代代接力下去。"

"墨甲"机器人乐队：技术、艺术与文化传统"琴瑟和鸣"

文字 | 梁乐萌
图片 | 宋晨

走进清华大学美术学院一间开放的教室，三位与人类身高相仿的机器人演奏者或执竹笛，或抱箜篌，或依排鼓，安静矗立。"他们"身边，几位同学和专业演奏师正进行进一步调试。而在另一房间，工作人员正在搭建舞台和音响、灯光设备，为机器人乐手在清华大学 108 周年校庆期间的登台亮相作准备。

"墨甲"中国风机器人乐队项目由清华大学美术学院与清华大学未来实验室联合发起，融合了智能与交互技术、雕塑艺术、音乐艺术以及中国传统文化元素，团队成员涵盖计算机、机械工程、造型雕塑、音乐作曲、历史文化等多元专业背景。清华大学美术学院副教授米海鹏、王之纲分别担任制片人和导演，毕业于清华大学的胡天健、张升化和中央音乐学院的胡骁阳分别担任技术、造型结构和音乐编曲总负责人，美院学生李佳音、冯爽妮（已毕业）担任执行导演，毕然进行服装设计，未来实验室交叉学科学生姚智皓、孙启瑞、鲁晓薇等负责机器人技术开发及宣传，孟京辉工作室王印、曹天英担任表演指导。

该项目于 2018 年暑期立项启动，2019 年清华大学 108 周年校庆期间在美术学院实验室首次对外演出。此外，"墨甲"机器人乐队还受邀参与清华大学新版海外宣传片的拍摄，并将于 5 月底登上中央电视台《机智过人》节目第三季的舞台。

做有中国特色的音乐机器人

作为项目首席科学家，米海鹏本科与硕士分别就读于清华物理系和电子工程系。2012 年在东京大学电气工学专业留学期间，他就参与了世界第一个摇滚机器人乐队的研发工作。"当时很感兴趣，可以把机器人技术应用在完全不同的领域。"米海鹏说。但相比于摇滚音乐，他更偏爱有韵味、有意境的中国传统音乐，而彼时国内还没有这方面的技术和应用创新。从那时起，米海鹏就萌生了做"有中国特色的音乐机器人"的想法。

"墨甲"机器人造型结构总设计师张升化在 2012 年还是清华美术学院雕塑系的一名本科生，尤其擅长以传统木制结构制作复杂精巧的动态雕塑。他在硕士期间的作品《栖梧》灵感即来源于"公输子削竹木以为鹊，成而飞之，三日不下"的中国物语，在第四届中国雕塑大展中荣获"中国雕塑艺术大奖"。

在"墨甲"项目之前，张升化也曾进行过机械臂弹琴等音乐机器人实验尝试，与回国后来到清华美院任教的米海鹏一拍即合。清华大学美术学院、计算机系和新闻与传播学院联合培养的信息艺术设计专业研究生李佳音由米海鹏直接指导，主攻工业设计方向，她受导师邀请也加入了这个项目。三人在一系列初步探索后确认了"墨甲"项目的可行性，于 2018 年夏正式立项并高效推动。

经过半年多的研发，即将展现在世人面前的"墨甲"机器人乐队由玉衡、瑶光、开阳三位"乐师"组成，分别演奏竹笛、箜篌、排鼓三种中国传统民族乐器，其中，具有两千多年历史的箜篌曾一度面临失传，在 20 世纪 80 年代被我国专家创造性复兴，极具欣赏价值和历史意义，如今，机器人也参与进传承推广的重任之中。现阶段三名机器人乐手的单独调试都已完成，正在进行硬件、音准和协同配合的进一步优化。

跨学科的交叉碰撞与多元融合

"墨甲"项目团队在立项后不断扩大，更多具有不同专业背景并对音乐机器人这一创意兴趣浓厚的学者、艺术家和学生加入进来。多元融合的团队提供了多样的技能和思维，也在术业专攻的交叉碰撞中积极协作、彼此互助。

毕业于中国音乐学院的胡晓阳是项目的音乐编曲负责人，三位机器人乐手的所有演奏曲目都来自他的原创，而他的作曲工作全程与机器人的技术开发紧密配合。他介绍说，尽管人类竹笛演奏者可以通过循环呼吸的专业技法延长演奏气息，但口腔中气压、气流仍会发生一定变化，而机器人乐师的气流通断可以任意调节，无此顾虑。不过另一方面，目前机器人乐师还无法模仿人类的口型变化、舌头扰动等技法。因此，所有曲目都要在机器人乐手技术性能的深刻理解基础上，为其"量身定制"。

作为艺术家出身的雕塑家，张升化也提到交叉学科团队对其工作带来的改变。他在过去动态雕塑的制作中曾经面临许多技术上的困难，有时只能另寻其他途径实现运动效果，会花费大量时间。而在米海鹏和技术负责人胡天健的配合和支持下，技术的阻碍被大大减小了。

艺术机器人的想象源远流长

除了多元学科技术、艺术的水乳交融外，深厚的历史文化积淀是"墨甲"项目的另一大特色。

据米海鹏介绍，"墨甲"的名称在项目启动便已确定，英文名称为"Mo Ja"。"墨"代表诸子百家中最重视工程技术的墨家学派，"甲"则代表起源于墨家、在中国传统中流传已久的木甲文化。与项目名称相比，三位机器人乐手的命名则花了更长的时间。团队曾考虑过五行学说、历史人物传说、古典诗词，等等，最终讨论确定出"玉衡""瑶光""开阳"三个名字。

三个名字都来自北斗七星的星宿名，七星中另外四星为乐队留下了扩展空间；三个词语英文对应较好，便于向海外宣传推广；而"墨甲"团队每一次试演奏的曲目都是《小星星》，这一独特经历也为三个名称平添妙趣。"衡"本身有"横箫"之意，与竹笛意象相符，"开阳"与"瑶光"同样分别与排鼓"击之响亮，不下鸣鼍"的阳刚雄健和箜篌"昆山玉碎，芙蓉泣露"的阴柔婉约气质契合。

为了"墨甲"项目，团队成员在本身对中国传统文化的兴趣基础上加强了调研和学习，听民族音乐，读相关文学作品。《列子·汤问》一书中曾记载了工匠偃师以木制作歌舞艺人的科学寓言，人偶"领其颐，则歌合律；捧其手，则舞应节，千变万化，惟意所适"，给团队成员留下了深刻印象。"（艺术机器人的）这类想象源远流长，而我们希望能够传承这一脉络。"米海鹏说。

此外，中国传统乐器中以单字为名的一般是本土乐器，如鼓、笛；以双字为名的乐器一般传自西域，如琵琶、箜篌。而"墨甲"乐队中两者都有，也继承了长久以来中西文化交流融合之义。

艺术的沟通形式富于温度

"我们最大的特色是团队中艺术家比技术人员多得多。"米海鹏介绍说。目前，国内的表演机器人最为先进而有代表性的是常在春节联欢晚会上现身的跳舞机器人，以及各大科技馆常常出现的演奏号、铜管等西洋乐器的机器人。在团队看来，与这些机器人呈现技术的目标相比，"墨甲"项目更加强调对艺术品质的追求。

"人在欣赏艺术的时候，感受来自多方面，我们不会在评价音乐家的时候只说他演奏得很准，"米海鹏说，"我们试图让技术与艺术处在平衡位置，不去刻意突出技术的强大，而是特别追求呈现的艺术效果。不仅是能够吹响、吹对，还强调造型、动态够不够优美，服装是否符合自身的气质，演出舞台配合是否与整体配套。不是在完成机器人后再添加艺术效果，从一开始，这些元素就是完整、和谐、一体的。"因此，对于进一步的拓展空间，"墨甲"团队也会基于表演均衡的考虑，不会盲目增加机器人乐手和乐器的数量。

对于"墨甲"团队来说，机器人不仅仅是机器人，不是坏了就可以扔掉，更是三位朋友，是"没有生命的生命"。"我们不太喜欢用更新、升级这样的词描述他们，他们永远也不会淘汰，尽管未来可能会老了、过时了，但他们本来的样子永远会被纪念。"米海鹏说。

通过机器人乐手的开发和推广，"墨甲"团队想要传达对于人和机器人关系的深入思考。如今，机器人出现在很多人的生活中，与人的主要是服务和被服务的关系，被看作没有感情的助手甚至奴隶；在另一个极端情况中，人们担忧机器人取代人的工作、让人丢掉饭碗。"但人和机器人之间关系的可能性是多样的，为什么机器人和人不可能和谐相处？"米海鹏说："艺术是很好的形式，能让人感受到温度，可以化解机器人可能带来的恐慌。人与机器人的沟通在未来是很重要的，而这方面我们可能是先行者，希望做一些思考和探索。"

另一方面，"墨甲"还可以成为沟通传统与现代的桥梁。"机器人代表着科技感，受到年轻人喜爱，而传统文化可能不那么受年轻人的欢迎。我们希望激发起年轻人对传统的兴趣，用科技感传递传统文化。"米海鹏说。

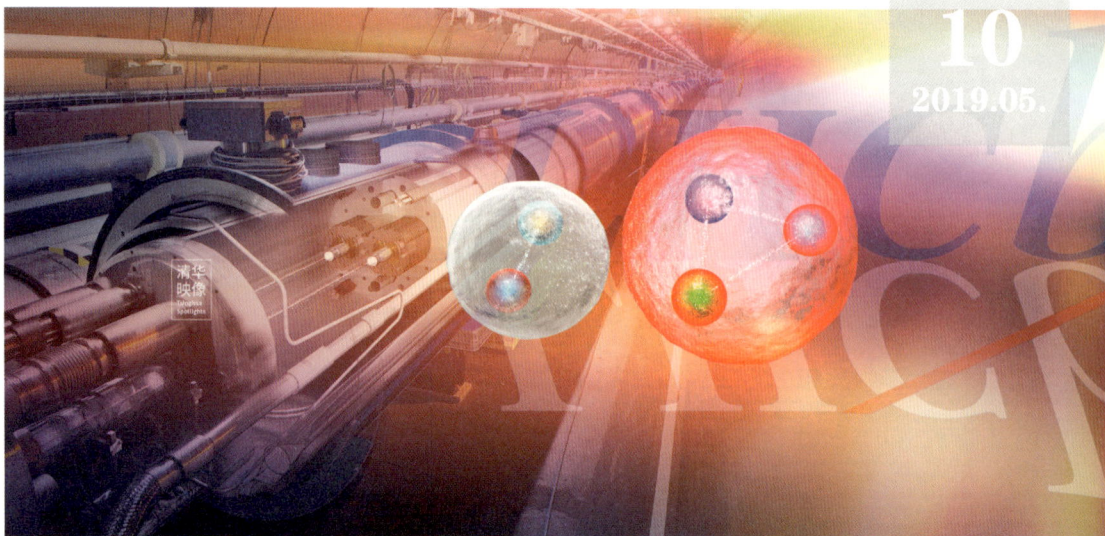

10
2019.05.

奇特粒子再发现：清华工物系团队的夸克解秘之旅

文字 | 曲田
图片 | 宋晨

"向麦克老大三呼夸克"（Three quarks for Muster Mark）。

这句话出自詹姆斯·乔伊斯小说《芬尼根的守灵夜》。1964 年，当美国物理学家默里·盖尔曼读到这里时，眼前豁然一亮，于是，他将自己的最新发现命名为"夸克"（quark）。

盖尔曼的发现认为，质子和中子并不是构成物质的最基本粒子，它们都是由 3 个夸克组成的。同时，盖尔曼也提到，可能存在有别于普通重子或介子的奇特强子态，例如五夸克态（由 5 个夸克组成）。

夸克模型的提出为人类探索物质结构打开了一扇新的大门。在往后的半个多世纪里，世界各国的物理学家在实验上孜孜以求，希冀找到预言中的粒子。

2015 年 7 月，欧洲核子研究中心（CERN）大型强子对撞机上的 LHCb 国际合作实验以确定无疑的结果向世人宣布——"五夸克态"粒子的确存在。全球物理学界为之一振，这意味着，人类又发现了物质存在的新形式。此项成果入选了英国《物理世界》杂志年度物理学领域"十大突破"和美国《物理》杂志年度物理学领域"八项重要成果"。

探索的脚步并没有停止。2019 年 3 月 26 日，LHCb 国际合作实验再次宣布，发现了一个新的五夸克态 Pc(4312)。除此之外，在利用更大的数据量研究 2015 年发现的五夸克态粒子 Pc(4450) 时，他们惊奇地发现，这个结构复杂的共振态实际上是由两个独立的五夸克态粒子 Pc(4440) 和 Pc(4457) 叠加而成。"此次发现或能让我们重新认识强相互作用。"高能物理学界又一次为之振奋。

四年时间，两次重大发现，以清华大学工程物理系团队为主的 LHCb 中国组成员功不可没。夸克看不见、摸不着，从猜测到证实，本就是一场旷日持久的拉锯战。"新的研究利用了迄今为止 LHCb 探测器采集的所有数据，通过重新优化的事例选择条件，信号的接收效率又得到了显著提高。这次实验分析的数据有效统计量比 2015 年时几乎增加了一个数量级，在低统计量时无法观测到的细致结构清晰地显现出来，给予了人们新的惊喜。"五夸克态研究骨干、本次新发现主要完成者、清华大学工程物理系副教授张黎明表示。

被称作粒子物理界的"梦之队"的欧洲核子研究中心，有着全世界最先进的设备、最前沿的理念、最优秀的高能物理领域科研人员。大型强子对撞机（LHC）是该中心运行的当今世界上能量最高、规模最大、结构最复杂的高能粒子对撞机，也是当前世界上最大的科学装置。在美剧《生活大爆炸》中，谢耳朵从 9 岁开始便梦想着有朝一日能去看看大型强子对撞机。

LHCb 是大型强子对撞机上的四个大型实验之一，合作组由 18 个国家 79 家单位的 800 余名物理学家组成。清华大学工程物理系副教授杨振伟曾担任 LHCb 物理工作组召集人，现为报告人提名委员会（Speakers' Bureau）成员。每天，杨振伟都要参加很多视频会议，与合作组成员一起讨论问题、交流进展、协调分歧。北京与欧洲有六七个小时的时差，通常下午开完一个会，接着晚上又有一个，他常常诧异，怎么转眼就到凌晨了？

张黎明也曾任 LHCb 物理工作组召集人，为了推动研究更好地开展，通宵达旦可谓家常便饭。除此之外，团队还要频繁往欧洲跑，处理远程不易处理的事情，常常周五他们还在清华，周末已身在欧洲核子研究中心，承担合作组的监测值班任务。长年累月，团队中每一个人的日程表，几乎都是以分钟为单位来计算的。

对于生活在柴米油盐中的人们来说，微观粒子看不见摸不着，很多人不太容易理解他们对高能物理的热爱与专注。张黎明不习惯跟人解释，因为在他看来，世界上能讲出来的最美故事，就是物理的奇妙探索。当看起来困难的问题终于迎刃而解时，那种发自内心的喜悦感难以描述。"一旦有了这样的经验就会上瘾，一辈子的瘾。"张黎明被那个美妙的世界迷住了。

做探索性研究的感觉，就像是在黑夜中摸索。研究者的面前是一片迷雾旷野，不知道研究方向是否正确，不知道要花费多少时间，甚至不知道最后能不能做得出来。"可能前面有 100 条路摆在我们面前，有可能你运气不好，试了 99 条都没试出来，只剩最后一条了，就看你还有没有勇气去试。"合作多年，杨振伟认为张黎明是一个很有激情的人，虽然在外人看来，他不喜言语。"能够让研究者经受长年累月的困顿，需要的是像初恋时追女生时的那种真爱。怎么说呢，就是心无杂念，一定要心无杂念。"杨振伟说。

未来还会有怎样的新发现？杨振伟和张黎明都充满着期待，因为在他们眼中，这场通往星辰大海的征途，才刚刚开始……

以市场机制解决环境问题：碳市场的评估与完善研究

文字 | 左烜晅
图片 | 梁晨

"碳排放权交易体系（简称碳市场）是在排放控制领域的制度创新。此前我国一直采取行政手段要求企业节能，强制限定节能目标，但因为对不同企业制定的目标不同，政府很难知道确切的边际减排成本，如此一来行政手段的社会成本非常高，企业也没有决策自由权。"清华大学碳市场研究中心主任段茂盛老师说。

全面深化改革的大背景，要求使市场在资源配置中起决定性作用。段茂盛介绍说："对于温室气体排放控制领域而言，碳市场这样的市场机制既有利于发挥我国的制度优越性，同时又符合国际趋势。"

那么碳市场是如何实现控制温室气体的目标的呢？从机制上来说，政府会对纳入市场行业的碳排放总量进行控制，即设定允许纳入体系企业排放的温室气体的最大总量水平，而后在企业中分配碳排放配额，企业可以根据需求买卖排放配额。通过经济手段激励企业转型，实现能源效率的提升和市场总体排放量的减少。

2017年年底，国家发改委发布文件正式启动全国碳市场。但由于市场能力需要逐步建设、社会政策环境具有较大不确定性等因素，碳市场的制度很难在运行之初就设计完美，需要随着建设进程的推进和社会条件的变化，不断加以评估和完善，以适应最新需求。

作为国家社科基金重大项目，段茂盛主持的"我国碳排放权交易体系的评估与完善研究"对于政策制定和执行部门来说有着极强的现实意义。段茂盛表示："体系的建设总是一个逐步完善的过程，需要不断地评估、反馈、调整。根据国家的部署，全国碳市场将在未来五年间进入快速发展阶段。我们团队先通过调研试点城市的经验搭建理论体系和评估方法，在等到数据后就可以直接应用，服务于碳市场体系的完善。"

与国际上十分成熟的金融、石油市场相比，碳市场仍缺乏丰富的建设、运行和监管经验，对于像中国这样的发展中大国的碳市场来说，更是缺少可直接借鉴的前人经验。因此，中国的碳市场建设一直在探路试水中摸索着前行。

"国际上欧洲、瑞士、韩国等地有碳市场的经验，但对我国来说，对碳市场的评估一定要充分考虑国内社会、经济、政治环境的特殊性，形成一套符合我国国情的碳排放权交易的评价理论与方法。"段茂盛举例说，"就拿碳排放权的配额来说，欧洲采取的是历史排放标准，根据企业的历史排放数据来分配免费配额。但这样非常不合理，有的企业排放多是因为技术落后，如果按照历史数据分配，就起不到'鼓励先进、鞭策落后'的作用。因此我们通过调研分析提出，要采用行业基准法，在行业内划分一些子行业，只要几个企业归属一个子行业，提供同样的服务，那么他们的配额就一样。这样对于能源效率高的企业来说就可以交易剩余的免费配额，而对于技术落后的企业也形成了经济压力。"

由于碳市场设计是一个复杂的系统，除了需要考虑内部不同要素之外，还需要兼顾与外部相关政策的共同作用。

"碳市场是一个全国的体系，承载多重政治目标，设想时需要考虑全社会目标。我国承诺的低碳目标是到2030年，单位GDP二氧化碳排放量比2005年下降60%~65%，那么设计碳市场制度的时候，也需要考虑碳市场能够为这一总低碳目标和重点行业的低碳目标作出多少贡献，碳市场总量的设置如何和大目标协调，与电力体制改革、用能权交易等其他政策产生协同作用，等等。"

在可再生能源政策、温室气体减排政策等领域深耕多年，清华核能与新能源技术研究院是国内研究碳排放权交易最早也是最好的机构之一。而作为我国最早开展碳市场研究的学者之一，段茂盛自 2001 年起一直作为中国政府气候变化谈判代表团成员参与国际碳市场规则的制定，其研究成果为多项碳市场政策和法规的制定提供了理论和技术支撑。在其"全国碳排放权交易管理办法研究"项目研究成果的基础上，2014 年发改委发布了《碳排放权交易管理暂行办法》，并以此为基础，进一步起草了《碳排放权交易管理条例》。

"我们一直关注碳市场，做过很多前期研究，我本人也一直参与全国碳市场的建设，因此对于这次项目还是很有信心的。"尽管如此，团队并没有放松努力。"针对制度的评估和完善，我们重新做了大量的学术梳理，十来个人花了一个多月写报告。有个同事本来要去香港开三天会，因为这个项目当天发完言就回来了。大家都非常投入，效率也很高。"段茂盛说。

在这次的项目中，段茂盛和他的团队还承载着为碳市场主管单位环境部提出政策建议的责任。"评估完体系之后肯定需要提出具体的改进建议，所以我们在这次研究报告中非常强调碳市场的各个要素与影响，只有梳理清楚了影响的链条，才能搞明白要改进的具体是哪个地方，提出具有针对性的意见。"段茂盛说。

国务院《"十三五"控制温室气体排放工作方案》中提出："到 2020 年力争建成制度完善、交易活跃、监管严格、公开透明的全国碳排放权交易市场，实现稳定、健康、持续发展。"碳市场的评估和完善研究不仅可为我国全国碳市场的体系设计提供行之有效的理论支撑和政策建议，也能够为其他国家的碳市场建设贡献中国经验。

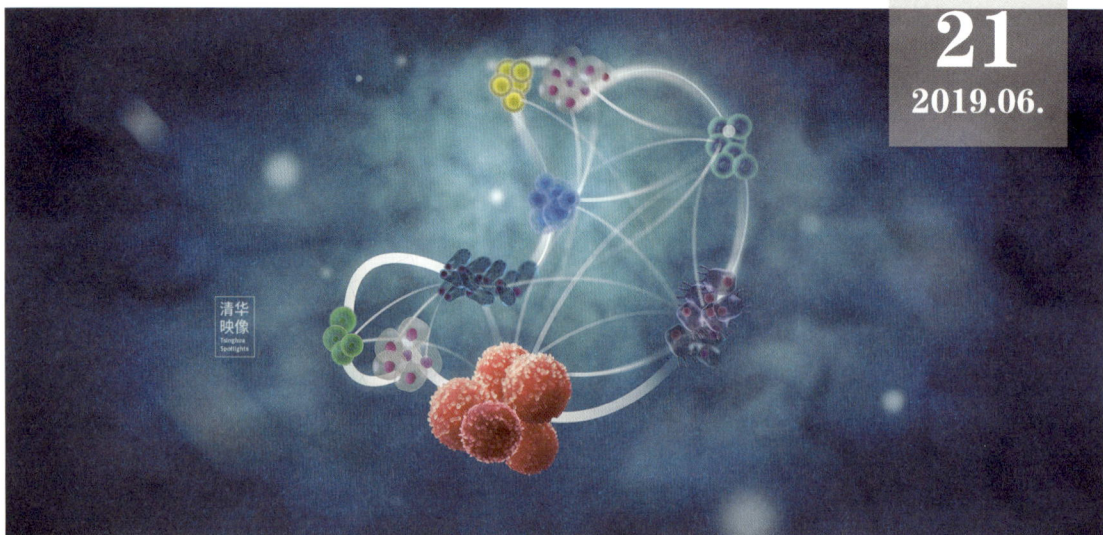

清华
映像
Tsinghua
Spotlight

李梢课题组发现胃癌极早期标志物："英雄"莫问出处

文字 | 杨鹏成
图片 | 赵存存

　　"大家总是拿中医和西医作比较，我觉得不管中医还是西医，关键是能够治病救人。"当清华大学自动化系教授、清华信息科学与技术国家实验室中医药交叉研究中心主任李梢被问及此类问题时，他提出自己的观点，"这就像我的课题组一样，虽然学生的专业背景不同，但英雄不问出处，大家齐心协力，以解决问题为首要目的。"

　　今年 5 月，李梢课题组又解决了一个难题——以课题组博士生张鹏为第一作者的论文《解析胃癌前病变和早期胃癌的单细胞转录组网络》作为长文发表在国际著名学术期刊《细胞》的子刊《细胞报告》（Cell Reports）上。该研究通过胃炎和胃早癌患者单细胞测序，首次成功捕捉胃癌发生的单细胞微弱信号及其网络关联，突破性地发现了胃癌极早期细胞标志物，在胃炎癌转化单细胞机制和极早期诊断方面取得重大进展。"这就相当于我们去抓恐怖分子，等恐怖事件发生后才抓到就晚了，我们要事先找到与恐怖分子相关的人并一网打尽，防止事态发生。"李梢打了个生动的比方。

　　李梢 1999 年就提出了中医药和生物分子网络相关的假说。随后，他将传统中医诊断描述和统一医学语言系统（UMLS）相结合，对中医诊断进行标准化描述。基于此，建立了从整体上衔接"疾病表型"与患者"基因型"两个生物网络之间的计算模型。通过对这一模型的深入探索，李梢课题组以胃癌的中西医防治为范例，从"表型－细胞－分子"多层次生物网络的角度揭示了胃炎癌转化的内在机制，发现了胃癌极早期标志物和能够抑制胃炎癌转化的中药成分。

　　作为中医药学和生物信息学的交叉学科，李梢课题组的学生涵盖了自动化、计算机、生物医药、中医药等不同的专业背景。大家虽然专业不同，但是都有着治病救人的共同愿景；虽然各有专攻，但都会亲自参与临床观察和采样、学习相关的医学药学知识。"别人觉得有困难的地方，我们才要坚持做下去，不然何谈创新？"在有关胃炎和胃癌的研究中，课题组需要对比观察正常人、胃炎和胃癌患者不同阶段的胃部细胞，当最初找不到正常人的胃部组织样本时，课题组的博士生还主动提出做胃镜、用自己的样本来做实验。这种追求卓越、勇于奉献的精神正是课题组能够解决一个又一个难题的法宝。

　　出生在中医药世家的李梢从本科到博士都是主攻中医药专业，在接触临床知识与训练的过程中，他逐渐认识到当前医疗手段的欠缺、医学对基础科研的迫切需求以及中医药在现代的发展困境。因此 2001 年博士毕业后，他来到清华大学自动化系做李衍达院士的博士后，在李院士的支持下，率先开展生物信息学与中医药现代化大跨度交叉学科研究。李梢选择当时刚刚出现的生物信息学作为自己的主要方向，是因为中医"重视整体"的内在逻辑与生物信息学的基本原理是契合的。中医面临的问题需要用生物信息学的方法解决，而自动化领域内信息论的发展又要与实际的问题相结合。

　　中医强调整体观，将一个整体拆成一个个零件是相对容易的，而将一个个零件重新组合成一个整体，尤其是组合人体这么复杂的生物系统，则要困难得多。但中医诊断和治疗过程将人体作为一个"黑箱"看待，对于黑箱的内部原理缺少证明的方法，中医药理论也与近代生物学"从基因到性状"的基本研究方法和理论存在隔阂。而生物信息学、系统生物学等新方法的出现，则为中医药研究带来了理解其整体性质的希望；中医药的整体特色，又为前沿科技的发展和突破提供了丰富的资源。通过学科交叉，李梢教授课题组还相继开拓了网络药理学、中医药人工智能等新方向，不仅有助于推动中医药现代化，也为开发新的疾病诊疗方法提供了全新的研究思路。

　　2014 年 11 月 4 日，美国《华尔街日报》用两个版面刊发了题为《古老疗法的新资料》的长篇报道，突出介绍了李梢课题组在中医药网络药理学和系统生物学方向上的有关成果，即通过建立复杂生物系统的网络分析方法，发现慢性胃炎典型寒证、热证患者代谢与免疫分子网络失衡的特征、相关生物标志物和舌苔差异菌群，突破了中医客观化、微观化的难点，为中医药个体化诊疗提供了科学证据，为科学理解中医药特色内涵提供了一条新途径。

正如李梢的博士生导师王永炎院士所言，中医现在处于"乍暖还寒"时候，虽然国家大力鼓励传承和创新，但是中医在科学上的瓶颈还没有得到根本上的突破——如何解释复杂的中医药、复杂的生命系统等，这些都还不清楚，中医的传承与创新仍需付出巨大的努力。"中医药缺乏符合自身整体特色的科学研究方法，这是一个发展困境。难题如何解决呢？急需找到新理论、新方法。只有真正维护人类健康，为医疗、科技和社会发展作出贡献，中医药才会更好地被大家认可和接受，挑战才能转变成机遇，中医药才会发展得越来越好。"在这条道路上，李梢和他的团队还将继续创新求索。

Touching with Piezo2

人体触觉怎样被感知？

文字 | 方之澜
图片 | 梁晨

你可能每天握手、拍打、拥抱，可能每天让你的肌肤成百上千次与衣服、桌椅、电脑、手机等接触，却从来没有思考过人是如何进行"触觉"感知的。你可能更加不会想到的是，这些对你来说习以为常的事情，对于另一些人来说却是巨大的痛苦——比如，癌症或者关节炎患者可能光是穿衣服就会带来剧烈疼痛，自闭症患者通常也会显示较常人更为敏感的触觉感知能力，而这一触觉功能的异常可能就是导致自闭症的重要病因之一。

2019 年 8 月，清华大学药学院肖百龙与生命学院李雪明课题组合作在《自然》杂志发表题为《哺乳动物触觉感知离子通道 Piezo2 的结构与机械门控机制》（*Structure and Mechanogating of the Mammalian Tactile Channel Piezo2*）的科研文章，首次解析了介导人体触觉感知的机械力分子受体 –Piezo2 离子通道的几乎完整的三维结构，并揭示了其响应机械力刺激的分子作用机制，不仅为理解触觉感知的分子机制提供了重要线索，也为开发新型镇痛药物并缓解患者的触觉疼痛奠定了基础。

据肖百龙研究员介绍，触觉感知源于机械门控阳离子通道对机械力刺激的响应，它能引起细胞外的阳离子流入细胞，进而诱发神经细胞兴奋和信号传递，最终导致触觉的产生。课题组所关心的一个根本问题是生物体如何将机械力刺激这一物理信号转化为导致触觉感知的电化学信号？

答案的关键在 Piezo 基因家族上。科学家们发现它是哺乳动物机械敏感阳离子通道的充分必要分子组成，而且 Piezo2 蛋白被证实能介导哺乳动物的触觉、本体觉（譬如体位平衡感知）以及内脏觉（譬如肺的收缩扩张以及血压感知和心率调节）的机械感知。携带 Piezo2 功能缺失型突变的人体不仅会表现出触觉以及本体感觉缺陷，还会丧失病理状态下的机械超敏痛感知。

两个课题组利用分子生化、冷冻电镜结构解析、电生理膜片钳等多学科研究手段，经过 6 年多的不懈努力，克服全长 2822 个氨基酸的鼠源 Piezo2 表达量极低的困难，通过对蛋白纯化条件以及冷冻电镜制样方法的不断摸索和优化，最终获得了性质稳定均一的蛋白样品，用于冷冻电镜数据采集。

另外，由于 Piezo 蛋白具有极高的柔性，为解析高分辨率结构带来很大的挑战。但研究团队没有放弃，最终他们将 Piezo2 数据颗粒进行对称性扩展，并切割成三个部分独立计算，得到高分辨的各部分结构后再拼合成完整结构，克服了柔性问题，最终获得了整体分辨率为 3.6~3.8 埃的三维结构，并首次成功解析了 Piezo2 蛋白包含 38 次跨膜螺旋区的完整拓扑结构，发现其以三聚体共计 114 次跨膜螺旋区的方式组装成一个非凡的三叶螺旋桨状结构。每个巨大的桨叶螺旋臂由 9 个重复的跨膜螺旋单元（Transmembrane Helical Unit，非常有意思的是，其缩写 THU 刚好也是清华大学的英文缩写）串联而成，并承担机械感受器的功能去控制中心负责离子通透的孔道区。

《自然》杂志刊发的评论员文章认为："解析 Piezo2 如此大型的膜蛋白结构进而确定每个原子的空间位置，在技术上是极具挑战的。这是单颗粒冷冻电镜所带来的'分辨率革命'时代的又一重要研究成果。鉴于触觉感知对于理解我们人类自身是如此的根本，研究 Piezo2 的机械传感机制这一极具挑战性的科学问题值得不懈的努力。"

除肖百龙、李雪明外，研究团队还包括一批"清华力量"：清华大学药学院博士后王莉、生命学院 2015 级博士生周珊、

2013 级博士生张明敏及 2016 级博士生刘文豪为论文并列第一作者。此外，肖百龙课题组的博士生邓团、赵前程（现耶鲁大学博士后）、李祎然也参与了部分研究工作。清华大学冷冻电镜平台的雷建林博士为冷冻电镜数据收集提供了帮助。

肖百龙表示，通过与李雪明课题组的通力合作，研究团队的发现有力地推动了对哺乳动物机械门控 Piezo 通道的结构和机械门控机制的理解，也为探究 Piezo 通道的功能失常所引发的人类疾病机理提供了坚实的基础。他们将依托课题组已经建立的对 Piezo 通道的学术积累，继续致力于针对 Piezo 通道的药物开发工作。

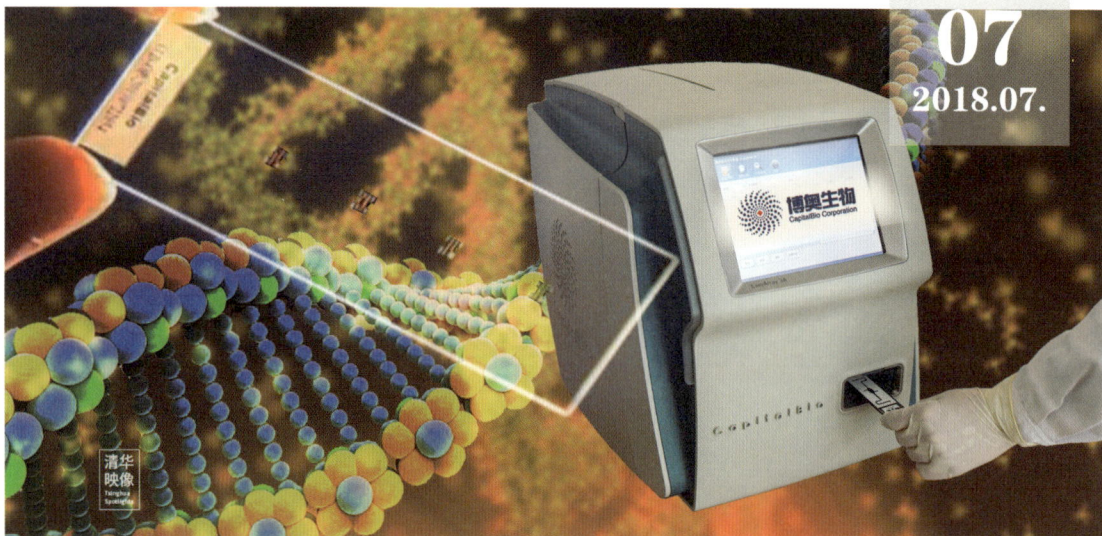

博奥生物再添两项国家标准

素材提供丨博奥生物
文字丨程曦 刘书田
图片丨赵存存

新生命的呱呱落地本是喜悦之事，然而在我国，每年新增聋儿 3 万余名，60% 都是由遗传因素导致的。通过遗传性耳聋基因检测可以提早发现新生儿耳聋基因携带情况，通过早期干预可以减少耳聋的发生。因此，国家和各省市区政府对新生儿的遗传性耳聋基因筛查越来越重视，该检测项目也在越来越多城市开展。为了快速、大范围推广耳聋相关基因的检测技术，急需规范检测标准。

近日，由清华控股成员企业博奥生物集团主导制定的国家标准《基于微阵列芯片的遗传性耳聋基因检测方法》（GB/T 35029—2018）获准颁布。该标准将于 2018 年 12 月 1 日起正式实施，进一步引导生物芯片行业规范化发展。

《基于微阵列芯片的遗传性耳聋基因检测方法》规定了基于微阵列芯片的常见遗传性耳聋基因检测的操作方法，适用于临床辅助诊断、新生儿筛查、流行病学调查、健康人筛查等领域常见的遗传性耳聋相关基因位点的检测。本标准的制定，可以规范临床机构或检测结构规范化操作，实现多样品快速检测，大大提高检测效率。

作为标准的起草单位，博奥生物在国际上首创的遗传性耳聋基因检测芯片获批产品也得到了大规模应用，产生了显著的社会和经济效益。截至目前，全国接受遗传性耳聋基因筛查的新生儿数量近 300 万，其中药物致聋基因携带者就有 7000 多人，直接避免了受检者和家庭成员 7 万多人因使用药物不当而致聋。此外，博奥生物与美国迈阿密大学联合，首次研发出的用于检测白人的遗传性耳聋基因芯片也已经进入多中心测试阶段，这也意味着中国的创新技术走向了世界。

同时获准颁布的国家标准中，同样由博奥生物主导制定的还有《结核分枝杆菌耐药基因芯片检测基本要求》（GB/T 36136—2018）。20 世纪 90 年代以来，全球结核病疫情回升，其中耐多药结核病尤其严重，导致结核病患病率和死亡率居高不下。我国是全球 22 个结核病高负担国家之一，有 5.5 亿人感染结核分枝杆菌，现有结核病人近 450 万人，每年新发病例 200 万人，其中因结核死亡 13 万人，为其他各种传染病死亡总和的 2 倍。随着分子生物学技术的发展，使用聚合酶链反应（PCR）和探针杂交等分子生物学方法以非培养方式直接检测痰样品中的分枝杆菌菌种及其耐药基因成为可能。

《结核分枝杆菌耐药基因芯片检测基本要求》制定了结核分枝杆菌耐药基因芯片检测方法标准，其分析速度快、可多指标并行检测、所需试剂及样品量少，为解决结核病早诊和快速耐药检测问题提供了新的科技手段。

在标准的指导下，博奥生物自主研发出分枝杆菌菌种鉴定芯片和结核耐药基因检测芯片等产品，为我国结核防控提供了强有力的科技支撑。作为卫生部"十一五"国家科技重大专项核心成果，博奥生物研发出的结核病快速分子诊断系统已在全国近 30 个省、市、自治区的医疗机构广泛应用。

作为中国生物芯片行业的领军企业，博奥生物于 2008 年推动筹建了全国生物芯片标准化技术委员会（TC421）。委员会成立以来，作为该机构的秘书处承担单位，博奥生物积极参与并推动我国生物芯片技术的标准化制定工作，迄今已有 14 项国家标准、6 项医药领域行业标准和 1 项检验检疫行业标准先后获批，其中大部分已进入实施阶段。

清华人文

浓绿万枝红一点　清华女生入校来

原作者 | 朱俊鹏
改写 | 蒋佩妍
图片 | 任帅

1928 年，篱落疏疏的古月堂仿佛一夜之间成为万众瞩目的焦点——清华首批入校女生于此处入住。汪健君先生有诗记曰："古月堂前几变更，昔年济济聚群英。一从女禁开黉舍，两度繁花共月明。"

尽管清华自 1914 年起就开始选派"专科女生"赴美留学，但这些姑娘大多从未进入过清华园内学习和生活。在日益高涨的要求男女同校的呼声之中，1928 年罗家伦被任命为清华校长后，同意了学生代表在《改进意见书》里提出的"即年起招收女生"的要求。9 月招考期已过，校长决定于 10 月举行第二次招生，清华由此向女性学生敞开了大门。

由于当时清华大学部已有三个年级，这批入学的学生便被称为"第四级"。"第四级"一共录取女生 11 人，有葉叶琴、黎宪初、李家瀛、尹萃英、沈胜、袁行义、沈谌、卢蕴青、吴靖等。再加上宋丽璟、马静蕴、赵奇和董粹这 4 名第三级的转学生，可谓"浓绿万枝红一点，动人春色不须多"。这批清华女生被视为"稀宝"，同学间以"大哥""二哥"等相称。

初招女生时，由于清华没有专门的女生宿舍，姑娘们被暂时安置在与工字厅西院毗邻的古月堂。《四级年刊》曾载："若夫古月女儿，怡春小娃，飘香曳裾之资，掩袖回眸之艳，北地胭脂，南都粉黛，男女一堂，吾级始创；自是水木多情，山河变色，春风秋叶，柳岸花阴，是诚难言也矣。"1932 年，专门的女生宿舍建成，并于 1935 年更名为如今的"静斋"，其名源自《大学》："知止而后有定，定而后能静，静而后能安。"

当时的女生宿舍管理非常严格：无论校内校外，男士一般不准擅自进入；会客必须经过通报，并在指定的地方会见。在静斋建成以前，女生宿舍没有专门的会客室，男士来访必须在门外守候，钱锺书和杨绛的首次邂逅就是在古月堂门口。静斋建成之后，设有专门的、考究的会客厅，但会见依旧多舛，所以被男同学谑称为"堡垒"。后来学校规定，女生宿舍于每年校庆当天开放，供男士参观。于是每到这天，参观者如"朝圣"般接踵而至，络绎不绝，静斋也因此热闹非凡，朝气蓬勃。

秉承着"自强不息，厚德载物"的精神，清华的姑娘们不仅为美丽的园子添上了一抹鲜亮的色彩，更是巾帼不让须眉，在社会的各行各业持续发光发热，将清华女生的传奇一直书写下去。

清华的第一个校门

原作者 | 冯茵
改写 | 左烜晅
图片 | 宋晨

在清华的东西主干道——"清华路"中央路北，屹立着一座古典优雅的青砖白柱三拱"牌坊"式建筑。这就是清华最早的主校门，也是现如今被称作"二校门"的清华园经典标志。

这里游人往来如织，每每经过这里，总能看到或有人驻足欣赏，或摄影留念。每逢节假日或学生毕业时刻，这里更是人头攒动，过往车辆则只能踟蹰前行。而到初秋时，二校门两侧成行的银杏树便会变成满目灿烂的金黄色，更成为无数人赏秋的一大美景。

二校门由大拱门和两侧的西式立柱组成，门楣上有清末要臣那桐书写的"清华园"三个大字。因1933年至1934年间校园扩建，清华陆续有了新大门，这座最早的校门就被称之为"二校门"了。

清华园曾是康熙皇帝的行宫——熙春园的一部分。1909年游美学务处动工兴建校舍时，首先便是修筑围墙和校门。至1911年初，随着围墙的合拢，校门随之建成。

近代著名文学家梁实秋曾对早年校门姿貌作过描述："清华的校门是青砖砌的，涂着洁白的油质，一片缟素的颜色反映着两扇虽设而常开的黑栅栏门。"无论远望还是近观，校门造型精美、线条流畅，外形挺拔清丽又不失巍峨庄重，在背后两棵古柏的俯抚下更显得清贵。

老校友徐谦曾以《别梦依依二校门》为题写道："典雅古朴、庄重晶莹的二校门，这里曾留下清华人的几多情思，过照澜、跨石桥，不由发思古之幽情，校友师生多么希望重温旧梦！"

然而，美丽的二校门没有躲过"文化大革命"的浩劫。"文革"初起时，清华的红卫兵把二校门作为"四旧"，用汽车拉着绳子将其拖倒。20多年后，在5000多位校友和21个校友会的资助下，二校门于建校80周年前夕重新复建落成，重现优美身姿。

作为清华象征的二校门见证了清华大学伴随祖国命运的转变，见证了清华大学日新月异的发展和飞跃；它历春夏秋冬，经风吹雨打，默默地迎送每一位清华人。107周年校庆前夕，二校门正在接受维修粉刷。待到校友返校时，他们彼此簇拥着走进的，仍将是记忆中那纯洁典雅的二校门……

清华的第一个校门——二校门，不仅仅是清华园最鲜明的标志，更是长期以来清华人勤奋朴实、荣辱不惊的性格象征。

清华第一个礼堂——同方部

原作者｜冯茵
改写｜杨晨晞
摄影｜李派
图片｜任帅

　　从清华标志性的二校门向内望，映入眼帘的便是气势恢宏的大礼堂。而大多数人不知道的是，在大礼堂前草坪的东侧，有一座简朴的建筑——同方部，这里才是清华最早的礼堂。1911 年，同方部随着清华的一院大楼、二院、三院、北院住宅及校医院等一同建成，是清华建校初期首批建筑物之一。同方部整个建筑灰砖墙身，红瓦坡顶，欧式风格，别具特色。

　　"同方部"的名字，并非随着建筑的完成就得名。建校初期它被当作礼堂用，并且在很长一段时间里，被作为每年的 8 月 27 日祭祀孔子的地方。1923 年"德育指导部"成立后，该建筑才有了"同方部"的名字，作为课外训育活动的场所。关于"同方部"的含义有不同的解释，一种说法是由于当年清华学堂为留美预备生而设，并无专业，"同方部"可能是今日的"基础课部"之意。更普遍的则认为，"同方"两字源于《礼记·儒行》中："儒有合志同方，营道同术，并立则乐，相下不厌……""方"作"道义""法则"解，"同方部"就是"志同道合者相聚的地方"。

　　1914 年，当代著名思想家梁启超先生来到清华大学，在这里给清华学生作了题为《君子》的演讲，援引了《易经》中的"天行健，君子以自强不息""地势坤，君子以厚德载物"这两句话，来激励学生刻苦学习、修身成才。从此，"自强不息，厚德载物"成为清华校训和清华精神的象征，激励着一代又一代的清华人为了理想而努力奋斗。

　　1925 年清华改办大学以后，由于有了新建的大礼堂（1920 年建成），同方部被用作小礼堂开展一些讲演、聚会和社团活动。

　　如今，透过同方部古朴陈旧的外表，我们依然能够清晰地采集到许多珍贵的历史画面——老校长梅贻琦曾常在这儿接见新生；老校友曹禺先生与同学在同方部演出多场戏剧，广受欢迎和好评；建筑学大师梁思成先生在同方部曾作过题为《理工与人文》的演讲，首次将他的"理工与人文必须结合"的教育理念带到了清华。

　　也是在同方部，1936 年 10 月鲁迅先生逝世时清华文学会举行了追悼大会，闻一多、朱自清等出席并作了讲演；1948 年 7 月，清华学生自治会召开闻一多遇害两周年纪念会；1948 年 8 月朱自清逝世时，清华人又在同方部同心哀悼这位令人尊敬的一代文学家。一代又一代清华先贤的人格、风骨、精神都在同方部得到传承。

　　同方部一直是公共活动的场所，改革开放以后同方部各区域曾先后作为展览场所、画室、办公地等使用。如今，它是清华大学校友总会的办公地点。每逢校庆日，返校校友们在"热烈欢迎校友返校"的红色横幅下欢聚合影，互诉衷肠。

　　历经 107 载春秋，清华正芳华。而朴实的同方部，同样见证了世纪清华发展的风风雨雨，留下了众多清华学子的青春足迹。

纪念五四运动
一百周年

1919—2019

清华
映像
Tsinghua
Spotlights

五四运动中的清华

原作者丨王向田
改写丨马倩倩
图片丨赵存存

五四运动是中国走向新民主主义革命的转折点，也犹如春风使年轻学生觉醒并勃发出爱国热忱。运动爆发前，新文化运动的潮流已渗入清华，启迪着部分学生的爱国主义思想，激荡着清华学子的心灵；而五四运动彻底点燃了清华学生的爱国热情，他们热烈、自发、勇敢地投入这一洪流中。清华学生中的各种社团在五四运动中如雨后春笋般兴起，逐渐形成互助奋斗、研究学术、改良社会的优良传统，"五四"精神激励了一代代清华学子，为中华民族的振兴作出巨大贡献。

1919 年 4 月 30 日，中国代表团的合理诉求在巴黎和会被拒绝，外交失败，举国悲愤，国人的民族主义情绪日渐高涨。1919 年 5 月 4 日，北京城内学生举行反帝爱国示威大游行，32 名学生被捕。清华学校因在郊区，未能参加白天的天安门集会与游行。是日为星期日，晚间有进城同学返校，讲述了白天城内的爱国热情。消息传来，群情激愤。高等科二年级学生闻一多连夜抄录了岳飞的《满江红》词："怒发冲冠，凭栏处，潇潇雨歇。抬望眼，仰天长啸，壮怀激烈……待从头收拾旧山河，朝天阙。"贴在高等科饭厅门口，表示收复失地的决心，爱国热情在清华园里涌动。

5 月 5 日，北京各校罢课，清华也沸腾起来。下午，北京各大专学校在北大三院礼堂集会，有学生 3000 余人到会，清华学生代表在会上宣布："我校僻处西郊，未及进城，从今日起与各校一致行动。"当晚，清华首次召开全体学生大会，决定从 5 月 6 日起全校罢课，毕业班同学也提出山东问题不解决，则一日不出洋。9 日，清华校园内挂半旗，各处电线杆上都贴着"勿忘二十一条！""还我青岛！"等标语，并在体育馆举行了"国耻纪念会"，会上决议通电巴黎，要求中国代表拒绝在和约上签字，并庄严宣誓"口血未干，丹诚难泯，言犹在耳，忠岂忘心。中华民国八年五月九日，清华学校学生，从今以后，愿牺牲生命以保护中华民国人民、土地、主权，此誓。"会后，将清华售品所和同学所购之日货在体育馆前大操场焚烧，观者皆欢呼。

"五四"游行后，很多学生领袖被当局逮捕。各校代表为躲避军警应清华邀请聚集工字厅开会，决定为营救被捕同学和扩大"五四"的影响，组织宣传队上街演讲。此后，每天清华都会有一部分同学不顾路远前往北京城内作街头演讲，各人身着制服，精神振奋，沿途散发传单，高呼口号，激起一般市民爱国热忱，反对在《凡尔赛和约》上签字。5 月 18 日，北京各校在北大举行会议，议决于 19 日全体罢课，清华召集代表团会议及全体学生会议，当即全体表决，与京中各校坚持到底，一致行动。代表团自成立起至放暑假，共召开了常会和特别会议 40 余次，如遇紧急大事，则召开全体学生大会。在这段时日里，大家都没日没夜，布置宣传，参加游行。

6 月 3 日和 4 日，北京各校出动几千学生上街宣传，清华学生也组织了"救国十人团"和 18 个宣传队奔赴城内，两日内共有 260 余人进城，被捕者达 140 余人。5 日，几乎所有清华在校学生都进城宣传，且都随身携带毛巾牙刷，准备被捕坐牢。当日，军警封锁城门阻止学生进城，清华学生不为所屈，回校取帐篷就地宿营，准备抗争到底。7 日，政府代表被迫道歉，8 日，被捕学生回校前又在中华门、总统府等地游行示威，清华派代表和军乐队欢迎被捕同学。9 日晚，抗争胜利，全校联欢。

五四运动后，清华学生开始要求实行校内民主自治。1919 年 11 月 15 日，日本驻福州领事馆破坏抵制日货活动，打死打伤学生和市民多人，制造了"福州惨案"。国人闻之莫不愤恨异常，福建罢市、罢学，京津沪等学界也奔走呼号。27

日清华各级学生重选代表，"以便重组代表团与京中学界共同进行"，并起草学生会章程。29日赴城内与各校学生上街游行。12月17日全体学生大会通过了学生会章程。23日晚清华全体学生聚集在饭堂，举行学生会成立大会。学生会评议部组织了校务改良委员会，并要求改组由美国驻华公使控制的董事会。学生们要求言论自由，《清华周刊》改由学生会主编。"五四"校门大开后，对各种思潮的研究也开始在清华兴起，五四运动后至1921年4月，全校新成立约20多个学生社团，学生们广泛进行着公开的辩论。其中突出的有施滉等人组织的"唯真学会"，其宗旨是"本互助和奋斗的精神，研究学术，改良社会以求人类的真幸福"。

随着民族危机的加深，清华学生的爱国热情日渐高涨。1925年，清华学生为孙中山送灵，声援上海"五卅"惨案受害者。1926年，清华学生参加国民大会，要求段祺瑞执政府拒绝撤除大沽口国防设备，游行队伍到铁狮子胡同时遭到政府卫队枪击。这场"三一八"惨案中有20多名清华学生受伤，大一学生韦杰三牺牲。

经过这些革命风暴的洗礼，清华学生中锻炼出第一批共产党员，1926年初冬，中共清华第一个支部在清华三院诞生。从1926年11月成立到1948年12月清华园解放，党组织始终坚守在清华大学，在斗争中不断发展壮大。

伉俪爱国情深处——张维与陆士嘉故居

原作者丨周襄楠
改写丨马倩倩
图片丨赵存存

清华园胜因院 23 号，记录了张维（1913—2001）、陆士嘉（1911—1986）这对为中国力学学科发展作出卓越贡献的夫妇爱国情深的一生。

1946 年，阔别祖国 9 年之后，张维和陆士嘉夫妇回国。应清华大学钱伟长的邀请，夫妇二人携子女于次年秋天来到清华开始他们的从教生涯，在胜因院 23 号结束了他们漂泊的生活。

张维与钱伟长一起开设全校的力学课，并被聘为教授。1951 年起，张维在清华开始担任行政、教学与科研管理工作。1952 年他担任三校（清华、北大、燕京）建设委员会工程处负责人，1954 年任清华大学建设委员会主任，为清华和北大的基本建设作出了贡献。1952—1956 年，他担任土木工程系主任；1958 年筹建工程力学数学系，并任第一任系主任。1957 年以后担任副校长，先后分工主管教学与科研，直至 1966 年"文化大革命"，他把自己全身心都投入到清华的建设和发展中。

陆士嘉曾师从流体力学之父、边界层理论创始人普朗特教授，是其唯一亚裔女博士，到清华后先在水利系担任工程师，新中国成立后被清华航空系聘任为教授。20 世纪 50 年代初院系调整时，她和清华航空学院参与组建北京航空学院，她也是我国第一个空气动力学专业的奠基者之一。

1953 年夏天，一辆吉普车开进了胜因院。时任北京市委副书记刘仁专程来拜访张维、陆士嘉夫妇，并与他们进行了推心置腹的长谈。夫妇俩更加坚定了跟党走的决心，在 1956 年几乎同时被批准加入中国共产党。

在胜因院 23 号，夫妇俩过着"斯是陋室，惟吾德馨"的简朴生活。镶嵌着周总理照片的银色镜框是客厅里的唯一装饰。虽然过得相当简朴，他们却经常接济亲朋好友和帮助素昧平生的人。张维还曾经在家办起"语言班"，亲自辅导年轻教师学德语。十余年间，他们的生活充实而幸福，家中时时传出欢声笑语。

"文革"时期，夫妇二人作为"反动学术权威"都遭遇劫难。由于存款被冻结，他们变卖家产，艰难维生。大女儿被分配到大庆油田，高中毕业的儿子去了山西插队，张维被派遣到江西鲤鱼洲清华干校养猪，一家人只剩陆士嘉守着胜因院 23 号。直到 1972 年，张陆夫妇得以平反，家人才得以重回清华园团聚。胜因院 23 号新买的家具全是可折叠的，以致有人来访时笑谈："怎么这里看着像个酒吧呢？"

夫妇俩都有着"一心报国，身先士卒"的品格。20 世纪 80 年代，70 多岁的陆士嘉仍然热心于生物流体力学的发展，并参与编写《中国大百科全书》中有关空气动力学的条文。由于常年过度劳累，陆士嘉患上了心脏病。即使在住院期间，她还坚持审阅论文、指导学生，直至 1986 年溘然长逝。

1977 年，张维重新回到了副校长的工作岗位，1983 年他受命出任深圳大学首任校长。古稀之年的他不辞辛苦地奔波于北京、深圳两地，为新建深圳大学作出了贡献。2001 年张维病逝，夫妇两人骨灰合撒于圆明园荷花池内，正是"质本洁来还洁去"。

"第一流人物对时代和历史进程的意义，在其道德品质方面，也许比单纯的才智成就方面更大。即使是后者，它们取决于品格的程度，也远远超过通常所认为的那样。"用爱因斯坦悼念居里夫人的这段话来形容张维、陆士嘉夫妇，可以说是再恰当不过了。

吴有训故居

园中勤奋育桃李——吴有训故居

原作者 | 金富军
改写 | 蒋佩妍
图片 | 梁晨

1934 年的某个清晨，清华园新南院 12 号的大门吱呀一声打开，迈出一位身材高大的教授来。他一袭长衫，神态庄严，快步走在宽敞平整的炭屑路上，去给清华大一新生上"普通物理学"。

新南院落成不久，炭屑路两旁栽种的梧桐和杨柳尚是身量未足的幼苗，就像教室里昂首盼望着教授到来的新生一样，有"一副天真烂漫的面孔"和"一团蓬蓬勃勃的朝气"。

然而他们的教授相当资深。这位教授就是吴有训，中国近代物理学的开创者和奠基人之一。

吴有训 1920 年毕业于南京高等师范学校，1921 年年末赴美入芝加哥大学随著名教授康普顿从事物理学研究。他在芝加哥大学留学期间的研究工作，为康普顿效应广泛适用性的证明作出了重要贡献。有的学者甚至认为该效应应被称为"康普顿－吴效应"，而吴有训本人出于谦虚对此公开表示反对。在美国取得博士学位之后，他于 1926 年秋回国筹办江西大学，又于 1927 年 8 月任南京大学生理系副教授和系主任。

1928 年，应清华校长罗家伦及物理系主任叶企孙的邀请，吴有训欣然北上，开始了长达 17 年的清华执教生涯。他最初居住于清华西院，后来乔迁至新南院。抗日战争胜利之后，新南院更名为新林院。

无论是清华西院还是新南院，都是清幽僻静且大师云集之地。苔痕上阶绿，草色入帘青；谈笑有鸿儒，往来无白丁。不是陋室，却有《陋室铭》所描述的逸志雅趣。如此怡人的居所，让吴有训可以潜心于人才培养和科学研究。

1934 年吴有训任清华物理系主任，1937 年任理学院院长。他与叶企孙等一起密切合作，在不长的时间内就使清华物理系和理学院迅速成长为全国科学教育和学术研究的中心之一，对中国现代物理科学的发展产生深远的影响。

他坚持民主办学的方针，尊重和注意发挥全体教职工的主体性；凡遇比较重大的问题一律由全体教授共同商议决定，从不独断专行。

作为大师，给懵懵懂懂的青年学子讲解最基础的物理学课程，吴有训不认为这是"杀鸡用牛刀"，因为他"重基础、重质量、重因材施教"。

为了给学生打好基础，吴有训强调"理论与实验并重"："学生对于实验常识，一无训练，唯日谈自由研究，实不知研究为何事，以科学工作空谈便算了结……这种风气，把科学的实验性完全忽略，所以对科学仍是隔靴搔痒。"因此他指出："本系自最浅至最深的课程，均注重于解决问题和实验工作，力矫现时高调及空虚的毛病。"

"对于课程不尚高深和数量，唯着重于基本的学程，力求切实与彻底，基本原理和事实的了解、问题的解决，为施教重要的部分。"由于重视课程的"质量"而非"数量"，在课程的安排方面，吴有训要求"主干课程不在多，而在精，且要求学生务必透彻掌握……每学期只有二三门主干物理课，但每堂课一开始总要公布指定自学材料的书目和章节。"

吴有训认为，教育必须根据学生特质因材施教："一个学生可以对算学很是不行，却不能断定他对生物或地质是绝无成就的可能。"作为系主任主持清华物理系时，吴有训每年都会与每位新生恳谈一次。他单独为王淦昌安排实验课题，王淦昌用 4 个月时间完成实验并发表了《中微子探测问题》论文，达到当时领先水平。钱三强在他的指导下得以到法国做原子核物理研究，钱伟长也是在他的关心下改学物理并获得深造的机会。

"他指导我们多选修数学、化学等系的重要课程，我们班就有好几位同学既学了不少数学课，又学了分析化学、有机化学、物理化学和工业化学……做满了全部实验课……还分头选读了直流交流电机、热工原理、结构学和结构理论……"钱伟长回忆起吴有训时，非常感激老师的帮助，"这样的训练，为（我）一生从事科研、教育工作打下了坚实的基础。"

那时清华物理系毕业的学生总共才 50 余人，但大部分人后来都成为中国物理学界的栋梁之材，蜚声中外。世界著名科学家吴大猷在回顾中国近代物理发展时，曾指出："二十世纪二三十年代，大学物理系培养的学生，以清华大学为最多。这些学生大多能继续从事物理事业，做研究，或者教书，又培养下一代。"

1988 年，国务院副总理方毅为吴有训题词"青年师表"，赞其爱惜青年的高贵品质。毕生践行"为发展中国的科学事业竭尽力量"这一誓言的吴有训，在清华园留下一片桃李芬芳。

张申府故居：照澜院见证爱国情

文字 | 彭欣怡
图片 | 刘雨田

　　1935 年夏，在花木扶疏的照澜院 9 号寓所前，张申府全家留下了珍贵的合影：他身着西装，白色长裤；夫人刘清扬身着素花旗袍，一手执扇，一手放在大女儿刘方明肩头；小女儿刘方清怀抱洋囡临母亲席地而坐。和谐温馨、其乐融融的家庭照片背后，蕴藏着这位教授与革命者的情怀。

　　从 1931 年夏天到 1936 年 5 月，张申府（原名张崧年，1893—1986）在受聘于清华之后，与家眷一起住进了清华园内西南处的照澜院 9 号，他作为哲学教授，在清华度过 5 年"为学不忘政治"的生活。

　　此前，张申府的进步思想、文化活动与革命阅历，已经奠定了他在学术、文化与社会各界的影响力。1917 年张申府自北京大学数学系毕业留校任教，转向逻辑学与哲学研究，以介绍罗素及其哲学思想闻名。在北大任教期间，他与陈独秀、李大钊一起积极从事新文化运动，1918 年参与创办《每周评论》，参加五四运动，加入"少年中国学会"和"北京工读互助团"。20 世纪 20 年代初，张申府积极参与中国共产党的组建工作。1921 年 3 月，在法国巴黎，张申府和刘清扬介绍周恩来加入中国共产党，组建中共旅法小组和中共旅欧总支部，担任总支部书记兼中共中央驻柏林通讯员。1925 年 6 月，中共"四大"在上海召开。张申府因与某些人政治见解不同而退党，后投身中华民族独立与解放事业，成为著名的爱国民主人士。

　　1931 年夏，张申府来到清华哲学系任教授，住进照澜院 9 号。他讲授逻辑学、数理逻辑、形上学、西洋哲学史等课程，治学严谨，知识渊博，"差不多有书皆读，尤其是新出版的海外哲学政治论文集、刊物，他是最熟悉的。大概就因为广博的缘故，所以他的文章往往是客观的'释'，或是'述'，而少有主观的'作'。"

　　张申府是哲学教授，更是一位政治上敢言、胸襟坦荡的教授。1935 年，他积极参加了"一二·九"抗日救亡运动。12 月 9 日学生游行当天，他与朋友到西单的一间咖啡馆喝茶。他们听说清华大学代表团从城外慢慢向天安门广场进发，并了解到军阀正镇压学生，还出现了受伤、拘捕等情况，"三天后，我上街和学生一道参加游行，在路上被警察截停和盘问"。随后他因组织救国会活动而闻名，1936 年 2 月 29 日，"警察到我的城内住处将我带走，然后再到清华园拘捕刘清扬。我的大女儿跑到孙荃荪处求助，但她也无能为力。我一直被扣在监狱中，直至 1936 年 5 月 7 日。唯一得到的援助是梁漱溟来探我，说服了狱警把我的脚镣除去。那些日子对我真是艰苦。我今天仍然记得狱警凶恶地喊叫着我的名字'张崧年！'我对我的名字憎厌起来，释放之后我就不再用这个名字。我只用申府，一直到今天。"

　　在狱中，尽管居住条件远不如清华园内的照澜院，张申府先生仍然同爱国学生一道斗争。据王瑶回忆："张申府给我们学生的印象是很深的。在他被捕之前，我们也听过他在班上大胆的政治言论。但他像我们一样，都被关在狱中。我在狱中只有几天，他好像关了三个月。他家里给他带来了食物和毛毯，他把它们分给我们。有一晚天气很冷，他把他的厚衣盖在我身上，说：'你年轻，你需要多些……'"

　　张申府在铁窗之内写成《人生的意义》，发表于《清华周刊》。编者在前言中评价说："张先生在铁窗中仍不失学者生活，在失掉自由的生活下，不但不消极，而且对人生有积极的认识与阐述，使盲目生活与犯错误生活者，有所反省与觉悟。"

　　1936 年 5 月，张申府由冯玉祥将军保释出狱，不久被学校解聘。离开清华园，他全身心走上抗日救国的政治征途，成为"全国抗日救国联合会"的重要成员和积极活动者。

水木有情　琴瑟和鸣——清华园里的爱情故事

素材提供 | 校研究生会

改写 | 胡颖

图片 | 李娜　赵存存

　　钟灵毓秀的清华园，既见证了老一辈知识分子们勤勤恳恳、兢兢业业的一生，又铭刻着他们深沉隽永的爱恋。今日，以爱为名，让我们一同回顾那些将爱深藏在园子里的伉俪，追忆他们的似水年华、青葱岁月，致敬那些深邃绵长的清华爱情。

赵元任与杨步伟：白头偕老的神仙眷侣

　　赵元任是著名的语言学家，被尊为"汉语言学之父"，与梁启超、王国维、陈寅恪并称为清华国学研究院"四大导师"。杨步伟则诞生于安徽望族，是中国第一位医学女博士。

　　赵元任与杨步伟的相识充满了偶然性。1920 年，赵元任从美国哈佛大学获哲学博士学位，回到清华大学任教。有一天晚上，赵元任开会结束后因时间太晚回不了清华，决定去表哥庞敦敏家留宿。那天表哥家正好有客人小聚，都是留学日本归来的朋友，其中就有杨步伟。只一眼，赵元任就认定这个女子是自己此生的"她"。这次聚会，赵元任的幽默风趣深深打动了杨步伟；而杨步伟的气质谈吐，尤其是她冲破旧礼教、拒绝包办婚姻的事迹更是让赵元任欣赏不已。

　　随着时间的推移，赵元任更加确定了自己对杨步伟的感觉，决定向杨步伟表白。几个月后的一个春日，赵元任在中山公园向杨步伟坦白了倾慕之心。就这样，捅破窗户纸的两人，在春日的暖阳下成功牵手，两颗追求自由与爱情的灵魂从此交织在了一起。

　　有情人终成眷属——赵元任在解除先前被包办的婚约后不久，就迎娶了真正的心上人。两人的结婚手续简单到令人瞠目的地步：他们到公园照了张相，自写结婚证书邀请胡适和朱徵医生作证婚人签字，杨步伟掌勺做了四菜一汤待客，便算了却终身大事，连思想开明的胡适都惊呆了。两人在寄给亲友的通知书上，明确提出除了书信、诗文、音乐曲谱之外绝对不收贺礼。

　　婚后，杨步伟舍弃了自己担任的医院院长和妇科主任职务，全心支持丈夫的事业，跟随赵元任先后到剑桥、清华、耶鲁、哈佛大学讲学。她在照顾家庭、从事公益活动之余，还出版了《一个女人的自传》《中国妇女历代变化史》等书，广受好评。

　　1971 年，在两人的金婚之日，杨步伟面对满座高朋当场赋诗一首："吵吵闹闹五十年，人人都说好姻缘。元任今生欠我业，颠倒阴阳再团圆。"赵元任随即乘兴和诗一首："阴阳颠倒又团圆，犹似当年蜜蜜甜。男女平权新世纪，同偕造福为人间。"两人出口成章、琴瑟相和，尽显文化底蕴，博得了满堂掌声。这对互敬互爱、白头偕老的神仙眷侣，用长达半个多世纪的相守相知，向世人道尽了爱情的美好。

张维与陆士嘉：双子星座的航空情缘

　　张维和陆士嘉从小在北京长大，一起就读于师大附小、附中，又因两家之间常有走动，所以一直在一起玩，是名副其实的"青梅竹马"。幼年的相伴让他们自然而然地走到了一起。

　　1933 年，陆士嘉以物理系第一名的成绩从北师大物理系毕业并谋得了教职，与此同时，象牙塔外的世界正在发生天翻地覆的变化——中国逐步陷入日本的全面侵略中，"一二·九"运动的爆发让全国陷入动荡的局面，陆士嘉和张维开始考虑留学事宜，两人相约一起出国深造。

　　功夫不负有心人，1937 年，张维获得了第 5 届"中英庚款"留学指标；陆士嘉则决定去德国学航空，拜入近代流体力学奠基人、边界层理论创始人路德维希·普朗特教授门下。7 月 16 日，张、陆两人赶在"八一三"日本入侵上海前三天，登上了最后一班开往英国的轮船，在轰鸣的炮声和低空掠飞的日机下，离开了苦难深重的祖国。

　　这一别，就是 9 年。在异国他乡，张维和陆士嘉不仅出色地完成了博士学业，更是结束了爱情长跑、正式迈入了婚姻殿堂。1946 年，张、陆夫妇带着 4 岁的女儿张克群，又踏上了令他们深深眷恋的祖国故土，开始施展他们的才华和抱负。次年秋天，二人应钱伟长的邀请，携手来到清华大学，开始他们在园子里的从教生涯。在清华园的胜因院 23 号，张维和陆士嘉结束了多年的漂泊生活，从此拥有了一个温馨的憩所和港湾。

　　在清华园，张维、陆士嘉夫妇俩过着简朴的生活，把全身心都投入到力学学科的建设和发展中。20 世纪 50 年代初院系调整时，陆士嘉和清华航空学院一起参与到了北京航空学院的组建工作中，建校之初，她每天早上都坐公共汽车到北航去上班，甚至自己花钱买来一大堆肥皂，和教师们一起制作建校规划模型，绘出了北京航空学院最早的蓝图。虽然生活上过得相当朴素，但张维、陆士嘉夫妇经常接济亲朋好友和帮助素昧平生的人。张维还曾经在家办起"语言班"，亲自辅导年轻教师学德语。十余年间，他们的生活充实而幸福，家中时时传出欢声笑语。

　　1977 年，60 多岁的张维重新回到了副校长的工作岗位，1983 年又受命出任深圳大学首任校长。古稀之年的他不辞辛苦地奔波于北京、深圳两地，为新建深圳大学作出了重大的贡献。陆士嘉同样没闲下来，仍然热心于流体力学学科的发展，并参与编写《中国大百科全书》中有关空气动力学的条文，即使在生病住院期间，也坚持审阅论文、指导学生。

　　这对科学名家伉俪，用一生践行着"一心报国，身先士卒"的志向，他们相知相扶的感人故事，至今仍为人所称颂。他们的女儿张克群写的回忆录中将父母比作"双子星座"，两人感情之深，由此可见一斑。

王笠耘与袁榴庄：细水长流的革命浪漫

　　王笠耘与袁榴庄的爱情故事，充满革命的浪漫主义精神。

　　1945 年，抗日战争胜利前夕，王笠耘考入西南联大工学院电机系，希望自己能以一技之长报效祖国。然而，同年的 12 月 1 日，昆明发生了国民党军警杀害进步师生的"一二·一"惨案。被深深震惊的王笠耘在四烈士祭奠会上暗下决心，要把此事写成小说，以激励后人，告慰烈士在天之灵。为此，这个 19 岁的电机系大一新生毅然转入外国语言文学系，旷课三月之久，夜间在"只吊着一只灯泡"的大教室里创作了长篇小说《同命人》。尽管王笠耘因违反学校的纪律受到了处罚，但是这部小说得到了钱锺书和李广田两位教授的高度赞赏。

　　新中国成立前夕的北平仍危机四伏，国民党的高压统治和惨案的阴影仍然笼罩在清华上空。为求自保，清华校内成立了学生纠察队，男生负责站岗，女生则负责慰问送饭。早在西南联大时就跟纠察队队长张祖道熟识的王笠耘自然加入了纠察队，负责巡哨工作。与此同时，1946 年考入清华大学经济系的袁榴庄也把给纠察队送饭当作自己的"分内工作"。同在纠察队，一个巡哨，一个送饭，两个热血沸腾的青年男女互生情愫；革命的激情和浪漫，自然而然地成为他们爱情的底色。

　　新中国成立初期，百废待兴。1950 年，王笠耘和袁榴庄从清华大学毕业后，一起来到了三联书店总管理处工作。次年 3 月，两人又携手来到了当时刚成立的人民文学出版社。两人一起在人民文学出版社工作，勤恳认真、一丝不苟地埋头于文学编辑工作。爱情的澎湃，也逐渐化为数十年如一日的坚持，于细水长流之中不断升华。

　　1955 年，王笠耘成为现代文学部北方组的组长。在工作中，他始终致力于帮助边远贫困地区及少数民族地区发展文学事业，仅内蒙古一地，他就采风 20 多次，被誉为内蒙古文学的"奠基人"。在人民文学出版社的几十年里，王笠耘共计编辑出版了 200 多部著作。夫人袁榴庄亦不甘落后，编辑出版了数十部有影响力的作品，其中最具代表性的当属长篇小说《海岛女民兵》。《海岛女民兵》这部由袁榴庄独具慧眼发现、克服种种困难阻力编辑出版的长篇小说，一经出版便吸引了多地剧团纷纷改编拍戏，还被外文出版社翻译出版。

　　怀着一颗赤诚之心的王笠耘、袁榴庄夫妇，对物质享受看得淡泊，却尤为注重精神世界的丰富。几十年来，在默默无闻的编辑工作中，从组稿、审稿、改稿到加工、出版，王袁夫妇诚挚地与许多作家切磋与合作、与同仁们钻研与探讨，不仅组织出版了大量优质的图书，更是总结出了一整套编辑工作经验。他们合作编辑出版的上百部作品，既凝结着这对伉俪辛勤工作的心血，又成为他们一生爱情的明证。

走进"独上高楼"纪念展，走近大师王国维

文字 | 杨晨晞
图片 | 梁晨

如果要列举出 20 世纪中国学术界最有成就、最具影响力的大师，王国维是当之无愧的必然人选之一。

王国维，字静安，中国近现代学术大师，1925—1927 年曾担任清华学校研究院国学门导师。他早年追求新学，把西方哲学、美学思想与中国古典哲学、美学相融合，形成独特的美学思想体系，继而攻词曲戏剧，后又治上古史学、古文字学、考古学、敦煌学和边疆学等，在诸多学术领域均有开创性的贡献。终其短暂的一生，著作 60 余种，曾自编定《静安文集》《观堂集林》刊行于世，逝世后另有《遗书》《全集》《书信集》等出版。

2017 年岁末，在静安先生诞辰 140 周年之际，清华大学艺术博物馆联合国学研究院、档案馆、校史馆、图书馆等单位主办"独上高楼·王国维诞辰 140 周年纪念展"，展览将一直持续到 2018 年 5 月。"独上高楼"，取自静安先生"三重境界说"之第一境界："独上高楼，望尽天涯路。"不仅可喻其令后人难以望其项背的学问之大成就，亦可喻其孤傲的个性和特立独行的行事风格。

展览分为"罗王之交""平生交游""清园执教""静安不朽"四个板块，按照作品内容和风格分类展示了王国维和故交好友的日记、书法、手札、书信以及与王国维相关的档案、王国维遗书的石印本等共 118 件文物。

"罗王之交"板块用王国维之父王乃誉的日记和书法作品、王国维与罗振玉往来书札、王国维罗振玉题跋金石拓本等多方面反映了王国维的人生。"平生交游"板块主要反映王国维的交游圈，不仅有王国维的书法作品，而且有故交好友的书法作品，国人如梁启超、沈曾植、姚茫父，国际友人如伯希和、铃木虎雄、内藤虎次郎等。从中不难想见王国维在当时的学术影响与学术地位。"清园执教"板块用与王国维相关的国学研究院档案，尽可能还原了其当时在清华的生活轨迹，勾画了王国维先生在清华园中度过的人生最后的时光。"静安不朽"板块展出了有王国维遗书的石印本、讣告原件、陈寅恪所拟挽联等一批珍贵文物，较大程度还原了王国维去世后之哀荣与治丧的情形。展览希望通过围绕王国维人生轨迹中若干真实文物的呈现，还原和展示其不平凡的一生，并在清华更人文、更国际的新时代语境中进一步检视和学习前辈大师的成就和成果，同时也唤起后辈学子对学术的向往，以及对前贤的敬仰和缅怀。

布德尔
BOURDELLE
ANTIQUITY INTO FUTURE
BOURDELLE
AND HIS SCULPTURES
08
2018.04.

布德尔"回归·重塑"展：即将告别的"凝固的诸神"

文字｜张译丹
图片｜李亚婷

上帝说，要留住永恒，于是便有了雕塑艺术。

安托万·布德尔是法国著名雕塑家、画家和教育家，早年师从雕塑大家罗丹。布德尔在罗丹工作室工作长达 15 年，长期受到罗丹美学思想的影响。不过，布德尔最终因其独有的创造力和独立的艺术理念而在中年摆脱罗丹的影响，自成风格。

2018 年 4 月 30 日，"回归·重塑——布德尔与他的雕塑艺术"展将在清华大学艺术博物馆闭幕，结束历时 5 个月的清华之行。展览期间，艺术博物馆多次举办雕塑艺术讲座、会员雕塑手作公开课和展览解读等延伸活动，帮助观众走进布德尔一琢一磨下的"诸神世界"。展览通过七大单元，为观众呈现了兼具古希腊艺术传统与现代艺术理念的独特创作。

第一单元简要介绍了布德尔的创作缘起——青少年时代的布德尔接受了当时法国流行的以古希腊罗马雕塑为石膏翻本素材的美术训练，由此培养了对于古代雕塑作品的兴趣。在之后的单元里，展览按年代顺序分别展出了布德尔创作的古代神话中六个角色的作品：智慧女神帕拉斯（雅典娜）身躯简劲精致，太阳神阿波罗眉宇间游走着英雄气概，拉弓大英雄赫拉克勒斯有雷霆万钧的气势，果实女神波摩纳裦裦娜娜笑靥中流露出果实的甜香，等待丈夫奥德修斯归来的珀涅罗珀深情款款，垂死的人马手持里拉琴、静谧安详。

第六单元中展出了布德尔一件引起轰动的作品——《珀涅罗珀》。这件雕塑曾引发一场颠覆"理想美"的革命，雕塑以神话人物奥德修斯的妻子珀涅罗珀为原型，珀涅罗珀左手托腮，半倚半立，凝望着远方，即便是静态的雕塑，眼神中也流淌出十分动态的情致。匠心独运是在裙裾下掩藏不住的女性风韵，那是 0.618 所表达不出的美感。布德尔在这幅作品中意在打破理想比例对女性的束缚，还原出最真实纯粹的人的神韵。珀涅罗珀是希腊史诗《奥德赛》中的奥德修斯的妻子，有意思的是，布德尔在这件《珀涅罗珀》中融合了他第一任妻子的特征和第二任妻子的体态。

布德尔的雕塑创作选择以古代神话为主题，不仅仅和他早年接受的艺术教育有关，更重要的是，他在古代神话雕塑作品中看到了无比珍贵的东西——真挚的情感和热烈的精神生活。在布德尔的作品中，古希腊雕塑的传统与现代艺术的理念完美地融合于一体。

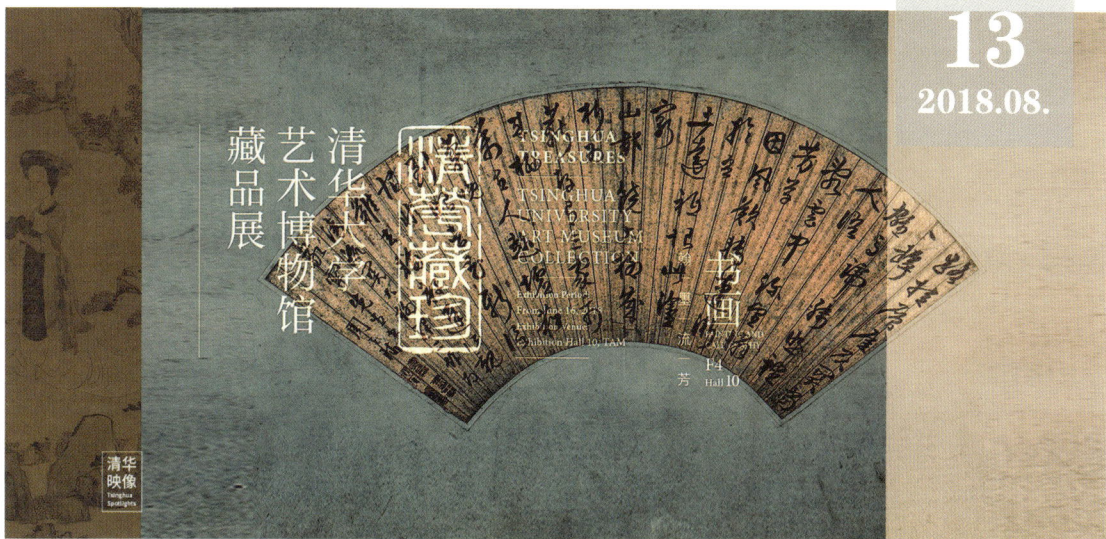

"清华藏珍·翰墨流芳"书画展：邂逅书香墨韵的清凉

文字 | 杨思维
图片 | 刘雨田

三伏未尽，一场秋雨安抚了连日来的燥热。踏着水花来到校园东侧的清华大学艺术博物馆，穿过竹简、织绣展，四楼最深处，便是"清华藏珍·翰墨流芳——清华大学艺术博物馆藏品展 / 书画部分（二）"的展览。

展厅内凉气袭人，灯光舒适微暗。隔着一层清透的玻璃，轻轻驻足，体会历代文人的诗情画意，揣摩中国书画艺术的笔墨技巧与审美意趣。

一幅幅宣纸历经岁月，微微泛黄、褶皱浮现，但上面的墨迹依旧鲜活有力、气韵生动，抑扬顿挫、起承转合之间，再现了书写、描画的时间与空间，展示着书画家的性情与技艺。身处其中，内心也变得沉静下来，从笔、墨、纸、砚这些传统元素中体会东方雅趣，如同慢品一杯中国茶，耐人寻味，历久弥香。

品诗——展厅左侧墙壁上，垂悬着三幅扇面书法作品，其中一幅是明代书画家董其昌所书五律："水宿仍余照，人烟复此亭。驿边沙旧白，湖外草新青。万象回春气，孤槎自客星。随波无限好，的的近南溟。"此幅草书用笔细腻、委婉，俊逸洒脱，使人有置身于杏花春雨、莺飞草长的江南景色之中的美感。

观画——展厅里有一幅古铜底色的立轴绢本，远看毫不起眼，驻足细看，原来别有一番意趣。在这幅作于明代的《风雨归耕图》中，一人蓑衣斗笠，荷锄回首作遥望状，背景山岩上树木葱郁，枝叶低垂。通过人物姿态与树木的描绘，使人感受到风起云涌，骤雨将至。全画用水墨，笔致活泼。

寄情——清代书画展厅中，一位清瘦利落的女子正屏息俯首观画。翠玉手镯，碧绿玉石耳坠，白色长裙上蓝绿水彩渲染开来的花，无不清雅宜人。她所观看的作品是清代画家袁耀的《山水楼阁》。这套册页共十二开，每一开画卷都对应着充满诗意的题款——"百岁旧人谈旧事，一窗新绿试新茶""立马看秋山""风雨归舟""平湖清涨"……此时，女子驻足细看的正是册页的第一卷——"竹深留宾处"。

"寻思百计不如闲。"来到近现代书画展厅，一画中老者白眉长髯，肚皮滚圆。左手举杖，右手挺腰，一副"英雄"模样，神气十足。其衣袖宽泽、裤带松弛，褶纹以直笔自由提画，粗放有力，虽不求结构比例，但意韵满足。全画用笔随意，不拘格法，质朴拙重，简约真率——此为齐白石的《老当益壮图》。除此之外，展厅中还有白石老人的《芦蟹小鸡图》《清白传家图》等作品，清新自然，朴茂天趣，逸笔寥寥，却充分体现出画家把握笔墨、线条的功力和形象塑造的技巧。

此次展览中，还能欣赏到陈洪绶、虚谷、吴昌硕、张大千等中国美术史上著名书画家的作品。

中国书画艺术以其悠久的历史、独特的表现方法、鲜明的民族特色和卓越的艺术成就而享誉世界美术之林。丰富而辉煌的书画遗产，不仅极大地提高了人们对艺术发展规律的认识，也是创造新时代美术的宝贵借鉴。清华大学艺术博物馆有着丰富的中国古代及近现代书画收藏，这些书画藏品绝大多数来源于原中央工艺美术学院的旧藏。其中包括了自明代以来各个时期、各个流派名家的代表作品，基本能够清晰、系统地反映中国书画艺术的发展脉络。

作为艺术博物馆的常设展，"清华藏珍·翰墨流芳"书画展于今年 6 月 16 日换展。从千余件馆藏中精心挑选出的 90 余组件书画作品，向公众呈现了一部明代以来的中国书画艺术发展史。漫步其间，得到的不仅是美的享受，更有心境的清凉。

百菊秋韵

文字 | 姚远
图片 | 宋晨

　　时维金秋，"菊"无疑是这个季节最具代表性的花卉。古人云"琴棋书画养心，梅兰竹菊寄情"，菊作为梅兰竹菊"四君子"之一，一直为古代文人墨客所推崇。"菊"的内涵早已超出了植物学意义上的花卉含义，而成为凝聚审美情感的人文意象。

　　几百年来，国画中"菊"的形象比比皆是。以菊入画可追溯至五代时期，画家们借菊抒情，用毛笔在宣纸上勾勒出中国人的人生观、世界观和宇宙观。今秋在清华大学艺术博物馆开展的"莼孙秋韵·百菊展"，展出近现代海派画菊名家缪莼孙《百菊图》100页，让观者得以尽情欣赏画家笔下菊之百态，体会其中所流露的安贫乐道的人生态度、儒雅风流的隐逸情趣，以及自足、淡然的审美境界和美学风格。

　　缪谷瑛（1875—1954）字莼孙，号由里山人，又号晚香室主，江苏江阴人。少从蒋维翰游，为黄山寿再传弟子，山水花卉，尽得其传。中年时，因族兄缪荃孙掌教金陵，受聘为江南高等学堂教席。民国后他寓居上海，受爱俪园（"哈同花园"）主人聘为仓圣明智大学教授。时爱俪园文物鼎盛，艺菊尤精，遂专工画菊。著有《由里山人菊谱》《晚香室诗钞》。

　　现存关于缪莼孙的文字记载很少，我们可以从这次展出的作品《百菊图》一窥其风格的渊源。整体上，缪莼孙的画来源于传统，他的画风兼取五代后蜀黄筌和南唐徐熙二家之长，以两宋院体为本。莼孙笔下的菊花，在造型、色彩、意境上，秉承了宋代院体画"精微于物理"的写实精神，花朵以细腻的笔致勾画，线条在绵密中求疏朗，遒劲中见温润，法规森严却也极富变化，花朵、花瓣、花蕊、枝、茎、脉，均有不同的笔线与力度。叶的画法上追北宋徐崇嗣所创的"没骨法"，不用墨笔勾勒轮廓，而用笔轻快，旨在写形传神，使作品的格调更加高雅。对花、叶色彩的渲染，均以自然的色彩为写照，色彩华润、沉着明丽，在色粉的厚薄、水分的干湿间，完美诠释了苏轼"浓妆淡抹总相宜"的美妙境界。莼孙的《百菊图》勾绘了187种菊花，画家极尽写实之能，每种菊花皆与实际品种相对应。这些作品中，菊花在风中摇曳的姿态、雨水后温润的触感、含苞待放时的希冀，都在画家细致入微的观察之下，被刻画得灵动逼真，生趣盎然。

　　19世纪中叶的上海是中国经济、文化的中心，吸引了众多画家云集沪上，逐渐形成"海上画派"。缪莼孙也是寓居上海的画家之一，曾与吴昌硕、王震、张大千、刘海粟等活动于海上书画联合会。"海派"受西学影响，在创作思想和创作手法上标新立异，缪莼孙也在汲取古法的基础上，参以新意，形成自己独具一格的笔墨风格。他的作品不仅吸收了民间绘画中的大胆用色，也创造性地融合了西方绘画的色彩表现观念。

　　缪莼孙的绘画既秉承传统，又贴近生活，在近现代中国画发展的长卷中增添了靓丽的一笔。这个假期，不妨置身于清华大学艺术博物馆"莼孙秋韵·百菊展"展厅，去领略菊花盛开之态、露滋雨润之姿、迎日乘风之势，徜徉在由里山人缪莼孙所营造的百菊花圃之中。相信这既是一次美的旅程，亦可收格物致知之效。

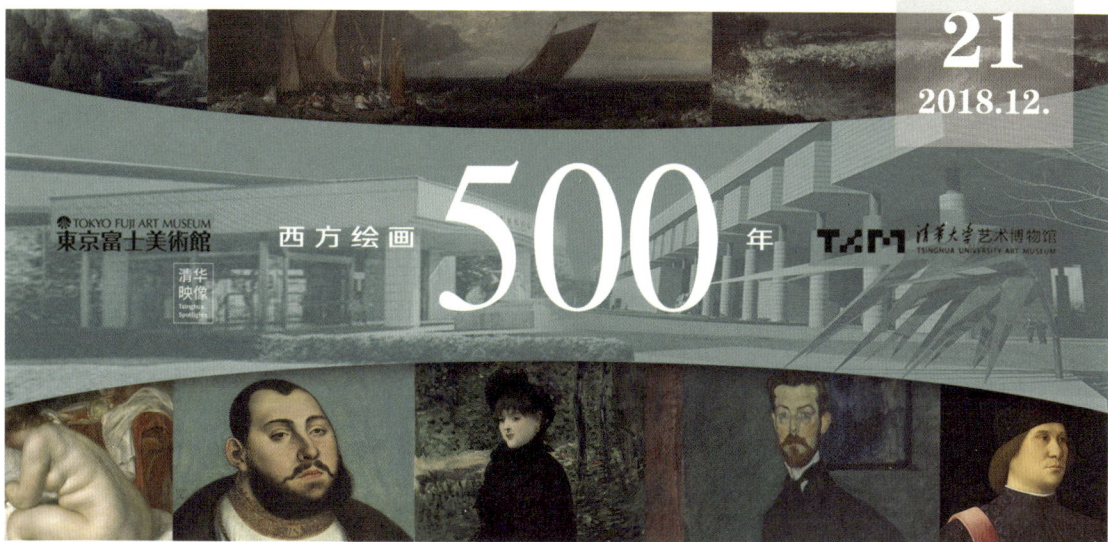

艺术博物馆"西方绘画 500 年"特展：一席流动的盛宴

资料提供｜艺术博物馆
图片｜赵存存

　　夜间的艺术博物馆排起了长队，深冬的寒流无法阻挡人们与西方绘画杰作相逢的脚步，观众的热情随着展期接近尾声而愈发炙热。为了尽可能满足更多观众的观展需求，清华大学艺术博物馆周末连续三天加开夜场。截至目前，清华大学艺术博物馆"西方绘画 500 年——东京富士美术馆馆藏作品展"（2018 年 10 月 23 日—12 月 23 日）已接待海内外 10 万余观众参观。

　　西方的文明源远流长，艺术的发展更是五彩斑斓。"西方绘画 500 年——东京富士美术馆馆藏作品展"为中国观众亲身体验西方艺术提供了一次难得的机会。展览选取 16 世纪至 20 世纪西方艺术史历程中经典艺术流派的绘画作品，跨越崇尚人文的文艺复兴，经过华丽繁复的巴洛克和洛可可，再穿越新古典主义、浪漫主义、现实主义和印象主义，一直抵达现代主义和后现代主义。所展出的画作诠释了西方绘画艺术 500 年的流派兴替，描绘了一波又一波的西方艺术运动及风格的演变轨迹，堪称对西方现当代艺术史的一次短暂巡礼。

　　一座博物馆就是一个舞台，不同的艺术家演绎着不同的剧目。此次展览云集了诸如贝里尼、鲁本斯、安格尔、德拉克洛瓦、戈雅、库尔贝、米勒、马奈、莫奈、塞尚、梵高、高更、毕加索、莱热、米罗、沃霍尔等众多蜚声世界的艺术大师的作品，他们的每一幅作品，都带着那个时代的文化气韵，向我们诉说着曾经的故事。

　　此次展览为清华大学博物馆 2018 年的特展。这些令人流连忘返的艺术展品均来自日本东京富士美术馆，该馆坐落于东京西郊的大学城内，与大学之间有着密切的合作，致力于让美术馆真正成为"人本主义的文化城堡和教育的殿堂"。此理念与清华大学艺术博物馆的办馆宗旨相一致。展览期间，艺术博物馆还通过艺术沙龙、"艺博微展厅"等形式解读作品，清华美院绘画系也联合艺术博物馆开展"在场：西方艺术 500 年讲座与临摹"系列活动，普通观众、青年学子得以与这些伟大的艺术家和他们的作品进一步深入对话。

Han Meilin
Chinese Zodiac Art Exhibition

清华
映像
Tsinghua
Spotlights

"韩美林生肖艺术大展"亮相故宫博物院

文字 | 刘书田
图片 | 崔云涛

生肖艺术是中国传统文化中具有永恒魅力和持久生命力的组成部分。又是一年辞旧迎新时，一场在故宫举行的"韩美林生肖艺术大展"拉开了文博圈新年的序幕。

"韩美林生肖艺术大展"于 2019 年 1 月 5 日在故宫文华殿开幕，古老传统文化和当代艺术审美如何生动融合，激发了观众的好奇心。

本次展览以韩美林教授的生肖艺术为核心，选择了绘画、书法、雕塑、陶瓷、紫砂、木雕、铁艺、民间工艺等使用传统媒介的创作类型，以体现艺术家对传统技艺、传统风格、传统美学等的理解与传承，与此同时又能从个性气质与时代精神等多个角度来阐发韩美林的艺术突破与艺术创新。展览分为"生生不息""艺术魔墙""艺术大篷车""'邮'中赞美""为美成林"五个部分，全方位呈现了韩美林的艺术创作和探索历程。

作为国内为数不多的大量创作了十二生肖形象的艺术家，韩美林创作的作品曾经四次被载入有"国家名片"之称的邮票。2019 年韩美林再次携手中国邮政集团推出猪年生肖邮票（《己亥年》特种邮票），邮票首发仪式也于生肖艺术大展当天在故宫同时举行。这是韩美林继《癸亥年》（1983）、《丁酉年》（2017）生肖邮票之后的又一力作。

《己亥年》生肖特种邮票由韩美林设计，第一图名为"肥猪旺福"，肥猪肚藏乾坤，憨态可掬，以奔跑的动态表现灵动生风的喜感，象征着正在奔向美好的生活；第二图名为"五福齐聚"，两只大猪和三只小猪同时出镜，其乐融融，体现出"全家福"的概念，也寄托了新春时节合家团圆、五福临门的美好祝福。

此次设计的两枚邮票一静一动、一疏一密、一深一浅，大猪小猪喜气洋洋，带给人喜上眉梢、开心欢乐的感觉。生肖形象发乎深情，带着美好的想象，把韩美林内心深处的情感传达到大家心中。韩美林表示，艺术家就是用心向世界表达爱，用艺术向世界表现美好。"我虽然已经 80 多岁了，但我感到自己的艺术生命才刚刚开始呢。"

作为清华大学首批文科资深教授，韩美林是一位孜孜不倦的艺术实践者与开拓者，其创作涉及绘画、书法、雕塑、陶瓷、设计、写作等领域。他的艺术风格独到，致力于从中国文化传统和大众艺术中汲取精髓，并转化为体现当代审美理念的艺术作品。他先后获颁"联合国教科文组织和平艺术家""国际奥委会顾拜旦奖""韩国总统文化勋章"，成为中国美术界获上述殊荣第一人。

近年来，韩美林的艺术以全球化的现代变革为背景，更源自中国的民族文化传统，这样的多面性无疑也具体反映在韩美林的生肖创作之中。从表面上看，生肖作品是韩美林动物题材创作的组成部分；从艺术成就来说，他的生肖作品更是对自我创作甚至是艺术传统的超越与提升。

韩美林十分关注深耕艺术领域的清华学子。自 2013 年在清华大学设立"韩美林艺术奖学金"以来，已有 83 位品学兼优的学生获得资助。2018 年的获奖学生来自视传、工美、陶瓷、环艺、工业、染服、信息、雕塑、环艺、史论等多个专业，2018 年 12 月 21 日举行的"韩美林艺术基金会捐赠仪式"对获奖学生进行了集体奖励，以鼓励他们在各自的艺术之路上继续前行。

清华
映像
Tsinghua
Spotlights

器服物佩好無疆
Utensils and Ornaments Endlessly Fine

"器服物佩好无疆"特展：闪耀清华艺博的文明交会之光

文字 | 王鲁彬
图片 | 赵存存

6月23日，为期两个月的"器服物佩好无疆——东西文明交汇的阿富汗国家宝藏"展在清华大学艺术博物馆落下帷幕。作为"亚洲文明联展"的专场分展，展览所呈现的230余件（套）阿富汗珍宝时间跨度长达2400余年，被誉为丝绸之路上最伟大的考古发现之一。阿富汗战争期间，它们曾长期秘藏于地下秘密金库而得以幸存，并自2006年10月起在法、意、荷、美、加、德、英、澳、日、韩等国的20多家博物馆巡回展出。2017年3月，它们开始在中国巡展。此次走进清华大学艺术博物馆，则是这批文物在十余年的全球巡展历程中首次进入中国大学博物馆。

阿富汗处于欧亚大陆特殊的心脏地带，自古即是多种文化和文明交汇的中心，有"文明的十字路口"之称。展览展出的每件文物，都可以说是文化交流碰撞最鲜活的见证：精雕细琢的步摇金冠、御龙黄金垂饰、惟妙惟肖的恒河女神雕像、希腊罗马风格的青铜铸像和石膏浮雕……一件件巧夺天工的珍贵藏品融合了多个文明的元素，生动呈现出古代阿富汗在丝路贸易中的繁盛及与世界文明的交流融会。

为增强展览的学术性，清华艺博的策展团队重新撰写了5万字的说明文字，利用400余幅辅助图版，对每件展品进行了详细解读，另邀请10余位专家从多个角度撰写论文，出版图录，并配合展览举办多场学术讲座及研讨会。

本次展览还突破以往各站简单陈列展品的模式，对每件展品所代表的含义进行了深度挖掘和解读，并对以往展览中的说明文字进行了勘误，重点梳理和突出这批珍宝中蕴含的古代中华文化因素。例如首次揭示了步摇金冠核心图式的秘密及其与中国古代宇宙观念的关系；首次揭示了一些纹饰上的中国渊源；揭示了圆形靴扣图案和生产工艺的中国渊源；突出了蒂拉丘地墓葬中的中国西汉铜镜，等等。通过比较说明，强调了古代丝绸之路的东西文化交流，除了物质层面的贸易之外，更重要的是中华文化思想观念和价值观的输出。

阿富汗驻华大使馆代办大使胡森普高度评价清华大学为此次展览所做的出色工作，认为这是关于这批文物最用心、最学术的一次展览，展览的说明文字和辅助图版给他留下深刻印象。

观展时，展厅的背景音乐正好播放着李健的《月光》："月光洒在每个人心上，让回家的路有方向……"歌中人迎着月色散落的光芒，把古老的歌谣轻轻唱；静谧的灯光下，这些来自古老文明的"游子"折射出的光芒映照出数千年的文明过往。我们相信，经过重新整理和研究的这批珍宝，会再次散发出全新的迷人光辉，向世人展示古老的阿富汗在东西文明交流互鉴中曾发挥的不可替代的作用。

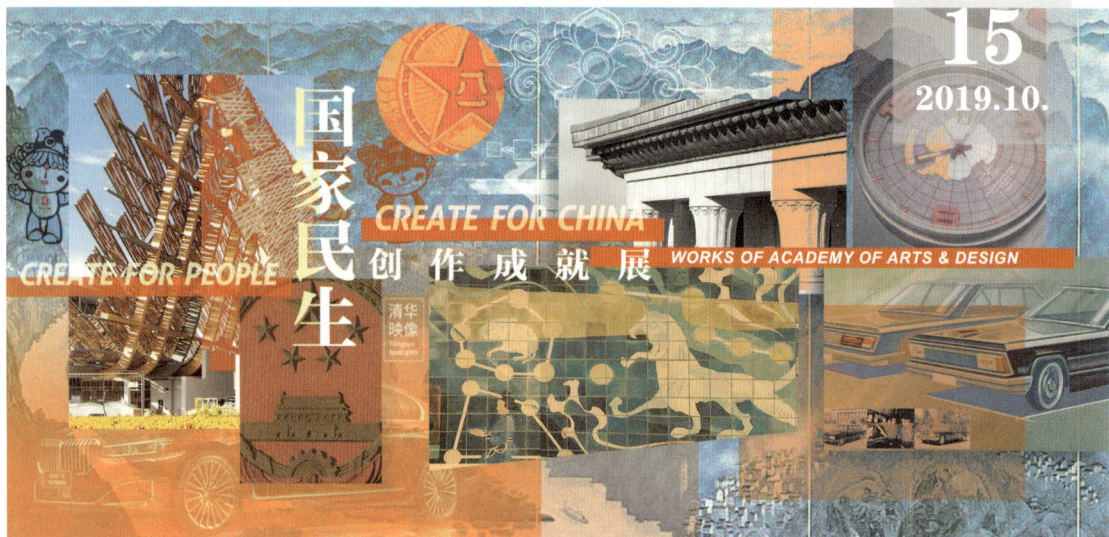

清华大学美术学院创作成就展：服务国家　关切民生

文字｜杨晨晞
图片｜李娜

　　2019年10月1日上午，庆祝中华人民共和国成立70周年庆典在北京天安门广场隆重举行，广场上壮丽灵动的"红飘带"、游行中引人注目的礼宾车和11辆主题彩车均由清华大学美术学院团队设计，这是清华大学美术学院献给祖国的一份"大礼"。

　　除了承担庆典现场的设计工作，清华大学美术学院还以创作成就展的形式，用作品献礼，为祖国庆生。

　　9月30日，"国家·民生——清华大学美术学院创作成就展"在清华大学艺术博物馆开幕。开幕式上，清华大学副校长彭刚表示，从这个展览中，可以看到美术学院作为中国艺术与设计教育的重要学府，在国家形象、大众美育与日常生活中承担的大量服务工作；也可检视在清华这所综合性大学的环境里，美术学院在学科建设和人才培养方面取得的新成就。

　　本次展览以中华人民共和国70年发展为时间线索，呈现了清华大学美术学院师生及校友的作品300余件，从国家形象、日用民生和专业教育三个方面，梳理了学院的历史与文脉，展示了在不同时期师生与校友为"国家·民生"作出的贡献，以及其他重要的学术成果。

与时俱进，构建国家形象

　　中华人民共和国成立初期，中央工艺美术学院（清华大学美术学院的前身）的主要创建者，就已参加政协会徽、国徽、建国瓷、人民英雄纪念碑、三大勋章、元帅服、北京展览馆（原苏联展览馆）、北京饭店、国际博览会中国馆、国家重要活动纪念邮票等重要的国家形象设计工作，遵循"民族形式、大众适用、科学方法"等原则，"古为今用、洋为中用"地作出了一批重要的国家形象设计，为共和国形象赋予了清新、刚健、庄重的内涵。

　　20世纪70年代末，中国进入锐意改革的新时期。除首都机场壁画、领导人专机波音747飞机外观涂装与内饰设计等国家项目之外，中央工艺美术学院师生还参与了许多大型宾馆的室内外装饰艺术设计，北京及全国各地的地铁等重点公共设施的壁画和雕塑设计等。同时，第四套及第五套人民币硬币、全国五一劳动奖章、香港回归专用标志、中华人民共和国国家标志——公路交通禁令标志、中国人民银行标志、中国国际航空公司标志、绿色食品标志等符号化的设计作品，都生动体现了我国这一时期不断开放并融入国际社会，却又始终保持民族独特性的现代化进程。

紧跟时代　影响大众审美

　　在社会民生各个领域，清华美院始终紧跟时代步伐。张仃创作的《哪吒闹海》打破晚清以来白、胖、圆、呆的娃娃样貌，从海滨渔村的儿童中寻找灵感，创造出英气勃发、坚毅、勇敢的哪吒形象，一个现代中国儿童的理想形象。几十年来，清华美院人在以生肖邮票为代表的邮票设计中紧贴时代发展又保持民族特色，通过信息化传播途径引发社会热议并影响大众审美。

　　随着中国更深度广泛地参与国际事务以及在各专业领域发声，清华大学美术学院一直承担"服务国家"的历史使命，在重要国际活动的综合呈现中展现出中国的文化自信、新世纪的科技水平和设计学科的一流水准。在完成 2008 年北京奥运会、2008 年残奥会、2010 年广州亚运会、2022 年北京冬奥会申报、2010 年上海世博会、2014 亚太经济合作组织（APEC）会议等一系列重大国际活动的设计过程中展现了强大的综合实力。

学术出版　挥舞学科旗帜

清华大学美术学院曾在全国范围内的设计学学科设置、专业创立、课程规范方面，发挥过无可替代的推动与引领作用，产生了一批有广泛影响力的著作教材与实践成果。

由中央工艺美术科学研究所创办的《工艺美术通讯》和《工艺美术参考资料》是工艺美术内部刊物，由中央工艺美术学院创办的《装饰》是公开发行的工艺美术刊物。《装饰》创刊号的印数是 2500 册，第 2 期便激增至 20000 册，可见当时国内工艺美术界对工艺美术刊物的迫切需求。

改革开放之后，万象更新。学院学术专著与教材的出版十分活跃，取得了丰硕的成果。其中，以雷圭元、庞薰琹等为代表的一批老艺术家相继推出了《中国图案作法初探》《中国历代装饰画研究》等经典著作。随后，一大批中青年教师积极投身于学术研究之中，出版了一系列专业性、实践性很强的著作与教材。

进入 21 世纪之后，清华大学美术学院的学术研究更上一层楼。在刊物方面，除《装饰》继承学院学术研究的传统，继续扩大学界影响力之外，还相继创办了《艺术与科学》《清华美术》学术丛书。

艺术与设计是时代的晴雨表。清华大学美术学院始终坚持"立足当代，眺望未来"。在技术突破、社会转型、全球化的竞争与合作态势不断加深的今天，在建设中国特色社会主义的新时代，艺术与设计及其所承载的文化自信、民族精神已成为国家发展与创新的发动机。清华大学美术学院将以实现中华民族伟大复兴为己任，以更优秀、丰硕的实践成果服务国家、服务人民。

本次"国家·民生——清华大学美术学院创作成就展"由清华大学美术学院和清华大学艺术博物馆举办，展览时间为 2019 年 10 月 1 日至 2019 年 11 月 3 日，展览地点为清华大学艺术博物馆三层展厅和清华大学美术学院 A 区多功能厅。

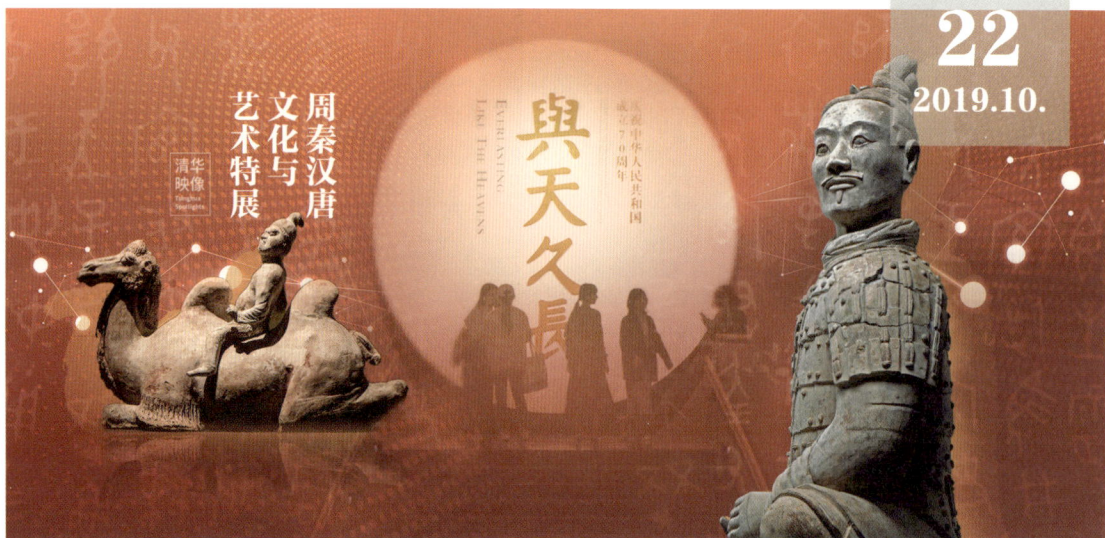

"与天久长"展：中华文化的跨时空旅程

文字｜刘书田
图片｜李娜

　　2019 年 10 月，"与天久长——周秦汉唐文化与艺术特展"在清华大学艺术博物馆拉开帷幕。展览由国家文物局指导、陕西省文物局与清华大学共同主办，旨在向中华人民共和国 70 周年生日献礼。

　　"此次特展可谓是周、秦、汉、唐历史文化的饕餮大餐，陕西文物的饕餮大餐。"据展览执行总策划、清华大学艺术博物馆常务副馆长杜鹏飞介绍，文物承载的文化含量及其具有的艺术代表性是此次展览在遴选文物时重要的标准之一。本次展览调动了陕西省 43 家文博机构，以周、秦、汉、唐历朝精品文物为基础（兼及唐以前其他历史时期），精选 300 余件展品，其中一级文物达 189 组件。

　　陕西是中华文明的发祥地之一，中华文明也从这里由萌芽走向鼎盛。此次展览主题为"与天久长"，典出汉代吉语，以此祝福中华人民共和国国运昌隆，中华文明和中华优秀传统文化代代相传，汉唐盛世的精神和中华民族伟大复兴的精神薪火永续、与天久长。

　　"与天久长——周秦汉唐文化与艺术特展"共分为民之初生、创制垂法、秦国崛起、皇帝临位、天子居中、多元融汇、天衢盛世七个部分，旨在挖掘隐藏在文物背后的中国先民之思想、观念等内涵，并以此构建一个"中国故事"的核心叙事结构。

　　进入展览大厅，首先映入眼帘的是淳化大鼎。这座大鼎造型浑朴，沉稳庄重，线条明晰，刚中带柔，有凌厉之美，是已知西周青铜鼎中最大最重的一件，也是禁止出境的国宝，实乃国之重器。策展人将其置于展览最显著的位置，其用意之一就是让参观者直观地体会到古代中国的"权力"盛世。

　　"民之初生"单元主要展示了陕西境内从仰韶文化、龙山文化到商代的先周诸文化遗存。"民之初生"典出《诗经·绵》，是周人自述开国史诗之一，可视为西周以后关中地区高度发展并长期成为古代中国政治、经济和文化中心的一个序曲。展区内陈列着细面鱼纹尖底器、鱼鸟纹彩陶葫芦瓶等文物，多样的动物纹饰表达了同时期的人类对自然界的信仰和向往。

　　"创制垂法"单元集中展示了西周时期的文化遗存，周公以礼乐制度保持了朝代百余年的长治久安，并为中华文明奠定了基调。本单元选取了部分具有代表性的"器"（如青铜器、玉器等），折射出西周思想、文化与艺术的精华。本单元的展品之宝非"何尊"莫属，尊内底部的铭文中有"中国"二字，是最早的关于中国的文字记载。此外，何尊上第一次出现了有心的"德"字，体现了周人的政治思想——有德者，居中国，治天下。

　　"秦国崛起"单元主要展示了公元前 640 年（一说公元前 658 年）被秦穆公所灭的芮国之遗珍、雍城秦公大墓和其他地区出土的秦国文物。漫步展厅，既可以从文物器皿中窥见秦国崛起之路，又可以通过陕北地区发现的先秦时期匈奴遗物，了解当时秦人所面临的外部形势。本单元最引人注目的文物是巨大的秦公镈，这件秦武公祭祀祖先的礼器，周身饰飞龙凤鸟，尊贵中透露出张扬之美。

　　"皇帝临位"单元集中展示了秦始皇帝陵和秦咸阳宫等地所出文物，以及反映统一政策的遗珍。秦帝国建立后，上古以来的政治制度和文化经历前所未有的整合，中央官制实行三公九卿，地方上以郡县制代以分封制，在全国范围内实行书同文、车同轨、统一度量衡的政策，由此促进了中国大一统之"天下"观念的形成。直径达到 61 厘米的夔纹大瓦当，是历代出土瓦当之最，被誉为"瓦当之王"，从中可以看出秦人对浩大气势的追求和大秦帝国的恢宏壮阔。

"天子居中"单元的展品则是中国历史上的黄金时代之一——汉代文明的浓缩，该时期国家统一，疆域辽阔，四夷宾服，经济繁荣，文化昌盛。本单元除了部分与祭祀、礼制相关的文物之外，大多是高等级墓葬中所出的艺术遗存，它们不仅展示了盛世汉代丰富的生活画卷，还映照着当时人们的信仰、礼仪制度和生死观念等内涵。例如文物"必忠必信"铭铜镜，反映出中国古人所重视的忠信文化。

"多元融汇"单元通过三国两晋南北朝期间的文物陈列，展现了该时期多民族和多文化空前融合的盛况。由于丝绸之路和海路的开通，中国与中亚、南亚、西亚和地中海沿岸的商贸空前频繁，各地民族、思想、文化、物质和艺术风格互转流通，极大地促进了中古时期中国的文化和艺术转向更加开放、多元、丰富和有创造力的面貌，艺术理论和绘画、书法和雕塑等多门类艺术空前发达。鎏金佛像等具有宗教色彩的展品，既体现了中国佛教艺术创作的广泛流行，又凸显了中华文化的海纳百川。

"天衢盛世"单元是本次特展的最后一个篇章，集中展现了大唐盛世的文物风貌。当乐舞图映入眼帘，参观者仿佛穿越到当时的世界性大都市——唐朝都城长安，感受中外频繁的友好交流、多文化的交融碰撞。而从唐代名人的碑文拓片中，参观者也可以从字里行间，感受到唐朝的兼容并蓄、高度开放，以及唐代文化更显多样化、更富创造力和更具恢宏气度的特征。

走出"与天久长——周秦汉唐文化与艺术特展"，似乎刚结束了一场中华文化的跨时空旅程，而作为清华学子，更能感受到肩负着传承中华优秀传统文化的使命。

本次特展将持续至 12 月 17 日，展期为 99 天，寓意"作九九之数以合天道"和"九九大运，与天终始"。这也符合清华大学艺术博物馆开馆三年来一以贯之的理念——坚持中西融汇、古今贯通、文理渗透，致力于打造世界一流的大学博物馆，以文物现身说法，彰显中华文明的发展历程，激发民族自信，从而为中华优秀传统文化的传承与发展持续贡献力量。

04
2018.01.

邸架轩读书沙龙

邸架轩里好读书

文字 | 张译丹
图片 | 宋晨

　　邸架轩坐落于清华大学图书馆李文正馆 G 层，是校内首个浸润式阅读体验中心。"邸架"二字取自清华校歌歌词"左图右史，邸架巍巍，致知穷理，学古探微"，意在以浩如烟海的典籍，养清华人格物致知、上下求索真理之心性。

　　从北馆（李文正馆）西侧的下层广场进入，即可到达这个"微型书海"，邸架轩包括 500 余平方米的图书展出与阅览空间和 100 余平方米的沙龙讲座空间。2017 年 4 月 23 日，邸架轩在第 22 个世界读书日正式面向公众开放，长期展出精心挑选的国内近百家出版社最新出版的精品图书，为清华师生提供卓越的图书阅读体验环境、网上购书及定制化的图书服务。

　　开业以来，邸架轩已举办了多场读书沙龙，在这一隅四方之地，好读书者畅谈古今、通达东西、洞悉天地……

　　2017 年 10 月 17 日晚，书店迎来"首讲读书沙龙"，沙龙围绕美国著名环境史学者约翰·R. 麦克尼尔（John R. McNeill）的力作《太阳底下的新鲜事：20 世纪人与环境的全球互动》展开。当天，清华大学党委副书记邓卫致辞，清华大学环境学院院长、中国工程院院士贺克斌，环境史领域学者、北京大学历史学系教授包茂红，首都师范大学讲师乔瑜应邀出席沙龙，畅谈 20 世纪全球环境变迁的百年历程，并与在座师生一起围绕实现中国和全球的可持续发展探讨如何以史为鉴，面向未来。

　　随后的沙龙中，主办方相继挑选了《德国人和他们的神话》和《现代精神的起源：全球的、环境的述说》两本书，既谈文史，又注重当下的可持续话题，正如邓卫老师在首场沙龙中的致辞所说，在图书馆、书店、读书沙龙的结合背后，是清华更创新、更国际、更人文发展思路的体现，符合清华"中西融汇、古今贯通、文理渗透"的传统。

　　而最近一期沙龙"好德与好色：中国古代美女的标准"，从名字来看着实有趣，两位对谈嘉宾从文本延伸开来，探讨从先秦到唐代，中国人关于美女的条件、品评标准、评价的词汇发生的诸多嬗变，以及在这一过程中塑造的国人对于女性审美观的建构。

　　邸架轩读书沙龙每期还利用学堂在线平台开启在线直播，让无法亲临现场的书友也一饱耳福。

　　"左图右史，邸架巍巍，致知穷理，学古探微……"参加完沙龙从北馆出来的同学轻轻哼起了校歌，夜风凉凉，明天又是个好读书天。

30
2019.08.

新生"读书季"：守初心、担使命，从历史文化中汲取力量

文字 | 赵姝婧
图片 | 田蕾
摄影 | 吴倬

清晨，手捧一本心仪的书，步入图书馆，选一靠窗座位坐下。

斑驳的树影透过古铜色的窗棂映在书页上，光影起起落落，仿佛跳跃的飞鸟。初秋的微风拂过书页，一行清秀的字体映入眼帘：《万古江河》。

这是清华大学校长邱勇送给 2019 级本科生新生的第一份礼物，也是他第五次向新生赠书。之所以选择《万古江河》，邱勇在致新生的信中说：这是一本视野开阔、见解独到的中国历史文化力作。作者许倬云先生是著名的历史学家，在书中他用平实畅达的语言讲述了中国文化成长发展的故事，字里行间既有宏大的历史脉络，又有对日常生活的细微描摹，让读者在回顾数千年历史的过程中深切感悟中国文化的精神气质，从历史文化中汲取力量。"希望你们在阅读这本书时，不仅学习中国的历史和文化，而且更要学会开放与包容，以更加开阔的胸怀和视野传承过去、把握未来。"

"万古江河，本就是中国与世界的一部共同的成长史。" 2019 级本科新生李熙玥说，"读完后我深有感触，在这个全球化趋势日益显著的时代背景下，既要守住传统文化的理想田园，将传承历史作为自身的责任，又要积极吸收全人类的精华、摒弃落伍于时代的糟粕，将华夏文明和思想精粹传播向世界，这是我们新时代青年的责任。"

观读之后，"念念回想"。 2019 级新生王恩泽这样分享他的读书感悟，"作者想传达的，是希望我们从历史中汲取对于现实有所裨益的精神力量。愿此书之精神伴随终身，也享受在这万古江河之中不负少年志，沧海正悬帆！"

每位新生都有属于自己的读书体会和感悟。接下来，同学们将围绕赠书开展一系列的读书分享活动。为了在校园中培育浓厚的读书氛围，促进新生对校长赠书的思考感悟，今年新生入学教育期间，清华大学将开展《万古江河》读书主题活动，通过读书分享会、主题演讲比赛和主题征文比赛等丰富多彩的形式，促进新生对《万古江河》的思考感悟，培养思辨精神。

勤于读书、善于思考，在书香校园不断完善自己，成就更加美好的未来，是邱勇对同学们的希望，也是同学们对自己的勉励和要求。如今，好读书、读好书的良好氛围已经在新生中蔓延开来。新雅书院 2019 级本科新生刘雨桐获赠傅莹赠书《看世界》，如今她已认真读完，"读《看世界》收获颇多，我十分佩服傅莹老师广泛的知识面和深刻的思想。本书站在全球的角度上讨论国际秩序与大国关系，对于 21 世纪世界全球化过程中出现的新问题和挑战进行了深刻分析，为我自己看待国际时事的视野、关注祖国命运发展提供了很大启发，受益匪浅。"

同时，还有多位新生真心爱读书，比如喜爱历史、文学和艺术的新生郜楚煊，深入钻研历史学的解子瑜，致力于研读教育学书籍的李秋逸，攻读了大量哲学书籍的方瑞……他们勤奋好学，不断进步，展现出了年轻一代清华学子的风采。

以读书激发学术志趣，以历史感悟爱国情怀，近日，中央"不忘初心、牢记使命"主题教育领导小组印发《关于在"不忘初心、牢记使命"主题教育中认真学习党史、新中国史的通知》，要求各地区各部门各单位把学习党史、新中国史作为主题教育重要内容，不断增强守初心、担使命的思想和行动自觉。清华园的年轻学子们，也正认真学习党史国史，认真研读《万古江河》中关于中国文化成长发展的精神体会。

与书相伴，时光在不知不觉中穿梭而过，收获的是沉甸甸的知识和人生感悟。如今的"读书季"不单是"季"，已成为同学们的"日常"，以书为友，不断成长，期待他们未来书写更美好的清华故事……

清华大学学生绿色协会：种桃种李种春风

文字｜张译丹
图片｜李亚婷

对于春，我们从来不吝惜偏爱与赞美，有人报之以歌，"每个人心里一亩一亩田……种桃种李种春风"；有人寄以诗情，"从树根到树根，世界很辽阔"；也有人在它本就斑斓的色彩上再添一朵新花。而在清华，有这样一群人，他们每年春天都会与树相约。

他们，就是清华大学学生绿色协会的成员。学生绿色协会（简称"绿协"）成立于 1995 年，是全国最早成立的高校学生环保社团之一，一直践行着"绿色实践，行胜于言"的口号，倡导校园绿色生活，领军青年环保。每年到了植树节，绿协都会组织集体性的植树活动，用希望之树迎接希望之春。

2015 年 3 月 12 日，植树节恰逢清华大学校园社团招新，清华近千名学子齐聚紫荆公寓区，绿协组织清华学子"种植"了"我为祖国添新绿"誓语树，同学们在誓语树上写下保护环境的愿望，并在誓语树上发表自己的治霾宣言。2017 年植树节，绿协联合环境学院环 51 青年志愿者支队，同环境学院环 54 支队、机械学院机械 54 支队等四支队伍一同参与了志愿植树活动。

3 月的北京难免春寒料峭，春风送暖的清明也往往是绿协植树活动的一个重要时间点。暂别书桌，三两好友，扛上植具，迎着春风，在春天种下一棵树，等待着在夏雨中孕育，秋意里结出累累硕果，凛冬中包裹好来年新芽——植树活动不仅体现了绿协一直坚持传递的绿色理念，也让人们看到了清华学子万物关情的博爱之心。环 51 班的卞晖晖同学参加活动后说："尽管土地的地质有一点硬，树坑很难挖，但是没有一个人抱怨过。因为大家知道这不仅仅是在为我们国家作贡献，同时也是在为我们自己生长、生活的环境打基础。"

今年是绿协植树活动的第 20 个年头，这一活动已经累计覆盖近 10000 人。2017 年世界环境日前夕，绿协等清华学生社团的 5 名代表还参加了由中国绿色校园社团联盟组织的"公益力量、绿动沙漠"绿色环保公益行动，赴内蒙古库布齐沙漠植树，用行动践行了 2017 环境日主题——"绿水青山就是金山银山"。

伴随着春天的到来，绿协早早就作起了准备。今年的植树节活动，绿协与北京四中一个班级合作，组织中学生和家长一起加入，环保主题教育也会穿插其中。绿色支教，在教学楼设置分类垃圾箱，纸箱、牙具回收的宣传……绿协成员们用自己日积月累的点滴行动，将清新的绿色带到校园内外。我们有理由相信，这又是一个播种希望的春天。

清华龙舟队：传统运动彰显国际魅力

文字 | 刘书田
图片 | 宋晨

"发令枪声响起，来自各国名校的队员们手中的桨一齐猛地扎进水中，船头锣鼓震天，岸上呐喊助威，大家边划桨边喊口号，非常鼓舞人心。"赖国强兴致勃勃地讲述着刚刚结束的世界名校龙舟大赛的经历。

赖国强是来自马来西亚的留学生，也是清华大学龙舟队第一个国际学生队长。去年5月，赖国强第一次参加了"中国名校龙舟竞渡活动"。这次经历令他深深爱上了这项趣味性极强的中国传统水上运动，他决定加入校龙舟队。

清华大学龙舟队组建于2016年，现为清华大学体育代表队C类队，队伍中有来自中国、意大利、英国、美国等9个国家的40多名同学，其中约七成为国际学生。

赖国强认为，龙舟队中国际学生比例较高这一现象，一方面是清华不断推进全球战略的一个缩影，另一方面也由于龙舟这项中国传统运动本身的魅力。"许多和我一样的留学生，都希望在中国留学期间不仅能够学好专业知识，还能深入体验中国传统文化。而龙舟作为中华民族传统体育项目的代表，非常富有吸引力。"

龙舟是一项特别强调集体的运动，强大的龙舟队靠的不是强大的个体，而是船上12位队员的齐心协力和场外队员的呐喊助威。赖国强认为龙舟的魅力就在于此——没有个人主义，只有团队精神，这很贴近中国的"和"文化。"一艘龙舟要像一个人，一个人也要像一艘龙舟。"赖国强若有所思地说。

来自其他国家的队员们也和赖国强有着相似的感受。人文学院的美国留学生Noah Du说："龙舟队在竞技体育的氛围和愉快的训练时光之间取得了很好的平衡，中外学生彼此交融，亲如一家。"来自百慕大的Kenza Wilks表示："龙舟是最典型的集体运动，它不是一个人的表演，而是众人划桨，我觉得这是最有挑战性的地方。"

龙舟赛比的不是场上的3分钟，而是赛前赛后事无巨细的训练准备和团队精神的传承。虽然龙舟队队员们都是业余选手，但是训练却相当严格。清华龙舟队的日常训练项目之一是到荷塘划桨，每周训练日，队员们聚集在塘边划水呐喊，已经成为荷塘的一道独特风景。

赖国强在清华就读于体育管理专业，从参与龙舟比赛到成为龙舟队长，他深深地感受到了"无体育，不清华"的精神，也为自己的专业知识被认可而感到自豪。"体育融入我的骨子里，是生活的一部分。"他笑道。

谈及管理一支国际化体育队伍的经验，赖国强认为最重要的是保持相互尊重。"尽管我们有不同的文化背景，但龙舟项目给了我们一个交流的机会。彼此互动很多，越来越默契，在这个过程中我们也能更深刻地体验到中华民族传统文化魅力。"

赖国强有一个心愿——希望清华龙舟队未来能够参加中华龙舟大赛。他表示，目前学校已经为龙舟队的训练提供了许多支持。推广传统龙舟运动，为中国文化走向世界尽一份力，清华龙舟队将继续他们乘风破浪的征程。

行人导视换新颜　轻松指路到终点

文字 | 蒋佩妍
图片 | 梁晨

　　清华大学，以"大"闻名——迷宫似的偌大的园子，不知有多少人逛花了眼、走迷了路。不过，这种情况即将成为"过去式"。经过 2016 年和 2017 年的建设和完善，清华园已经拥有了比较完备的"指路明灯"——校园行人双语导视标牌系统。

　　全校一共有 76 块导视标牌，分为校门级、干道级和小路级三级，"尽职尽责"地站在 67 个点位处。它们约两米来高，白底紫边，十分醒目。行人可以在标牌上看到目的地名称、方向和距离等信息，有的导视标牌还能为行人展示清华地图——这些地图都是轻松易懂的"傻瓜地图"，可以通过不同的大小和颜色区别不同的信息，并且地图向上的指向就是使用者面前的方向，行人再也不必耗费大量的脑细胞，去研读地图上花花绿绿、弯弯绕绕的各项图标了。导视标牌充分体现了清华"更创新，更国际，更人文"的特点，准确使用中英两种语言，从而能够轻松地为国际友人提供服务。

　　校门级和部分干道级的导视标牌还配备了太阳能照明系统，既满足了使用需求，又体现了校园绿色文化理念。它们用不锈钢架结构、铝型材面板制造，采用烤漆工艺，坚固耐用、轻便美观。

　　在园子里建立一个完备的导视标牌系统，是清华绿色大学办公室等多部门相互配合、美院师生共同参与的校园环境建设众多项目中的一项。在绿办的邀请下，建筑规划院、工业工程系的专家们从道路交通和人机交互等专业角度，参与和把关设计方案；美院的艺术家们考虑校园的整体建筑风格和实际需求，兼顾美感与功能，深化和细化设计方案。这个为美丽的清华园锦上添花的导视标牌系统，是各方戮力同心、携手共创的成果。

　　清华园很大，大到每个角落都藏着惊喜。这些暖心的设计、指路的明灯，能让行人在徜徉于照槛山光、绕廊水色中时，蓦然眼前一亮。

一戏一梦——2018 清华国际校园戏剧节

文字 | 刘书田
图片 | 赵存存

"脚面上的灰尘一直变换，由苦渐咸／让模糊的风景改变了模样／双腿却不知强弱／在变老前踩着剩下的步点远去"，一部改编自诗人马骅梅里雪山支教真实经历的话剧《在未变老之前远去》在清华大学蒙民伟音乐厅感动上演。

伴随着一部部经典话剧的上映，2018 清华国际校园戏剧节的序幕逐渐拉开。此次国际校园戏剧节汇集优秀剧目展演、原创剧本大赛、演后谈、工作坊、名家讲座、剧本朗读等诸多版块，使同学们能够充分浸润在浓郁的艺术人文氛围中。

清华素有话剧艺术的传统。话剧艺术于 19 世纪末 20 世纪初来到中国，并深深植入清华大学深厚的人文与艺术传统之中。清华园中走出了一大批包括洪深、曹禺、英若诚、李健吾等名载史册的戏剧人。戏剧作为清华百年文脉的重要组成部分，通过生动的舞台表演，直击人心，启发思考，探索价值，追寻意义，从而使人进入高尚的人格境界，浸润着一代代清华学子的身心。

时至今日，话剧的火种历经清华学子的代代传承，仍然历久弥新，散发着独特的魅力。清华大学学生艺术团话剧队在经典剧目排演和校园剧目原创等方面进行持续不断的探索和实践，《紫荆花开》《马兰花开》等优秀原创剧目引发社会强烈反响，校园内各院系的学生节以及相关剧社活动也展现出勃勃的戏剧生机。

为了秉承清华优秀的艺术人文传统，充分发挥艺术教育的引领作用，营造校园中独特的戏剧艺术氛围，2018 清华国际校园戏剧节应运而生。戏剧节将持续三个月，十余部国内外特邀剧目、经典力作，将展现戏剧艺术的无穷魅力；艺术名家进校园，畅谈戏剧之美，将碰撞出精彩的思想火花；剧本朗读分享，字字珠玑，带领观众细细品味语言的魅力；原创剧本大赛正式启动，青年才俊擂台奔走，展开年轻生命力的激情角逐；清华学子们登上舞台，将带来一场青春洋溢的视听盛宴。

"解读经典、感悟生命、创意人生"，戏剧节的清华园，如同戏剧的天堂。

高科技助力二校门展新颜

供稿 | 修缮中心
摄影 | 李派

二校门作为清华园中有特殊意义的建筑物，不仅见证了清华的历史变迁，更是园子里一道独特而美丽的风景。在清华大学 107 周年校庆前夕，为了更好地体现这一标志性建筑物的特色，修缮中心对二校门进行了维修维护。

2010 年，修缮中心曾对二校门做过局部的维修。但是，经过 8 年的雨淋风化，二校门的一些砖块发生了钙化和粉化，表面污痕明显，尤其是校门顶部已出现大面积裂痕污损，严重影响二校门的美观。为了防止建筑进一步受损，经过多次详尽的调研与现场勘查，修缮中心将对二校门的维修粉刷工程列入了"2018 年市政设施维护维修计划"。

3 月 29 日起，修缮中心正式开始了对二校门的维修维护工程，开展了包括择砌仿古砖、处理松动砖、修复钙化和粉化砖、铲除污损饰面、整体粉刷等工作。除了这些传统的修缮方式，工程还采用了新型的纳米科技材料——由首届清华大学"校长杯"创新挑战赛冠军团队、清华创业团队"易净星"研发的隐形镀膜剂产品。喷涂后的建筑不会被水浸湿，能够有效防污、防侵蚀，从而较长久地保持洁净的外观，更好地展示二校门的风采。

4 月 18 日，经过全体人员加班加点的努力，工程提前 6 天竣工。二校门正式告别"二维版"，以崭新的面貌出现在广大师生校友面前。

历经世纪风雨，归来芳华依旧。蓝天绿树的映衬下，二校门典雅如昔，而更显洁白晶莹。

清华校园马拉松：为祖国健康奔跑五十年

文字｜张译丹
图片｜宋晨

　　4月，大概是北京最充满生命力的时节了——不仅仅是教学楼前热闹起来的鸟鸣，图书馆窗前绿起来的新叶和宿舍楼下开起来的紫荆花，更重要的是一个个奔跑起来的园子里鲜活的清华人。你看，今年那些校园马拉松的参与者，不就是吗？每一滴汗珠放大了看都在折射彩虹，每一声呐喊用心去听都是青春。同样，每一次比赛贴近了看，都是清华人春天的样子。

　　2018年清华大学校园马拉松将于4月14日举行，今年共有3700余人报名参赛。当然，每一场成功的赛事背后，都少不了场上场下工作人员的身影。要知道，清华校园马拉松不仅是一场校级的竞技赛事，也是一场全员的盛会。在校办的整体协调统筹下，总务办和其下属的保卫处、物业中心、饮食中心、电管科和接待中心等部门协调分工，密切配合，充分做好赛事保障工作。

　　今年校园马拉松的志愿者团队达到220余人。据体育部胡凯老师介绍，志愿团队的服务每年都在朝着更贴心、更贴近的方向发展。为了避免可能出现的高温天气而造成同学们身体不适的问题，今年校园马拉松的比赛时间调整到了上午，与社会性的马拉松赛事时间接轨，同时加强了医疗救护服务措施，随时保证参赛选手的个人安全。

　　从北京刚刚进入春天起，校园里的运动达人就已经跃跃欲试了。体育部马杯竞赛委员会与各院系体育部干事协同组织学生报名，工会组织教职工参赛，校友跑步爱好者协会组织招募校友加入……以马拉松的名义，清华人在这个春天盛大集结。

　　胡凯感慨地说："'无体育，不清华'是一种精神传承。清华校园马拉松比赛诞生前，每年都有数千名师生参加北京马拉松；学校党委原副书记王凤生老师，70多岁高龄依然健步如飞跑完半程马拉松——清华人对体育的重视、对跑步的热爱代代传承。不仅如此，清华人还善于把从体育中获得的优良品质迁移到生活当中，体育已经成为清华紫色中不可或缺的组成部分。"

　　电影《无问西东》里马约翰先生带着大家在雨中跑步的画面，就是对这种体育精神的最好诠释。清华人有个信条——为祖国健康工作五十年，而对清华的跑步爱好者来说，他们会先过了为祖国健康奔跑五十年这一关！

晨跑队：迎接清华园的第一缕阳光

文字采写 | 梁乐萌
摄影 | 殷昊
图片 | 李娜

清晨 6 点的清华园一片静谧，朝霞初露，晨光熹微。几十个身着运动服的人排成队列，环绕园子奔跑，金色的阳光照亮了他们的脸庞。

"这个时候的清华园像是刚刚从睡梦中醒来，在她睁眼的一刹那，你看到了她，使命感油然而生。"航空航天学院研究生聂本典这样描述晨跑的感受，他在今年 7 月刚刚成为晨跑队的一员。在他看来，加入晨跑队的决定，意味着一种全新生活的开始。

尽管晨跑队至今没有正式注册为学生社团，也没有其他社团通常有的外联、宣传等组织架构，但这个队员口中"自发自觉自组织"的团体，已经坚持在一千多个日子里用奔跑的方式迎接清华园每个清晨的第一缕阳光。

晨跑"对儿"

晨跑队缘起于两个热爱生活的年轻人对健康作息的向往。2015 年 1 月的某一天，为了改变晚睡晚起的习惯，当时还是经管学院大四学生的尹西明和女友朱心雨约上两位好友，在寒冬的清晨 7 点开始晨跑。

他们并没有停留在一时兴起，而是把这个行动坚持了下来。他们每天晨跑后在微信朋友圈发出里程计数截屏"打卡"，渐渐地，越来越多的人留言表示想要加入。同样追求自律和自我提升的人在这里相遇，从最初的 4 个人开始，晨跑队不断扩张，现在已经有 400 余名成员。晨跑队成立的第 100 天，尹西明和朱心雨领取了结婚证。

400 余名成员中并非只有学生。训练中心的老师、食堂的师傅、职工家属、校外跑步爱好者……在这里，所有人抹去标签，有的只是"跑步人"这一身份，大家平等相处，彼此关心，并肩晨跑，一起分享快乐和收获。原本是两个人的爱情小故事，却成就了一群人自我改变、自我完善的新世界。2016 年，尹西明和朱心雨两人共同获评清华大学学生年度人物。

晨跑队的成员们常常把"晨跑队"戏称为"晨跑对儿"。三年多的时间，晨跑队中出现了 30 多对情侣，其中不少人已经领证结婚。晨跑队见证了一个又一个表白、求婚的浪漫瞬间，也见证了一群人携手同进、成为更好的自己的过程。

晨 跑 日 常

机械系四年级直博生张冬冬在 2017 年 9 月成为现任晨跑队队长。他介绍说，每天早上 5:50，参加晨跑的成员们在紧邻学生公寓的紫荆操场西南角集合热身，6:00 左右从紫荆操场出发，经过荷塘、二校门等景点，绕校园跑出一个大约 5 公里的心形轨迹。

许多晨跑队的成员逐渐成为"资深"跑步爱好者，在晨跑队微信群里，时常有人展示自己成功完成马拉松或者半程马拉松赛事的证书。跑步开始前和完成后，经验丰富的成员会带领大家一起做拉伸运动。跑步过程中，大家也相互照料、帮助，新加入的成员体质较弱跟不上队伍的速度，就会有老成员主动留在队尾，确保没有一个人孤单掉队。"在晨跑队里，无论你跑得有多快都有人带你飞，无论你跑得有多慢都有人陪！"张冬冬在晨跑队介绍中这样写道。

今年 6 月，晨跑队定制了自己的队服，作为对积极参与的成员的奖励，成员在一个月内跑步总里程超过 100 千米或者坚持晨跑 21 天就可以免费获得。除了跑步，成员们发现了更多共同的兴趣爱好。晨跑队被称为"总舵"，"总舵"之外，健身分舵、游泳分舵、美食分舵、摄影分舵、越野分舵等丰富多彩的小团体也相继成立。

"报告"是每次晨跑后必经的特色活动，这个颇为严肃的词语在晨跑队指的是跑步完成后的分享环节——一边分享成员自发提供的饮料、水果和小食，一边交流最近的乐事和心得。

向 阳 而 生

工物系 2015 级博士生林镇阳在 2016 年 7 月第一次参加晨跑，现在已经是晨跑队的一名老成员，他开玩笑说，在晨跑的带动下，自己开启了"11-5"（11 点熄灯睡觉，5 点起床）的"老年养生"模式。早睡，早起，吃早餐，由太阳升起开启一天生活的"晨型人"作息规律养成后，早起变得不再困难，一到早上就会"自然唤醒"。伴着晨曦读书、运动、晨跑，不仅体质得到改善，不再像幼时一样容易感冒生病，每天在 8 点之前还可以完成很多事情，生命的长度似乎也被拉长了。结合自己的名字，他说，现在的生活就是"向阳而生"。

"向阳而生"是晨跑队成员对于晨跑的共同感受，他们说，能坚持晨跑的人，一定是有意志力、有热情、有自律，并且心态积极向上的人。正如队长张冬冬所说，晨跑将一群有阳光乐观心态和健康生活方式的人聚了一起。"加入晨跑队后最大的变化在于，跑步已经逐渐成为我的一种生活方式，成为每天醒来之后的一种自觉行为。最大的收获在于，我遇见了一群最美丽、最善良、最优秀、最纯粹的人，与他们一起快乐地奔跑。"另一位老队员，来自航空航天学院的杨先情这样说。

拾 行 中 国

除了阳光的心态，晨跑队的成员们还有一颗热爱公益的心，他们的脚步没有停留在跑步本身，而是努力想让身边的世界变得更好。

2018 年 8 月，晨跑队发起并成立了"拾行中国 -Plogging China"公益团体，呼吁大家在跑步时随手捡走地上的垃圾来保护环境，9 月 15 日"世界拾行日"，他们的倡议得到了"广州型跑团"、新加坡 Plogging 跑团、Cornell Highnoon Running Club 等许多"跑团"的响应。

由晨跑队发起的"拾行中国"倡议实现"3R"——Reduce(减少使用)、Reuse(再利用)、Recycle (再循环)和"3E"——Everybody（每个人）、Everyday（每一天）、Everywhere（每个地方）。他们的脚步从清华园到圆明园，从什刹海到香山公园，既达到锻炼的目的，又践行了环保公益，一举两得。在他们心中，有一个简单朴素的理念：真正能够改变世界的，也许不是某一个人的"惊天动地"，而是大多数人都多做了那么一点点……

小脚丫走清华

供稿丨洁华幼儿园
图片丨李娜

　　"水木清华，园中新芽……歌声甜甜，笑脸圆圆"，伴随着朗朗园歌声，清华洁华幼儿园的小朋友们在刚刚过去的这个春天完成了"小脚丫走清华"主题活动季——小小脚丫踏进大大的清华园，呼吸着一草一木的清芬，体验艺术的美妙、科学的神奇。春风春雨中，他们的生命在拔节生长。

　　小班幼儿以班级为单位，在家长的支持和老师的组织下，有的来到工字厅、闻亭和图书馆，尽情沐浴美好春光；有的走进清华美院、艺术博物馆，观赏艺术作品，聆听志愿者讲述艺术家的故事和创作过程。他们踮起脚，尽力辨认石刻和雕塑上自己能认出的文字，在大礼堂的台阶前尽情释放笑颜，小小的心中满是快乐与自豪。

　　中班的孩子们有的在绿地花丛前写生，有的在艺术展品前伫立欣赏，有的在逸夫技术科学楼中与科学家对话。他们感受着自然界和艺术大师们异曲同工的美妙色彩与构图，也亲身体验到科学研究并非高不可攀，不少科学问题的源泉就在我们的生活中。

　　大班的小朋友们在欣赏自然美景的同时，也有能力用更细致的笔触，描绘出清华建筑的独特风貌。他们走进清华各大院系，更深入地感受科学和人文的广博与美丽。他们在生命学院用心聆听讲座，了解如何才能更好地保护我们身边的环境；他们还走进邮局为山区小朋友捐寄图书，传递知识和爱心的力量。

　　清华洁华幼儿园开展的"小脚丫走清华"活动季，让幼儿走出幼儿园，在清华园的大自然、大社会中学习——欣赏清华园的四时美景，亲身体验各院系场馆的独特魅力，近距离感受清华大学浓郁的人文气息和深厚的文化底蕴，这就是清华园在孩子们心中种下的美好的种子。我们期待它在孩子们心中开出真、善、美的花，结出聪慧、勇敢、善良、自信、博爱的果实。

　　值此幼儿园 70 周年华诞之际，祝所有小朋友健康、快乐、幸福成长！祝所有的老师和家长阖家幸福，万事如意！

欢迎你们，亲爱的八字班新生！

文字｜冯婉婷
图片｜李娜 杨思维

亲爱的八字班新生：

你们好！

我是一名八字班新生辅导员，很高兴在这个美丽的季节与你们相遇，也很荣幸可以陪伴你们开启难忘的清华岁月。

学堂路上传来行李箱的咕噜声，八月的清华园将会因为你们的报到而变得热闹起来。很快，你们的身影会出现在学校的各个角落，给这座园子带来属于八字班的朝气与活力。

你们会在图书馆里博览群书，体悟文学的浸润与科学的启迪；你们会在运动场馆里挥洒汗水，感受百年清华的体育传统；你们会走进课堂聆听大师讲座，也会走出校园提升国际视野；你们会在师生交流中找寻方向，也会在朋辈激励中砥砺前行……

走进清华园，等待你们的是更广阔的舞台，更丰富的机会，更创新、更国际、更人文的清华。

园子里有多元的可能，希望你们有挑战的勇气，有担当的勇敢。通识教育与专业教育的结合，让你们可以体验不同学科的魅力；各类讲座和"开放交流时间"的设立，让你们有机会与大师、名师近距离交流；海外实践与实习为你们提供放眼全球、感知世界的机会；大学生学术研究推进计划、薪火计划、沐风计划……无论你是潜心科研、专心学术，还是热心公益、倾心文艺，都可以在园子里找到属于自己的一小方天地。请一定抓住机遇、大胆尝试，在试错中成长，也一定学会勇敢接受自我选择与尝试的结果。

园子里有多样的道路，希望你们找到热爱，保持清醒。大类培养帮助你们找到适合自己的专业方向；学术研究、社会工作、创新创业、社会实践、志愿公益……清华包容多样的成长路径。当这幅崭新的大学画卷徐徐展开，希望你们不要只被斑斓的色彩所吸引，而是静下心来，选择适合自己的路径，好好规划自己的生活。同时，请珍视此时此刻你们心中那份焦虑与敏感，并辅之以行动，提升自我、观察生活、认识社会、理解世界，保持独立思考的能力和不随波逐流的清醒。

园子外是多变的时代，希望你们从书本中获得思考，在实践中把握自我。正如邱勇校长所说，"清华园是一个读书的好地方"，沉下心来深入阅读与思考，将帮助你们更好地认识自我、理解社会。面对瞬息万变的新时代，你们所阅读的内容可能还包括不断变化的社会现实。为此，你们需要抬起目光，将理论与实践相结合，肩负清华人应有的使命与担当。

四年时光转瞬即逝，现在的我还能清晰记起，和你们一样满怀憧憬踏进清华园的那一天。希望四年清华生活带给你们的不仅是头脑与心灵的广阔，更是执着的热爱、坚定的责任和无悔的青春。

新的生活已经展开，让我们一起加油，共同成长！

一名八字班新生辅导员

10
2018.12.

"清韵烛光"师生情

供稿、供图 | 校学生会

近日，清华大学第七届"清韵烛光·我最喜爱的教师"评选结果揭晓。10位教师获得"清韵烛光·我最喜爱的教师"称号，他们分别是水利水电工程系教师余锡平、机械工程系教师田凌、能源与动力工程系教师李政、汽车工程系教师杨殿阁、电机工程与应用电子技术系教师丁青青、数学科学系教师姚家燕、社会科学学院教师晋军、新闻与传播学院教师梁君健、马克思主义学院教师李蕉、武装部教师吕冀翼。他们是清华园中诸多为教学、为同学辛勤付出的优秀教师代表。

获得"清韵烛光·我最喜爱的教师"称号的10位老师，虽然来自不同院系或部门，教授的课程也有所不同，但他们都热爱讲台，关爱学生，将大量的心血倾注于教学，为学生传道、授业、解惑。他们之中，有人曾获评优秀班主任，有人的课程被评为国家精品课程，有人主编的教材曾获得清华大学优秀教材特等奖。他们的教学生涯中有为教学的辛勤付出，有对同学的殷切期盼，也有感人至深的师生故事。

在余锡平看来，当一次班主任是大学教师最值得做的事情之一。担任一字班班主任四年间，他为班级工作倾注了很多精力和情感。在他的带领下，水工11班赢得北京市先进班集体等诸多荣誉的"大满贯"。虽然事务繁忙，他仍然会抽出时间精力和每一位同学约谈，了解同学们的学习生活状态。

田凌总是和蔼可亲。她把学生当成自己的孩子，也希望他们能尽快成长为合格的机械工程师。她时常教诲同学们要把身边的压力当作成长过程中珍贵的礼物，成就自己的精彩人生。

因为热爱，李政在教学中投入了大量的精力。多年来，他从未停下精进授课能力的步伐。每次授课前他都要做大量的准备工作，不断创新、改进教学方法，大年初一备课也是司空见惯的事。

从教17年来，杨殿阁一直用心细致地对待自己所负责的每一节课。为了保证课程内容紧跟时代前沿，每学期开课前，他都会用大量时间整理最新的研究进展和成果，并将其有机结合到课程中。

"在教学过程中，我认为最重要的是爱学生。"丁青青把学生遇到的困难当作自己遇到的困难，把学生面临的问题当成自己面临的问题，感同身受。虽非亲人，却胜似亲人。因此，同学们都亲切地称她为"丁妈妈"。

温柔儒雅的姚家燕老师被同学们称为"姚Sir"。课堂内，严谨认真、因材施教是姚家燕老师微积分课的标签；课堂外，姚老师的咖啡总能融化大家的困惑、压力和烦恼。

晋军是一位集风度、智慧与情怀于一体的老师。他用电影启发同学们用结构视角看社会；他是同学们的良师益友，不时与同学们分享他的三观；他教诲同学们"行胜于言"，做对社会有意义的人。

标志性的寸头、硬朗的背影，梁君健是晨跑、看球、扛摄像机的"梁导"。他还是新闻学院出了名的"体育超男"。每年毕业季，他都会参与组织一场毕业篮球赛，来送别那些即将毕业的新闻学子。在梁君健看来，这是用体育的方式传递清华人的精神和感情。

30本干货满满的书，5次"神仙打架"的研讨课，1000杯暖心烧脑的微沙龙咖啡，16周全情投入的历史冒险……李蕉把"她的纲要课"变成了"大家的纲要课"。让每一个学习者不孤单，让每一个人成为"中国近代史纲要"课程的主人，这是她的目标和夙愿。

出身军队的吕冀蜀老师性格潇洒豪爽，讲起军事课程激情澎湃。从军训主席台上的挺拔站姿到教室讲台上的旁征博引，在他的引领下，更多同学关注国防事业，燃起军旅梦想。

老师们对教学的热忱、对学生的关爱滋养了同学们的成长，更赢得了同学们的喜爱与尊敬。清华大学"清韵烛光·我最喜爱的教师"评选活动已经进行到第七届。活动旨在展现校园里个性迥异但同样广受爱戴的老师们，让更多动人的师生故事为人知晓，倡导校园内尊师重教的氛围，向可亲可敬的老师们献礼。

【我和我的祖国】难忘快闪　燃情团队

供稿｜校研究生会
图片｜李娜

　　"我和我的祖国，一刻也不能分割，无论我走到哪里，都流出一首赞歌……"岁末年初，一支拍摄自清华大学第六教学楼的快闪视频在央视播出后不胫而走。马路边、高铁上、公园里，当人们点下播放视频的三角图标，聆听这祝福祖国的动人旋律，目睹挥舞国旗的白发先生、从校园四面八方赶来的学子和普通劳动者共同汇集成的洪流，心中无不涌起浓浓的爱国热忱。

　　"我和我的祖国"快闪视频于 2018 年 12 月 30 日在 CCTV1 早 7:00《朝闻天下》全国首发，随后分三个时段在 CCTV13 新闻频道滚动播出，央视积极评价此次活动"清华的师生齐聚一堂，用快闪的方式表白祖国，一同唱响《我和我的祖国》。这样的表达虽只是百年清华万千故事之一，却如明镜映照出清华的万千光华"。12 月 31 日，《新闻联播》节目对快闪活动进行了报道。该快闪在新媒体平台一经发布迅速形成热点，三日全网播放量超过 2200 万，"#我和我的祖国#"在新浪微博、微信等平台迅速成为"新时代"置顶话题，累计获得 5.7 亿阅读量。《人民日报》、新华社、《光明日报》和《中国青年报》等主流媒体纷纷对此次活动进行专题报道，人民日报公众号发布头条文章《这应该是 2018 年岁末，最难忘的快闪了》阅读量超过 134 万，点赞数超过 1.3 万。

　　线上传播激发师生校友热烈讨论，邓亚萍、卢庚戌、缪杰等校友纷纷转发并祝愿伟大祖国繁荣昌盛。教师凌云在分享视频时说："热泪盈眶，爱国奉献是清华人的基因，祖国万岁！"清华同学 Joymay（网名）留言："莫名流泪，感觉分外骄傲和自豪！我爱你中国！我辈清华学子，定将自强不息，厚德载物。"校友黄一帆评价："真是红得漂亮，红得威武！"网友辣辣辣火锅超好次（网名）在微博评论下写道："朝气蓬勃的青年们，坚定，有信仰，有力量。"网友叶子（网名）在转发微博时说："身在异国，心在中国，我爱你祖国！祝祖国永远繁荣昌盛！"

　　动人的作品背后，离不开爱国奉献的清华师生，也离不开默默奉献的幕后团队。这次快闪活动经过了一个多月的精心策划，将广为传唱的《我和我的祖国》融入摇滚、交响等元素，选择校内师生最熟悉的教学楼，打造真实自然的场景，充分结合清华特色，从细节入手激发师生共鸣，展现"爱国奉献，追求卓越"的清华精神。核能与新能源技术研究院 2016 级博士生金雨浩是这场快闪的主创人员之一，据他介绍，这场活动从 2018 年 11 月 14 日开始策划到 12 月 17 日完成整场活动，一个月的时间里，主创人员完成了歌曲改编、场地选择、演员排练、调度脚本撰写等一系列工作，快闪方案经过了 6 次大改和数不清的细节修改。"就像孕育一个孩子，这中间有无数个日夜都倍感焦虑、疲惫和压力，但是当这个孩子出生时，看到他那么可爱、那么让人喜欢，会觉得这一切的付出都特别值得。"金雨浩说，"这次的活动就给我这种感觉——辛苦都已经随风而去，留下的经典瞬间却是永恒的。"

　　"快闪只有先打动我们自己的同学，才能真正引起师生校友共鸣，点燃全社会的爱国情愫。为了能将快闪活动自然融入日常学习生活的场景，做真正能打动清华同学的快闪，我们不放过每个细节，精雕细琢力求完美。以选取地点为例，我们反复咨询专业媒体平台的意见，基于二校门、综体、教学楼等多个场景分别草拟活动方案并进行比选，最终选择了六教A 区的半封闭多层次空间。"快闪活动负责人之一、水利系 2015 级博士生单楷越回忆道。正因为有了这样精益求精的打磨，清华的快闪视频最终脱颖而出，全国首发并且得到师生校友和网友们的广泛好评。单楷越的导师看过快闪视频后评价说：

"清华人就该这样做事情，永远追求卓越。要做，就只做第一！"

为尽可能不影响学校正常的教学秩序，快闪策划者之一、电机系 2017 级博士生黎晗东带着小伙伴们，提前到每间教室与上课的老师们进行沟通。"让我们感到十分温暖的是，所有老师都一致表示了体谅，并非常支持我们的活动。活动开始后，12 点 15 分下课的大多数老师同学都被快闪活动吸引，并随着歌曲的深入，自发加入一同唱歌，这令我们感到非常振奋。"

站在耄耋之年的倪维斗院士身边，听着倪老师的歌声，马克思主义学院 2018 级博士生嵇丈羽回想起从参加清华大学暑期团校起，就被清华精神点滴片段所震撼。"在清华，爱国从来都不存在丝毫迟疑和犹豫，"嵇丈羽说，"当倪老师振起手臂，用近乎全身的力气歌唱'我最亲爱的祖国'时，一股热流在我心间激荡起来，久久不能平静！老一辈科学家通过这种方式，把对祖国深深的热爱之情传递给了我们青年人。"

直到现在，法学院 2017 级硕士生刘一秀回想起当天的情景，还是会"感动得想哭"，在她看来，这次活动让她勇于大声表达对祖国的热爱，"不再觉得害羞或是不好意思"。能源与动力工程系 2018 级博士生田园现场参与了合唱，后期的视频他已经看了七八遍。身边朋友们也纷纷转发，田园觉得"可能是因为这种表达对祖国感情的方式和氛围太能引起共鸣了"。

"水木清华众秀钟，万悃如一矢以忠。"青春为誓，毕生践行，每个清华人心中都流淌着一首名叫《我和我的祖国》的歌……

活动简介：

2018 年 12 月 17 日，在中宣部和教育部的指导下，清华大学研究生会组织、学生艺术团共同参与的"我和我的祖国"快闪活动在清华大学第六教学楼上演。快闪实录视频经中央电视台《朝闻天下》节目首发后，引起社会各界强烈反响，被《人民日报》、新华社和《光明日报》等多家媒体广泛报道，三日全网播放量超过 2200 万。12 月 31 日，《新闻联播》对快闪活动进行了报道。

音乐图书馆：乐声萦绕伴书香

文字 | 拜喆喆
图片 | 宋晨
摄影 | 童庆钧

在博尔赫斯的想象里，天堂是图书馆的模样，那音乐图书馆，应该就是天堂里的最高配置了吧。旋律从来没有在清华园缺席过——赵元任在这里谱下《教我如何不想她》的曲调，李健在这里读诗唱歌，蒙民伟音乐厅时时环绕着乐声。而在图书馆这个最静谧、最美好的天地里辟出一座音乐花园，实是浪漫精神的极致诠释了。

图书馆西馆（逸夫馆）是清华园里连接今昔的一座图书馆，它的东面是百年老馆，北边延伸处则是带着年轻气质的李文正馆。将音乐图书馆作为流畅的间奏放在逸夫馆，恰到好处。窗外是藤蔓干枯的枝节，戴着耳机望出去的时候，仿佛已经开始期待春日萌发、夏日浓荫。这一隅从前书香弥漫的地方，从此还能与乐声相伴。这个时候，音乐是光。

木心曾说："音乐是纯粹的，这是它的弱，也是它的崇高。"音乐图书馆可以是一个人的世界，更可以是灵魂交流对话的地方。在单人欣赏区，戴上耳机，点击一个音乐家一张专辑，就可以把一切烦恼、关注和浮躁的诉求抛在脑后，享受一段纯粹的时光。团体视听区的设置是人性化的彰显——欣赏音乐可以是一个人的仪式感，更可以是交流与抒发的渠道。不善言谈的我们用音乐传情达意，因为旋律，和身边的人更加贴近。打开音频解码器，选择音乐，戴上耳机，调整音量。面前有四只降噪耳机，仿佛每个人都进入了一个隔离的世界，却分享着同样的旋律，和同一个音乐家对话。听巴赫的庄重，莫扎特的灵性，贝多芬的奋斗，勃拉姆斯的希冀，柴可夫斯基的浪漫，瓦格纳的绵延……共此时，共此声。

音乐图书馆带着 TEAC UD-503、马兰士 HD-DAC1 解码器和森海塞尔 HD-650 耳机开始了令人期待的试运营。期待它继续丰满，从西方古典不断延伸，探索东方传统的诗意、经典民谣的表达，甚至打开流行金曲的记忆盒子。这个空间，为音乐的贵重庄严赋予了质感，也为音乐的平易近人铺设了通道。

清华树木的春季"养成"

文字｜王鲁彬
图片｜宋晨

　　犹记得去年隆冬时节，清华主路上已经难以见到飘零的树叶，只剩下路旁光秃秃的树枝。偶有去教室上课的同学停下脚步，举起相机记录这寒冬的萧索。

　　转眼到了三月初春，河冰渐渐消融，校园内的绿色还没有全然苏醒，却也已经迈出了走向春天的步伐。

　　从一月到三月，同学们忙着期末复习、回家过年和开学报到，或许并没有注意到园子里的树木从隆冬到初春悄悄发生的变化。有一群人却始终守护在它们身边，悉心照料这些即将在未来的春夏秋冬为师生提供别样风景的"伙伴"。

　　清华大学修缮管理中心园林环卫科负责全校绿化美化和植物养护的工作。一月到三月的气候变化多端、不够"友好"，却又恰逢树木生长的关键时期，树木的管理和养护尤为重要，园林科的工作人员格外忙碌。

　　对于北京而言，一月是全年中气温最低的月份，陆地树木处于休眠状态，此时进行修剪最为合适。园林科的工作人员会全面检查并修剪树木枯枝、伤残枝、病虫枝，以及妨碍架空线和建筑物的树杈，让它们在新的春天得以健康自由地生长。而对于那些开花的灌木，园林科还要对它们进行"美容"作业，经过整形修剪，这些树木才能更美地装点这座曾被《福布斯》评为全球最美大学校园之一的园子。

　　到了二月，树木仍处于休眠状态，气温相较一月有所回升。此时行道树的检查和绿地的清洁都已经完成，各种树木也都修剪完毕，工作重点转向从上月开始的病虫害防治——冬季是消灭园林害虫的有利季节，此时控制越冬害虫，往往能收获事半功倍的效果。

　　七九河开，八九雁来，三月的清华从九九的尾巴走向温暖的春天，园子里的树木也进入了生长期。三月中旬以后，树木开始陆续萌芽开花。此时的园林科也正式开始了全新一轮的忙碌——首先是土壤解冻后的工程种植。大大小小的乔木灌木附近早已作好规划设计，树坑也已经事先挖好，随运、随种、随浇水，工作人员可谓争分夺秒。春季干旱多风蒸发量大，因此随后的春灌和施肥必须迅速到位。同时，病虫害防治也还在继续开展，此时采用的方法是"清水冲树"，简称"水机三虫"，同时促进花粉落地，减少过敏危害。所有花灌木刷石硫合剂，白蜡、杨树等树干上缠胶带，防止草履蚧、杨尺蠖上树。待气温回升后，根据未来气温的走势，工作人员将选择合适时机去除防寒设施。

　　在工作人员的日常浇灌和修剪等精心养护下，园子里的树木又将为我们洒下片片绿荫，为校园带来芳菲俊秀。

万物有声　生生不息——世园会中国馆背后的秘密

原作者 | 张静

改写 | 潘懿锟

图片 | 李亚婷

　　2019 北京世界园艺博览会中国馆名为"锦绣如意"，地处山水园艺轴中部，是北京世园会的标志性建筑和最受欢迎的场馆之一。自 4 月 29 日世园会正式开园以来，中国馆已经接待了超过百万人次的观众。在设计上，中国馆承担着彰显中国国家形象的使命，与园区山水格局相协调，使用最新的绿色技术，融入地域文化元素，表达园艺主题，兼顾会后利用。由清华大学美术学院信息艺术设计系副教授张烈牵头的联合设计团队，承担了中国馆展览总体策划设计和布展工作。

　　作为世园会核心的中国馆，建筑面积达 23000 平方米，展览面积达 15000 多平方米。张烈以植物为笔，带领团队通过两年的精心打磨，为世界呈现出一场园艺的视觉盛宴——"生生不息——中国生态文化展"。展览语言与建筑空间紧密相融，采用戏剧化的空间叙事手法，以"天地人和""四时景和""山水和鸣""春江风和""祥和逸居""和而共生"之"六和"为题，依次布局形成九幕空间，带来循序渐进、步移景异的全新观赏体验。和谐质朴的中国生态观、江山多娇的绿色发展观、山水林田湖草生态整体观、成果共享的民生普惠观，以及共谋生态体系建设的全球共赢观……全部通过诗意的建筑语言诠释。

　　美轮美奂的中国馆既凝聚了现代艺术的气息，又氤氲着中国古代朴素生态观念的典雅之美。9 个展厅的美好体验背后，是团队呕心沥血两年的匠心锤炼。

大国工匠　精益求精

　　走进中国馆，那面星光斑斓的五色夯土墙体必定让你印象深刻。为了让夯土墙呈现出预想的水墨艺术效果，20 多位工人们在艺术家和建筑工程师的指导下，手工捶打，一层一层夯实墙体。在每一个白天和夜间，铸就星空。张烈感叹："看着工人师傅一层一层地捶实夯土墙，我觉得很像做设计的过程。没有一蹴而就，只有脚踏实地，行胜于言，一点点一滴滴不断修改完善，才能呈现出最好的作品。"

　　"天地人和"展厅那些生动的植物并非杜撰，全部经过了详细考究。《诗经》三百余篇诗歌中，歌颂描述的植物就有一百多种。为了保证信息准确，设计团队中具有历史学和考古学背景的校友张雯仔细将《诗经》中所描绘的植物进行提炼和梳理，选用了二十四种植物，涵盖观赏、器用、祭祀、药材、染料等类别，用亚克力浇铸成植物标本水晶块，辅以背景简拙的古人生活场景岩画，借意蕴优美的诗句表达先民对自然植物、园艺种植的朦胧认知与朴素情感，体现人与自然和谐共生的自然观。

艺技融合　巧思出新

　　"山水和鸣"厅中有一处半露天的圆形庭院，水流倾斜而下，雾气升腾，好似仙境一般。然而这样别具一格的展厅在原本的规划中只是一处普通的下沉露天庭院。一年前，张烈团队在完成了最初整体设计方案后，突然被告知中国馆室内使用规划改变，生态展厅由原来的一层挪至地下。展览空间大幅缩小，还有三分之一为室外场地。这意味着一切都要推翻重来！然而张烈并不气馁，认真分析研究，在十分复杂和不利的空间条件下，做出了全新的特色和亮点。"山水和鸣"展区就充分利用圆形下沉水院建筑空间特点进行设计，达到与外部景观相呼应的效果，仿佛与自然共享天地，和谐统一。

"春江风和"厅以《富春山居图》为题，以植物艺术装置结合光影艺术手法，生动再现富春山居图的水墨意境。不通电时，水墨版跃然于眼前；通电后，植物版的经典画卷则映入眼帘。

然而这短短几秒钟的艺术效果，却在设计之初差点被抛弃。博览会不是纯粹的艺术展，张烈还想把《富春山居图》的内容和故事呈现给观众。在确定使用植物元素再现《富春山居图》的基本目标后，深化设计和实验开始紧张地启动。主创团队包括美院校友王国彬、枣林等，他们初步确定了纯植物造型的方案，但是很快就发现，实际创作过程中的难度远远超过了预想。

被邀请来进行创作的校友郭子龙最初做出的两版植物光影造型都不太符合预期，虽然有水墨的气韵，但和《富春山居图》的画面相去甚远。而此时，距离截止时间只剩下不到一周。张烈动员身边的朋友们一起想办法，在推演了无数种其他的可能性之后，他终于作出了艰难的决定——还是要继续用纯植物来做造型，但要对植物的形态进行适当的规整和约束，而不能是自由的状态。"如果能实现全部用植物做出来的话，将会是很牛的一件事，也是最理想的一种状态……因为用任何其他的材料来做，有可能做得更像富春山居图，但是就失去了我们用植物园艺来表达这幅画的初衷。"张烈说道。在最后时刻，大家加班加点，郭子龙几宿没睡，终于交出了满意的答卷，设计团队巧妙利用科技手段，并以相关诗句为引，揭示中国山水画"可望、可行、可游、可居"的审美理想，以及对充满诗情画意、天人合一的理想人居环境的追求。

以《十八学士图》和圆明园盛景为代表题材，"祥和逸居"厅采用创新的空间递进式全景影像，给观众带来深度的沉浸与穿越感，结合纱幔和影像光影，让观众犹如步入画中。特别值得一提的是，圆明园四时景图的指导团队正是对圆明园进行数字化复原的清华大学建筑学院教授郭黛姮团队。张烈认为，圆明园作为皇家园林，在规模上、规格上和技术上等各方面都代表了古代园艺发展的巅峰。这里选取了圆明园里最具有代表性的植物景观，通过数字化的手法，再现圆明园从春到冬四季的变化。

为了实现浸入式的效果，张烈团队做了步入式的多幕影像空间。四重空间中有两重使用了纱幕投影，它有半透明的效果，既能够呈现三维影像，又能够让大家看透空间，产生比较丰富的视觉感受。这样的空间效果也是团队和负责影像制作的清华美术学院副教授王之纲等多次碰撞出来的想法。

呕心沥血　和而共生

在"和而共生"展厅播放的影片背后，有一道墙体倾斜近45度的背景墙，它与"祥和逸居"展厅垂直的背景墙构成了一个狭小的空间，入口是一处小小的暗门。门后，则是一个与美轮美奂的展厅迥然不同的世界。

昏暗的灯光照着两张方桌搭建的工作台，上面摆放着正在工作的电脑，工作人员随时检查旁边主机的运行，这关系到85台投影仪能否正常运转。人多时，地上的油漆桶和木板就代替了凳子。灯光无法触及的地方还摆放着两张床，困了的人就在这里稍事休息。但是张烈很少在这里休息，在每一个工期紧张的夜晚，他都是整晚穿梭在场馆里，督促工程进度，沟通指导布展。"最难捱的是冬天。春节大家还在这边，场馆里一开始没有暖气，非常冷。"

临近开展前的一个月是他们最忙碌的时候，小屋里的人进进出出，更多的时候是在场馆内不停地走动布展。团队人员每天都是凌晨2点收工，早上7点开工。

张烈表示："能在这样一个国际最高级别的园艺博览会，同时也是国家重大的主场外交场合中留下自己的作品，我感到非常荣幸，也非常幸运……这可以算是我设计生涯中到目前为止最重要的一个作品，也是我几十年的学习和从业经验中倾注了最多心血和最多灵感的一个地方……在这里，我们用了许多新媒体的手段，把传统和现代、艺术和科技、展览和园艺作了很好的结合，这是我所满意的，也是收获最大的地方。"

结　语

以"生生不息"为理念、以"锦绣中华"为意象、以"园艺植物"为载体、以"生态人文"为核心，清华人用他们的工匠精神和锦绣妙笔，用诗意的中国语言，表现人与自然和谐共生的中国生态文化精神，向世界呈现出中国园艺展览的一张名片。

清华老馆：待你换新貌，我们再相逢！

文字｜梁乐萌
图片｜田蕾

闭馆铃声响起，正在老馆自习的同学们却迟迟不愿离去。大家纷纷拍下桌椅、书架和手中书本、习题的照片，郑重地与老馆道别。"听着日复一日重复响起的闭馆音乐，离开的瞬间才觉得无比想念"，同学在朋友圈"刷屏"表达着对老馆的不舍。

根据老馆维修工程安排，图书馆老馆于 2019 年 10 月 9 日起闭馆，馆藏资源暂停对外服务，恢复开放时间未定。老馆上一次维修还是在清华大学 90 周年校庆之时，出于文物保护和使用的需求，将在今年接受近 20 年来第一次"大修"。

顾名思义，"老馆"是清华校内最早的图书馆。它落成于 1919 年 3 月，距今整整 100 年，是清华早期"四大建筑"中最先动工和建成者。1928 年清华学校改为国立清华大学后，图书经费骤增，图书馆馆藏逐年大量增加，因此在 1930 至 1931 年间进行扩建，增添了中部和西部的建筑，与东部原有部分形成浑然一体的图书馆建筑群。时任中文系主任的朱自清教授，曾任清华图书馆委员会主席兼代图书馆主任。至抗战前夕，图书馆馆藏计 36 万余册。

抗战时期，馆内 20000 余册书籍被千里迢迢运往昆明，路途艰辛，途中损失惨重。日军占领清华园时期，曾以图书馆为外科病房，书库为手术室及药库，图书馆藏书也被洗劫一空。运到南方去的图书也大部分毁于战火。复校后，经过各方努力，图书馆得到恢复发展。

过去，泡图书馆被清华学生戏称为"开矿"，每天开门前总有许多学子排队等待进馆。图书馆仿照欧美新式避火法建造，地面铺设着厚毛玻璃透光地板，宽敞明亮，成为一代代清华人心头珍贵的怀念。杨绛先生曾说："我在许多学校上过学，最爱的是清华大学；清华大学里，最爱清华图书馆。"季羡林先生真切地回忆："我一想到清华图书馆，就有一种温馨的回忆，我永远不会忘记清华图书馆。"曹禺先生则说，"我怀念清华大学的图书，在我怎么想都是一片糊涂账的时候，感谢一位姓金的管理员允许我进书库随意浏览看不尽的书籍和画册，我逐渐把人物的性格与语言的特有风味揣摩清楚。"正是在西文阅览室大厅东北边的一张长桌上，他伏案写出了中国现代戏剧史上的不朽之作《雷雨》。如今，尽管有文科图书馆，经济、法律图书馆，逸夫馆，李文正馆（北馆）等"争奇斗艳"，但很多同学仍然偏爱老馆安谧沉静的氛围，在老馆穿着学位服留下照片也成为毕业同学必做之事。

为更好地保留图书馆老馆百年的历史积淀，本次维修将按照文物建筑的维修标准坚持"修旧如旧"的原则，在外观、内置等方面都会保留维修前的状态。"例如阅览室的窗户样貌、书柜和校友们捐赠的自习桌椅，目前大库里的书斗、玻璃地面等都将被保留。"图书馆党委书记蒋耘中说。

本次大修的工作主要包括建筑整体修缮、机电设施升级、结构病害处理、功能分区优化和借阅设施完善等。在"维持"和"修复"之外，还将对老馆进行优化，在功能分区上打造"研究友好型"的特藏阅览区，并完善新风系统和防尘措施。在空间优化后，还会相应增加甲骨等馆藏的展示。在借阅设施方面，将主要进行更加完备的"个性化分区"，例如在第三阅览室配备电源插座，适应师生新的阅读习惯，同时在第二阅览室开辟"静区"，维持纸质书阅读的需求。此外，出于舒适性和视力保护等方面的考虑，也会对卫生间和灯光进行整体调整。

在维修过程中，老馆内部分图书将分流至校内其他分馆，馆藏文献文书等珍贵资料则本着减少挪动和损伤的原则，在逸夫馆内暂时集中存放。最为人性化的是，为了缓解维修期间师生对老馆的思念，位于老馆普通阅览室的桌椅将被分散到逸夫馆、北馆区域，供大家自习使用。

"虽然不知道它会改成什么样，但是对木质桌椅、微凉空气和安静阳光的回忆不会消失。"物理系 2016 级本科生刁康宁说，"希望等它有了新的模样，会有新的人在这里留下新的记忆，希望这里一直是个安静而美好的地方。"我们期待着老馆以新面貌重新开放的那一天，那时，在更加美丽的老馆里，必将又是座无虚席。

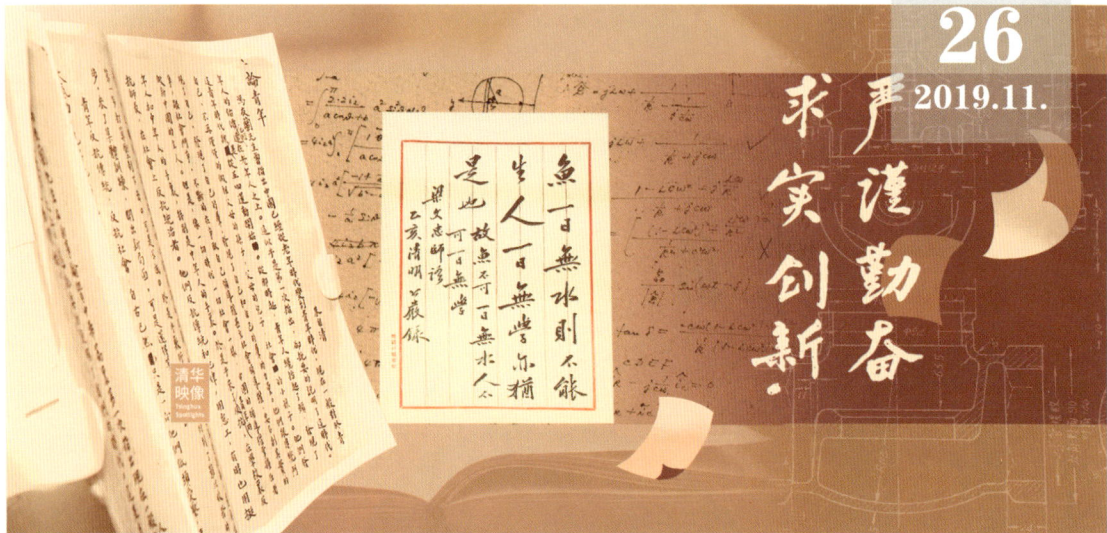

严谨 勤奋 求实 创新

跨越百年的学风传承

文字｜郭静茹 李婧
摄影｜苑洁
图片｜宋晨

百余年来，清华始终坚持严谨教学，严格要求同学们珍惜光阴、用功学习、严格磨炼。

清华"严谨 勤奋 求实 创新"的优良学风，是在 20 世纪 80 年代精辟概括出来的。这八个大字如今仍镌刻在第三教室楼上，以鞭策师生。

2019 年是清华大学学风建设年，在清华大学档案馆、校史馆主办的《严谨 勤奋 求实 创新——清华大学优良学风档案史料展》中，我们看到了"严谨 勤奋 求实 创新"的传承，心中是大写的"服"，脚下是前行的路。今天，我们为您讲述清华学风跨越世纪的传承。

"长大后，我就成了你"

珍藏家中的试卷

1993 年，叶企孙先生的侄子叶铭汉院士在整理叶先生的遗物时，发现了一份精心保存的试卷。这份 1945 年西南联大时期的电磁学试卷显示，李政道在理论部分得了 58 分，接近 60 分满分；而实验操作成绩只得了 25 分（满分为 40 分），相当于刚及格。

据李政道先生回忆，这次考试的实验成绩给他很大震动，叶企孙的严格要求对他一辈子影响很深，特别是让他懂得了实验的重要性。

低调、爱学生的"大师之师"叶企孙，是清华大学物理系首任系主任。从教的 50 余年，他培养了两位诺贝尔奖获得者和 57 位院士。1999 年国家表彰的 23 位"两弹一星"元勋中有 10 位是他的学生。

直至今日，清华园里仍然还有一批"老师的老师"。

青教赛中的"师父们"

做全国高校青年教师教学竞赛培训指导工作 20 余年，80 岁的清华大学力学系教授薛克宗被尊为清华青教赛的"祖师爷"。

1997 年，大二学生冯鹏在薛克宗的指导下，把课程感想变成了人生第一篇学术论文。十年后，留校后的冯鹏参加北京市青教赛，教练薛克宗手把手地指导他从一名教学新兵成长为青教赛理工组第一名。又一个十年后，2017 年，冯鹏也成为青教赛教练。

就像歌中所唱的那样："长大后，我就成了你。"

马克思主义学院副教授李蕉已有 10 年教龄，但在每一轮备课中仍坚持将"讲台上要说的每一句话"写下来，以保证把课堂教学节奏掌握在分秒之间。

2018 年，李蕉参加全国青教赛。长达 5 个多月的备赛，公管学院副教授梅赐琪等指导老师共听了李蕉 24 讲内容 130 遍试讲，每遍都边听边做批注，甚至在不满意的图示设计旁写下"丑"字。在"师父们"的指导下，李蕉荣获一等奖第一名。

"咬定青山不放松"

朱梁君子之辩

1948 年 3 月 31 日，朱自清发表文章，对北平市政府"拨用巨款修理和油漆北平的古建筑"的做法表示不赞同。在同年 4 月 13 日出版的《大公报》（天津版）上，梁思成发表《北平文物必须整理与保存》一文，进行讨论辩驳。

朱自清读到梁思成这篇总共 17 页，修改、删补达近百处的文章后，称赞梁思成见解独到。这场关于"北平古建筑保护"的君子之辩从此成为美谈。

逐字推敲、增删改易之迹，在清华当代学人中依然多有体现。

早早啃上"硬骨头"

清华大学文科资深教授彭林做博士论文时就啃上了《周礼》这块"硬骨头"，30 余年孜孜不倦，咬定青山不放松。

两年前，国家图书馆隆重推出《中国珍贵典籍史话丛书》，其中《〈周礼〉史话》一书由彭林担纲，要求用简洁通畅的文字向广大读者介绍一部古奥难读的经典。彭林篝灯改窜，数易其稿。

反复修改的一把辛酸泪，有学生甚解其中味，还习以为常。

别人家的"作业本"

化工系 2017 级的曹煜恒有个习惯，每次布置的作业都要抄题，将批阅完的作业整理并收好。一次次的作业，他可以弥补知识点的缺漏，可以重温题目的经典解法，可以提醒自己不要再犯相同的错误……每学期结束后，他还会将整理的知识重点、错题重做等一并收入作业合集。习惯坚持两年，形成三本作业合集。

天才在于积累

靠的就是坚持不断的努力

从初中毕业的小杂货店员到清华大学数学系教授，许多人都赞叹华罗庚为数学天才，而他则认为一切源于勤奋和积累。进入清华后，华罗庚仅用一年半的时间就自学完数学系的全部课程。非但如此，他还自学了英文、法文、德文。正如他在增删百余处的《聪明在于勤奋，天才在于积累》一文中勉励青年人所写："所谓天才就是靠坚持不断的努力……""直到现在我也贯彻这个原则：别人看一篇东西要三个小时，我就花三个半小时……所以，前一段时间的加倍努力，在后一段时间内却收到预想不到的效果。是的，聪明在于勤奋，天才在于积累。"

积累，是几代清华学人共享的关键词。

打印纸背面的备课笔记

1999 年，热能系教授段远源第一次讲授"工程热力学"课程。这是能动系（当时为热能系）一门极为重要的本科生技术基础课。由于办公条件有限，他随手从实验室拿了一摞已经用过的打印纸在背面开始备课。一学期下来，积累了一厚本写在打印纸背面的备课笔记。20 年过去了，段远源对每一次课的内容仍反复推敲、演算，几易其稿。清华大学新百年教学成就奖是对这位教学行家里手的一份肯定。

厚本的积累，更是一份脚踏实地的传承。

严格执行的计划表

马冬晗、马冬昕是 2011 年清华大学本科生特等奖学金获得者，也是网络上有名的姐妹花，她们的时间计划表曾经震惊了很多人。

计划表之外，满满一柜子的实验笔记是妹妹马冬昕从本科期间进入实验室到博士毕业的科研记录，共 17 本。读博最初的两年里，马冬昕的实验记录本上写满了"失败"，但她始终严谨勤奋、一步步攻坚克难，"没有一招制敌，只能脚踏实地"。

不放过每一个细节

"标点符号，是否有法改善？"

展览中，既有林家翘先生早年求学时留下的两本笔记——1937 年听周培源先生讲"流体力学"所作的笔记、1939 年听王竹溪先生讲"量子力学"的笔记，也有他晚年回到清华后批阅的博士后出站论文。

学生时代，林家翘的笔记字迹娟秀、清晰工整；教书育人，林家翘对于学生论文的批阅，仅摘要中修改痕迹就有近

20 处，其中包括对标点符号的修改。他还在旁边贴上便签纸，上边写有"标点符号，是否有法改善？改后我可便于阅读？……"后又用黑色签字笔谦虚地写下"恐怕以上建议，当有不足之处"。

谦虚且认真着，多年不变，故事继续。

提高教学能力的不二法门

从站上讲台的第一天起，计算机系教授邓俊辉就对自己的授课内容全程录音，随后反复回放，以及时发现不足与偏差，锤炼语言功夫；每次课后也多会以日志形式及时书面回顾，积累随时的所得所悟，更记下学生与同事的批评建议。"自检内省"，20 多年坚持下来，不觉已是洋洋可观的一笔宝贵财富。

大鱼前导，小鱼尾随，是从游也。

迎难而上，温故知新

进入大学第一年，材料学院的江国琛难以适应清华的学习强度。一步一个脚印，记下老师的板书只是他学习的第一步，笔记本上的各色标示是他一次又一次咀嚼反思后的智慧结晶。持之以恒，一天天进步着，2018 年获得清华大学本科生特等奖学金的荣誉，是对他优良学风的最好肯定。

"花式"技能增长

从工友到实验员

他并非清华教师，也不是物理系的学生。1919 年，阎裕昌进入清华园当工友。在勤勉做好本职工作的同时，他自学了很多物理知识。这次展览，展出了阎裕昌当年使用过的计算尺、线规和自学物理的笔记小卡片。

抗战全面爆发后，阎裕昌在叶企孙的推荐下积极参加抗日，负责冀中地区的炸药、地雷研制工作。1942 年，日本军队对冀中地区进行大扫荡，阎裕昌为了把仪器设备藏好不幸被捕，后英勇就义。

是零基础，更是新技能

在车辆与运载学院副教授王波开设的一门艺术类课程——"汽车造型设计二维表达"中，二维表达是设计师基础且重要的技能。从汽车的基本比例讲起，课程需要学生从零开始快速掌握草图、效果图等汽车手绘技能。展览中有两位零基础同学的作品：在没有用色经验的情况下，车辆学院汤凯敬同学彻夜未眠、反复修改，最终成功临摹呈现出金属车漆的色泽；车辆学院李鹏飞同学绘制的概念车内饰精细效果图，则在画面各部分比例的把控、表现各种不同材质的手法等方面均很出色。

提升教学境界

自绘实验室图纸

1939 年 2 月，周先庚跟随文学院从蒙自搬回昆明。依据当时昆明时期的特殊情况，为更加合理、方便地利用教室达到最佳实验效果，他绘制出初（高）级心理实验室图纸，将一间教室隔成了两个部分：既是老师的办公室、实验室和会议室，又是学生的教室、自习室。在极端艰苦的环境下，周先庚开始了他在西南联大时期从理论到实践的心理学研究。

横跨半个多世纪的教材增改

一部全国近 300 所高校使用的教材是怎样写就的？

1955 年起，土水学院龙驭球院士及其团队开始自编、自印讲义进行教学，10 年的油印讲义为 1966 年首本教材的正式出版打下了良好基础。该教材横跨半个多世纪，反反复复增删修改 10 轮，书册累计达 19 卷。这套教材 5 次获优秀教材奖，并荣获国家科技进步二等奖。

跨越"多字班"的物化手册

一本传说中的"物化手册"是如何"炼成"的？

作为化工系重点专业课，"物理化学 (A)"是公认的难。2007 年，化工系 2004 级贺业方带头编写了《物理化学疑难问题精解手册（第一辑）》，供同学们参考。一笔一画地认真编撰、逐字逐句地修订重整，如今的化工学子仍在一本一本更新这份承载着经验和启迪的物化手册，互帮互助。

优良的学风是治学之本、成才之本、立校之本。学风建设年即将圆满收官，但百年清华学风传承的故事，还会继续书写下去。

走进新年联欢晚会幕后

文字 | 刘兰
图片 | 赵存存

2017 年 12 月 31 日晚 5:30 分，最后一场彩排在紧锣密鼓中结束，随着幕后工作人员的到位，清华大学综合体育馆的舞台升起炫目灯光，六位主持人饱含热情地向台下三千多名师生、校友预祝"新年快乐！"，2018 年清华大学新年联欢晚会正式开始。

晚会以"砥砺奋进的清华人"为主题，分为清华人的传承、清华人的奋斗和清华人的创新三个模块。担任舞台总监的校团委文体部新年晚会工作室辅导员、微纳电子系 2017 级博士生宋昌明表示，他们希望通过这台晚会回顾清华 2017 年的脚步，深层体悟清华精神，传递当代清华人开拓未来的志向。

为保证这场全校性的晚会既能弘扬正能量，又不失趣味性，校团委文体部新年晚会工作室的 20 多名同学进行了长达一个学期的"拉锯战"。

从 9 月初建立专项筹备团队至 11 月，任务集中在广泛搜集年度元素，大量观演校园大小舞台的演出；11 月底，晚会主题方案最终确定，与"2017"和"清华"元素密切结合的互动游戏、主持词等设计工作正式展开；12 月，重头任务集中"爆发"，从中旬起不断细化晚会方案，直至晚会前两天搭建舞台，进行反复彩排，整个工作室的同学一起集中"冲刺"。

晚会筹备过程中，除了落实预期任务，计划外的变动不可避免——小到修改舞台道具，大到整个方案推翻重来。但凡一点小的改动，相关配合环节都要进行整体变化。团队同学们总是自发提出创意和改进意见，密切配合，不厌其烦。

其中，晚会主题就经历过一次调整——大家在最初的两个主题选项中抉择不下，考虑到"跨年"寄托的温度和历史厚重感，最终确定蕴含巧思的"Together Forever，我们要永远一起跨年"的晚会主题。

清华大学新年联欢晚会已成为园子辞旧迎新的传统活动，从最初的看电影跨年到如今偏重联欢，晚会舞台愈加酷炫，节目愈加丰富，幕后同学的付出不言自喻。利用几十天的课余时间紧锣密鼓筹备一台师生共赏、赞誉有加的晚会，对爱清华、爱文艺的他们而言，是一件充满挑战却乐在其中的事。

2019，那些温润人心的"金句"

文字 | 曲田　程曦　高原　胡颖
摄影 | 李派　郭海军等
图片 | 李娜

2019年，清华人一起度过了新中国成立70周年的欢庆时刻，一起接受了"不忘初心、牢记使命"主题教育的洗礼，通过"学风建设年"继承发扬清华的优良学风，以更加宽广的国际视野、更加高远的历史站位、更加有力的实际行动持续推进中国特色世界一流大学建设。值此辞旧迎新之际，我们选取一年中9则鲜活生动、温润人心的"金句"，与读者共同重温闪烁其中的清华精神，共同期许清华更美好的明天！

"希望从今天开始，我们携起手来，传承辉煌的历史文化，培养优秀的年轻人才，用文化和教育的力量塑造未来，共同开辟一片更加明亮而深远的天空！"

——校长邱勇

2019年，习近平主席、普京总统分别见证自己的母校授予对方名誉博士学位，成为清华大学和圣彼得堡国立大学各自发展历程中的历史性时刻。6月3—7日，清华大学校长邱勇率团访问俄罗斯期间，与圣彼得堡国立大学校长尼古拉·克罗帕切夫交换两校《关于共建"清华大学俄罗斯研究院"的合作协议》，并在圣彼得堡国立大学发表演讲。12月5日，清华大学俄罗斯研究院正式成立，致力于为中俄两国的战略合作与发展"开辟一片更加明亮而深远的天空"。

"不忘初心，方得始终；持之以恒，使命必达。"

——校党委书记陈旭

自2019年9月"不忘初心、牢记使命"主题教育在清华大学全面启动以来，学校党委和各级党组织将主题教育与学校立德树人、事业发展紧密结合，精准聚焦、认真组织、积极推进，取得了实实在在的成效。校党委书记陈旭2019年10月30日在《光明日报》发表题为《坚守育人初心 勇担时代使命》的文章，表示清华大学将继续深入开展"不忘初心、牢记使命"主题教育，切实做到立德树人守初心、爱国奉献担使命、对照标杆找差距、行胜于言抓落实，推动学校改革和发展不断迈上新的台阶，为加快推进教育现代化、建设教育强国、办好人民满意的教育作出新的更大贡献。

"我们要将'价值塑造'像'盐'一样融化到知识传授、能力培养的过程之中。"

——航院教授、"清华大学新百年教学成就奖"获得者李俊峰

2019年9月10日，清华大学在大礼堂举行教师节庆祝大会，隆重表彰2位突出贡献奖获得者，8位"清华大学新百年教学成就奖"获得者，以及在教书育人等各项工作中取得突出成绩的教师和集体。教书育人是教师的第一学术职责，使命光荣，责任重大。清华历史上有无数好老师，现在的清华园中同样有一大批在前辈教师影响下，热爱教学、投身育人的年轻教师。他们立足讲台，面向国家的未来、世界的未来、人类的未来，努力把学生和自己都培养成肩负使命、追求卓越的人。

"新中国成立那年我留校任教，到今年正好 70 年。"

——化学系教授薛华

这句朴素的话语，概括了清华大学化学系教授、百岁老人薛华与清华相伴、与祖国同行的一生。从青丝到白发，她把最美好的时光奉献给新中国高等教育事业，用一生的长度诠释了人民教师的挚爱与坚守。2019 年，是中华人民共和国成立 70 周年。七十载风云际会，一代代清华人将自己的人生与国家发展进步水乳交融，以奋斗书写爱国情怀。2019 年，我们报道了"大国工程背后的清华力量"，讲述了共和国同龄人与祖国共同成长的故事，也记录了 80 后、90 后清华人闪光的青春。时代不同，年龄不同，"爱国奉献"是他们人生共同的关键词。

"欢愉来自与国同光，伟大复兴的自豪；来自盛世如你所愿，向先辈们的致敬；来自唤起青年千百万，同心共筑中国梦的接续奋斗！"

——"伟大复兴"方阵队员代表徐铭拥

在中华人民共和国成立 70 周年庆祝活动中，共计 5400 余名清华大学、清华附中、清华附小的师生参与了群众游行、广场合唱、广场联欢、广场景观设计与营造、游行彩车设计、志愿者服务、文艺晚会、服务保障等各方面工作。他们所在的岗位不同、承担的角色不同，但都各尽其责、精益求精，共同见证了新时代"国之大典"的辉煌时刻。他们顾全大局、敢于担当，彰显了高度的政治意识；他们刻苦训练、追求卓越，锤炼了艰苦奋斗的优良作风；他们弘扬传统、爱国奉献，坚定了肩负时代使命、献身复兴伟业的理想信念。总结表彰大会上，现场师生发自肺腑的讲述令人动容。

"7 年时间就做了一件事情：融合，融合，再融合。"

——精仪系教授施路平

2019 年，清华大学类脑计算研究中心施路平教授团队研发出全球首款异构融合类脑计算芯片——"天机芯"。基于该成果的论文作为封面文章登上《自然》，实现中国在芯片和人工智能两大领域《自然》论文零的突破。施路平认为，发展类脑计算芯片是世界性难题，其中真正的挑战是多学科融合。无独有偶，在 12 月 15 日召开的首届清华大学学术产业合作论坛上，嘉宾们一致认为，推动创新的关键在于学科交叉和跨界合作。促进跨学科、跨界的深度融合，是大学和企业创新的新模式。

"长大后，我就成了你！"

——土木系教授冯鹏

1997 年，当时正读大二的冯鹏在力学系教授薛克宗指导下，把"理论力学"课程感想变成了人生第一篇学术论文。十年后，冯鹏作为一名刚留校的青年教师，在薛克宗手把手指导下，获得第五届北京市青教赛理工组第一名。又一个十年，2017 年，冯鹏也作为教练与薛克宗一起指导青年教师参赛。"长大后，我就成了你"成为清华学风传承的一则"经典"故事。2019 年，历时 8 个月的"学风建设年"得到全校师生的热情参与，通过学风大讨论和深入工作调研，探讨建立学风建设长效机制，努力形成新时代学风建设的清华方案。

"我希望你没有刻意为追求数字而生活，我希望你找到了自己的价值所在。"

——特等奖学金获得者邓佳琦

土木系本科生邓佳琦在 2019 年清华大学学生奖励大会上分享了自己的成长故事——大一新生训练营期间，她给未来的自己写了一封信。三年后，她实现了多个从 0 到 1 的跨越，也更明晰了自己的价值所在。学生奖励大会举办 30 年来，学校不断强化集体建设意识和奖励育人作用，不断完善多元的学生评价体系和科学的学生奖助体系，引导学生感悟和传承奖项背后的清华精神。新时代的清华学子正不断充实当下、积蓄力量，准备跑好属于自己的那一棒。

"没有犹豫，说走就走，办完手续拎着箱子就去了！"

——澳门大学原校长、澳门科技大学创始校长、电机系教授周礼杲

12 月 20 日，清华师生与全国人民一起，庆祝澳门回归祖国 20 周年。清华与澳门的互动源远流长。自 20 世纪 90 年代初开始，周礼杲等一批清华教师积极参与到澳门高等教育事业发展中，以高度的责任感和过硬的专业造诣，为澳门高校整体发展水平的提升作出了杰出贡献，也为推动澳门高校与清华大学、澳门与内地之间的合作交流发挥了重要桥梁作用。澳门回归后，清华与特区政府、高校、科研院所、企业等方面的交流合作进一步深化，领域不断扩展。

12
2018.02.

Happy Chinese New Year!

清华留学生自述：我在中国过春节

作者丨李旻渶（韩）

中文翻译丨蒋佩妍

图片丨李娜

金鸡辞旧去，瑞犬迎春来。对生活在中国的人们来说，将新年冠以十二生肖之名的传统可谓众所周知。不过，说来有些惭愧，2016 年来到中国时，我对中国的文化、历史和语言却似丈二和尚摸不着头脑。这是我平生头一次在韩国以外的地方居住和学习，导致我上课要在英文的"汪洋大海"里拼命挣扎，下课又被中文的"波涛汹涌"所淹没……在这个有趣的国家彻底"浸泡"一年之后，我希望激励 2018 年的自己进一步拓展国际化视野，更好地理解中国。

在中国，春节是一年中最盛大也是最重要的节日。它是农历新年的第一天，我们在韩国也会庆祝这一天。去年大年三十夜，烟花绽放时，我就着漫天星火，观看了中央电视台的春节联欢晚会。那天，我和在北京结识的一群密友共进佳肴——在清华，我与拥有不同文化背景的同学们庆祝了一系列节日。他们有的与我同专业，有些则是我在汉语角、课堂、学生社团、活动小组，甚至是在学校食堂或路边认识的朋友。过节时，我们都啃着苹果，互相发红包。去年除夕夜在胡同区守岁之后，我在大年初一到雍和宫为来年祈福；而今年，我会远下广西壮族自治区南部，去一个中国朋友家里过年——这些难忘的时刻，唤起了我对 2015 年与中国初次结缘的回忆。

2015 年年底，我到北京来旅行。正是在那个时候，北京这座城市在我心中烙下了深刻的印象，也引起了我的兴趣。旅行结束后，我开始寻找一个可以深入了解中国的机会。两个月后，我辞职来到中国，开始在清华大学新闻与传播学院攻读全球财经新闻的硕士学位。我的生日在 9 月中旬，也让我得以在中国开启新一岁的新生活。在五道口一家 KTV 里，我和同学们一起度过了有生以来最国际化的一个生日。

每天与这么多拥有共同兴趣的同学在一起，极大地开阔了我的眼界和思维。他们来自全球各地，就像一群使我受益匪浅的良师，这些知识远远超出了课堂的范围。与此同时，我在课外也竭尽所能地了解中国。为了结识更多的中国朋友，每学期我都会参加紫荆志愿者总队国际志愿者服务团主办的"学友计划"；在周末，我会去不同的语言角练习中文。基本上，中国朋友们做什么，我就做什么——尝其所尝，观其所观，读其所读。我和他们用一样的手机应用，有时我甚至照搬他们的用词，哪怕我压根不知道那些词是什么意思。我参与了许多学校的会议和项目，例如帮助学生科技娱乐艺术协会（TEDxTHU）举办定期演讲。我每周去上瑜伽课，最近又加入了一个以中国为主题的"微沙龙"。我利用假期到中国的14 个地区旅行，从黄沙大漠到冰川雪原，陶醉于迥然相异的壮丽风景，品尝了千滋百味的南北美食。

带着所有这些美好回忆，我将迎来自己在中国的第二个春节。新的一年将成为我人生的一个重要转折点，因为我要从清华毕业了。我已习惯在这里生活，哪怕只是想到自己终将离开，都令我无比难过。我的狗年心愿是"善始善终"——在清华，在北京，在中国，我已写下一个美丽的开始，也将画上一个圆满的句号。

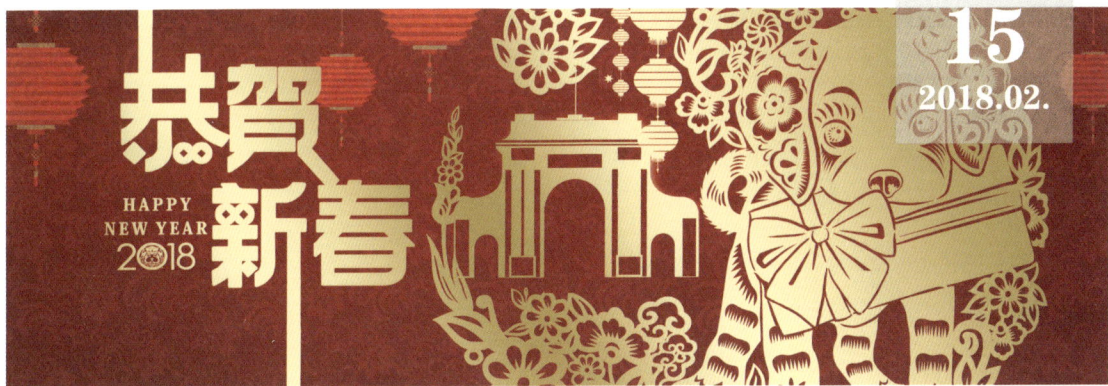

恭祝海内外师生校友和各界朋友新春快乐，万事如意！

文字丨程曦
图片丨赵存存　宋晨

　　金鸡辞岁，瑞犬迎春，一年一度的新春佳节即将来临。我们恭祝海内外师生校友和关心清华发展的各界朋友新春快乐，万事如意！

　　2018年农历戊戌年的除夕，在立春后的第十一天、"七九"的第二天。"七九河开，八九雁来"，"九九消寒图"已经画到"待春风"的"待"字，融融春意呼之欲出。

　　每一段崭新的时光，都是从走过的岁月开始的。2017年的清华大事很多、内容丰富、成绩喜人。2018年1月24日，由清华大学、中国国家发展改革委国际合作中心、联合国贸易与发展会议共同举办的第二届"一带一路达沃斯论坛"，为清华精彩纷呈的丁酉年又增添了亮丽的一笔。

　　除夕夜，学校领导们照例与数百名留校学生和教职员工欢聚一堂，共迎农历新年。春联、福字、窗花、灯笼、中国结……红彤彤的中国元素烘托出喜庆祥和的气氛；包饺子、吃年夜饭，载歌载舞，笑语殷殷，每个人的心里都洋溢着温暖、喜悦、憧憬和祝福。

　　"千门万户曈曈日，总把新桃换旧符。"让我们共同期待清华新一年的精彩，祝福清华更加美好的明天！

花灯送暖 征途再启

文字 | 潘懿锟
图片 | 宋晨

火树银花合，星桥铁锁开。元宵佳节捧着红艳的纸灯笼翩翩而来，给春节添一抹温柔的余韵。映着层层灯影，耳畔滑过万家灯火的喧嚣，我们再度背起行囊，踏上离家的火车——又到了重新出发的时候。

假期永远是学生时代最眷恋的时光。约上志同道合的侪辈到祖国大江南北实践，用脚步丈量土地；叫上三五成群的挚友到深巷子里的某家小馆儿，在满眼的市井烟火气中谈天说地；或者仅仅是慵懒地缩在层层被褥之间，在一杯热牛奶的陪伴下享受午后的独处时光。而假期加上新春佳节，便更加令人难以割舍。无论是北方的元宵还是南方的汤圆，白玉般的圆子在沸腾的开水中腆着肚子翻滚，用汤匙划破糯米皮，黑芝麻馅恣意流出，淌了满满一勺。那种甜蜜的属于家的满足感，是多少山珍海味都无法媲美的。

难以相信，去年此刻，高三的我还在学校的教室里对着各区期末试卷愁眉苦脸，今年就已能够站在清华二校门前，充满自豪地驻足凝望。细细回想，在清华园的第一个学期可谓"翻天覆地"——带着胜利者的光环迈入校门，抱着紧张又期待的心情参加新生军训和演讲比赛，怀揣焦灼不安在选课系统里"厮杀"，而后，在一次又一次的作业 deadline 和熬夜中反复质疑自己，拼搏度过期末季……很多时候，本以为自己已经做到最好，猛然抬头，才发现还有无数更优秀的人仍在不断向上攀登。

曾听学长学姐说，清华是个大熔炉。想来确实如此。我们洗掉所有浮尘，褪下所有傲气，重新学会以平和的姿态专注学习、认真生活。原本不喜运动，却在阳光长跑的督促下奔向操场，最后也慢慢爱上了跑步时纯粹的快乐。有时偷懒想玩会儿手机，却看着同学们纷纷走向图书馆，最后也学会了有规划地度过紧凑的学习生活。原来以为完成学业就足够，却被园子里各个社工岗位、各种舞台上闪闪发光的人所吸引，最后努力找到属于自己的一方天地。来到园子里的大家可能都有辉煌的过去，进入清华后，又以普通一分子的姿态经历摔打与锤炼，最终知晓泥泞留痕，更加坚定地追逐心中的远方，为寻找自己的热爱而执着努力。这便是清华园独有的魅力所在。

乡音被火车的呼啸淹没，熟悉的街景从身边飞快倒退成微不可见的黑点，此刻故乡只能在身后喧闹，熟悉的水木清华则朝你展开怀抱。你盘算着未来一年的生活，心中已有了朦朦胧胧的轮廓——不刷成绩，多选几门自己喜欢且有意义的课；叫上好友一起打卡各种体育场馆；选定一个自己热爱的社工组织，为之孜孜不倦地发光发热。你相信，做好最纯粹的每一步，必定会遇见更好的自己。

旧识知己并未走远，新的朋友又在慢慢聚集。考分已成过往，未来还有更美好的时光可供描绘。新学期的号角就要吹响了，带着重拾的勇气与决心，我们又将踏上新的征程！

雨水

雨水节气：不负春光　不负芳华

文字 | 刘书田
图片 | 宋晨

　　常言道，春雨贵如油。北京无有效降水的天数已经创下历史纪录，在步入雨水节气的时候，人们更渴望听到润物甘霖的沙沙声响。

　　雨水节气前后，春日将近，万物复苏，《逸周书》中就有雨水节后"鸿雁来""草木萌动"等物候记载。《月令七十二候集解》这样解释雨水节气的来历——"正月中，天一生水。春始属木，然生木者必水也，故立春后继之雨水。且东风既解冻，则散而为雨矣。"

　　古代通常将雨水节气分为三候："一候獭祭鱼；二候鸿雁来；三候草木萌动。"意味着值此雨水节气，水獭开始捕鱼，将鱼摆在岸边如同先祭后食的样子；五天过后，大雁开始从南方飞回北方；再过五天，在"润物细无声"的春雨中，草木随地中阳气的上腾而开始抽出嫩芽。从此，大地渐渐开始呈现出一派欣欣向荣的景象。

　　"好雨知时节，当春乃发生"，新雨后的清华园，总会别有一番景致——披一身绚丽的霞衣，将清新洁净的空气揽入怀中，呈现出"雨后烟景绿，晴天散馀霞"的模样。

　　当雨滴落在大礼堂前的青青草地，二校门经过雨水的洗礼焕然一新，清华学堂的门檐前淅淅沥沥……坐在教室里静听雨声，格外清晰地感受到老学长们"无问西东"的心境和风骨。

　　新一季度的花事播报悄然展开。每当风雨过后，园子里沁人的花草气息都仿佛激励着身心，莘莘学子鼓足干劲，继续投入到紧张的学习当中去。

　　青年们，何不唤醒一下沉睡了整个冬季的生机与活力，去追逐自己的理想，号召伙伴们一起，不负春光，不负芳华吧！

清明

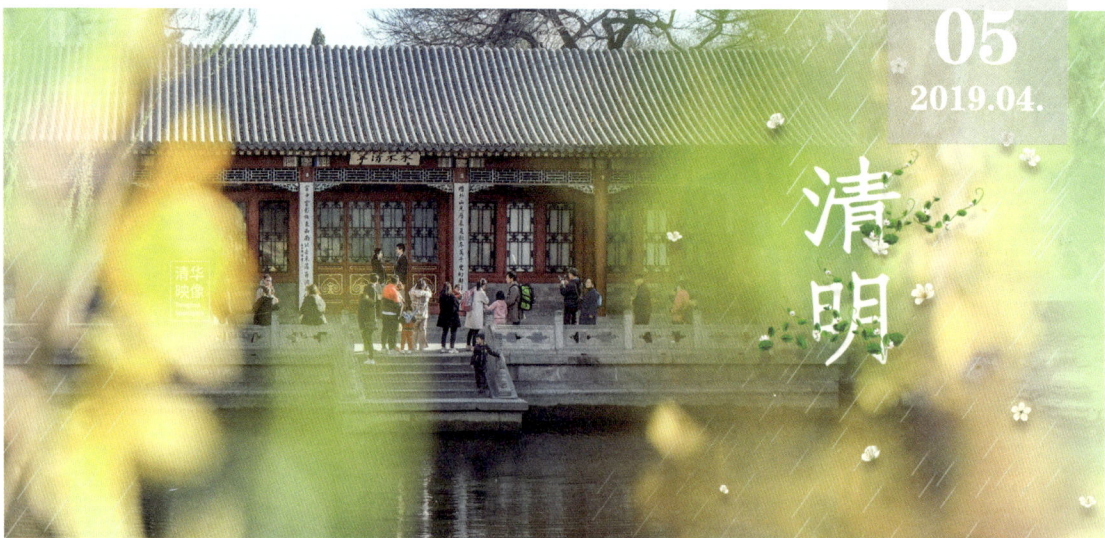

清明时节，怀念与纪念

文字 | 潘懿锟　程曦

摄影 | 何名暖

图片 | 任帅

　　今日清明。春节后的第一个小长假，很多年轻人早早就规划了自己的假期安排。这是一个令人缱绻流连的时节——柳堤漫绿，虫躁鸟鸣；桃腮杏脸，雨巷丁香。这也是一个怀念与纪念的日子——放慢脚步，重温那些经历岁月淘洗依然闪闪发光的记忆和意义。

　　清明前夕，一群消防员的英勇殉职深深震撼了我们的心灵。他们是年轻的 80 后、90 后甚至 00 后，有鲜活的热血与爱情；他们义无反顾，把自己的生命永远定格在这个春天。他们生前最后的朋友圈燃烧着赴汤蹈火的坚定。他们，青春无悔。

　　每逢清明，出京的高速路上永远汇聚着祭扫的车流。不管前一天熬了多深的夜，身处怎样的喧嚣，人们也总会挤出时间，细细地擦洗墓碑，酌酒献花，告慰阴阳两隔的亲人。逝去之人的时间被凝固，尚存之人仍在岁月中冒雨狂奔——带着逝者的期盼与爱意。

　　被纪念和缅怀的不止是亲人，还有英烈——水木清华北山之阴、校河之畔，静静伫立着"祖国儿女，清华英烈"纪念碑和三·一八烈士韦杰三纪念碑。每到清明节和烈士纪念日，它们都会迎来祭扫的清华师生。迎着春日晨光，雄壮的国歌声响彻林间，校领导、师生代表和仪仗队、国防生、飞行员班代表庄严肃立，手持白菊，郑重地鞠躬默哀。无需煽情的言语，行动已然足够深情、足够有力度——从 108 年前建校之日起，在承受国耻的清华园里，清华人孕育和生长了极大的爱国热忱，为民族独立和解放作出了巨大贡献。韦杰三、施滉、沈崇诲等一批清华的优秀儿女用自己的鲜血和生命，实现了光荣的爱国理想，谱写了壮丽的青春之歌。年复一年，一代又一代清华人在这里重温"爱国奉献，追求卓越"的清华精神，宣誓与时代共振、与祖国同行的责任与担当。

　　这样的纪念与重温，不只在清明——平日，漫步在清华园，你总能在闻一多先生的雕像下、在挺立的英烈纪念碑旁，惊喜地发现几支静静陪伴的白菊；数百名师生先后参演的清华原创话剧《马兰花开》覆盖全国约 10 万人次观众，生动再现了"两弹一星"元勋邓稼先为祖国燃烧生命的事迹；在话剧《雨花台》、电影《无问西东》中，清华人骄傲地认出从清华园走出的民族脊梁，齐唱"西山苍苍，东海茫茫"的校歌，也更明晰了自己的初心和使命。

　　岁月更迭，今日的清华学子的确要面临更纷繁的选择，要应对更紧张的节奏。他们在春和景明的日子里也许更愿意找寻节日的亮色，但这并不代表他们忘记了清明本身的意义。流转的时光带走了一些传说、习俗和生活方式，不变的，则是流淌在清华人血液里的基因。

君子端阳

文字｜彭欣怡
图片｜宋晨

　　端午也称端阳、重午。"端"是端正、端庄的，倘若将它拆开来，是一个"立"字与一个"耑"字。"耑"的本义为"轮廓线和缓起伏的山头"，我们大可将它想象成一个半圆，想要立在这半圆的山头上，只有找到正中唯一的一个切点才能站得稳——正如端午恰恰落在阳气旺盛的仲夏时节的正中间。

　　端和阳，融合了华夏文明推崇的两种特质："端"是君子的不偏不倚、文质彬彬；"阳"是夏日的草木兴旺、自强不息。它们的交汇迸发出蓬勃生机，仿佛一株绿芽从这两个字里抽条而出，拼了命地吮吸着阳光雨露，向天空挺身。

　　历史与后人将屈原与端阳紧紧联系在一起——他是端正的君子，写下过宏伟壮丽的诗篇，最后一跃汨罗，以身殉国，成为千古绝唱……当我们回溯历史，仿佛逆流而上，看见水源地的潺潺溪流，才知晓大江大河的来处。中华儿女向来有着温文镇定的端庄、平和中正的阳刚，当然更少不了对国家民族深沉而浓烈的爱。

　　一百多年来，与祖国同行的一代代清华人，带着这份岁月传递而来的情怀与理想，践行着自强不息、厚德载物的精神。无论是投笔从戎、以身殉国的沈崇海，还是在苗岭深处仰望星空、打造"天眼"的南仁东，清华人的血液中始终流淌着兼济天下的基因，从历史走向未来。

　　这个未来，是一个怀揣着端庄谦和君子气度，亦洋溢着坚毅矫健阳刚气魄的伟大中国。为了这个宏伟的未来，置身于端阳的和平与生机中的我们，又有什么理由停止步伐呢？

23
2018.07.

大暑节气：当夏斟得太满时

文字 | 蒋佩妍
图片 | 宋晨

当夏斟得太满时，大暑到来。若将一年比作花的一生，此时已然开至极盛。北京的天空被来势汹汹的伏天雨冲刷干净，像一块兜不住阳光的浅蓝色玻璃，只能任其泼在水泥森林的树梢上，溅起裹挟着热量的水汽。槐花簌簌落下，蝉歌时断时续。

当你听到蝉歌时，闽南的稻谷正在抽穗，鞠躬礼行得殷勤。熏风过处，入目皆是绿浪翻滚。前来调研的你坐在青砖屋檐下，与老农闲话家常。他在蒸人暑气里裸露出健壮的庄稼人的臂膀，然而岁月像拉犁的水牛，在他的面部辛勤开垦，以沟渠深深养出硕果累累。他说着一口抑扬顿挫的方言，教你区分韭菜和麦苗，辨别芋头和滴水观音，传授给你祖先们从肥沃与贫瘠之中发掘的智慧、湿润与干涸之中汲取的经验。他引导你走出象牙之塔，走进乡野之心。

当你走进乡野时，青海的油菜花正在烂漫。天地交界之处，最纯粹的蓝与最纯粹的黄碰撞出清越殊响，云与花皆以怒放的姿态肆意翻卷。一群渴学的孩子将你团团簇拥，争着抢着举手发言。你是他们的支教老师，但是他们教给你旺盛的求知欲与生命力。在红彤彤的脸蛋上，他们的眼神是你从未见过的明亮，就像落在贫瘠高原上的星辰，就像腐草得暑热之气而羽化的萤火虫，用滚烫灼热的光芒驱散漫漫长夜。

当你置身长夜时，厂房的仪器正在调试。偌大的厂房里，加班的你就像茫茫大海里的一叶孤舟，而支持你继续漂泊下去的只是一个简单的愿望：这台仪器调试成功之后，能够被推广到中小学校，实时监测空气数据，保障孩子们的健康。你以良工不示人以朴的精神找出所有的瑕疵，以逢山开路遇水架桥的心态解决所有的困难。你是一座桥梁，架起理论与实践，架起校园与社会，架起现实与梦想。

当夏斟得太满时，你们怀着满腔热血，走出清华，走向五湖四海。无论调研、支教还是实习，清华热度在这个夏天持续升温……

清华映像
Tsinghua
Spotlights

白露节气：收露　饮茶　入学　期许

文字｜拜喆喆
图片｜宋晨

　　有俗语说："春茶苦，夏茶涩，要好喝，秋白露。"白露时节采摘的茶叶，被认为是秋茶中最好的茶品。经历过一个酷热的夏季，茶树会在白露前后进入生长佳期。白露茶不似不经泡的春茶那般娇嫩，也褪去了夏茶的苦味和生涩，反而在时光的氤氲里留下了甘醇的回味。这让人想起清华新生们又爱又恨的军训，他们或经历大雨，或顶着艳阳，褪去娇气和浮躁，在酷暑逝去的时节里迎来正式的大学阶段。

　　在这个节气前后，天气渐渐转凉，秋的意味也缀在了清晨的叶片上——植物开始凝结晶莹的晨露。中国人对于露水的喜爱和推崇由来已久。明代李时珍编著的《本草纲目》上说，露水"煎如饴，令人延年不饥"。白露这天，旧时的人们除了收集露水煎茶，还要酿"白露米酒"，以这个节气酿出的米酒最为醇香清澈。"祝融解炎辔，蓐收起凉驾。高风催节变，凝露督物化。""蓐收"是古时人们供奉的秋神，他"执矩而治秋"，人们用收获的粮食、瓜果，连同米酒一起供奉，感谢他给予的好收成，同时祈祝来年五谷丰登。这种随四时变化祭祀"天神"的仪式背后，实则寄托着对于新的一轮耕耘与收获的期待。

　　长夏已尽，秋日盘点收获，也是为来年积蓄能量的开始。"泮"在春秋时期成为学校的代名词，源于鲁国都城泮水岸边筑起了最早的学宫——泮宫，而先圣孔子常带弟子游泮。古语说的"入泮宫，出府学，上青云路"中，"入泮宫"指的就是考中秀才的学子们的入学典礼，经过泮桥入宫祭拜孔子的过程被称为"入泮"，也是整个典礼中最重要的一环，它意味着学生们真正进入了向往的学府，入了师门。从古时秋日的祭孔入泮，到现代每年秋日伊始的新学期，从古至今，秋日一直都是最好的向学时光。

霜降

气 肃 而 凝 露 结 为 霜

戊 戌 年 壬 戌 月 戊 子 日

清华
映像
Tsinghua
Spotlights

霜降节气：一朝秋暮露成霜

文字 | 刘书田

摄影、图片 | 李派

  初露微霜，初霜始降，草木黄落，蜇虫咸俯。当清华园呈现出秋风萧瑟、落叶满地的图景时，似乎是在提醒着我们——秋意已浓，霜降将至。

  霜降是二十四节气里秋天的尾声，唐代诗人刘禹锡曾这样形容这个微妙的时节——"山明水净夜来霜，数树深红出浅黄"。霜降之后，万物的生机都慢慢开始聚敛，但是又别有一番风情。

  无论是园子里的伙伴，还是慕名而来的游客，都爱在这个时候徜徉于清华路两侧、二校门内外的银杏树旁，流连于校河沿岸的红叶尽染，品味"停车坐爱枫林晚，霜叶红于二月花"的心境。

  自古素有"霜打菊花开"之说，登高赏菊是文人墨客在霜降时节必做的雅事之一。何不趁闲暇时光放下手中的笔，拿起桌旁的相机，深入到校园深处，去捕捉这最后的一抹秋色？

  "霜降向人寒"贴切地形容了这个时节的温度，电话的另一端开始响起父母"秋凉添衣"的叮咛。"萧萧梧叶送寒声，江上秋风动客情"，转瞬即逝的深秋触动了在外求学学子们的思乡之情。霜降，又是一个引人思忆亲友的季节呀！

  在唐代诗人白居易看来，霜降即将"岁晚"的序曲："霜降水返壑，风落木归山，冉冉岁将宴，物皆复本源。"霜降之后，凛冬将至，万物沉寂，却并不落寞，因为美好的事物终将要经历寒冬才得以重新焕发生机。

  若你是清华园里的新主人，抓紧时间去大胆探索园子里多彩的秋天吧；若你能继续留在校园，不如从现在起就珍惜与深秋的每一次相遇吧；若你即将告别相伴多年的清华园，就请停下来，感受校园里最后的秋意吧！

小雪节气：清华园的初冬

文字 | 胡颖
图片 | 宋晨

立冬刚过去不久，小雪已飘然而至。

这是二十四节气中第 20 个节气，古籍《群芳谱》云："小雪气寒而将雪矣，地寒未甚而雪未大也。"十一月中下旬，正是秋冬之交，而小雪的到来，意味着冬季正式在清华园里拉开了序幕。

凛冽的北风驱散了最后一点意犹未尽的秋意，园子里万物凋零，呈现出一派与往时不同的静谧、古朴和庄严。清华路上灿烂的银杏叶几乎落尽，近春园的满塘残荷已全然枯萎，二校门常年如织的游人日渐稀少，学堂路上川流不息的单车少年也开始"全副武装"。就连入夜时分的紫荆操场，也不像往常那样热闹了。

幸好，清华的供暖比北京城还要早几天，熬过了暖气降临前最后的寒冷之后，暖意融融的寝室、图书馆和教学楼，成为广大学子的避寒圣地。而晶莹璀璨的糖葫芦，热气腾腾的烤红薯，香甜软糯的糖炒栗子，又给这个季节平添了几分甜蜜和喜悦。

这亦是一个既怀旧又浪漫的时节。如果说，一下雪，"北京就成了北平；故宫就成了紫禁城"。那么，当第一片雪花悄然飘落，百年清华园也仿佛穿越了漫漫岁月，变得诗意而纯净。白雪镶红墙，碎碎坠琼芳，那些曾经飘落在王国维、陈寅恪和朱自清肩头的雪，如今依旧纷纷扬扬。

初雪大概是园子里最令人激动的事情之一，因此，每年天气一转冷，人们就开始翘首盼望初雪。可惜，这几年来天公一直不作美，清华园已经好久没有邂逅一场盛大的初雪了。今年冬天，第一场雪又会在何时造访园子，赴这场经年之约呢？

小雪分三候，"一候虹藏不见，二候天气上升地气下降，三候闭塞而成冬"。春生、夏长、秋收、冬藏，看似空旷沉静的冬天，实则孕育了崭新的生机和能量，它们蛰伏在寒冷中、等待破土而出的那一天——若无冬天的蕴藏，何有来春的萌发？

小雪时节，约上两三知交，融雪煮新茶，温酒候故友，这大概是整个冬天里最惬意的事了。让我们一起好好享受这个冬天，也做好迎接期末的准备吧。

后 记

在编纂本书的过程中，透过一张张精美的图片和滚烫的文字，我们仿佛坐上了时光机，穿梭回到2018年和2019年的清华，触摸着那令人难忘的无数过往，不禁心潮澎湃、思绪万千！能从我们的手中，为大家奉献这样一本关于清华的忠实记录，以供后人翻阅、纪念，该是多么幸运与美好！

图书编校是漫长而琐碎的"登山"之旅，要衷心感谢给予我们指导、关心和帮助的每一位朋友——正是大家的勠力同心，才有了今天的这抹淡淡书香。

感谢清华大学各单位对"清华映像"栏目一如既往的大力支持。离开来自各方的协力配合，"清华映像"栏目难免会成为无源之水、无本之木，也不会留下这么多闪亮的日子。

感谢清华大学美术学院张歌明老师团队、新闻与传播学院张莉老师团队为"清华映像"视觉设计和文字采写付出的孜孜以求的努力和精彩创新的探索。是对清华的无比热爱和对栏目的全身心投入，让大家在繁忙的学业与工作之余，始终保持着高度的责任感和热情。

感谢清华大学党委宣传部、新闻中心全体同仁给予"清华映像"的关爱和帮助。没有大家的倾心相助、携手相伴，就没有"清华映像"的脑洞大开和丰满血肉。

也感谢清华大学出版社梁斐编辑对本书倾注的心血，以及美编李娜、张佳，校对李若梦、宋建昃等老师的参与。

2020年，我们共同见证了自强奋进的清华人在危机中坚守、在变局中开拓。2021年，中国将开启全面建设社会主义现代化国家新征程，清华大学也将开启迈向世界一流大学前列和努力服务国家、造福人民的新阶段。处于这样一个新的伟大的历史方位上，让我们再接再厉、继续办好"清华映像"，并透过这扇时代的窗，展现更宽广的视野、更博大的胸怀，锤炼更有韧性的意志和更持久的力量，更加坚定昂扬地走向未来。

编者

2021年3月于清华园